개정판

사회복지의 역사

나남
nanam

나남신서 885

사회복지의 역사

2002년 3월 20일 초판 발행
2009년 9월 15일 초판 10쇄
2010년 3월 5일 개정판 발행
2019년 10월 5일 개정판 7쇄

저자 감정기 · 최원규 · 진재문
발행자 趙相浩
발행처 (주) 나남
주소 10881 경기도 파주시 회동길 193
전화 (031) 955-4601(代)
FAX (031) 955-4555
등록 제 1-71호(1979. 5. 12)
홈페이지 http://www.nanam.net
전자우편 post@nanam.net

ISBN 978-89-300-3885-0

책값은 뒤표지에 있습니다.

나남신서 885

개정판

사회복지의 역사

감정기 · 최원규 · 진재문

나남
nanam

History of Social Welfare

2th Edition

by

Kam, Jeong Ki
Choi, Won Gyu
Jin, Jae Moon

nanam

개정판 서문

21세기의 첫 10년이 끝나고 있는 즈음의 지구 곳곳에는 난기류가 흐르고 있다. 이른바 미국발 금융위기의 여파가 가시지 않았는데, 유럽발 재정위기가 세계경제를 어지럽게 하고 있다. 복지국가의 버팀목 역할을 해왔던 유럽 좌파 정당들이 신자유주의의 거센 역풍으로 흔들리는 상황이라 이런 난국이 더 무겁게 느껴지는지 모르겠다.

사회복지를 생각하는 주위 사람들의 표정이 어두운 것은 바뀐 국내 정권이 보여주는 정치행보의 난맥상이 이런 국면과 겹쳐져 보이기 때문은 아닐까? 8년 전 초판의 말미에서 사회복지의 미래를 전망할 때, 서방의 복지국가는 신자유주의적 재편에 대한 견제세력의 역할을 기대해 볼 만하다고 보았고, 우리나라는 복지국가의 기반이 다져진 만큼 가시적인 상향곡선을 기대해도 좋을 듯이 내비친 바 있다. 세월이 많이 흐른 건 아니지만, 그런 기대는 아직 현실화되지 못하고 있다. 아니, 더 기대에서 멀어지지나 않도록 힘써야 할 처지이다.

상황이 이런 만큼 그다지 새로이 할 얘기가 없지만, 독자들에 대한 최소한의 예의는 지켜야 하지 않겠느냐는 것이 개정판을 내놓게 된 이유이다. 그래서 초판에서 미흡했던 부분을 보완하는 선에서라도 손을 봐야 하겠다는 마음으로 작업했지만, 우려했던 대로 몸이 마음을 따라가지 못하고 말았다.

제 1 부의 1 · 2장은 사실상 손대지 못했다. 탈산업화와 포스트모던의 시대에 전개되는 다기화된 복지국가 발전을 설명할 수 있는 이론이 보강되어야 하리란 문제의식에는 도달했으나, 아직 공부가 부족하다고 보아 뒤로 미뤘다.

제 2 부의 3 · 4 · 5장은 내용상 겹치는 부분을 정리하고, 불필요하게 장황하게 기술되었다고 생각되는 부분을 간소화하는 대신, 설명이 부족한 곳들을 보완하는 선에서 손을 보았다.

제 3 부의 6 · 7장은 기존의 틀을 유지하면서 그동안 공부한 내용을 덧붙였고, 8장은 종전에 단순히 '전문사회사업의 발전'이라 하였던 제목을 '제3섹터활동의 발전과 사회사업의 전문화'로 바꾸었다. 사회사업의 전문화를 총체적 사회복지 발달이란 맥락 속에서 제3섹터가 일정한 몫을 담당해가는 과정의 산물로 보는 것이 타당하겠다고 판단한 때문이다. 아울러 내용의 일부를 보완하였다.

제 4 부에서 눈에 띄게 바뀐 부분은 11장과 12장이다. 종전에는 '위기와 재편'을 하나로 묶어서 다루고 '전망'을 별도의 장으로 하였으나, 개정판에서는 '위기'를 별도로 다루고 '재편과 전망'을 묶었다. '위기'와 '위기 이후'를 구분하는 것이 자연스럽게 받아들여진다는 주위의 조언을 수용한 것이다.

제 5 부에서 제3세계에 관한 13장의 내용은 크게 손질하지 못했다. 이 부분을 삭제하는 것도 고려하였으나, 서방국가에 편중된 역사책이어서는 안 되겠다는 생각에서 다소 미흡하더라도 자리를 지키도록 했다. 14장과 15장은 제목에서 시기 구분이 분명해지도록 각각 '해방 이전'과 '해방 이후'로 구분하여 표기하고, 내용을 조금씩 보완했다.

앞에서 내비쳤듯이 전체적으로 크게 바꾸지는 못했다. 시대 탓을 했지만, 좀더 솔직해지자면 저자들 자신들의 노력부족 탓이다. 책이 어렵게 씌어졌다는 반응들이 있어서 좀더 쉬운 말로 고쳐 써보려고도 했지만, 복잡하고 긴 얘기를 축약해서 쓴 것인 만큼 문장을 고쳐서 될 일이 아님을 확인했을 뿐이다. 책이 어려운 것은 현실이 그만큼 복잡하기 때문이라는 얘기인데, 사실 이 말도 구차한 변명일 수 있다.

다음에 좀더 나아진 모습을 보이자고 세 사람이 다짐을 해보면서, 부끄러운 마음으로 개정판을 내놓는다.

2010년 2월 끝 무렵에
통영 앞바다를 내려다보며
집필자 일동

초판 서문

우리가 유럽을 여행하다 보면 자신이 지금 어느 시대에 와 있는지 문득 혼돈되는 느낌을 가질 때가 있다. 수백 년 전 과거의 선조들이 일구어 놓은 삶의 공간에서 21세기 현대의 삶이 일구어지고 있기 때문이다. 거기서 우리는 과거와 현재가 공존하는 가운데 생생하게 풍겨오는 선조들의 체취를 후세들이 일상적으로 맡아가면서 살아가고 있는 모습을 발견하게 된다. 다소 엉뚱한 착상일지 모르겠지만, 오늘날 우리에게 역사라는 것이 주는 의미도 이러한 모습에 빗대어 이해할 수 있지 않을까 싶다.

역사라는 것이 현재의 삶과 단절된 채 단순히 흘러간 과거사에 불과한 것이 아닌, 잘 복원시켜 박물관에 고이 모셔둔 채 볼거리로 삼아서 족한 것이 아님을 인식해야 한다는 말이다. 역사는 사실상 여러 가지 형태로 지금 우리 삶에 영향을 미치고 있다고 보아야 옳다. 그것이 영향을 미친다 함은 과거사의 의미가 현재적 시각에서 재조명되고 재구성되는 가운데 지금의 구체적 삶에 일정한 지침으로 활용되고 있음을 말한다. 이것은 마치 옛 건물을 보존하여 선조들이 닦아놓은 기술과 지혜는 살리되, 그 내부에 초고속 전자통신망을 설치함으로써 현재적 필요를 반영하고 있는 것과 같다.

사회복지를 제대로 공부하기 위해서는 그 역사를 이해하는 것이 필수적이라는 사실도 역사가 갖는 이런 의미를 반추함으로써 이해할 수 있겠다. 실용성을 강조하는 응용학문으로서 사회복지학이 자리매김된다 하더라도 그것의 관심이 단순히 기술공학적 영역에 머물러서는 안 된다는 것이다. 특정 사회복지제도를 발전시켜야 할 이유와 방법을 둘러싸고 우리가 일상적으로 부딪히는 현재적 과제의 해결이 결코 당면한 상황에 근시안적으로 몰두함으로써만 가능한 것이 아니란 얘기이기도 하다. 사회복지의 역사에 대한 적절한 이해가 이러한 의문에 답을 제시할 수 있음을 인식하고 그 점을 확인하는 일이 필요한 것이다.

이와 같은 점을 일단 받아들인다고 해서 사회복지의 역사를 공부하기 위한 준비가 다 된 것은 아니다. 한 가지 더 고려해야 할 점이 있다. 그것은 방금 언급한 적절한 이해라는 것이 무엇을 뜻하며 또 어떻게 이루어질 수 있는가에 대해 의문을 덧붙여 가져보아야 한다는 것이다. 복잡다단한 인간의 삶은 사실상 한 가지로 이해될 수 없는 속성을 지니고 있다. 아울러 그런 삶으로 구성되는 사회현상을 다루는 학문활동 자체가 다양한 이해관계와 가치 혹은 이데올로기를 가진 인간에 의해 이루어지고 있다. 이는 곧 하나의 역사적 사실에 대한 이해도 연구자마다 상대적일 수밖에 없음을 시사한다. 우리가 일단의 일본인 학자들에 의해 서술된 한일관계의 역사가 왜곡되었다고 말하는 것도 바로 이런 상황의 한 예이다. 사회복지의 역사 속에서 출몰한 온갖 사건들에 대한 이해도 이처럼 상이할 수 있음을 받아들여야 할 것이다.

이제 잠깐 오늘날의 사회복지 동향에 눈을 돌려보자. 이른바 복지국가의 위기 이후에 진행되고 있는 재편의 움직임들, 그와 별도로 형성된 세계화의 기류를 타고 몰아닥친 신자유주의의 열풍, 제 3의 길과 생산적 복지라는 화두, 이 모든 것들이 지금의 우리를 뒤덮고 있으면서 끊임없이 우리가 나아가야 할 바에 대해 의문을 던지고 있다. 지혜로운 선택을 요구하고 있는 것이다. 어디에서 답을 찾을 것인가? 우리는 지나간 역사 속에서 그 답의 일단을 구할 수 있다고 본다.

이 책의 집필은 이상과 같은 문제의식들을 바탕으로 주로 학부 학생들의 사회복지 역사 이해에 도움을 주고자 착수되었다. 그래서, 이 책은 가능한 범위 내에서 객관적 사실에 관한 자료를 충실하게 제시하되, 그것에 대한 이해는 다루는 사람마다 다를 수 있음을 공부하는 독자 스스로 받아들일 것을 요구하고 있다. 그리고 독자 자신이 주어진 사실을 어떻게 바라볼 것인가에 대해 생각하고 이를 함께 토론할 수 있도록 꾸미고자 노력하였다. 아울러 고려한 것은 흔히 그렇듯이 역사를 다룬 교재가 어렵고 따분하다는 느낌을 주지 않는 가운데 유익한 교재가 되도록 하자는 것이었다. 그러나, 아쉽게도 집필자들의 이러한 의도는 시간과 능력의 한계로 인하여 충실하게 살리지 못한 감이 없지 않다. 부족함이 있는 것은 독자들의 조언과 질책을 받는 가운데 차츰 보완해갈 생각이다.

이 책은 크게 5부로 구성되어 있다. 제 1 부는 책 전체의 도입부에 해당하는 것으로서, 여기서는 역사, 특히 사회복지 역사 공부의 의미와 그것에 접근하는 방법 및 관련이론을 개괄적으로 제시하려 하였다. 이로써 독자들로 하여금 역사적 사실을 바라보는 시각과 연구자로서의 기본자세를 갖추는 동시에 사회복지 역사 연구의 전반적 경향에 대한 이해를 더하는 데에 도움을 주고자 한 것이다. 아울러 사회복지 역사 이해의 바람직한 체계를 정리함으로써 이 책 서술의 준거로 삼고자 하였다. 여기에 속하는 1장과 2장의 기술방향은 3인의 저자가 함께 숙의한 것을 진재문 교수가 정리하였다.

제 2 부부터 제 4 부까지는 집필자들이 시도한 시대구분의 방법에 따라 선행 복지국가들의 사회복지 역사 전개과정이 세 시기로 나뉘어 다루어진다. 제 2 부는 구빈제도의 등장으로 사회복지에 대한 국가의 개입이 본격화되기 전의 시기를 다룬다. 그래서, 민간부문의 자발적인 자선과 박애 및 상부상조 활동이 대두하여 사회복지의 중심적 역할을 하였던 상황과 국가에 의한 최소한의 공공복지가 등장하는 과정을 소개한

다. 여기에 속하는 3장부터 5장까지의 집필은 최원규 교수가 맡았다.

제 3 부는 복지국가의 전야 혹은 여명기에 해당하는 시기로서, 사회복지에 대한 국가의 책임이 수용되고 개입이 확산되는 과정을 대상으로 삼는다. 그래서, 절대왕정기의 구빈제도에서부터 자본주의 대두 이후의 근대국가에 의한 자유주의적 개혁을 거쳐 복지국가의 근간이 되는 사회보험제도가 등장하기까지가 그 중심 내용으로 다루어진다. 사회보험제도의 등장 배경으로서 자본주의적 모순과 이에 반응한 노동자세력의 성장과 정치세력화가 부각된다. 한편, 제 3 부에서는 이상과 같은 공공부문의 움직임과 별도로, 그와 같은 시기에 맹아가 출현하여 20세기의 종반에 이르기까지 전문직으로 점진적인 발전을 보여온 사회사업에 대해 따로 소개하고 있다. 여기에 속하는 6장에서 8장까지의 집필은 감정기 교수가 담당하였다.

제 4 부는 복지국가의 확립과 그 이후의 팽창, 위기 및 재편과정을 다룬다. 대공황과 세계대전이라는 암흑 속에서 복지국가가 탄생하고 확립되는 과정, 전후 유례없는 자본주의의 풍요 속에 그것이 더욱 발전하고 확산되는 양상, 석유위기 이후 거센 비판을 겪으면서 재편되는 일련의 흐름을 소개한다. 그리고 세계를 하나의 소용돌이로 몰아넣고 있는 세계화의 격랑에 직면한 오늘날의 사회복지와 그 미래를 조망해 본다. 여기에 속하는 9장에서 12장까지는 진재문 교수가 집필하였다.

마지막 제 5 부는 이상의 선행 복지국가들의 움직임과 일정한 연관성은 지니되 별도의 제도발달 양상을 보인 제3세계와 우리나라의 사회복지 역사를 다룬다. 13장에서는 제3세계 국가들의 사회복지의 전개과정과 중요한 특성들을 내·외적 조건을 고려하면서 검토하고, 신자유주의적 세계화가 미친 영향을 아울러 살펴본다. 이어서 14장과 15장에서는 제 3 세계의 일부를 구성하고 있는 우리나라의 사회복지 전개과정을 크게 두 시기로 나누어 다룬다. 14장에서는 해방 이전의 사회복지적 전통과 그것의 특성을 소개하고, 15장에서는 해방 후의 전개과정을 정치 · 경제 · 사회의 변화 맥락에서 검토한다. 제 5 부의 앞 두 장은 최원규 교수가, 그리고 마지막 장은 감정기 교수가 집필을 맡았다. 여기서 직접 시도하지는 못했지만, 우리나라의 사회복지 역사를 전술한 선진산업국 및 여타 제3세계 국가들의 그것과 대비시키면서 관조함으로써, 역사의 보편성과 특수성의 문제에 대한 독자 나름의 결론을 이끌어내보기를 권하고 싶다.

계획했던 바에 비해 책의 출판이 많이 늦어졌다. 그럼에도 불구하고 끝까지 인내로써 기다려주신 나남출판의 조상호 사장님께 감사의 뜻과 함께 송구스러운 마음을 전하고 싶다. 그리고 이 책이 완성되기까지 교열과 색인작업 등에 도움을 아끼지 않은 서울대학교 사회복지연구소의 백승호, 장연진 연구원에게 고마움을 표한다. 시작할 때의 의욕에 비해 너무나 보잘것없는 결과물을 내면서 두려운 마음으로 독자 여러분의 질책을 기다린다.

2002년 3월

집필자 일동

개정판

사회복지의 역사

차례

제 2 부 자발적 원초체계와 공공사회복지의 대두

제 3 부 국가개입의 확대와 전문사회사업의 발전

제 4 부 복지국가의 발전과 재편

제 5 부 제3 세계 및 한국 사회복지의 전개

제 1 부
사회복지 역사 탐구의 기초

모든 인간의 삶은 분명 현재를 중심으로 꾸려진다. 하지만 우리를 둘러싼 대부분의 사회・문화적 구성물은 현재 인간들의 독자적 발명품이라기보다 이미 과거의 영향을 받은 것들이다. 우리가 부정적으로 생각하든 긍정적으로 생각하든 과거 우리 선조들의 삶은 우리들 삶의 곳곳에서 다양한 형태로 살아 숨쉬고 있다. 이렇게 우리가 과거의 역사로부터 영향을 받는 것처럼 현재의 우리들의 삶과 역사 또한 미래를 만들어가는 무시할 수 없는 힘으로 작용할 것이다.

사회복지의 역사를 이해한다는 것은 결코 과거의 제도들을 손바닥 보듯이 이해하는 것만을 의미하지 않는다. 물론 과거를 정확히 이해하는 것이 쉽지 않은 반면 그 자체로 중요한 의미를 가진다. 하지만 우리가 과거의 사회복지 제도를 이해하고자 하는 것은 과거의 이해를 통해 오늘의 사회복지제도를 우리의 삶에 좀더 적합하게 만들기 위한 것이다. 더 나아가 미래의 우리 후손들을 위한 사회복지의 발전에 대한 바람직한 대안을 찾기 위한 것이다.

그렇다면 과거를 어떻게 이해할 것인가? 이 문제는 역사 구체적으로 사회복지 역사를 어떻게 바라볼 것인가의 관점과 그에 따른 이론적 맥락에 따라 다양할 수 있다. 즉 같은 시대의 같은 제도를 보고도 정반대의 해석과 의미부여를 할 수 있는 것이다. 이러한 이유로 사회복지의 역사를 접하는 경우 다양한 관점 및 이론에 대한 기본적 이해가 요구된다. 이를 통하여 역사적 현상이나 제도에 대한 각자의 시각과 이해의 폭을 넓혀주는 동시에, 미래에 대한 통찰력도 길러줄 수 있을 것이다.

제 1 장

사회복지 역사 탐구의 의의

역사란 현재와 과거의 끊임없는 대화이다. — E. H. Carr

모든 역사는 현대사이다. — B. Croce

1. 역사연구의 의의

사회복지의 역사를 공부해야 하는 이유를 찾기에 앞서 우리는 먼저 "역사란 무엇인가?"라는 의문을 제기해볼 필요가 있다. 이 질문에 대한 답을 제시하는 것은 매우 힘든 일이다. 그 주된 이유는 무엇보다도 역사란 무엇인가에 대한 견해나 이해가 예나 지금이나 역사학자들 혹은 관련 철학자들 사이에 적지 않은 차이를 보이기 때문이다. 다음의 두 가지 질문만 해도 그렇다. "역사란 과거에 일어났던 사실일 뿐인가, 아니면 현재에도 여전히 영향력을 발휘하는 살아있는 사실인가?" 그리고, "역사란 일정한 법칙에 지배받는가 아니면 새로운 조건과 우연에 의해 발생하는 연속 혹은 불연속적 과정인가?" 이러한 질문들은 역사학의 이론과 방법론적 측면에서도 중요한 의미를 지니지만, 그 이전에 역사를 어떻게 바라볼 것인가를 생각하게 하는 것이기도 하다. 즉, 이러한 의문들에 대한 각자의 답이 어떻게 내려지는가에 따라 왜 사회복지의 역사를 공부해야 하는가에 대한 대답도 달라질 수 있다는 것이다.

앞의 질문들에 대한 상이한 입장과 시각에도 불구하고 역사 연구의 의의를 이해하는 데에 핵심적 관심사가 되는 것은 과거와 현재 사이의 관계이다. 만일 과거의 사건이나 현상들이 단지 지나간 사실로서의 의미로만 파악된다면 과거 역사를 연구하는 것은 단지 사라진 과거에 대하여 '그림 조각 맞추기'를 하는 것과 같을 것이다. 어렵게 그림 조각 하나 하나를 맞추듯이 과거를 재구성해 가는 이러한 일은 인간의 지적 호기심을 충족시켜줄 수는 있을 것이다. 역사적 사실을 소재로 한 영화나 TV 드라마를 통해 옛 사람들의 삶 속으로 흥미롭게 여행하는 중에도 이러한 목적은 부분적으로 이루어질 수 있다. 아니면 좀더 과학적이고 치밀한 방법으로 과거를 복원하거나 그것에 대한 이해의 폭을 넓힐 수도 있을 것이다. 이러한 일은 그 자체로서 나름대로의 의미를 지닌다.

하지만 우리가 단지 과거를 이해하고 재구성하는 것만이 역사를 연구하고 공부하는 것이라고 생각한다면 이는 너무 좁은 식견이다. 예를 들면 1935년 미국에서 사회보장법(Social Security Act)이 만들어졌다는 사실만을 알기 위해 많은 역사학자들이 엄청난 노력과 땀을 쏟아 부으며 연구하는 것은 아니다. 오히려 대부분의 역사학자들은 관심, 방법론, 기술방법 등에서 다양하고 때로는 논쟁적일지라도 궁극적으로는 그 시기에 그러한 법률이 등장하게 된 배경과 원인, 조건 및 특성, 영향과 결과, 의미 등을 전반적으로 이해하려고 노력한다. 이를 통해 현재의 제도나 정책, 더 넓게는 인간의 삶에 대한 교훈을 얻고 할 수만 있다면 미래에 대한 전망이나 예측까지도 할 수 있기를 희망하고 있는 것이다.

에반스(Evans)는 이러한 역사 연구의 현실적 유용성에 대한 열망이 시대에 따라서 그리고 역사학의 발전 과정에 따라서 조금씩 다르게 나타나는 것으로 기술하고 있다(Evans, 1999).

계몽주의 시대의 합리주의 역사가들은 그들의 역사 연구를 일종의 도덕적 예증의 방편으로 삼았다. 즉, 계몽주의적 시각에서 합리주의에 기초를 둔 역사 연구를 통하여 과거의 도덕성을 예시함으로써 보편적이고 불변하는 인간성을 보여주려고 하였으며, 이 점에서 역사는 "선례를 가지고 가르치는 학문"이었다. 따라서 미신, 환상, 종교적 신앙 등은 위험한 것으로 간주되었다(Evans, 1999:36). 이렇게 본다면 계몽주의 시대의 역사 연구는 추상적이고 철학적인 성격이 강했다고 할 수 있다.

낭만주의 시대는 계몽주의의 추상성과 보편적 원리를 예시하는 역사 혹은 역사학의 유용성을 부정하게 된다. 즉, 역사의 목적은 어떤 추상적 철학 이론이나 원리의 보기들을 제시하는 데 있지 않고 과거를 소중히 하고 보존하는 어떤 것으로서, 현재의 국가 및 사회제도들을 진실하게 이해하고 인식하기 위한 유일하면서도 적절한 기초로서 생각해 내는 데에 있었다(Evans, 1999:36~38). 랑케(Leopold von Ranke)는 역사학을 철학이나 문학과 구분하면서 다음과 같이 기술했다고 한다.

> 역사학은 미래의 이익을 위하여 과거를 판단하고 현재에 가르침을 주는 일을 맡아 왔다. 이 책은 그와 같은 고원한 임무를 바라지 않는다. 다만 과거가 본질적으로 어떠하였는가를 보여주고자 할 뿐이다(Stern, 1956:57).

이는 랑케가 계몽주의적 추상성을 기초로 과거를 재단하기보다는 과거를 가능하면 과거의 조건과 맥락에서 좀더 객관적으로 연구하려고 했음을 보여준다. 앞의 인용문은 자칫 랑케가 역사학의 현재적 유용성을 부정한 것처럼 보인다. 하지만 랑케는 과거에 대한 사실의 수집(계몽주의적 도덕성의 예시)이 아니라, 과거의 본질을 과거 자체의 맥락에서 파악하는 방법론적 객관성을 강조한 것으로서, 결코 역사연구의 현재적 유용성을 부정한 것이 아님에 유의해야 할 것이다.[1)]

1) 자세한 내용은 차하순, 1999b; 노태돈 외, 1997; Evans, 1999 참조.

랑케 이후 역사학은 과학성을 강조하는 경향이 더욱 두드러졌다. 1862년 프랑스의 역사학자 푸스텔 드 쿨랑쥬(Fustel de Coulanges)는 "역사학이란 과학이고, 또 그래야만 한다"고 천명하였다(Evans, 1999 재인용:41). 이러한 주장의 근간에는 엄밀하게 분석하는 귀납적 방법에 대한 확신이 있었으며, 연구의 목적은 주로 과거에 대한 지식들에서 아직 채워지지 않은 공간을 메우는 것이었다. 이러한 연구 경향은 현재의 가치관이나 선입견을 배제하고 역사를 다룰 것을 강조하고 있으며, 그러한 이유로 역사학의 현재적 유용성에 대한 열망이 자리잡을 수 있는 여지는 상대적으로 좁아졌다고 평가할 수 있다.

그러나 1차 세계대전을 전후하여 과거 사실보다는 현재 역사가의 입장과 위치를 강조하는 경향들이 등장했다.[2] 이러한 경향의 이면에는 뉴턴(Isaac Newton)의 절대적 자연관으로부터 아인슈타인(Albert Einstein)의 상대적 자연관으로의 자연과학적 패러다임의 변화가 있었다.[3] 이제 과거의 사료는 역사가의 입장과 위치에 따라 다르게 해석될 수 있는 것이었다. 크로체(B. Croce)는 역사가들이 과거의 문서나 사건의 중요도를 판단하는 경우 현재의 관심사에 의해 좌우된다고 하면서 "모든 역사는 현대사이다"라고 하였다(Croce, 2000). 이는 현재의 제도, 법 등 사회를 구성하는 양식에 대한 역사가의 관심과 문제의식에 따라 역사 연구의 방향, 사료의 해석, 연구 결과의 의미 등이 재구성될 수 있음을 보여주는 것이다. 이는 한걸음 더 나아가 역사의 현재적 유용성, 즉 현재의 사회문제 해결과 사회발전을 위한 전략에 관한

---

2) 에반스는 이를 현재주의로 설명하고 있다(Evans, 1999).

3) 1913년 아인슈타인이 발표한 일반 상대성이론은 1919년 일식이 관측된 이후에 사람들 사이에 널리 받아들여졌다. 이로써 사물이나 현상은 그것을 관찰하는 사람의 위치에 따라서 다르게 관측될 수 있다는 가능성이 사람들 사이에 인정되었다. 이를 역사학에 적용하면 사물은 과거의 사료로 간주할 수 있고, 결국 사료의 의미는 현재 역사가의 입장과 위치에 따라 달라지는 상대주의적인 것이라고 해석할 수 있다.

교훈을 얻을 수 있는 가능성을 열어놓고 있다고 하겠다.

20세기 후반 들어 포스트모더니즘의 영향으로 극단적 상대주의 경향이 역사학의 한 흐름으로 등장했다. 이들 역시 사료의 해석에 대한 상대성을 기초로 역사연구에서의 객관성을 부정하며, 과거의 객관적 사실이 존재할 수 있음을 인정하지 않는다. 이들의 작업이 비록 극단적이며 때로는 왜곡된 경우도 있지만, 우리가 역사를 공부해야 할 필요성과 의의라는 측면에서 보면 나름대로 의미가 있다. 즉, 그들은 역사의 연구가 현재의 사회적 이해관계에 대한 입장에 의해 지배받는 실천적 유용성을 겨냥하고 있음을 우리에게 보여주고 있다.

이상에서 보면 역사를 연구하거나 공부한다는 것은 접근상의 차이에도 불구하고 단지 과거에 대한 지적 호기심의 충족에 그치는 것이 아님을 알 수 있다. 오히려 현재 인간의 삶을 규정하는 다양한 요소들이 역사가의 연구 작업에 영향을 미칠 수 있다고 봄이 적절하다. 또한 과거에 대한 역사가들의 연구가 현재의 인간 삶의 다양한 존재양식 및 문제에 대하여 영향력 있는 대안을 제시할 가능성도 있다. 바로 이러한 점이 우리가 역사를 연구하고 공부하는 중요한 의의라고 할 수 있다.

하지만 우리가 매우 주의해야 할 점이 있다. 과거의 역사에 대한 연구의 결과는 어디까지나 현재의 우리들 삶에 대하여 중요한 참고자료는 될지언정 현실 문제의 해결책이나 미래에 대한 확실한 예측 수단을 원하는 대로 언제나 제공해주는 것이 아니라는 점이다. 여기에는 다음과 같은 몇 가지 이유가 있다.

첫째는, 가장 중요한 이유로서 과거의 사건이나 현상의 원인, 조건, 과정 및 결과 등에 대한 충분한 자료를 구하는 데 한계가 있다는 점이다. 실제로 사회복지학을 비롯한 사회과학의 영역에서 현재의 사건이나 문제에 대한 분석에 있어서도 객관적이고 신뢰할 수 있는 충분한 자료를 확보하기란 매우 힘든 경우가 많다. 하물며 과거의 자료는 그것의 양이나 객관성 및 신뢰성에서 상당부분 제한을 받을 수밖에 없다.

둘째는, 하나의 사건이나 현상에서 객관적이고 신뢰성 있는 결과를 발견하여 제시하려면 상당한 시일을 필요로 하는 경우가 많다는 점이다. 그 이유는 물론 사료와 관련 연구물들이 어느 정도 축적되어야 하기 때문이다. 하지만 현실의 사회문제 특히 사회복지의 문제나 쟁점들은 시급성을 요하는 경우가 많다. 따라서, 선불리 과거의 경험에 의존하는 것은 충분히 객관성 및 신뢰성이 인정되지 않은 결과 혹은 잘못된 결과를 참조함으로써 자칫 위험을 초래할 수도 있다.

셋째는, 포스트모던 역사학에서 나타나는 것처럼 현재 역사가의 관점과 이해관계가 지나치게 반영될 경우 극단적으로는 왜곡된 결과를 도출할 수가 있다. 또한 상대주의적 관점 때문에 동일한 과거사에 대하여 상반된 결과가 제시되기도 함으로써 역사 연구의 결과를 현실적으로 참조하는 데 혼란을 초래할 수도 있다.

그렇기 때문에 우리는 신중한 태도로 역사 연구의 결과들을 이용할 수 있어야 한다. 그리고 그러한 연구는 가능한 한 충실한 사료와 과학적 연구방법을 근거로 한 것이어야 한다. 이러한 측면에서 우리가 과학적 방법론에 익숙해져야 하며 폭넓고 다양한 식견과 균형 잡힌 직관과 판단력을 갖추기 위해 수양해야 할 필요성을 설명할 수 있다. 그런 의미에서 다음과 같은 에반스의 언급은 유념할 만하다.

> 과거는 실제로 일어난 일이다. 그리고 우리가 실제로 꼼꼼하고 주의깊고 자기 비판적일 경우에는 그것이 어떻게 일어났는지 알 수 있고, 비록 그것의 모든 의미에 관한 최종적 결론보다는 항상 못하지만 어쨌든 조리 있는 결론에 이를 수는 있다(Evans, 1999:327).

2. 사회복지 역사 연구의 의의

앞에서는 일반적 역사 연구의 의의를 살펴보았다. 그렇다면 좀더 구체적으로 왜 우리는 사회복지의 역사를 공부해야 하는 것일까? 다른 말로 하면 사회복지 역사에 대한 이해는 우리에게 어떤 현재적 유용성을 제공할 수 있겠는가? 이러한 질문은 사회복지 연구자나 사회복지학도로서 사회복지 역사를 공부하는 데 있어서 가장 중요하고도 현실적인 질문일 것이며, 그만큼 이에 대한 고민과 정리는 앞으로 이 책의 각 내용을 읽어 나가는 데 있어서 전제가 되어야 할 것이다.

첫째, 현대 사회에 이르러 정착된 사회복지의 생성 및 발달 과정 그리고 역사적 특성을 이해할 수 있다는 점이다. 사회복지의 본격적 등장과 발전은 자본주의의 생성 및 발전과 궤를 같이 해왔다. 실제로 오늘날 많은 국가가 시행하고 있는 복지제도들은 자본주의 발전 과정에서 대량으로 발생하여 사회적 위협 요인으로 등장한 문제들과 그 속에 사는 사람들의 욕구에 대한 대응이라고 할 수 있다. 물론 자본주의 이전의 사회에서도 민간차원의 자선이나 공적인 구휼제도를 가지고 있었음은 여러 사료에서 발견된다. 우리나라만 하더라도 기자조선(箕子朝鮮)의 문혜왕 원년(기원전 843년)에 이미 윤환법(輪環法)을 만들어 빈민을 구제했다는 기록이 있고, 이후에도 수많은 구휼제도가 존재했었다(하상락, 1997). 하지만 사회 구성원에 대한 복지가 국민의 기본권과 국가의 의무 차원에서 제공되는 현대적 관점의 사회복지제도는 자본주의의 변화와 사회복지 변화를 함께 고려하는 속에서 이해되어야 할 것이다. 이렇게 이해하는 것이 곧 사회복지제도의 역사성을 밝히는 작업이 될 것이다(하상락, 1997).

둘째, 과거의 사회문제 및 사회적 욕구 그리고 이에 대응했던 사회복지 제도 및 프로그램의 등장과 변천 과정에서 나타난 성공 및 실패 원인, 조건, 배경 등에 대한 지식을 확보함으로써, 현재의 사회복지

정책, 제도, 프로그램 개발에 활용할 수 있다. 주지하다시피 우리나라는 서구 선진 자본주의 국가들에 비하여 200년 이상 자본주의의 시작이 늦었으며 그 발전과정은 유례가 없을 정도로 압축적이고 빨랐다. 사회복지제도의 경우도 비슷한 양상을 보여왔다. 이 때 선진국의 경험과 그들의 사회복지 역사를 검토하는 것은 우리에게 일어난 문제는 물론이고 일어날 수 있는 문제에 효과적으로 대비할 수 있게 해준다. 물론 앞서 밝혔듯이 서구의 경험이 우리에게 전적으로 도움이 되리라는 가정은 할 수 없다. 하지만 과거의 사회복지정책이나 프로그램의 시행착오는 오늘의 우리에게는 좋은 약이 될 수 있다. 마찬가지로, 우리나라의 지나간 경험에서 찾을 수 있는 교훈들도 적지 않다. 이러한 점은 다른 사회과학 분야와는 달리 사회문제를 해결하려는 응용학문이자 실천성이 강조되는 학문으로서 사회복지학이 갖는 특성 때문에 더욱 강조된다. 즉 역사연구의 결과물은 현재와 미래의 사회복지 실천과정의 유용한 지침이 될 수 있으며, 한국적 사회복지 접근 모형의 개발에 중요한 기초가 될 수 있다.

셋째, 사회복지의 역사에 대한 이해가 갖는 위의 두 가지 효과를 통하여 궁극적으로는 우리에게 적합한 사회복지 제도발달에 관한 이론을 개발하는 데 중요한 단서를 얻을 수 있다. 이는 사회복지의 역사를 연구하는 과정에서 사회복지제도의 변천 혹은 발전에 내재하는 모종의 법칙성을 발견할 수 있음을 의미한다. 이러한 법칙성이 우리의 사회·문화적 전통과 어우러질 때 한국적 사회복지제도 발달의 이론화도 가능해질 것이다. 불행히도 아직 우리의 사회복지 역사가 짧기 때문에 서구의 사회복지 역사로부터 하나의 제도가 생성·발전·소멸되는 일반적 원리와 조건을 배워야 한다. 이러한 연구와 학습은 오늘날 우리 사회의 특성과 구조를 이해하는 것만큼이나 중요한 일이다.

3. 사회복지 역사의 학문적 성격 : 역사학 · 사회과학 · 사회복지학

일반적으로 역사학과 사회복지학은 모두 사회과학의 한 분야로 인식되고 있다. 그 이유는 두 분야의 연구가 모두 사회과학적 연구방법론에 기초를 두고 있기 때문이다(하상락, 1997:1~5; 한국복지연구회, 1988:15). 역사학과 사회복지학이 사회과학적 연구방법론에 기초하고 있다는 것은 사회과학의 다음과 같은 과학적 기초를 공유한다는 것이다. 즉 체계성, 경험성, 객관성, 인과성, 실증가능성, 일반성, 추상성, 보편성, 예측성 등이 그것이다(김성이 · 김상균, 1994:22~23). 자고린(P. Zagorin)은 "역사 서술이 인과성의 개념 없이 이루어질 수 있다고 생각하면 그것은 착각이다"라는 말로써 역사학의 과학성을 단적으로 표현하고 있다(Zagorin, 1990:269~270). 이 언명은 역사학의 과학성을 강조하는 동시에 역사학도 혹은 사회복지학도들에게는 사회과학적 방법론에 대한 식견과 이해를 요구하는 것이기도 하다.

이처럼 역사학을 사회과학적으로 접근할 필요가 있다는 점은 양자 사이의 다음과 같은 공통점을 들어 좀더 구체적으로 설명할 수 있다(하상락, 1997:3~5). 첫째, 연구 대상의 동일성이다. 오늘날 사회과학과 역사학은 모두 사회구성원들의 상호작용 과정에서 발생하는 사회현상을 연구 대상으로 하고 있다는 것이다. 둘째, 두 학문 분야 모두 자연과학과는 달리 변하지 않는 보편적 법칙보다는 한정된 일반화에 관심을 갖는다. 그 이유는 사회과학과 역사학 모두 가변적 인간의 가치에 뿌리를 두고 있기 때문이다. 따라서 '사회과학적 법칙 및 개념'과 다른 별도의 '역사 법칙이나 개념'은 있을 수 없는데, 그 이유는 양자가 인간사회와 사회관계를 그 일반적 역사과정에 비추어서 해석하고 이해하고 설명하기 때문이다(이종수, 1981:264). 셋째, 방법론적으로 양자간에는 근본적으로 차이가 없다. 다만 전형적인 역사학자는 과거의 특정 사례에 관심을 갖고 사료와 정보를 다루는 데 반하여, 전형적인 사회과학자는 특정 사례를 넘어서 사회와 역사에 대한 보편적이고 일반적인 이론 정립에 일차적인 목표를 두고 있다는 점에서 차이가 있을 뿐이다(이종수, 1981:263; 양병우, 1981:233).

한편, 사회복지학도 사회과학 일반과 많은 특성을 공유하고 있다. 사회과학이 사회현상과 인간관계 현상을 연구 대상으로 하고 있고 사회복지학이 인간의 욕구 충족과 사회문제의 해결이라는 목적을 두고 연구되는 한 사회복지학이 어떤 연구 주제와 연구 방법을 선택하든 기본적으로 사회과학의 형태를 띨 수밖에 없다는 점에서 그러하다(김성이·김상균, 1994:41; 孝橋正一, 1969:1). 그렇기 때문에 사회복지학을 사회과학의 한 학문 분야로 보는 데는 전혀 무리가 없다.

하지만 사회과학의 다른 분과학문들이 주로 인간관계의 현상을 설명하기 위한 과학인데 반하여, 사회복지학은 어떤 사회현상에 내재하는 사회문제에 대처하는 사회적 시책을 강구하는 학문으로서의 성격이 강하다(孝橋正一, 1969:1). 따라서 다른 사회과학이 순수성이 강하다고 한다면 사회복지학은 응용성과 실용성이 상대적으로 강하다고 할 수 있다. 김성이·김상균은 사회복지학이 다학문적이고, 기본 이념으로 개인주의와 집합주의를 함께 가지나 상대적으로 집합주의적 성격이 강하며, 대립 가능성이 있는 가치에 대하여 절충주의적 성격을 지닌다고 설명함으로써, 사회복지학이 사회과학의 다른 분과학문들과 차별성을 보임을 지적하고 있다(김성이·김상균, 1994:42~43).

이상을 종합해 보면 역사학과 사회복지학은 각 분야의 관심과 목적에 따라 조금씩 다른 특성을 보이기도 하지만 기본적으로 사회과학방법론을 적용하고 사회현상을 다룬다는 의미에서 사회과학적이다. 따라서 사회복지학을 연구함에 있어서는 역사학의 결과물이나 사료 혹은 관련 정보를 언제든지 활용하고 재해석하며 그로부터 새로운 지침이나 통찰력을 얻을 수 있어야 한다. 아울러 사회복지학도는 사회현상 일반에 대한 폭넓은 지식과 통찰력은 물론 사회과학적 방법론 등에 대한 이해를 갖추어야 한다. 그래야만 현재 당면한 사회문제와 사회적 욕구를 올바로 이해하고 그것의 미래를 예측하는 연구자로서의 구실과 구체적 문제의 해결에 기여하는 실천가로서의 구실을 적절히 해낼 수 있을 것이다.

생각해볼 문제

1. 역사 연구에 있어서의 객관성과 상대성의 문제에 대해 함께 토론해보자.
2. 우리가 현재의 시점에서 사회복지의 역사를 공부하는 목적은 무엇이며, 그것은 어떤 유용성을 갖는가? 이를 사회복지의 학문적 측면과 실천적 측면에서 정리해보자.
3. 사회복지의 역사를 공부한다는 것이 넓은 의미의 사회과학 및 사회복지학 연구에서 차지하는 위치에 대하여 생각해보자.

제 2 장

사회복지 역사의 이론과 연구방법

> 역사 서술이 인과성의 개념 없이 이루어질 수 있다고 생각하면 그것은 착각이다. —Zagorin
>
> 역사가들은 사건이나 과정을 초래한 원인 못지않게 그것들의 결과와 의미에도 관심을 둔다. —R. Evans

1. 사회복지 역사의 이론적 접근

앞장에서 역사의 연구에는 현재 역사가의 입장과 관점이 작용하고 있으며 그럼에도 불구하고 연구 방법론(과학성)에 대한 관점에 따라 역사의 현재적 유용성에 대한 시대별 내용이 조금씩 다르게 나타나고 있음을 보았다. 그런데 이러한 관점이나 입장은 이념(혹은 이데올로기)이나 철학적 형태로서 제시되기도 하며 때로는 이론적 맥락에서 논의되기도 한다. 또한 이러한 이념적 혹은 이론적 맥락하에서 사회복지제도의 유형이나 발전에 영향을 미치는 다양한 결정 요인들이 제시되기도 한다.

문제는 많은 논저에서 사회복지 역사에 대한 이데올로기적 관점, 이론 혹은 영향요인들이 명확히 구분되어 논의되지 않고 있다는 점이다. 각각의 이론적 논의에 이념적 입장이 포함되어 있기도 하고 이론적 설명에 사회복지 역사의 결정 요인에 대한 설명들이 함께 존재하기도 하는 등 복잡성을 보이고 있다. 또한 역사에 대한 영향 요인의 논의에서도 역사에 대한 이념적 입장에 따라 상이하기 때문에 논의의 차원과 경계를 구분하는 것은 간단한 작업이 아니다.

이 책은 이러한 어려움을 고려하여 이념적 논의의 대표적 예로써 사관(史觀)을 소개하고 사회복지학에서 많이 소개되는 이론으로 사회복지 발달이론을 탐색한다. 따라서 본 장에서는 사관과 이론의 개념 구분, 분류 기준, 이념과의 관계처럼 복잡한 문제에 대한 답을 추구하지 않는다. 오히려 이 책의 목적에 비추어 이후 각 장에서 전개될 사회복지 역사에 대한 다양한 관점과 이론이 있을 수 있음을 보여주고자 한다. 이를 통해 사회복지에 입문하는 독자들이 하나의 가치나 관점에 고착되는 우를 피할 수 있게 하고 각 시대별 사회복지의 변화에 대해 스스로의 판단과 해석을 내리는 데 도움을 줄 것으로 생각한다.

1) 사관(史觀)[1)]

(1) 사관의 개념과 범주

우리가 쓰는 사관이란 용어는 일본 학계에서 온 것으로 생각되며 유물사관(唯物史觀)이란 개념이 등장한 이후에 본격적 학술용어로 사용된 것으로 추측되고 있다(차하순, 1999:9). 사관 혹은 역사관이란 역사를 바라보는 관점을 말하는 것으로 역사에 대한 견해, 관념, 사상, 해석 등의 개념을 내포하고 있다. 우리나라에서는 사관이란 개념을 역사철학 혹은 역사이론까지 포함시키고 있으며 경우에 따라서는 '역사를 보는 눈', '역사에 대한 식견', '역사의식'을 의미하는 경우도 있다(차하순, 1999:9).

이런 사관은 역사연구의 일반화 작업(*generalization*)을 위한 사고의 틀로써 작용할 수 있으며 좀더 좁은 의미에서 분석의 틀이나 이해의 틀을 제공해 줄 수 있다. 즉 다양하고 혼재된 역사적 사실과 설명들

---

1) 이 책의 사관에 대한 설명은 차하순(1999)과 노태돈 외 4인(1997)을 위주로 정리하였음을 밝혀 두며 자세한 사항은 두 저서를 참고하기 바람.

을 나름대로 분류하고 이해하는 도구로써 활용할 수 있는 것이다. 하지만 사관은 주관적이며 자기 폐쇄적 속성이 있기 때문에 독단적이고 객관성을 상실한 이해 및 분석 결과를 도출할 수 있는 위험을 동시에 내포하고 있다. 우리는 식민사관이나 민족사관의 주장들에서 동일한 현상을 두고 정치적 목적에 따라 다소 무리라고 생각될 정도로 자기 폐쇄적 해석을 하는 경우를 가끔 보게 된다. 따라서 사관은 귀납적인 사실 입증 과정을 거쳐야 한다. 그래야만 미리 사관을 정해 놓고, 있지도 않은 증거를 찾아 헤매거나 사료를 아전인수(我田引水)로 이용하는 무리수를 피할 수 있을 것이다. 또한 사관은 신성불가침(神聖不可侵)한 것이 아니기 때문에 이를 절대시하면 안 될 것이다(차하순, 1999: 34).

(2) 사관의 분류

사관의 범주는 크게 목적론적 역사철학(目的論的 歷史哲學)으로서의 사관, 역사법칙(歷史法則)으로서의 사관, 사학 이론(史學 理論)으로서의 사관으로 분류되고 있는데 각각의 내용은 다음과 같다(차하순, 1999:11~26).

① 목적론적 역사철학으로서의 사관

목적론적 역사철학으로서의 사관은 일반적으로 사용하는 사관의 개념에 가장 가깝다. 이 범주에 속하는 사관으로는 기독교 사관, 자연법 사상에 기초를 둔 계몽사상가들의 사관, 칸트 및 헤겔의 사관이 속하며 유물사관 또한 목적론적 특성을 보이고 있다. 이들 사관은 세부적 차이에도 불구하고 대체로 다음과 같은 공통점을 가지고 있다.

역사철학자들은 역사의 본질을 선험적으로 파악하려 하며 추상적이고 사변적인 특징을 보이고 있다. 이들은 역사 과정의 일반성(*generality*) 또는 사건 전개 과정에 내포된 의미(*meaning*)와 중요성(*significance*)

을 발견하려고 시도한다. 이러한 의미는 통상적 역사연구보다는 선험적인 직관에 의존해야 하는 경우가 있음을 받아들이고 있다. 따라서 사회 변동의 동인으로써 물적 조건보다는 사상, 이념 등의 관념을 상대적으로 중시함으로써 대체로 관념론적 사관에 가깝다고 할 수 있다.

또한 역사철학자들은 대체로 역사의 필연성을 믿고 있으며 대부분의 경우 역사의 발전 과정이 도식적인 제결정적 단계(諸決定的 段階)를 거쳐 전개된다고 본다. 이들은 대체로 역사의 진보 개념을 믿고 있었다. 따라서 이들의 사관은 크리스트교의 창조에서 종말에 이르는 과정이나 맑스(K. Marx)가 자본주의에서 사회주의로의 이행을 예견한 것처럼 역사의 필연성에 대한 확신을 가지고 있다.

마지막으로 역사철학은 목적론적 특성을 보이고 있다. 즉 역사는 하나의 전체로서 미래의 계획이나 목표를 가지고 있으며 그렇기 때문에 역사의 발전과정이 의미를 가진다고 본다. 기독교 사관의 궁극적 '구원(救援)', 칸트(I. Kant)가 내세우려 했던 '자연의 숨은 계획'을 발견할 수 있는 보편사의 원리, 맑스의 '계급 없는 사회'가 역사의 중요한 목표로 그려졌다.

하지만, 이러한 관점은 지나치게 선험성과 사변적 연구에 의존함으로써 설사 논리적 타당성을 위해 사실을 입증하는 경우가 있기는 했지만, 세부적으로는 극히 조잡하거나 사실을 단순화시키거나 왜곡하는 경향이 보이기도 했다.

② 역사법칙으로서의 사관

역사법칙으로서의 사관은 경험론적 특성을 보이며 역사변화의 패턴을 과학적 법칙성으로 설명하거나 가설 혹은 모델을 설정하여 그러한 패턴을 발견하려고 하였고 그 과정에서 사실을 입증하려는 시도를 하였다. 이러한 점에서 목적론적 역사철학자들의 선험적이고 사변적인 경향과는 분명한 상이점이 있었다. 그리하여 경험론적 법칙사관으로 불리기도 한다.

이런 법칙사관은 19세기 콩트(A. Comte), 스펜서(H. Spencer) 등의 새로운 사회이론(사회학)의 영향을 받아 성립되었다. 콩트는 인간사회의 발전 단계를 신학적 단계, 형이상학적 단계, 과학적 단계로 구분하였고 스펜서는 사회발전을 무한하고 부정(不定)한 동질성에서 유사하고 일정(一定)한 이질성으로 진화한다고 보았다(차하순. 1999: 재인용).

이러한 법칙사관 또한 다양한 유형을 보이고 있다. 맑스는 유물사관의 과학성을 확신했을 뿐만 아니라 사회제도에 대한 사회학적 분석을 토대로 미래를 예측하고자 하였다. 맑스는 경제적 사회구조의 발전이 자연적 과정이라고 생각함으로써 역사현상이 자연현상과 같이 일정한 규칙성을 갖는다고 보았다.

슈펭글러(O. Spengler)와 토인비(A. J. Toynbee)의 문명 사관 역시 역사발전의 제 단계를 도식화(예: 토인비의 《도전과 응전》)하고 그 과학성에 대한 사실 입증을 시도하였다는 점에서 목적론적 사관과 구분되는 경험적 특성을 보여주고 있다. 또한 터너(F. J. Turner)는 사관을 하나의 가설로 내세워 미국 문명에서 서부개척정신의 독자적 문화형성 능력을 주장하였는데 이는 프론티어(*Frontier*) 사관으로 불린다.

이러한 관점에서의 연구가 전적으로 역사법칙으로서의 사관에만 해당하는 것이 아니고 개별 연구자들이 주장하는 과학성이 때로는 논쟁의 대상이 되기도 한다. 그러나 이들의 과학적 법칙에 대한 추구가 역사 인식에서의 과학성을 증진시켰다는 점에서 긍정적으로 평가할 수 있다.

③ 사학 이론으로서의 사관

역사이론은 역사학의 본질, 역사 인식과 논리, 역사적 설명, 방법론 등에 대해 가해진 철학적 분석을 가리킨다. 따라서 인과관계란 무엇인가, 역사연구의 목적은 무엇인가, 사실의 재구성은 순수하게 객관적인가, 역사설명은 과학적인가, 역사가는 가치판단에 관련되어 있는가 등의 문제가 주요 쟁점이 된다. 이러한 문제들은 학생들이나 일반인들이 접근하기가 어렵기 때문에 전문 역사학자들이 관계되는 사관의 범주라고 할 수 있다. 또한 이 범주는 인식론과 방법론에 관련되기 때문에 목적론적 역사철학으로서의 사관이나 법칙으로서의 사관과 상호 관련을 맺고 있으며, 다만 분류의 차원이 다르다고 할 수 있다. 여기에 해당하는 사관으로는 랑케(L. Ranke)와 마이네케(F. Meinecke)의 역사주의 사관, 부르크하르트(J. Burchardt)의 사관, 일반법칙론, 실증주의 사관, 상대주의 사관 등을 들 수 있다.[2)]

2) 사회복지 발달이론

사관이 역사 연구나 학습에 대한 일반적 관점과 틀을 제공해준다면 사회복지 발달이론은 구체적으로 사회복지제도나 프로그램이 생성, 발전, 소멸되는 일련의 과정에 영향을 주는 요인을 인과적 이론틀로써 설명하고자 하는 시도라고 할 수 있다. 〈표 2-1〉에 나타난 것처럼 사회복지의 변화와 발전을 설명하는 이론들은 국·내외에의 연구자들에 의해 다양하게 제시되고 있다. 이러한 다양성은 이론이나 결정 요인의 분류기준이 다양한 데서 찾을 수 있으며 다른 한편으로는 그만큼 사회복지의 변화가 다양한 이론이나 요인으로 설명될 수 있음을 보여준다. 이러한 다양한 분류에도 불구하고 내용에 있어서는 상당한 유사성을 보이기도 한다. 또한 동일한 명칭이 붙은 이론이라 하더라도 구체적 설명 내용은 조금씩 차이가 나거나 다른 명칭에도 불구하고 유사한 설명을 하기도 한다.

---

2) 자세한 것은 차하순(1999)와 Evans(1999)를 참조하기 바람.

〈표 2-1〉 사회복지 발달이론들

연구자	발달이론 및 결정 요인 분류
김상균 (1987)	(1) 사회양심이론(*social conscience theory*) (2) 합리이론(*rationality theory*) (3) 테크놀로지론(*technology theory*) (4) 시민권론(*citizenship theory*) (5) 사회정의론(*social justice theory*) (6) 음모이론(*conspiracy theory*) (1) 종속이론(*dependency theory*)
김태성 · 성경륭 (1993)	(1) 산업화이론 (2) 독점자본이론 (3) 사회민주주의 이론 (4) 이익집단정치이론 (5) 국가중심적 이론
힐(Hill) (1996)	(1) 선진 사회의 자연적 수반물로서의 사회정책: 보호적 가치(*caring value*) 진보 이상의 의미부여를 하지 않음. (2) 기능주의적 현대화 이론(*modernization theory*)의 요인들 ① 복합적 도시공동체의 진화 ② 복잡한 산업화 과정 ③ 높은 생활수준의 달성 ④ 정치와 행정 시스템의 정비 (3) 동기이론적 요인들 ① 취약집단의 사회적 위험성에 대한 우려 ② 출생률 저하 등 국가적 취약성에 대한 우려 ③ 평등정책에 대한 요구 ④ 유권자로서의 노동계급에 대한 정치적 통합 달성 ⑤ 독점 및 시장의 비효율성에 대한 규제의 필요성 ⑥ 국가 관여를 옹호하는 전문가 및 관료의 역할 ⑦ 이타주의
림링거 (Limlinger) (1991)	(1) 산업사회로의 전환과 빈곤문제 속성의 변화 (2) 사회 내 계급간의 관계 변화 (3) 정치체계의 본성과 변화 (4) 경제적 변수의 역할 (5) 이데올로기
피어슨 (Pierson) (1991)	(1) 사회복지의 출현 요인 ① 산업화 ② 국가의 성장 ③ 근대사회로의 전환 (2) 자본주의와 사회복지와의 공생적 관계 분석 범주 ① 산업화 논리 ② 현대화 ③ 사회민주주의 이념
플로라 (Flora) (1981)	• 역사적 거시성좌(*historical macro-constellation*) 이론 (1) 국민국가의 형성 (2) 산업사회의 도래 (3) 국제체제의 변화 (4) 자본주의 경제체제 (5) 대중민주주의 발달 (6) 인구성장 및 가족구조의 변화 (7) 이들 요인들의 상호작용
이혜경 (1982)	(1) 경제적 요인: 공업자본주의 영향 (2) 사회구조적 요인: 직업, 소득, 종교, 인종 등 (3) 문화 · 역사적 요인: 이념과 역사적 변수
힉스 (Hicks) (1999)	(1) 산업사회이론(*industrial society theory*) (2) 계급분석이론(*class analytical theory*) (3) 국가주의 이론(*statist theory*) (4) 다원주의 이론(*pluralist theory*) (5) 네오 맑스주의 이론(*Neo-Marxist theory*) (6) 정체중심이론(*polity-centered theory*) (7) 계급정치 이론(*class politics theory*)

이러한 이유로 각 연구자들의 모든 이론과 요인을 몇 개의 범주로 구분하는 명확한 분류기준을 설정한다는 것은 매우 힘든 일이며 이 책의 작업 범위를 넘어서는 일이라고 할 수 있다. 여기서는 각 연구자들의 이론이나 결정요인 및 그 분류 기준을 구체적으로 설명하지 않는다. 다만 각 연구들의 공통점과 차이점들을 고려하여 다음과 같은 몇 가지 범주로 재분류하여 각 범주들이 주요 설명들을 정리해 보기로 한다.

〈표 2-1〉에 제시된 내용을 보면 종속이론과 같은 예외가 존재하지만 설명의 초점이 다음과 같은 6가지 범주로 나뉘고 있다. 즉 설명의 주안점에 따라 (1) 산업화와 현대화를 중심으로 한 설명, (2) 계급의 정치적 역관계를 중심으로 한 설명, (3) 국가 및 관료적 시스템을 중심으로 한 설명, (4) 다원주의적 이익집단론에 기초한 설명, (5) 자본주의에 대한 네오-맑시스트(*Neo-Marxist*)의 설명, 그리고 일관된 흐름을 찾기는 곤란하지만 (6) 사회의식 혹은 가치 중심의 설명 등으로 구분해볼 수 있다.[3]

(1) 산업화 / 현대화 이론

산업화이론은 복지국가 혹은 사회복지제도의 생성과 변화를 산업화의 결과로 해석한다(김태성·성경륭, 1993). 주지하듯 산업화는 도시화, 제조업 중심으로의 산업 구조 변화를 수반한다. 이 과정에서 산업재해, 불평등의 심화, 범죄 문제, 주택 문제, 상·하수도 문제 등 각종 도시 문제가 발생한다. 인간관계 또한 정의적(情誼的)인 일차적 인간관계에서 공식성과 경쟁이 강조되는 이차적 인간관계로 변화되면서 이전에 없었던 새로운 사회문제가 등장하게 된다. 이에 대한 사회적, 국가적 대응의 결과가 사회복지제도 및 복지국가라고 할 수 있다.

현대화 이론은 산업화이론의 주요 내용을 포함하면서도 약간의 상이

3) 이에 대한 주요 논의는 김상균(1987), 김태성·성경륭(1993), Hicks(1999)를 참고하였으며 좀더 자세한 내용은 이들 문헌을 참고하기 바람.

성이 나타나고 있다. 힐은 현대화를 복잡한 도시공동체의 형성과 진화, 복잡한 산업화 과정, 사회성원들의 높은 생활수준 향유, 정치와 행정시스템의 정비로 설명하고 있다(Hill, 1996). 이러한 요인들이 복지국가의 출현을 요구하는 한편 복지국가를 가능하게 했다고 할 수 있다. 다만 정치와 행정 시스템의 정비 등을 제시한다는 점에서 산업화 이론과 다소 차이가 있다. 힉스(Hicks)의 산업사회이론(*industrial society theory*)에서 주장하듯 복지국가는 산업화로 인한 각종 문제를 치유하고 새롭게 확장된 국가에 필수적 장치인 것이다(Hicks, 1999).[4]

하지만 산업화 이론이나 현대화이론 모두 근저에는 인간의 합리적 이성에 대한 믿음을 전제로 하고 있다는 점에서 공통적이라고 할 수 있다. 합리이론에 의하면 합리적 이성을 가진 인간은 산업화 과정에서 나타나는 각종 사회문제에 대하여 합리적 해결책을 제시하며 이 해결책 중의 한 영역이 사회복지라고 설명한다(김상균, 1987). 또 하나 중요한 점은 경제의 발전을 중요한 전제로 한다는 점이다. 즉 경제의 발달은 산업의 발전 및 자본주의 국가의 발전을 의미하며 복지국가는 바로 이러한 기초 위에 성립하는 것이 된다(Hicks, 1999). 이러한 측면에서 볼 때 산업화이론과 현대화 이론은 일종의 수렴이론(*convergence theory*)적 요소를 보이고 있다.

(2) 계급정치이론

계급정치이론은 노동자계급의 성장과 이들의 정치적 참여 시스템에 주목한다. 우선, 계급정치이론은 노동자 계급의 성장이 초기 사회복지

4) 힉스(Hicks)의 경우 산업사회이론을 설명하면서 국가의 확대된 기능을 제시하고 있고 특히 경제의 발전이 산업발전과 자본주의 국가의 발전을 결과한다고 설명하면서 그러한 자본주의 국가를 복지국가로 보고 있다. 이러한 점에서 국가중심이론 및 네오 맑시스트의 설명과 연결될 수 있는 단서를 가지고 있다(Hicks, 1999 참조).

제도나 복지국가의 출현에 중요한 요인이었음을 보여주고 있다. 예를 들면 독일과 영국에서의 사회보험의 시작은 유권자인 노동자계급에 대한 독일의 보수적 비스마르크 정부와 영국 자유당 정부(*liberal government*)의 흡수 혹은 지지 호소의 수단이었으며 사회주의적 위협에 대한 대응이었다(Hicks, 1999).[5] 이에 따르면 조직화된 노동계급의 동원은 초기 복지국가 형성에 중요한 요인으로 작용했다고 할 수 있다. 이는 일정 부분 음모이론[6]으로도 설명될 수 있지만 성장하는 노동계급과 그에 대한 정치적 대응의 중요성을 강조한다는 점에서 계급정치이론으로 설명할 수 있다.

다음으로 계급정치이론의 설명에서 간과할 수 없는 것은 복지국가의 성장·발전을 사회민주주의와 연계시킨다는 점이다.[7] 즉 노동자 계급의 이해를 대변하는 사회민주주의 및 좌파 정당의 성장과 집권이 복지국가의 팽창에 중요한 역할을 했다고 보는 것이다(김태성·성경륭, 1993). 피어슨은 복지국가의 발전 조건으로 노동계급에 대한 선거권 확대, 노동계급을 대변하는 사회민주당의 발달, 강력하고 중앙집권화된 노동조합운동, 우익정당의 약화, 지속적 사회민주당의 집권, 지속적 경제성장, 노동자의 강한 계급의식과 사회·문화적 분열(종교, 언어 등)의 약화 등을 들어 노조세력의 정치적 힘의 증가와 좌파정당의 존재를 강조하고 있다(Pierson, 1991).

---

5) 영국의 예로 Lib-Lab를 들 수 있다. 이는 1906~1914년의 Herbert Asquith 정부에서 자유당과 노조 및 노동당의 협력관계를 유지했던 것을 지칭하는 것이며 자유당 정부가 성장하는 노동계급 세력에 정치적으로 대응한 결과로서 의미를 가진다.

6) 음모이론은 음모의 내용이 자본주의 자체 모순을 은폐하기 위한 것인지, 집권정당의 정치적 이해를 은폐하고 보호하기 위한 것인지에 따라 계급정치이론 혹은 네오 맑시스트 이론과 연결될 수 있다고 판단된다.

7) 복지국가 발전을 설명하는 사회민주주의의 이론적 논리는 김태성·성경륭(1993) 5장 참조.

이러한 점은 정치적 계급투쟁의 관점에서 설명되기도 한다.[8] 정치적 계급투쟁의 관점은 현재 자본주의 국가(특히 복지국가)가 네오 맑시스트 국가이론에서 주장하는 것처럼 반드시 자본가 계급의 이익만을 반영하는 것이 아니고 자본가 계급과 노동자 계급의 정치적 역관계에 의해 기능이 결정된다고 본다. 이는 노조세력의 성장과 이들의 이해를 반영하는 좌파 정당의 존재 여부와 밀접한 관계를 가지고 설명될 수 있으며 복지국가의 발전에 노조의 조직화된 힘과 이들의 정치적 동원 시스템의 존재가 중요함을 보여주는 것이다. 이러한 요인들이 적절히 적용되는 예로는 우리가 복지국가의 전형적 예라고 평가하는 스칸디나비아 국가들을 들 수 있다(김태성 · 성경륭, 1993).

(3) 국가 및 정체(*polity*) 중심이론

사회복지 및 복지국가의 발전을 공급자 측면에서 분석하고 있는 국가중심이론은 국가의 정책 결정 및 형성 능력, 국가의 제도 지향성, 국가행위자의 확대성향에 기초하여 국가 및 관료 집단의 자기 강화 경향에 주목한다. 이 이론은 자본, 노동계급, 사회의 이익집단, 산업화 등이 복지국가의 형성과 발전에 일정 정도 영향을 주고 있음을 인지하고 있으나, 기본적으로 그러한 영향이 독립적인 혹은 상대적으로 자율적인 국가에 의해 매개되고 있음을 강조한다(김태성 · 성경륭, 1993).

따라서 힉스의 주장처럼 복지국가의 형성과 발전에는 국가 엘리트, 제도적 주도권(*initiatives*), 국가의 통제(*control*) 능력이 중요한 역할을 하게 된다. 이러한 의미에서 국가는 네오 맑시스트의 상대적 자율성 이상의 강력한 자율성을 갖고 집단들과 계급을 정치적 형성의 틀(*a set of political shaping forces*) 속으로 종속시킨다(Hicks, 1999). 이러한 힉

---

8) 정치적 계급투쟁의 관점은 Skocpol, T. (1980). "Political Response to Capitalist Crisis: Neo-Marxist Theories of The State and Case of The new Deal," *Politics and Society* 등 참고.

스의 정체중심이론(*polity-centered theory*)은 국가의 정체(*polity*)형성능력을 분석의 중심에 놓는 일종의 국가중심이론이라고 할 수 있다.

국가중심이론은 첫째, 국가 특히 관료조직의 정책 형성 능력을 강조한다. 테크놀로지 이론에서 주장하듯이 관료들이 복지정책의 수립과 집행에 필요한 각종 전문지식과 기술을 체득하고 적용할 수 있게 됨으로써 자신들의 신념과 이해를 사회나 민간에 의존하지 않고 독자적으로 복지에 대한 장·단기적 정책을 수립하고 집행할 수 있게 되었고 이것이 복지의 발전에 영향을 주었다고 설명한다. 둘째, 국가의 중앙집권적이고 조합주의적인 형태가 사회복지의 발전에 중요하다고 설명한다. 즉 사회복지는 강력한 정부와 관료조직을 기초로 하게 된다. 셋째, 관료조직의 독자적 이해관계를 강조한다. 일반적으로 관료들은 해당조직의 예산과 인력자원을 팽창시키려는 성향을 가지고 있다. 이같은 팽창이 자신들의 권력과 영향력을 증대시킨다고 믿기 때문이다. 이에 따르면 사회복지분야에서도 관료들의 이해관계가 프로그램과 제도를 확대시키는 방향으로 작용하는 것이다(김태성·성경륭, 1993; Hicks, 1999).

(4) 다원주의적 이익집단이론

이 이론은 민주주의 사회를 전제로 하고 있으며 다원화된 집단과 이들간의 경쟁과 제휴정치를 통하여 복지국가가 발전한다고 본다(Hicks, 1999). 이 이론은 계급보다는 다양한 집단의 정치적 참여를 중시하고, 권력이 국가보다는 시민 사회에 분산되어 있고 국가가 중립적 위치에서 다양한 집단들의 경쟁과 갈등을 조절하고 협의를 이끌어 내는 시스템 관리자로서 기능한다고 봄으로써 계급정치이론 및 국가중심이론과 구분된다. 역사적으로 볼 때 자유당(*Liberal*) 혹은 기독교 정당들이 2차 대전 이후 좌파 민주 정당들(*Left democracy parties*)이 행했던 것과 같이 소득보장을 위한 개혁을 실행하였던 것처럼 중도적 정당의 집권

시기에 이루진 복지의 확대에 주목한다(Hicks, 1999).

이익집단이론은 정치적 과정을 중시하는데, 특히 중요시하는 것이 선거와 로비(*lobby*)이다. 우선 선거는 유권자들의 입장에서 정치적 요구를 하기에 매우 적절한 이벤트이다. 정치적으로 잘 조직되어 투표의 판세에 영향을 줄 수 있는 집단이라면 더욱 효과적으로 자신들의 요구를 전달할 수 있다. 또한 다원적 이익집단이론에서 각 집단의 요구와 의견들이 집결되는 주요 통로가 의회이기 때문에 집단별 로비 능력은 해당 집단의 정책요구와 실현에 있어서 매우 중요하게 된다.

20세기 특히 2차 대전 이후 많은 여성, 노인 등 사회적 욕구를 가진 집단들이 점차 조직화되고 이들이 민주적 선거 과정에서 자신들의 투표 영향력을 넓혀온 것이 사실이다. 특히 계급보다는 계층, 계층보다는 이해관계를 같이 하는 다양한 집단들로 사회가 분화해가고 국가와 시장에 대하여 시민사회의 영향력이 점점 커지는 시대적 흐름을 고려하면 이익집단들의 복지에 대한 영향력은 무시할 수 없는 변수로 작용할 수 있다. 물론 비관적 전망도 존재한다. 즉 이익집단들 중 실제로 영향력을 발휘하는 집단은 자금력, 조직력 등이 강한 집단이며 사회복지의 대상이 되는 집단(아동, 미혼모 등)들은 이익집단으로서의 경쟁력이 약하기 때문에 복지의 확대가 생각만큼 이루어지지 않거나 왜곡될 가능성이 존재한다. 그럼에도 불구하고 대중 민주주의가 확대되고 유권자 한 표의 위력이 존재하는 한 이익집단 이론은 일정 정도 설명력을 가진다고 할 수 있다.

(5) 네오-맑시스트 이론

독점자본이론 혹은 음모이론으로도 설명되는 네오-맑시스트 이론은 전통적 맑시스트 이론과는 달리 독점자본주의 단계에서 자본축적을 돕고 자본주의 사회의 모순을 완화 내지는 은폐시키는 서구 국가들의 적극적 역할을 강조한다. 이들은 국가의 계급성을 강조하면서도 국가의 상대적 자율성을 어떻게 보느냐에 따라 도구주의(*instrumentalism*)와 구조주의(*structuralism*)로 구분할 수 있다(김태성 · 성경륭, 1993).[9]

도구주의는 국가를 자본가들의 이익을 대리하는 도구로서 파악한다. 따라서 근본적으로 사회복지는 자본의 필요성, 즉 자본 축적과 하부로부터의 정치적 도전에 대한 대응이며 이를 국가가 자본의 이해관계에 따라 대리하는 것으로 본다. 따라서 사회복지의 확대에도 불구하고 복지제도의 내용이 자본의 이해를 반영함으로써 본질적으로 자본가들의 자원을 축소시키지 않는 것으로 본다.

구조주의 관점은 국가의 상대적 자율성(*relative autonomy*)을 인정한다. 국가는 자본주의 경제체제의 구조 속에서 필연적으로 자본의 장기적 이익에 봉사한다. 하지만 단기적 혹은 부분적으로는 자본의 이익과 대치되는 정책을 폄으로써 장기적 자본축적을 보장하고 자본가들의 반대에도 불구하고 노동계급을 통제하고 체제에 순응시키는 기능, 즉 정당화(*legitimization*) 기능을 수행한다고 본다. 논자들마다 약간의 차이가 있음에도 불구하고 자본주의 국가의 모순적 기능, 즉 '축적'과 '정당화'에 주목하고 있으며 이를 통해 사회복지의 변화, 재정 위기 등을 설명한다. 축적의 기능이 확대될수록 복지의 확대가 초래되며 이를 통해 모순이 해결되는 것이 아니고 더욱 은폐되고 확대되는 것으로 본다.

네오 맑시스트 이론은 상대적 자율성의 개념에도 불구하고 국가의 계급성을 인정하고 있고 국가의 기능이 자본주의 체제의 모순 위에서

---

9) 김태성 · 성경륭(1993)은 복지국가발달이론에 대한 네오 맑시스트 이론을 도구주의, 구조주의, 정치적 계급투쟁 관점으로 분류한다. 하지만 정치적 계급투쟁 관점은 국가의 기능보다는 계급적 역관계와 계급간의 정치성을 강조하고 있다는 점에서 이 책에서는 계급정치이론으로 분류한다. 그리고 도구주의는 Miliband, R. (1969), *The State in Capitalist Society*, N. Y. : basic Books, 구조주의는 O'Connor, J. S. (1973), *The Fiscal Crisis of the State*, New York : St. Martin's; Gough, I. (1979), *Political Economy of The Welfare State*, London : Macmillan을 참조하기 바람.

기능하는 한 사회복지 혹은 복지국가의 팽창이 가능하다고 본다. 하지만 이러한 사회복지의 발전은 자본주의의 모순을 은폐하고 자본주의적 축적체제를 공고히 하기 위한 자본주의적 수단으로 본다. 동시에 사회복지 혹은 복지국가의 발전이 자본주의 모순을 해결하지 못할 것으로 전망한다. 오히려 사회복지 지출에 의해서 재정위기와 같은 복지국가 위기가 초래되며 따라서 자본주의의 극복을 통한 새로운 사회로의 변화를 주장한다.

(6) 사회의식 혹은 가치 중심의 이론들

상기한 이론들 외에 사회적 양심, 사회정의, 시민권의 변화와 같은 사회의식 혹은 사회가치들을 통해 사회복지의 발전을 설명하는 일단의 이론들이 있다. 이들 이론들은 사회나 국가의 구조 혹은 그 내부 구성 세력간의 역관계 등에 초점을 두기보다는 사회를 지배하는 의식이나 가치 혹은 문화적 규범 등에 초점을 두고 있다는 데 공통점이 있다. 여기서는 대표적인 것으로 사회양심이론, 사회정의론, 시민권을 살펴본다.[10]

① 사회양심이론

사회사업가들과 박애주의자들의 지지를 받고 있는 양심이론은 기본적으로 인간이 타인에 대한 사랑을 가지고 있다는 것을 기초로 하고 있다. 사랑이 국가나 사회를 통해 구체화된 것이 사회복지제도이며 사회적 욕구에 대해 국민들의 인식을 어떻게 제고시킬 것인가와 그것에 대한 사회적 의무감을 어떻게 확대시킬 수 있는가가 사회복지제도의 성립에 중요한 변수가 된다. 또한 사회복지에 대한 발전과정을 단선적이고 진화론적으로 가정하며 낙관적으로 바라보아 사회복지제도가 점

10) 이 세 이론의 설명은 김상균(1987)에 기초하고 있으며 이밖에 음모이론, 종속이론에 대해서도 같은 책을 참고하기 바람.

진적으로 계속해서 향상되는 것으로 보고 있다(김상균, 1987). 이상에서 보면 사회양심이론은 사회복지 변천의 동인을 인간 내부의 감성과 정신에서 찾는다는 점에서 관념론적이라고 할 수 있다. 사회양심이론은 사회복지제도의 자비적 특성을 지나치게 강조하여 국가나 서비스 제공자의 능동적 역할을 과소평가하는 것과 역사에 대한 과도한 낙관성과 직선적 인식으로 비판을 받는다. 하지만 사회복지에 내재한 사회양심이란 요인을 완전히 배제하기는 힘들 것으로 보인다.

② 사회정의론

사회정의론은 사회복지의 변천을 사회정의(*social justice*) 개념의 진화로 설명한다. 원시시대에는 사회가 친밀한 대인관계를 기본으로 하고 있었기 때문에 사회정의의 개념보다 관대함이 복지의 기본요소였다. 봉건시대는 엄격한 계급적 구분이 존재하면서 계급간의 인정적 대인관계의 친분범위가 제한되었다. 이 때의 사회정의는 일차적으로 기득권의 보호였고 구빈이나 구호(救護)는 2차적 사회정의로 통용되었다. 이후 시장중심의 자본주의 사회가 성립되면서 개인의 업적에 대한 보상이 사회정의 원리가 되었고 보완적으로 욕구에 따른 분배가 사회정의의 일부를 구성하게 되었다. 이러한 시대별 사회정의 개념의 변화에 따라 정의를 실현하는 주체와 장치들이 필요한데 이를 담당하면서 변화되어 온 것 중 하나가 사회복지제도라고 할 수 있다.

③ 시민권론

이 이론은 시민권의 변천이란 측면에서 사회복지제도의 변화를 설명하는 것이다. 이때의 시민권이란 완전한 사회구성원으로서 인정되는 지위의 향유를 말한다. 마셜(T. H. Marshall)에 의하면 영국의 경우 18세기에서 19세기에 공민권이 확립되었고 19세기에서 20세기 사이에 참정권이 그리고 20세기에 중반까지 사회권이 조성되었다고 한다.[11] 복지국가로 지칭되는 현대사회는 개인의 생활수준이 그 사람의 계급적 신분이나 경제적 교섭능력과는 무관하게 정치적 결정에 의해 합의된 권리 수준에서 보장된다고 할 수 있다. 이렇게 보면 사회복지제도는 시민권의 분화현상과 사회권의 확립이라는 진화적 과정에 따라 개선·확대된 것이다. 특히 20세기 사회권의 발달은 복지권의 확립 및 복지국가의 발달에 중요한 의미를 지닌다고 할 수 있다.

---

11) 윤찬영(1998)은 마셜(T. H. Marshall)의 시민권을 다음과 같은 권리개념의 변천으로 설명한다. 첫째는 공민권(*civil right*)이다. 이는 시민혁명 이후 시민계급이 추구했던 자유주의적 이념에 입각하여 국가권력으로부터 개인의 자유를 방어하기 위한 권리 개념이다. 즉 신체의 자유, 언론·사상의 자유, 신앙의 자유, 사유재산의 자유, 계약의 자유, 법 앞에서의 만인의 평등과 같은 권리였다. 이러한 소극적 의미의 자유는 시민계급의 자유를 보장하기 위한 법치주의적 장치였으며 국가는 야경국가(夜警國家)의 성격을 띠었다. 둘째는 참정권(*political right*)이다. 이 또한 시민 혁명의 산물로 등장하였으며 입법부인 의회와 지방의회에 시민계급의 대표가 진출하기 시작한 것이었다. 하지만 19세기에 선거법 개혁운동을 통해 투표권을 중심으로 한 참정권은 점차 노동계급으로 확대되는 과정을 밟게 되었다. 참정권은 신지배계급인 부르조아계급에 대하여 노동계급이 쟁취해 낸 역사적 결과물이었다. 1인 1표를 원칙으로 하는 참정권은 민주주의적 시민권으로서의 의미를 가지며 정치적 요구를 위한 참정권의 수평적 평등화를 의미하는 것이었다. 셋째는 사회권(*social right*)이다. 사회권은 적정 수준의 경제적 복지 및 보장으로부터 사회적 유산을 충분히 공유하고 사회의 보편적 기준에 따라 문명화된 삶을 영위할 수 있는 권리에 이르기까지의 권리이다. 이는 공민권을 토대로 하면서도 자유권적 공민권의 한계를 극복하려는 변증법적 성격을 가진다. 이는 노동계급을 중심으로 하는 일반 국민의 생존권이 합법적으로 승인된 것을 의미하며 적극적 자유의 실현과 연결되는 개념이다. 이제 국가는 소극적 역할로부터 국민의 복지에 적극적으로 개입하는 권리와 의무를 동시에 가지는 지위를 갖게 되었다.

2. 사회복지 역사 연구의 방법론

사회복지 역사를 연구하고 설명하는 방식은 다양할 수 있지만 시대를 구분하여 접근하는 방법, 비교사회복지학적 방법, 사례연구 방법 등이 유용하게 적용될 수 있다. 즉 시대에 따라 사회복지제도와 그것의 의미가 변화하기 때문에 통시적으로 접근하기가 힘들며 시대를 구분하여 접근해야 한다. 또한 시대적으로 동일 시대라 하더라도 사회와 국가마다 사회복지제도의 내용과 의미가 상이할 수 있기 때문에 비교의 방법이 필요하다. 또한 필요에 따라서는 특정 시대, 특정 사회나 국가를 집중적으로 분석함으로써 사회복지의 미세한 역사적 사실들을 보여줄 필요성도 존재한다.

1) 시대 구분론

앞서 기술했듯이 시대구분은 역사 자체가 시간의 흐름을 중요한 특성으로 하기 때문에 피할 수 없다. 즉 특정한 기준으로 시대를 구분하여 각 시대별로 사회복지의 내용과 특성 및 의미 등을 구명해야 한다. 하지만 이러한 유용성에도 불구하고 사회복지 역사의 시대구분은 쉽지 않다. 이러한 어려움은 시대구분을 위한 기준 설정이 대단히 어렵기 때문이다.

岡村重夫는 사회복지의 변화와 발전에 영향을 주는 요인으로 내재적 요인과 외재적 요인을 제시하고 감정기는 매개적 요인을 추가시키고 있다(岡村重夫, 1986; 감정기, 1992). 〈그림 2-1〉에 나타난 것처럼 내재적 요인이란 사회복지에 영향을 주는 지배적 이념과 원리 변화와 적용범위, 급여방식, 대상자 범위, 재정의 원천 및 책임과 같은 사회복지의 내적 요소들의 변화를 의미한다. 외재적 요인이란 자본주의 생산양식의 변화, 산업화 그리고 현대화 과정에서 나타나는 사회·경제

〈그림 2-1〉 사회복지 발달의 결정 요인

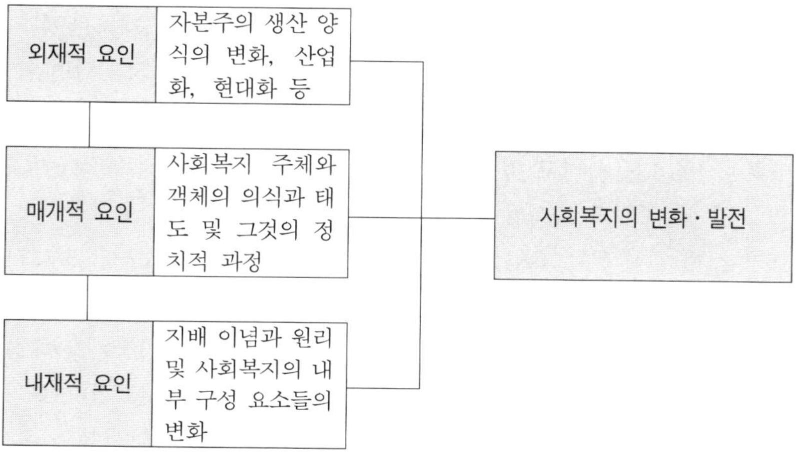

〈자료〉 岡村重夫(1986), 감정기(1992), 권현수(1994) 재정리.

적 구조의 변화를 말한다. 다만 현대적 입장에서 추가할 요인은 세계화와 같은 국제적 환경의 변화일 것이다. 마지막으로 매개적 요인이란 수혜자 등 사회복지 주체와 객체들의 사회적 의식과 태도들로 구성되는 상호작용을 가리킨다. 즉 내재적 요인과 외재적 요인을 매개하는 제도적 형성의 정치적 과정을 가리킨다고 할 수 있다(감정기, 1992; 권현수, 1994).

결국 사회복지 역사의 시대구분은 이러한 중층적 요인들에 의해 초래되는 사회복지의 변화와 발전 그리고 그 과정의 특성을 파악하여 시대를 구분하게 된다. 하지만 이 역시 용이한 작업이 아니다. 어느 요인을 상대적으로 중시할 것인가, 요인을 기준으로 할 것인가 아니면 결과를 중요시할 것인가 등에 관하여 연구자마다 다른 기준과 설명들이 제시하고 나아가 그것들이 쟁점이 될 수 있기 때문이다. 그럼에도 불구하고 현재까지 소개된 시대구분 연구들을 몇 가지로 분류해보면 다음과 같다.

첫째, 자본주의 발달단계에 따른 구분이다. 즉 자본주의의 생산양식의 변화에 따라 시대를 구분하고 이에 조응하는 사회복지제도나 정책의 변화를 분석하는 것이다. 大河內一男은 ① 초기자본주의와 구빈법, ② 자유주의적 자본주의와 노동보호 입법, ③ 제국주의적 자본주의와 사회정책을 대응시키고 있으며, 松尾均은 ① 산업자본주의와 공장법, ② 독점자본주의와 사회정책, ③ 국가독점자본주의와 사회보장을 대응시키고 있다(이상록, 1991:33~38). 또한 파인과 해리스는 ① 절대적 잉여가지 생산방식과 구빈법, ② 상대적 잉여가치 생산방식과 공장법, ③ 독점자본주의와 사회보험, ④ 국가독점자본주의와 복지국가를 대응시키고 있다(Fine & Harris, 1990). 하지만 이 접근은 사회적 생산양식의 변화에 따른 사회복지의 변화를 보여준다는 장점에도 불구하고 자본주의 이전 및 비자본주의 국가들의 사회복지 역사 그리고 특정 국가나 사회의 특수성이 배제되는 한계가 있다.

둘째, 수혜자의 주체적 반응의 변화에 따라 구분하는 방법이 있다. 高島進은 자본주의의 발전, 사회복지의 대상 및 문제의 변화, 수혜자에 대한 인식의 변화 등이 복합적으로 사회복지에 영향을 주는 것으로 보고 시대를 구분한다(이상록, 1991:50). 내용은 〈표 2-2〉와 같다. 이 접근은 앞의 접근보다는 포괄적이고 수혜자의 반응을 제시했다는 점에서 세련되었다. 하지만 국가 혹은 정치체제의 변화가 주변적으로 다루어진다는 약점이 있다.

셋째, 통합적 접근으로서 자본주의 발전 단계를 외재적 측면으로 하고 사회정책의 형태(법, 제도, 프로그램)와 내용(대상자 및 보장 위험범위, 위험분산, 국가개입태도), 사회정책에 대한 수혜자의 의식 및 수혜자에 대한 사회인식을 내재적 측면으로 설정하여 사회복지의 발달단계를 설명하고 있다(이상록, 1991). 그리하여 사회복지 발달 단계와 자본주의 발달 단계를 ① 성립기-원시적 축적기, ② 구축기-산업자본주의, ③ 발전기-독점자본주의, ④ 성숙기-국가독점자본주의로 대응시키고

〈표 2-2〉 高島進의 사회정책 발달 모형

<table>
<tr><th colspan="3">사회체제</th><th>주요
대상자</th><th>대상자의
반발</th><th>대상자에 관한
의식 및 사상</th><th>제도형태</th></tr>
<tr><td colspan="3">고대노예제/중세농노제
(자급경제, 신분제)</td><td>공동체
탈락자</td><td>체념</td><td>선행의 수단
(罪障 소멸)</td><td>자선</td></tr>
<tr><td rowspan="2">근대
자본제</td><td colspan="2">초기
(원시축적
단계)</td><td>공동체
해체에서
발생한
부랑빈민</td><td>소극적
반항</td><td>위험시
태만시</td><td>구빈법,
박애사업
(근대적
자선사업)</td></tr>
<tr><td colspan="2">성숙기
(산업자본주의
단계)</td><td>노동자의
빈궁</td><td>상부상조
활동</td><td>열등시
자조의 강제</td><td>신구빈법, 조직화된 자선사업, 공장법, 공중위생제도</td></tr>
<tr><td rowspan="2">상품
경제
민주제</td><td rowspan="2">말기</td><td>전기</td><td>노동자
계급의
빈곤</td><td>사회운동</td><td>환경에 주목
사회연대주의</td><td>사회사업, 사회개량 사회보험, 최저임금제 실업대책</td></tr>
<tr><td>후기</td><td>국민
제 계층의
생활불안</td><td>권리투쟁
으로서의
국민운동
(반독점
민주주의)</td><td>복지국가
의식</td><td>사회보장,
완전고용,
의료 사회화,
주택 및
환경정책</td></tr>
</table>

〈자료〉 이상록(1991) p. 50 재인용.

각 단계마다 사회정책의 형태와 내용 그리고 사회정책과 수혜자에 대한 사회의식의 변화를 대응시키고 있다.[12] 하지만 시대구분 기준의 다양한 측면을 고려하고 있다는 장점에도 불구하고, 여전히 정치체제에 대한 고려가 약하며 앞의 두 접근보다 분류기준이 다양해짐으로써 시대구분의 과도한 일반화 가능성이 증가하는 딜레마가 존재한다.

넷째, 정치·사회적 변수를 중심으로 시대를 구분하는 접근이다. 이 접근은 복지국가의 산출구조가 국가, 세계체제, 사회계급 간의 관계에 의해 영향을 받는다는 점을 고려해야 한다거나(김석준, 1991), 정치체제와 그 내부행위자들 간의 상호작용 속에서 사회복지의 변화를 파악해야 한다(성경륭, 1991)는 입장이다. 이러한 접근은 주로 한국의 사회

12) 자세한 것은 이상록(1991) p. 53 〈표-5〉 참고.

복지 발달을 시대적으로 구분하여 접근할 때 많이 등장하였다. 그리하여 일제 이후 한국을 정치적 안보국가, 정치적 복지국가, 신중상주의적 안보국가, 신중상주의적 복지국가로 구분하거나(김석준, 1991), 정치체제를 민주주의체제, 권위주의체제, 전체주의체제로 구분하여 해당시기의 사회복지의 변화 및 특성을 기술한다(성경륭, 1991)

이상의 접근들은 대체로 비사회복지적 기준들로 시대를 구분한 후 해당 시기의 사회복지의 내용, 특성, 변화, 의미 등을 파악해나간다. 하지만 그 반대의 접근방법도 가능하다. 사회복지제도나 복지국가 등 거시적 사회복지 변화과정에서 나타나는 외양 및 내용의 질적 변화나 경계 지워지는 특성을 중심으로 시대를 구분한 후, 해당 시기에 있어서의 생산양식과 같은 외재적 요인 그리고 사회복지의 변화를 둘러싸고 발생하는 다양한 차원의 내재적 요인의 관계를 살펴봄으로써 각 시기의 사회복지에 대한 이해의 폭을 넓혀 나가는 방식이다.[13]

이 책의 경우 각 장의 구분은 이러한 접근 방식을 우선적으로 적용하고 다른 구분 방법으로 보완한다. 이 접근의 장점은 첫째는, 앞서 제시한 복잡한 시대 분류 기준을 적용하는 데서 오는 복잡성과 시대구분의 과도한 일반화를 피할 수 있다는 점이다. 둘째는, 사회복지 발달과정의 변화를 축으로 하고 있기 때문에 전체적 사회복지 발달의 흐름을 파악하기 쉽다는 점이다. 셋째는, '전문사회사업의 발전과정', '사회보험의 등장', '복지국가의 위기' 등과 같이 사회복지 역사의 일부분에 대한 독립적 기술이 용이하다는 점이다. 이러한 접근은 사회복지변화를 초래한 선행적 요인이나 역동적 변화 과정을 경시할 수 있다는 한계가 있다. 하지만 〈그림 2-1〉에서 보았듯이 사회복지에 영향을 주는 내재적 요인, 외재적 요인, 매개적 요인에 대한 충분한 고려와 설명을 게을리 하지 않는다면 그러한 위험성은 상당부분 해소할 수 있을

13) 한국 사회복지의 변화를 설명한 김연희(1983), 나병균(1990) 등을 참조.

것으로 보인다.

2) 비교 방법론

사회복지의 역사에서 동일한 시대라 하더라도 공간, 즉 국가와 사회에 따라 사회복지는 전혀 다른 특성을 보일 수 있다. 따라서 사회·문화적 전통이 다른 공간적 범주를 비교해야 할 필요성이 있다. 이 때 비교의 방법이 유용하다. 비교는 공간적으로 비교할 수도 있지만 시대의 구분에 따라 비교할 수도 있다. 이를 통해 일반성과 특수성을 구분할 수 있으며 각 시대에 대한 좀더 복합적 이해가 가능해질 것이다. 다만 공간적 비교 단위를 어떻게 선정할 것인가가 문제로 등장할 수 있다. 하지만 1980년대 이후 국내외에서 꾸준히 관심을 기울여 왔던 복지국가의 유형에 관한 다양한 논의와 연구 결과들을 참고하면 수많은 국가를 비교하는 수고를 덜 수 있을 것이다.

라이히터(Leichter)의 비유처럼 역사적으로 그리고 공간적으로 사회복지의 변화와 특성을 완벽하게 이해하는 것은 코끼리의 각기 다른 신체 부위를 만지고 있는 네 사람의 맹인이 전체 코끼리의 모습을 파악하는 것만큼이나 어려운 일이다. 하지만 네 맹인이 서로 의견을 나누고 비교한다면 코끼리의 전체적 윤곽을 어느 정도 유사하게 추론할 수도 있을 것이다(Higgins, 1981:3~7). 사회복지 역사 역시 시대적으로는 물론 해당 시기에서도 각각의 사회간 혹은 국가간 비교를 통한 접근 방법이 전체의 사회복지 흐름을 이해하는 데 유용할 것이다.

▍히긴스(Joan Higgins)의 사회복지에 대한 비교방법론

비교방법은 연구분야가 아니며 연구의 방법이다. 비교방법의 성공적 수행을 위해서는 ① 일정한 시간의 확보, ② 어려움을 무릅쓰고 돌아다닐 수 있는 능력, ③ 어느 정도의 지적 능력 ④ 사실을 비교할 수 있는 능력이 요구된다(Higgins, 1981:3~4).

3) 사례 연구

사례 연구(*case study*)는 특정 개인, 집단, 사회, 국가, 문화에 대하여 심층적이고 집중적으로 연구하는 것이다. 사례연구는 현상에 대한 깊이 있는 연구를 한다는 점에서 질적(*qualitative*)이며, 실험 조사나 서베이 조사보다는 있는 그대로의 상황에서 관찰하고 분석하는 점에서 자연주의적(*naturalistic*)이며, 총체적 묘사를 시도한다는 점에서 전체론적(*holistic*)이다(김영종, 1999). 또한 앞서 제시한 비교 방법론이 가능하기 위해서는 많은 사례 연구들이 축적되는 것이 중요하며 특히 역사 분야와 같이 사회·문화적 맥락에 대한 질적인 분석이 요구되는 분야에서는 더욱 그러하다.

이러한 사례연구는 사회복지 역사의 연구에 있어서 특정 시대, 특정 범주 내에서 구체적 사례를 들어 전체적인 이해를 돕고자 할 때 유용하게 사용할 수 있다. 또한 하나의 이론이 적용되는 구체적이고 경험적 근거가 요구되는 경우 그에 적합하고 전형적이라고 판단되는 사례를 분석하여 제시할 수도 있다. 예를 들면 신자유주의적 공세에 가장 저항적인 것으로 평가되는 스웨덴의 1990년대 사회복지 변화를 심층적으로 살펴보는 것은 다른 복지국가들 모두를 분석하는 것보다 복지국가에 대한 신자유주의의 영향력을 평가하는 데 훨씬 유리할 수 있다.

이 책은 다음 장부터 제시되는 사회복지 역사의 기술에 있어서 사회복지 중심의 시대구분과 비교방법 그리고 사례 연구를 필요에 따라 선택적으로 이용할 것이다. 다만 사례 연구의 경우 전형적 형태보다는 이해를 돕는 사례로서 축약적으로 제시되는 장도 있고 한국의 사회복지 역사 부분처럼 좀더 심층적으로 제시되기도 할 것이다.

3. 사회복지 역사의 분석 대상과 서술의 틀

사회복지 역사의 대상은 사회복지 역사를 연구하거나 공부하는 데 무엇을 다룰 것인가의 문제이다. 우선, 가장 중요하고도 어려운 작업이 사회복지의 범위를 설정하는 작업이다. 사회복지에 대한 개념 정의는 수많은 학자와 개론서들에서 나름대로 정의되고 있지만 개념과 범위를 정의하는 것은 대단히 힘들다.[14] 다만 한가지 고려할 점은 사회복지 역사를 공부하는 것은 사회복지 분야 자체의 변화에만 관심을 가지는 것이 아니고, 사회복지 변화에 영향을 주고 거꾸로 변화의 영향을 받는 제반 사회과학 분야를 고찰해야 한다는 사실이다. 따라서 변화의 맥락을 좀더 다양한 수준과 다양한 예시를 통해 분석하고 논의할 수 있으려면 사회복지 범위를 가능한 넓게 정의하는 것이 바람직할 것이다. 이 책에서는 사회복지를 '사회적 욕구를 충족시키고 사회문제에 대처하기 위해 행해지는 공공부문과 민간부문의 모든 해결 노력으로서 법, 제도, 서비스, 프로그램 등을 포함하는 일체의 개입 및 원조 활동'으로 정의하기로 한다.

다음으로 사회복지 역사의 대상을 이론적 측면과 실천적 측면을 나누어 접근할 필요가 있다. 이론적 측면에서 접근한다면 우선적 관심사는 사회과학 및 사회복지학의 이론을 적용하고 검증하거나 과거의 사료를 기초로 새로운 인과법칙을 찾아내는 것이 된다. 하지만 이러한 대상설정은 과거의 사회복지 역사를 개관하면서 현재의 실천적 의미를 찾는 데는 한계가 있다. 왜냐하면 과거 역사의 사건이나 현상 그리고 제도 등이 이론적 연관성을 토대로 선별될 것이기 때문이다. 따라서 이러한 대상 선정은 전문가들을 위한 연구작업에 적합하다고 판단된다.

---

14) 여기서는 구체적인 개념 소개는 생략하기로 한다. 구체적인 개념 및 범위에 관한 논의는 김상균(1987) 혹은 각종 개론서를 참고하기 바람.

실천적 측면에서의 접근은 접촉이 가능한 모든 과거의 사건, 현상, 제도 등을 소개하고 현재까지의 학문적 성과를 토대로 그것의 의미를 해석하거나 그러한 자료를 제공함으로써 현재의 실천적 유용성을 제고시키는 것이다. 또한 이 접근은 이론을 보완적으로 논의할 수 있는 여지 또한 존재하기 때문에 처음 사회복지 역사에 접근하는 사람에게 유리할 것이다. 이러한 이유로 이 책은 두 번째의 실천적 측면에서 사회복지 역사에 접근할 것이다.

이상과 같은 사회복지의 개념과 접근 원칙을 전제로 구체적 분석 대상을 제시해야 할 것이다. 분석 대상이라 함은 앞에서 살펴본 관점 및 이론적 틀 내에서 변화하는 사회복지의 하드웨어와 소프트웨어의 구성 범주들을 의미하며 그것의 변화가 어떠한가의 문제가 중요한 초점이 된다. 림링거는 공공정책의 주요 문제를 기초로 분석대상을 나타내고 있는데 ① 국가의 사회보호 프로그램의 채택 문제(책임문제), ② 정책의 정당성 확보 문제 및 대상선정 문제, ③ 급부 지급의 방법과 수준 문제, ④ 비용지불 문제, ⑤ 행정관련 문제를 들고 있다(Rimlinger, 1991:15~23). 하상락은 사회복지 개념의 구성 요소를 크게 ① 욕구체계, ② 자원체계, ③ 전달체계로 나누고 있다(하상락, 1997). 욕구체계란 서비스 대상자의 욕구 및 문제와 관련된 일체의 체계이며 자원체계란 욕구 해결을 위해 필요한 인적·물적 자원의 조달 및 확보와 관련된 체계이고, 전달체계는 양자를 연결시켜 대상자에게 필요한 서비스를 직접 제공해주는 것과 관련된 체계를 말한다. 하지만 이는 사회복지 체계 내부에서 개념을 분류한 것이며 사회복지 체계에 영향을 주는 환경적 요인은 제외되어 온전한 사회복지 역사의 분석대상으로서는 한계를 지니고 또한 사회복지제도의 중요한 요건인 재원이 배제되는 문제가 있다.

이 책은 이들 기존 연구들에서 제시된 이론 및 결정 요인과 하상락의 사회복지 구성요소를 중심으로 하여 다음과 같이 사회복지 역사의 분석 대상과 서술의 틀을 설정하고자 한다. 이는 다음 장부터 전개되는 각 시기의 사회복지 역사 분석의 대략적 구성 내용과 흐름이 될 것이다. 〈그림 2-2〉는 이를 요약적으로 정리한 것이다. 이 책에서는 사회복지 역사의 분석 대상을 사회복지 외부체계로서 환경과 사회복지 내부체계로 구분한다. 그리고 사회복지 외부체계는 사회복지체계의 변화에 영향을 주는 정치, 경제, 사회 및 이념으로 구분하며 사회복지 내부체계는 욕구체계, 전달체계, 책임-자원체계로 구분한다.[15]

15) 하상락(1997)의 자원체계는 실제로 책임주체를 지칭하고 있다. 하지만 이 경우 자원과 책임 주체 간의 용어상 모호성이 존재하고, 실제로 사회복지의 존립에 중요한 영향을 주는 자원(혹은 재원)에 대한 내용이 배제되는 한계가 있어 이 책에서는 책임-자원체계로 한다.

〈그림 2-2〉 사회복지 역사의 분석 대상 및 분석의 흐름도

각 시기 별 정치, 경제, 사회 및 이념의 일반적 배경

- 각 시기 사회복지제도의 변화를 추동했던 힘과 원인
- 사회복지 관련 움직임

사회복지 체계의 변화		
욕구체계 변화	전달체계변화	책임-자원체계 변화
1. 사회 욕구와 문제 2. 대상자 및 선정원리 3. 보호의 수준과 범위 4. 욕구분출의 주체 및 형태	1. 행정 및 법 체계 2. 제도·서비스의 내용, 기능, 특성 3. 전달 주체 및 급여 4. 전문성과 과학성	1. 책임주체 2. 대응전략 3. 재원조달

- 사회복지의 변화에 대한 역사적 평가

1) 일반적 배경

여기서는 각 시대별로 사회복지 체계에 영향을 주는 정치적 요인, 경제적 요인, 사회적 요인, 그리고 이념 및 사상의 일반적 특성을 소개하고 분석한다. 정치적 요인은 사회적 갈등이 표출되고 해소되는 정치 시스템과 성격을 다루게 된다. 경제적 요인은 불황과 호황이 반복되는 경기 순환, 흉작 및 천재 지변, 질병의 만연, 경제적 생산양식의 특성 및 변화 양상, 소득 수준 등에 주목한다. 이를 통하여 각 시대별 경제적 특성과 사회복지 변화 간의 관계를 살펴본다. 사회적 요인은 빈곤, 범죄, 유랑, 위생, 환경, 사회적 관계, 전쟁 등 전반적인 사회적 양상과 특히 계급이나 계층의 성장과 변화 및 그들간의 갈등, 협조 등에 주목한다. 사상과 이념은 한 시대에서 사회구성원과 제도의 성격을 좌우하는 중요한 요소로서 각 시대의 지배적 이념의 내용과 변화 및 영향을 다룬다. 이러한 일반적 사항들은 각 시대의 사회복지의 내용을 파악하기 앞서 알아야 할 사항들로 사회복지를 해석하는 중요한 단서들을 제시해줄 것으로 판단된다.

2) 변화의 추동력 및 사회복지 관련 움직임

여기서는 일반적 배경에서 제시했던 여러 요인들 중에서 각 시대별로 사회복지의 변화에 직접적으로 영향을 주었던 요인들에 대하여 좀 더 구체적으로 설명한다. 예를 들면 1·2차 세계대전이 사회복지의 변화에 미친 영향력, 경제공황이 사회복지 변화에 미친 영향력, 산업혁명과 사회복지 변화 등 그것이 무엇이든 구체적인 역사적 계기와 사회복지 변화를 다룬다.

사회복지 관련 움직임은 사회복지 체계에 영향을 주지만 정치, 경제와 같은 일반적 요인이 아니고 특정 시대에 등장하여 사회복지 체계

변화에 영향을 주었던 사회복지 관련 조직 및 사회복지 운동 등을 의미한다. 예를 들면, 우리나라의 참여연대에서 사회복지실천 운동으로 전개했던 국민최저선을 확보하기 위한 운동이나 서구의 자선조직협회(C. O. S)이나 인보관 운동(*social settlement movement*) 같은 사회복지 관련 움직임의 내용, 영향, 의미 등을 살펴봄으로써 사회복지 분야에서 일어났던 역사적 움직임과 그것의 의미를 정리한다.

3) 사회복지 내부체계

(1) 욕구체계의 변화

사회복지는 욕구와 문제에 대한 반응이다. 따라서 각 시대의 사회적 욕구나 문제를 파악하는 것이 중요한 일이다. 욕구체계의 변화에서는 첫째로, 각 시대 별 사회구성원의 사회적 욕구와 사회문제를 확인하고 그것의 내용과 양상을 앞에서 언급한 일반적 배경과 관련하여 분석한다. 둘째로, 사회복지의 대상자는 누구이며 대상자 선정의 주요 원리는 무엇이고 그것에 영향을 미친 요인들은 무엇인가에 대한 분석이 이루어진다. 셋째는, 보호 수준과 보호의 대상이 되는 위험 범위 등을 분석하고, 마지막으로, 사회적 욕구나 문제에 대한 해결 요구가 누구에 의해서 어떻게 분출되고 그 양상과 원인은 어떠했나를 살펴본다.

(2) 전달체계의 변화

전달체계는 욕구와 자원 그리고 정책을 연결하는 것으로 행정망의 형태와 내용, 종사자, 일선조직의 특성, 관련 주체들의 역할 등을 고려해야 한다. 이 책에서는 첫째, 행정체계의 주요 내용이 어떻게 변화하고 있는가 그리고 그와 연관된 법체계의 변화 및 특성은 어떠한가를 살펴본다. 둘째, 제도, 서비스, 프로그램의 종류 내용, 기능, 특성 등을 정리한다. 셋째, 전달 주체에 대해 살펴보는데 일선 조직의 종류와 특성 및 역할을 살펴본다. 특히 시설이 서비스 주체가 되는지 아니면 지역사회(특히 가정 및 이웃)가 주체가 되는가, 현금과 현물과 같은 급여 형태는 왜 그리고 어떻게 변화하는가와 같은 현재 사회복지 전달체계의 쟁점들에 관심을 가질 것이다. 넷째, 종사자들의 충원, 전문성과 과학성 제고를 위한 노력과 변화 등을 살펴본다.

(3) 책임-자원체계의 변화

우선 사회복지의 책임 주체가 누구인지를 살펴보고 그것의 변화에 주목한다. 주지하듯이 현재 사회복지의 주체는 크게는 공공부문과 민간부문으로 나뉘고 세부적으로는 중앙정부, 지방정부, 비영리기관, 비정부기관, 기업, 가족, 이웃, 지역사회 등 다양한 주체가 존재하고 있다. 우선, 이 책에서는 이러한 다양한 주체들 중에서 다음과 같은 점에 특히 주목한다. 첫째, 공공부문과 민간 부문의 역할 및 관계, 둘째, 중앙 정부와 지방정부의 관계, 셋째, 시대별 민간 주체의 유형 변화이다. 다음으로는 각 주체들의 대응전략을 살펴보기로 한다. 특히 보편주의와 선별주의 전략, 국가의 시민사회 혹은 대상자에 대한 통합과 포용 그리고 통제와 배제 전략 등이 고려될 것이다. 마지막으로 사회복지의 재원이 어떻게 조달되고 있는지를 살펴볼 것이다. 이는 물론 재원 조달의 책임과도 연결이 되지만 한편으로는 재원의 조달 형태가 조세인지 민간 후원금인지, 그리고 민간의 경우 재원조달 유형은 어떤 것들이 있었으며 어떻게 그리고 왜 변화하는지 등에 초점을 맞출 것이다.

4) 역사적 평가

역사적 평가는 앞에서 분석되고 제시되었던 다양한 내용들이 오늘날 우리의 사회복지 이론이나 실천에 어떤 의미와 유용성을 줄 수 있는지를 살펴보는 것이다. 이 작업은 우리가 사회복지 역사를 공부해야 하는 가장 중요한 이유에 해당된다. 하지만 이 책이 교재 형태로 집필된다는 목적을 고려하여 역사적 평가는 독자들인 학생들이 다양한 사고와 대안을 모색할 수 있도록 단서를 제공하는 수준에서 행해질 것이다. 즉 학생들이 스스로 의미를 유용성을 발견하고 의미를 찾아갈 수 있는 안내자로서의 평가작업이 될 것이다.

이상의 분석틀은 이후 각 장을 기술하는 데 중요한 지침으로 기능하게 된다. 즉 앞서 제시된 분석틀은 하나의 이상적 모형으로 이해할 수 있으며 이후 각 장의 기술에서 정확하게 이 틀에 입각하여 내용을 전개하지 않는다. 이는 자료의 문제도 있지만 이 책에서 다루는 각 시대와 공간에 대한 구체적 연구성과들이 더 쌓여야 가능한 부분도 존재하기 때문이다. 따라서 현재로서는 확보된 자료와 이루어진 연구성과들의 한계 속에서 기술될 것이다. 하지만 이후 후속 작업을 통해 이 분석틀에 충실한 사회복지 역사에 대한 서술이 가능해질 것으로 생각한다.

생각해볼 문제

1. 사회복지 역사를 이해하는 데 사관이나 이론이 왜 필요한가?
2. 사회복지의 변화와 발전에 영향을 미치는 다양한 이론들을 정리해 보고 스스로의 기준에 의해 요인들을 몇 가지 범주로 분류해 보자.
3. 사회복지발전을 설명하는 각 이론들의 한계를 다른 교재들을 참고하여 정리해 보자.
4. 각각의 시대구분론의 장점과 단점은 무엇인가?
5. 사회복지 역사의 분석에서 비교의 방법이 필요한 이유는 무엇인가?
6. 사회복지 역사의 분석 대상을 각자 다양한 방법으로 제시하고 이것들을 분석틀로 묶어보자.

제 2 부
자발적 원초체계와 공공사회복지의 대두

사회복지를 '사회성원의 안락한 삶을 보호하고 보장하는 집합적 노력의 체계'로 정의할 때, 이러한 노력 체계가 언제 어떤 양상으로 출현하여 발전했는지를 살펴보는 것은 지나간 인류의 역사를 고찰하는 데에나 현재의 사회복지를 이해하기 위해서 그리고 나아가서는 미래의 사회복지의 모습을 전망해보는 데 긴요한 작업이다.

현대 복지국가에서 널리 관찰되는 사회보험이나 공공부조 그리고 사회적 서비스, 민간 비영리부문과 자조집단 등의 자발적 사회복지 형태들은 전근대사회에 그 뿌리를 두고 있다. 그것은 인류가 집단생활을 한 이래 보호와 원조가 필요한 의존인구집단이 항상 존재해왔다는 점과 깊은 관련이 있다. 이들 의존인구집단에 대한 보호와 원조의 제공은 당시의 사회적 여건에 따라 다양한 양상으로 이루어졌다.

동서고금을 막론하고 혈연으로 맺어진 가족이 이들 의존인구에 대한 보호와 원조를 제공하는 책무를 맡아왔으나, 종종 가족이 감당할 수 없는 의존인구집단에 대해서는 그 사회의 가진 집단에 의한 보호와 원조가 자선·박애의 형태로 제공되었다. 종교적 계명을 배경으로 한 자선과 이타심을 근간으로 하는 박애는 오늘날에도 중요한 민간 사회복지로 기능하고 있다. 그런가 하면 사회구성원들 스스로 서로 돕는 상부상조 관행과 제도도 일찍이 발전해왔다. 한편 사회발전에 따라 국가기구 또한 사회적 약자에 대한 보호의 책무를 지게 되었다. 제2부에서는 근대 이전까지의 자선·박애, 상부상조 및 공공복지의 출현과 변화를 살펴본다.

제 3 장

자선 및 박애의 전개

> 너희가 여기 내 형제 중에 지극히 작은 자 하나에게 한 것이 곧 내게 한 것이니라. —《신약성서》, 〈마태복음〉 25:40
>
> 물이 불을 끄는 것과 같이 자선은 죄를 사해준다.
> —중세 기독교 교리
>
> 가난한 자와 버림받은 자들이 부자의 자선을 필요로 했다면, 부자들은 영혼의 안식을 위해 가난한 자들을 필요로 했다.
> —Schama

1. 자선 · 박애의 개념

자선(*charity*)과 박애(*philanthropy*)는 종종 혼용되는 개념이나 엄밀하게는 다소 다른 의미와 기원을 갖고 있다. 자선은 라틴어 caritas(혹은 carus:형제애)로부터 연유하였고, 박애는 그리스어 philo(사랑)와 anthropos(인류)의 합성어로부터 연유하였다(Trattner, 1999:2). 양자 모두 주는 자와 받는 자 사이의 분명한 지위차이를 기반으로 하는 사회복지의 형태들이다. 자선과 박애는 종종 부유한 자가 가난한 자에게 또는 부유한 자와 가난한 자 사이에 어떤 조직이 기부의 매개자로 행위함으로써 이루어지기도 한다. 역사적으로 보면 기부가 자발적으로 이루어지는 것을 이상으로 생각했으나, 기부를 자극하기 위한 사회적 압력이 행사되기도 하였다. 박애적 기부는 사회복지 이외의 목적을 위해 이루어지기도 하는데, 예컨대 박물관, 오케스트라, 극장, 대학을 지원하기 위해 이루어지기도 한다(Handel, 1982:14).

오늘날 박애는 상당히 훌륭한 관념으로 생각되는 반면, 자선은 그렇지 않다. 양자 모두 무엇인가를 준다거나 기여한다는 의미를 담고 있다. 아울러 양자 모두에 내포된 기본적 사회관계는 주는 자와 받는 자 간의 관계이다. 박애는 보통 자선보다는 더 대규모로 이루어지는 기부를 의미한다(Handel, 1982:41). 또한 박애는 어떤 기관에게 기부되는 대규모 기부를 의미하기도 한다. 기부에는 특정한 목적이 정해질 수 있으나, 현대적 의미의 박애에는 기부된 자원이 극빈자나 개별적으로 확인된 욕구를 지닌 사람들만을 위해 사용되어져야 한다는 의미를 담는 경우는 거의 없다.

자선에서는 분명히 박애보다 기부된 금품이 보다 불행한 자를 위해 사용되어져야 한다는 의미가 강조되고 있다. 자선은 주는 자와 받는 자 사이의 불평등한 관계를 내포하는데, 자선을 받는 자가 이를 거부하는 자보다 덜 가치 있는 사회구성원이라는 것을 의미한다. 자선은 소규모로 이루어지는 기부로서 지역사회 생활이나 종교생활의 일부로 이루어진다. 자선은 오늘날의 사회복지 개념에 자리를 내주었지만 여전히 현대 사회복지 스펙트럼의 일부를 점유하고 있다. 자선을 행한다는 것은 고귀함, 관대함, 종교적 의무의 이행 등과 같은 고대로부터 형성된 연상들을 함축하고 있다.

2. 자선 · 박애의 출현

자선과 박애의 뿌리는 고대 문명사회들에서 그 연원을 추적할 수 있다. 자선과 박애의 기원을 살펴보기 위해 서구 문명사회의 큰 줄기를 형성했던 그리스 · 로마 사회에서 싹튼 박애와 기독교 문명에서 출현한 자선, 그리고 불교문명을 바탕으로 한 자비에 대해 고찰해보기로 하자.

1) 그리스 · 로마의 박애

그리스 도시국가에서 박애는 '인간에게 자애로운 신에 의한 인간사랑'의 의미를 지닌 개념이었다(이하 Handel, 1982; Dclgoff & Feldstein, 1984; Day, 1997). 기원전 4세기에 접어들면 박애의 의미는 권력자가 도시 재정에 기부함으로써 그 부하나 추종자들에게 친절함을 보이는 것으로 변하게 되었다. 그리스 도시국가에서는 박애의 개념이 시민권의 개념과 밀접하게 관련되어 있었다. 모든 시민은 그리스 도시국가의 정치 · 사회생활에 참여하였다. 시민들은 기부자(*benefactor*)에게 감사를 표하였다. 대부분의 기부는 개인이 아닌 도시국가, 클럽, 협회(콜레지아:*Collegia*)에 기탁되었기 때문에 이들 집단은 기브자를 영예롭게 하는 결의를 통과시킴으로써 감사를 표하였다. 이러한 결의 자체도 박애적 선물로 간주되었다.

물질적 기부에 대해 영예로 감사를 표하는 교환방식은 그리스 도시국가의 사회생활에 중요하였다. 부유한 사람은 대개 무보수인 공직을 담당하였고 부유한 사람은 자신의 재산을 정부 운영경비 외에도 재정위기나 식량부족을 해소하기 위한 긴급자금에 기부하도록 압력을 받았다. 그리고 그 대가로 시민들은 기부자를 영예롭게 하는 결의를 민회에서 채택하였으며, 기부자의 명단은 공공연하게 게시되어 부유한 사람들의 기부를 자극하였다. 기부의 압력이 강했던 만큼, 기부하지 않는 자는 그의 영예를 박탈하거나 그가 원하지 않는 힘든 공직을 맡겼으며, 극단적으로는 법정에서 처벌하거나 재산을 몰수하기도 하였다.

그리스 민회에서는 박애적 기부의 규모에 따라 영예에 차등을 두었다. 보통의 기부자(*benefactor*)는 보다 많은 재산을 기부함으로써 구원자(*savior*)가 될 수 있었다. 어떤 영예는 기부자 개인에게만 주어졌는가 하면, 다른 것은 기부자와 그 후손에게도 부여되었다. 기브자는 종종 기부의 성격과 내용을 기록한 비문과 함께 자신의 동상이 건립되기를 기대하였다. 그리스 시대의 박애는 가장 빈궁한 인구집단을 직접 대상으로 한 것은 아니었다. 부자들은 공동체 전체 혹은 그들이 소속된 특정 클럽이나 협회에 기부하는 것이 보통이었다. 기부내용은 보편적으로 식량, 현금 또는 기름 등이었는데, 기부물품은 협회 회원 또는 도시국가 시민들에게 무차별로 배분되었다. 따라서 욕구보다는 회원자격 또는 시민권 보유 여부가 배분자격을 정하는 기준이 되었다.

한편 이 시기 생계를 위한 노동을 하지 않았던 거지들은 거의 동정을 받지 못했다. 그리스인들은 일거리가 충분하다고 생각하였으며, 따라서 거지들을 게으르고 일하려고 하지 않는 사람으로 생각했다. 전쟁에서 포로로 잡힌 다른 부족원들로 구성된 노예들은 그리스 도시국가를 위한 대부분의 중노동을 수행했지만, 그들 역시 시민권을 얻지 못했다. 외국 상인이나 직인들 역시 인구의 상당부분을 점하였지만 마찬가지로 시민권이 없었다. 당연히 노예와 외국 상인 및 직인들은 자선을 받을 자격이 없었다.

고대 그리스에서 '구제받을 자격이 있는 빈민'과 '구제받을 자격이 없는 빈민'의 구분이 나타났으나 그 의미는 후세와는 현격한 차이가 있다.[1] 가치 없는 빈민은 교양 없고 항상 빈궁한 사람들로서 그들은 거의 동정을 받지 못했다. 한편 가치 있는 빈민은 좋은 가문에서 자라나 교양 있고, 유복하게 살았던 사람들 중에 곤경에 처한 사람들이었다. 이들에 대해서는 부자들이 동정심을 가졌고 도움을 줬다. 가치 있는 빈민들에 대한 부자들의 동정심은 두려움에 바탕을 둔 것이었다. 즉

---

1) 19세기 후반 영국에서 처음 등장한 자선조직협회(Charity Organization Society)는 빈민을 자조와 근면의 가치에 근거한 도덕적 판단기준에 따라 두 가지로 구분하였다. 구제받을 자격이 있는 빈민(*the deserving poor*)은 저임금노동자와 자력으로 빈곤상태에서 벗어날 수 없는 장애인, 아동, 노인 등을 지칭하는 용어였다. 반면 구제받을 자격이 없는 빈민(*the undeserving poor*)은 노동능력이 있는데도 불구하고 나태, 음주 등의 도덕적 결함으로 인하여 빈곤한 자를 지칭하는 용어였다. 제8장 참조.

유복한 자신들도 언젠가는 궁핍할지 모른다는 두려움이 동정심의 근거를 형성한 것이었다. 이러한 두려움으로부터 부자들은 클럽이나 협회가 조직한 상호부조기금에 기부금을 내게 되었다. 결국 그리스의 박애는 영예에 대한 사랑, 그리고 미래에 대한 불확실성으로부터 오는 두려움에서 비롯된 것이었지 약자나 무능력자에 대한 관심에서 비롯된 것은 아니었다.

로마의 박애도 실질적으로는 그리스와 유사하였다. 이탈리아에 식민도시를 건설했던 그리스는 로마에 계승되었고, 로마는 강력한 공화국이 되어 후일 영국에서부터 아르메니아에 걸친 지역을 다스리는 강력한 제국이 되었다. 그리스의 관념들은 로마 지배의 세계에서도 지속적으로 영향력을 발휘했다. 박애활동도 시민권의 개념에 의해 지속적으로 형성되었으며, 수세기 전에 그리스에서 형성된 영예의 개념도 지속되었다. 그리스와 로마는 상당기간 그들의 박애실천에서 매우 유사하였다.[2)]

그러나 로마제국 시대에 빈민에 대한 특별한 관심이 발전하였다는 증거들이 있다. 하나의 예로 로마 제국의 행정가요 작가였던 젊은 플리니(Pliny)를 들 수 있다.

> 한때 비록 자신이 부자가 아니라는 것에 대해 불평했지만, 그는 일생동안 자신의 고향 코모(Como)에 60만 세스테르티를 기부했다. 기부금의 5/6는 빈민에게 무료식량배급을 하는 재단을 위해 바쳐졌고, 나머지는 공공도서관 건립을 위해 쓰여졌다. 그의 사망 후 유언에 따라 백 명의 자유민에 대한 평생연금 외에도 50만 세스테르티 이상의 기부금이 공중목욕탕 건설과 빈민구호에 사용되었다(Handel, 1982: 45).

---

2) 시오노 나나미의 《로마인이야기》(한길사, 1995-2007) 참조.

2) 유대교의 자선

기원전 14세기경에 고대 이집트인들은 유대교로 알려진 종교를 발전시켰다. 유대교의 성경과 기독교인들의 구약에 나타난 유대교의 핵심 사상은 '신은 지고의 존재이며 신의 절대존엄성을 제한하는 어떤 영역도 신위에 혹은 신 곁에 있을 수 없다'는 유일신 사상으로 요약된다. 신의 의지는 모든 창조물을 다스리는 지고의 법이고, 그의 의지와 계명은 절대 선한 것으로 여겨졌다. 신은 인간에게 도덕률과 의무들을 주었다. 이들 의무 가운데 빈민과 무능력자를 정당하게 대하는 의무가 특별히 강조되었다(이하 Handel, 1982). 이 의무들은 '네 이웃을 너 자신과 같이 사랑하라'고 이스라엘인들에게 명령했던 자비롭고 은혜로운 신의 개념으로부터 연유한다. 신은 이방인을 사랑하고 그에게 먹을 것과 입을 것을 주라고 명령하였다.

이스라엘 종교법에서는 수확기에 들이나 포도밭의 구석을 수확하지 않고 남겨두어 빈민이나 이방인이 와서 이삭을 주울 수 있도록 하였다. 의로운 사람은 무료로 나누어주며, 빈민을 억압하지도 않는다. 잠언(〈Proverbs〉)에는 '가난한 자를 핍박하는 자는 그 창조주에게 불경스런 짓을 하는 것이요, 궁핍한 자에게 자애로운 자는 하나님을 드높이는 것이니라'는 구절이 있다.

유대교에서는 빈민, 과부, 고아 그리고 이방인들에게 음식과 의복을 제공하는 행위들을 강조하고 있다. 예언자들은 부자들이 빈자들을 억압함으로써 기본 종교계율들을 어겼다고 혹평하였다. 예언자들의 가르침은 성서에 포괄되어 사회정의에 대한 유대교의 강조를 강화하였다. 이러한 가르침이 기독교 전통의 일부가 되었다.

예수의 사후 기독교인들은 교회를 세웠으며, 교회는 종교생활과 공동체 생활의 중심이 되었다. 기독교 운동의 초기 300여 년 사이에 로마제국은 점점 부패해서 계급 격차가 벌어지고, 주민에 대한 수탈이 강화되었다. 이러한 결과의 하나로 빈곤이 상당히 증가하였다. 교회는 기독교인인 빈민, 과부, 고아, 늙은 가사노예, 난파선 선원, 그리고 기독교 신앙 때문에 처벌받아 투옥되거나 망명한 사람, 또는 광산에 끌려가 노동하는 사람들을 보살폈다. 또한 교회는 모든 교인에게 한 달에 한번씩은 그런 목적을 위해 설치된 헌금함에 기부하도록 요구했다. 이런 월정 헌금은 로마에서 특정한 사업이나 직업에 종사하는 노동자들이 콜레지아(*Collegia*)라고 불린 협회를 조직하여 공동기금으로 매월 회비를 납부하던 방식과 유사하였다.

자선은 초기 기독교 공동체 생활의 현저한 활동이었다. 기금의 배분은 자발적이었으며, 기독교인 사이에서만 배분되었다. 각 교회는 자선을 담당하는 집사를 두었다. 기독교 자선은 유대교의 자선에서 유래하였지만, 조직 측면에서는 로마제국의 협회(*Collegia*)와 유사하였다.

3) 불교의 자비

광활한 인도대륙을 가로지르는 인더스 강 유역에서 일찍이 불교문명이 발생하였다. 후일 중국에 유입되고 이어 동양 여러 지역에 퍼진 불교의 자선사상은 오늘날에 이르기까지도 그 영향을 살펴볼 수 있을 만큼 동양인의 정신세계에 영향을 남겼다.

불교 자선사상은 '자비(慈悲)'로 표현된다(임송산, 1983:1985). 자비란 대자대비(大慈大悲)의 줄임말로 대자(大慈)란 일체의 중생에게 즐거움을 주는 것을 의미하고, 대비(大悲)란 일체의 중생에게서 고통을 없애주는 것을 의미한다. 이렇게 그 뜻을 분해해본다면 자비란 사람들에게서 고통을 덜어주고 그 대신 즐거움을 주는 이타적 행위라고 할 수 있다. 그런 의미에서 보살(菩薩)의 이타행(利他行)은 자비행과 등치된다.

한편 불교의 자비에서는 보시(布施)가 강조된다. 보시란 자비심에서 나오는 행위로 널리 남에게 재물을 베푸는 일을 의미한다.[3] 중세 기독교의 '신의 빈민'과 유사한 복전(福田)이란 관념도 불교 자비사상에서 연유한다. 복전이란 '복을 캐는 밭'이라는 의미로 처음에는 불타만이 복전이었으나, 그 의미가 점차 확대되어 7복전 혹은 8복전으로 발전하였다. 《대정장경(大井藏經 16-4)》 "불설제덕복전경(佛說諸德福典經)"에 제시된 7복전 가운데에는 '중병을 구료(救療)'한다거나 '다리를 만들어 사람을 건네줌' 등의 이타적 행위들이 열거되어 있다.[4]

3. 자선·박애의 변천

초기 문명과 함께 출현한 자선과 박애는 사회상의 변화에 따라 변천을 겪게 된다. 여기에서는 기독교 자선의 변천을 통사적으로 살펴보기로 한다.

1) 로마제국 말기의 자선과 박애

로마제국 말기에 이르면서 기독교에는 일대 변화가 야기된다. 기독교가 공인되기 이전에도 꾸준히 새로운 입교자들이 증가하였다. 그에 따라 교회에 대한 기부 또한 증가하여 교회는 새로운 조직을 정비할

3) 불교세계에서는 극단적 보시의 행위도 기록되고 있다. 예컨대 중국 남북조시대 북량(北涼)의 법진(法進) 스님은 기근시에 굶주린 사람들에게 자기의 살을 베어 먹여 구조하는 사신(捨身:자신의 몸을 희사함)의 사례를 보여주었다(임송산, 1983).

4) 유사한 내용들이 후일 발전된 8복전에서도 관찰된다. 불교 화엄종의 창시자인 현수대사 법장이 설파한 8복전 가운데에는 '병자를 공양하는 일'과 '고액을 구제하는 일'과 같은 이타적 행위들이 포함되어 있다(임송산, 1983).

필요에 직면하였다. 그 결과 그간 개별 교회가 집사들(*deacons*)을 활용해서 자선을 나누어주던 형태로부터 교구의 주교(*bishop of a diocese*)가 관할 교회들에 대해 재정측면에서 통제하는 형태로 발전하게 되었다.

한편 기원 후 4세기경에는 자선에 관한 새로운 이론이 등장하여 당시의 기독교뿐만 아니라 중세 이후 현대까지 영향을 미치게 되었다(Handel, 1982; Dolgoff & Feldstein, 1984; Day, 1997). 초기 기독교의 자선행위(*almsgiving*)는 유대교와 마찬가지로 사랑의 표현으로써의 자선, 즉 하나님의 의무를 수행하기 위해 필요한 활동으로 인식되었다. 그런데 이 개념으로는 초대 교회 사제들이 그들의 신앙이념을 수행하기 위해 투쟁해야 했던 다른 문제를 해결하는 데는 부적절하였다. 그 문제란 사유재산과 그에 따른 빈부격차의 문제였다.

초기 기독교 사상가 중 일부는 사유재산의 소유가 신의 의지와 율법에 반한다고 생각했지만 이런 견해가 널리 받아들여진 것은 아니었다. 교회사상의 주류는 사유재산의 소유를 이상적인 것은 아니지만 불가피한 것으로 간주하였다. 기독교가 사유재산과 빈부격차를 현실세계의 한 측면으로 받아들이게 되자 논리적으로 자연스럽게 다음과 같은 사유가 발전하였다.

즉, 부자들이 선행을 할 수 있게 됨에 따라 부는 그것의 소유자를 기품있게 해주는 것으로(*ennobling*) 인식되었다. 선행은 하나님의 왕국에서 영원한 구원을 얻게 해주는 것으로 인식되었던 것이다. 부유함을 바탕으로 한 선행을 통해 구원에 이를 수 있다는 사상은 누가복음에서 찾아볼 수 있다. 자선은 그 수혜자들이 감사기도를 드림으로써 기부자에게 신의 보상을 가져온다는 것이다. 크리소스톰(Chrysostom)에 따르면 자선은 사소한 과오들로부터 자신의 양심을 정화할 수 있는 기회를 부자들에게 제공한다. 그래서 교회문전에서 구걸하는 거지들이 '신의 빈민'으로 칭송되기에 이르게 된다. 어거스틴(Augustine) 역시 자선을 통해 죽은 자뿐만 아니라 살아있는 사람들도 속죄될 수 있다는 믿음을 역설하였다. 또한 그는 자선이 신에게 수용될 수 있는 삶을 살아가는 사람들에게만 주어지도록 유념하였다. 즉, 사악하다는 평판을 얻고 있는 사람은 그가 살았든 죽었든 자선을 받을 수 없다는 것이다. 자선과 그것을 받을 자격에 대한 신학적 정당화는 기독교와 로마제국 모두에 있어서 당시 발생한 사회변동과 관련이 있다.

초기 기독교는 사회의 중·하류층에게 특별히 매력적이었으나 점차 부유한 사람들에게도 호소력을 갖게 되었다. 부자나 빈자 모두 자선에 대한 새로운 종교적 해석이 자신들에게 유리하다는 것을 알게 되었다. 교회가 콘스탄틴 황제로부터 기부와 유증을 받을 수 있는 권리를 획득한 이후 교회는 더욱 부유해지고 더 많은 재산을 보유하게 되었다. 로마제국에서 부와 재산의 집중이 심화되어, 그 결과로 소농민은 노예나 농노가 되든가 또는 도시로 이주하거나 구걸 혹은 강도 행각 중에서 선택해야 할 정도가 되었다. 로마시대 대도시 무산자들은 공공 구호품(*doles*)에 익숙해있었는데, 그들은 자선에서 새로운 구호품을 얻을 가능성을 발견하였다. 4세기말이 되면 거지들이 거의 별도의 계급(*Caste*)을 형성할 정도로 증가하였는데, 이는 구걸이 직업으로 발전한 것을 보여준다.

기독교 초기 3세기 동안 개별교회는 상대적으로 빈약한 기금으로 해당 교회의 빈민들을 구제하였다. 4세기 이후 교회재산의 증가에 따라 교회조직에 변화가 야기되었다. 교회 내에 위계가 형성된 것이다. 빈민구제행정은 각 교구를 담당하는 주교의 책임으로 되었다. 어떤 도시와 인근 지역의 모든 교회는 주교의 관할하에 들어갔다. 로마제국과 그 정부의 영향력이 쇠퇴함에 따라 주교가 실질적으로 해당지역의 행정책임자가 되었다. 권력과 부가 교회와 그 주교에게 귀속되고, 주교는 증여(*gift*)와 기부를 받을 뿐만 아니라 또한 그것을 징수하기도 하였다. 이로부터 중세 전기간을 통해 빈민구제에 있어 교회의 책임과 역할이 막중해졌다.

2) 중세시대의 자선·박애

서기 476년에 로마가 멸망한 이후 1500년경까지 이른바 중세사회가 이어졌다. 중세와 그 이후 사이에는 자선에서 큰 대조가 나타났다(Handel, 1982; Dolgoff & Feldstein, 1984; Day, 1997). 로마제국 멸망 후 강력한 중앙정부가 없었다. 중앙정부의 부재에 따라 교역이 감소하고 도시가 침체되었는데, 11세기에 가서야 교역과 도시가 다시 부흥하기 시작하였다. 중세는 농촌사회를 기본으로 한 사회였다. 중앙정부의 부재로 농촌은 경제적으로 불안정하였고 외부의 공격에 취약하였다. 자신들을 보호하기 위하여 농민들은 영주에게 의존하였다. 농민들은 영주에게 토지를 기탁하였고, 자유민의 지위가 아닌 토지에 긴박(緊縛)된 농노의 지위를 받아들이게 되었다. 농노는 수확의 일부를 영주에게 바치고, 그 대가로 영주의 보호를 받으며 토지에 잔류할 수 있었다. 영주는 농노에 대한 보호자가 되었다.

이러한 경제사회생활의 형태를 장원경제라 한다. 농노들은 장원 한 켠에 집단으로 거주하였다. 장원에는 교회도 세워졌는데, 종종 장원의 영주가 마을 교회의 사제를 임명하는 권력을 지니기도 하였다. 그러나 시간이 지남에 따라 장원 자체가 하나의 교구가 되어 주교의 관할에 속하게 되었다. 영주와 주교는 각각 인간 영혼의 현세와 내세에 대한 권위를 가진 사람으로 간주되었다. 주교는 영적 영주, 장원의 영주는 현세의 영주로서 인간사를 다스리게 되었던 것이다.

시간이 지남에 따라 기독교의 위세가 더욱 증대되자 교회들이 장원을 소유하게 되어 주교가 영적 권력 외에 현세적 권력까지 장악하기도 하였다. 많은 성직자들이 현세적 관심을 발전시켜, 유복한 농촌귀족 생활을 즐긴 반면, 빈민 보호 의무를 포함한 자신의 의무를 망각하기도 하였다. 교회가 점차 세속의 물질주의에 빠져듦에 따라 일부 교구민과 성직자들은 수도원으로 알려진 은둔공동체로 회피하여 종교적으로 집중하고자 노력하였다. 수도원으로 은둔하여 수도승이 된 사람들은 기도생활과 교육 및 빈민에 대한 초기 기독교적 관심의 부활을 도모하였다. 수도원은 부자든 빈자든 누구나 문전에서 음식배급이나 은전 및 거처를 제공받을 수 있는 장소가 되었다.

그러나 수도원도 그들이 회피하고자 했던 교회와 마찬가지로 교회조직 비슷한 조직형태를 발전시켰다. 개별 수도원으로부터 특정 교단이 운영하는 수도원들의 조직체가 발전하였다. 수도원들의 수장들인 대수도원장과 부원장은 부의 축적을 가능케 하는 교회의 통제권을 둘러싸고 교구 사제들과 투쟁하였다. 빈민에게 배분되거나 소수의 빈민을 돕기 위해 항구적으로 사용되도록 기부된 돈은 교회나 수도원에 귀속되었다.

8세기에 교회는 십일조제도를 만들어 교인들의 연 소득 가운데 1/10을 기부하도록 하였다. 이렇게 하여 모아진 교회의 재원은 네 가지 사용처에 균등하게 배분되었는데, 그것은 (1) 교회의 주교 생활비, (2) 교구 성직자의 생활비, (3) 교회 유지보수비용, (4) 빈민, 과부, 장애인, 고아, 노인 등에 대한 자선지출이었다.

중세 교회는 자체 행정부, 법원 그리고 조세제도를 지니게 되었다. 구원에 관한 믿음은 빈민구호를 위해 교회에 자선목적으로 기부하거나 유증하도록 하는 강력한 유인책이 되었다. 그럼에도 불구하고 빈곤과 자선에 관한 교회법과 규정에는 일관성이 없었다. 그 이유는 지방의 교회협의회가 수세기에 걸쳐 독자적 규정들을 발전시켜왔기 때문이었다. 교회법에서 일관성이 없음을 교정하기 위해 이탈리아 수도승 그라티안(Gratian)은 1140년에 데크레툼(Decretum)으로 알려진 보고서를 작성하였고, 후일 경전학자들이 이 기본작업을 보완하였다.

경전학자들은 빈곤의 원인에 주목했다. 그들은 자발적 빈곤과 비자발적 빈곤을 구분했다. 자발적 빈곤은 하나님을 즐겁게 하는 금욕주의에서 비롯된 것으로 수도승의 빈곤이 여기에 해당한다. 한편 비자발적 빈곤은 어쩔 수 없이 궁핍한 생활을 하는 사람들의 빈곤, 즉 빈민, 피억압자, 과부, 고아들의 빈곤이었다. 교회가 이들 비자발적 빈민들을 보호하는 특별한 의무를 지닌다는 것에 대해 경전학자들은 동의했다.

두 번째 경전학자들이 풀어야 할 과제는 사유재산 문제였다. 그라티안이 인용한 초기 교회 지도자들의 견해는 부의 남용에 대해 비판적인 것이어서, 거의 모든 사유재산을 비난하는 것으로도 해석될 수 있었다. 경전학자들은 사유재산이 신의 뜻과 상반될 수 있다는 데 관심을 갖고, 이러한 가능성이 사유재산권이 존재하고 있는 현존 사회질서와 조화를 이룰 수는 없을까 하는 문제를 풀기 위해 노력하였다. 그들의 해법은 재산의 소유와 재산의 이용을 구분하는 것이었다. 그 결과 경전학자들은 자신이 소유한 것으로 자신의 욕구를 충족한 후에는 그 "여분의 부"를 나누어야 할 의무를 지닌다고 해석하였다. 그 이상의 소유는 빈민에게 빚을 지고 있는 것으로 해석하고, 빈민이 그러한 원조를 받을 권리를 갖고 있다는 교리를 선언하였다. 실제 이 교리는 법적 강제력은 없었지만, 중세를 통하여 개별적 자선에 대한 태도에 분명히 영향을 미쳤다.

자신이 받은 원조에 대한 권리를 빈민이 가졌다는 교리는 중세사회에서 주는 자와 받는 자 사이의 전반적 관계를 특징지운다. 이 교리는 기부자측에서의 감상적 자기우월 의식과 받는 자측에서의 지나친 모멸감을 줄이는 데 기여했다. 이러한 관념은 그리스·로마 철학과는 다른 관념이다. 또한 18세기 이후 발전된 관념, 즉 부자가 자신의 부를 빈민에게 나누어줄 의무가 사라졌다고 보는 관념과도 유사하지 않다. 아울러 또한 20세기에 발전된 자선에의 의존이 수치스럽고 모멸감을 준다는 것과도 대조된다. 그러나 중세 경전학자들이 자선문제와 관련하여 표방한 교리는 그 시대 사유재산제도에 부합하는 것이었다. 왜냐하면 특정한 사회적 의무를 수반해야 한다는 전제가 있기는 하였으나 근본적으로는 부자들의 사유재산권이 정당하다는 것으로 해석되었기 때

〈그림 3-1〉
Maimonides
(1135~1204)

문이다.

중세 경전학자들은 가치 있는 자선과 가치 없는 자선을 구분하였다. 예컨대 훔친 재산으로 하는 자선기부는 가치 없는 자선으로 간주되었다. 가치 있는 기부는 정당하게 획득한 재산으로부터 나와야만 했다. 아울러 기부자는 칭송을 듣거나 비판을 모면하려는 욕망에서가 아닌 진정한 자선정신에 의해 동기유발이 된 의로운 사람이어야 했다. 이러한 조건이 충족되면 자선 기부자는 자신의 구원을 확신할 수 있었다. 12세기 유대 랍비인 마이모니데스(Maimonides)는 가장 낮은 1단계의 자선에서부터 가장 고귀한 8단계의 자선에 이르는 자선의 단계들에 대해 설명하고 있다.

중세 교회는 자선이 기부자의 영혼에 어떤 영향을 미치는지에 대해 깊은 관심을 가졌다. 또한 중세 교회는 후세기에 훨씬 중요한 의미를 갖는 쟁점, 즉 자선이 그 수혜자에게 미치는 영향에 대해서도 관심을 가졌다. 초기 일부 교회지도자들은 자선을 행하는 것이 수혜자에게 해로운 경우도 있다고 보았다. 그래서 기부자들은 자선이 정당화되는 상황과 그렇지 않은 상황을 분별하도록 촉구되었다.

다른 한편 일부 교회지도자들은 욕구 가운데 진정한 욕구를 구분해 내려는 시도 없이 자선이 누구에게나 주어져야 한다고 주장하였다. 13세기 경전학자들은 일상적 자선에서 개방적 마음자세를 선호하게 되었다. 그들 역시 자선을 받는 자 중에 이렇게 함으로써 이득을 취하는 자가 있다는 것을 알았으나, 이러한 기본적 자세가 전체적으로 사회를 타락시킨다고는 생각지 않았다. 이것이 13세기 자선과 산업화 이후인 19세기 자선의 차이이다.

8단계의 자선(Maimonides, 1135~1204)

1단계의 자선 : 마지못해 후회하며 줌 — 손으로 주는 것이지 마음으로 주는 것이 아님
2단계의 자선 : 기꺼이 주나 곤궁한 자의 곤경에 비추어볼 때 부족함
3단계의 자선 : 기꺼이 그리고 감안해서 자선을 하나 달라고 간청할 때에 비로소 줌
4단계의 자선 : 기꺼이 그리고 감안해서 심지어 간청받지 않고 주나 빈자의 손에 직접 쥐어줘서 고통스런 수치감을 자극
5단계의 자선 : 빈자가 은전을 받고 제공자가 누군지를 아는 방식으로 자선을 제공. 단, 준 자는 받은 자가 누군지는 모름
6단계의 자선 : 제공자는 은전의 대상자가 누군지는 알지만 제공자가 빈자에게 알려지지 않게 함
7단계의 자선 : 준 자나 받은 자가 서로 알지 못함
8단계의 자선 : 빈곤을 예방함으로써 빈자들이 더 이상 자선을 기대하지 않도록 함. 즉 빈자를 도와 그가 정직한 삶을 살고, 자선을 얻기 위해 손을 내미는 끔직한 상황에 처하지 않게 함

3) 중세 말의 자선

중세 장원경제로부터 근대 도시사회로의 변천을 가져온 근원은 상업혁명과 그에 이은 산업혁명이었다. 상업혁명에 의해 상인들이 사회적으로 우월한 지위와 권력을 지니게 되었으며, 산업혁명에 의해 생산활동이 중요하게 대두되었다. 상업혁명으로 거대상인들이 출현하였다. 자신의 성공을 과시하고 싶어하는 상인들은 화려한 장례식을 치렀는데 이때 빈민구제가 이루어지기도 하였다(Handel, 1982; Dolgoff & Feldstein, 1984). 여전히 기독교가 중요한 신념체계였다. 당시에는 부의 추구가 그 자체로 존경받을 만한 활동으로 여겨지지는 않았다. 상인들은 자신들의 노력과 성공을 이념적으로 정당화할 필요성을 느꼈다. 자선은 상인들에게 부의 추구가 정당하고 그들의 상업활동이 하나님을 기쁘게 하는 것이라는 점을 자신들과 타인들에게 확신시킬 수 있

는 하나의 수단이 되었다. 그래서 유언에 빚(외상)을 받지 말라는 내용이 포함되기도 하였다.

장례식에서의 구호품(*doles*), 즉 상인의 장례식 때 현금이나 음식을 나누어주는 것이 빈민에 대한 자선제공수단으로 널리 수용되었고 또한 빈민들로부터 기대되었다. 장례식과 1개월 후의 추도식, 그리고 1년 후의 추도식에서 구호품이 배분되었다. 상인은 가능한 한 많은 빈민들에게 자선을 베풂으로써 현세에서의 그의 사회적 지위를 정당화하려 했을 뿐만 아니라, 자신이 저지른 과거의 과실을 정화하는 데 관심을 가졌다. 자선의 방법은 보통 유언장에 그 내용을 남겨놓는 방식을 취했다.[5] 영국에서는 장례식에서의 식품과 현금 자선배급이 부랑인들에게 제공되기도 하였다. 어떤 상인은 노동을 회피하고 무차별로 주어지는 자선에만 의존하여 생계를 이어가는 약삭빠른 사람들을 배제하기 위해, 구호품이 근면한 빈민에게만 제공되도록 유언하기도 하였다.

4) 구빈원과 자선원

한편 중세에 다기능 시설이 출현하였는데 이들 시설은 후일 기능별로 분화되었다. 그것이 바로 자선원(*hospital*)이었다. 자선원은 다양한 욕구를 지닌 사람들을 환대하는 다목적 센터였다. 초기형태는 무료숙박소로써 방문자들이 무료로 머물 수 있게 한 것이었다. 가난한 여행자, 병자, 장애인, 노인들이 보살핌을 받았다. 유럽 주요 도시와 소규

---

5) 다양한 자선방법이 등장하였다. 몇 가지 예를 든다면 다음과 같다.

(1) 1,800 파운드를 들여 5,000가구의 빈민에게 1/2 마르크의 구호품(*gift*) 제공

(2) 특정 건물에 사는 빈민세입자들에게 90년간 매주 1페니씩 주도록 유언

(3) 1년 동안 매주 금요일에 3페니 상당의 빵을 빈민들에게 제공

(4) 대부의 영혼을 축복해달라고 하나님께 기도할 수 있을 만큼 말할 수 있는 아동들에게 1실링 상당의 과일을 40년간 매년 제공(Handel, 1982: 59).

모 마을들에 자선원들이 있었다. 자선원은 도시나 마을의 입구에 위치하였다. 12세기에서 16세기 사이의 영국에서는 800개 이상의 자선원이 세워졌고, 저명한 교인, 개인 기부자, 군주, 마을 주민, 직인길드 및 종교길드에 의해 그 운영 재원이 조달되었다. 15세기에 이르면 다목적 자선원들은 그 시설을 후원하는 상인 후원자가 지목하는 특정한 인구집단을 보살피는 구빈원(*almshouse*)으로 변화되었다.[6]

중세 자선원과 구빈원은 저명한 건축가들에 의해 설계되었다. 이때 세워진 자선원과 구빈원은 세부적 실내장식과 미관을 고려한 "설계와 건축에서의 위대한 기념비들"이었던 것이다. 종종 자선원이나 구빈원의 현관 위에 설립자의 동상이 세워지기도 하였다. 구빈원은 부유한 상인의 욕구와 빈민·노인의 욕구가 동시에 충족되는 곳이었다. 비록 생전에 부의 축적을 위해 일생을 바쳤다 하더라도 자신의 사후에 가치 있는 기독교인으로 남아있고자 한 부유한 상인의 욕구는 거처와 소득 모두를 필요로 하는 사람들에게 자선을 제공함으로써 충족된 것으로 인식되었다.

5) 튜더시대의 자선

상업혁명이 가져온 상품화폐경제의 발생은 농경지의 목초지화(牧草地化)를 촉진하였고, 그 결과 부랑농민이 발생하게 되었다[7]. 서구,

---

6) 그 예로는 퇴역한 군인과 폐질 군인 및 선원을 보살피는 구빈원, 실패한 상인을 보살피는 구빈원, 40명의 빈곤남녀(이중 6명은 자선을 관리하는 생선판매회사에서 가장 나이가 많은 사람 중에서 선발)를 보살피는 구빈원 등이 있었다(Handel, 1982:60).

7) 종획운동(綜劃運動; enclosure movement)으로 불린 이 변화는 대략 15세기에 시작되어 17세기에 대대적으로 진행된 장원의 농업공동체 파괴흐름을 지칭한다. 신대륙의 발견, 상업혁명 등에 따라 장원의 실력자이면서 농경지의 형식적 소유자인 영주가 양의 방목하기 위해 농경지의 점유자인 농노를

특히 영국 구빈법의 출현을 가져온 이 시기의 부랑인 문제는 종교적 자선에도 변화를 가져왔다. 15세기말경 무차별적 자선이 기독교적 사랑의 행위가 아니라 나태를 조장하는 행위라는 관념이 싹트기 시작하였다. 그 결과 자선에 부정적 이미지가 부여되기 시작하였다.

다른 한편 수도원의 해산은 종교적 자선의 발전에 변화를 가져왔다. 수도원이 해산되게 된 것은 첫째, 수도원이 문전에서 무차별 구호를 베풂으로써 부랑을 부추기는 것으로 여겨졌다는 사정과, 둘째, 수도원에 구제목적으로 기부 혹은 유증된 자원이 구제에 사용되지 않고 수도승에 의해 생활비 등으로 유용됨에 따른 반작용 등이었다(Handel, 1982:60~62).[8)]

헨리 8세가 수도원을 해산하기 전까지 수도원의 빈민구호 상황을 본다면, 수도원에 따라 다르긴 하지만 평균적으로 수도원 수입의 작은 부분인 2.5~3%만이 자선에 사용되었다. 더구나 수도원의 자선은 빈민들이 여러 수도원으로부터 자선을 받을 수 있을 정도로 상호 조정이 안 된 상태였기(*uncoordinated*) 때문에 당시에도 빈민생활에 중요한 것으로 인정받지 못하였다. 이런 점을 고려해볼 때, 후대의 학자들이 수도원의 자선을 비효과적이고 비효율적인 것으로 평가했던 것도 무리는

추방하고 농지를 빙 둘러 울타리를 세운 것으로부터 이 이름이 유래하였다. 추방된 농민들은 부랑하면서 사회에 위협적인 존재로 부각되었다. 이들에 대한 통제를 위한 법령들이 초기 구빈법이다. 양을 키우기 위해 농민을 내쫓은 이 현상을 두고 당대의 이상주의자 토마스 모어는 그의 〔유토피아〕에서 '양이 사람을 잡아먹는다'고 풍자하였다.

8) 물론 수도원 해산의 직접적 원인은 세속권력과 종교권력 간의 대립이었다. 영국 튜더왕조의 헨리8세는 결혼문제(교황이 첫 번째 부인과의 이혼을 불허함)로 교황과 갈라서고, 교황의 권위를 더 이상 인정하지 않는 조치를 발동하였다. 헨리8세는 영국교회, 즉 성공회를 국교로 선포하고 자신이 수장에 취임하였다. 헨리8세는 로마 가톨릭 교회, 즉 수도원의 재산을 몰수하고, 수도원을 해산하였으며, 수도원 건물을 파괴하거나 방화하였다(Handel, 1982:60).

아니라고 볼 수 있다(Handel, 1982; Jordan, 1959:58~61).

종교기관이 담당하던 구호의 책임을 세속적 권력이 맡게 되는 '사회복지의 세속화(*secularization of social welfare*)'는 이와 같은 배경에서 출현하였다. 구빈법으로 표현되는 세속권력의 구호책임 인정이 영국에서 앞선 것은 다른 나라들에 비해 수도원 해산을 통해 종교기관의 권위와 물적기반이 일찍 와해되었기 때문이다. 구빈법에 의해 세속적인 국가권력이 조세수입으로 빈민구호에 나섰으나 그럼에도 불구하고 종교적 자선이 한동안 중요한 몫을 담당했다. 1480~1660년의 영국 박애사업을 관찰한 조단(Wilbur K. Jordan)에 따르면 구빈법은 자선으로 해결할 수 없을 만큼의 사회적 재앙에 대한 일종의 공동보험(2차 보험)이었다 한다. 즉 자선이 일차적으로 중요하였고, 구빈법은 부차적이었다는 것이다(Jordan, 1959:108). 예컨대 1650년(조세수입으로 빈민에게 대규모 지출이 이루어진 해)의 경우 빈민에게 쓰여진 재원의 7% 미만이 조세(즉 구빈법)를 통한 것이었다 한다(Jordan, 1959:140).[9)]

영국에서의 종교개혁(즉 헨리 8세에 의한 수도원의 해산과 영국 성공회의 출발)으로 자선에 대한 관념이 변하였다. 신교의 관념이 보다 널리 받아들여지면서, 사람들은 로마 가톨릭교회의 행태에 대해 비판을 제기하였다. 그 중의 하나는 자선기부가 기부자에게 구원을 가져다준다는 관념에 대해서였다. 신교는 구원의 기본으로 믿음을 강조하였는데, 자선이 구원을 가져다준다는 설명은 물질주의적 미신으로 간주되었다. 가톨릭 시설과 신념이 부정되었고 자선과 관련된 구교의 신념과 실천은 신교 첫 세대에 의해 비효과적인 것으로 간주되었다.

16세기에 빈곤이 심화되면서 영국에서는 마을주민의 1/4~1/3이 극

9) 영국에서 구빈과 빈곤 예방을 위하여 조세를 사용하기 시작한 것은 1572년이었으며, 점차 확대되었다(Karl de Schweinitz, 1972:25~26).

빈상태에 처하는 상황이 전개되었다(Handel, 1982:63). 유복한 사람들은 빈곤에 민감하게 반응하였다. 그들이 민감한 반응을 보인 것은 불만에 찬 빈민들의 반란에 대한 공포에서 비롯된 것이었다. 이러한 공포로부터 신교는 '빈민에 대한 부자의 의무'라는 관념을 새롭게 강조하였다.

청교도들은 영국 국교보다 더 극단적으로 '부의 청지기(*stewardship of wealth*)' 이념을 설파하였다(Handel, 1982:63~64). 부의 청지기란 부자들은 실제 그들의 부를 소유한 것이 아니라 하나님이 그 부를 소유한 것이고, 부자들은 하나님의 부를 보살피는 자, 즉 청지기 이상이 아니라는 관념이다. 그들은 이 일을 위해 신에 의해 선발된 사람이며, 그래서 사회적으로 건설적 방법인 빈자의 구호나 재활에 그들이 지닌 부를 사용할 의무를 가진다는 것이다. 튜더 후기와 스튜어트 왕조 초기에 자신의 구원을 확신한다기보다는 부의 이용에 있어서 사회적 책임을 지닌다는 청교도의 청지기 이념이 보편적인 관념이 되었다. 부의 청지기이념은 다양한 자선활동들로 귀결되었다.

6) 세속적 이해관계로의 전환

계몽주의 이전 시기에 박애와 자선은 구빈원, 자선원, 구호품, 여타 빈민에 대한 기부뿐만 아니라, 교회건축물과 예배당의 건축과 보수에도 초점이 맞춰졌다. 그러나 후기 튜더 시기에는 이러한 기부가 현저하게 감소하였고 빈곤이 박애의 주요 초점이 되었다. 비록 종교에 의해 박애의 근거가 촉발되기는 하였지만 강조점은 종교적인 것이나 영적인 것이 아닌 세속적 문제에 맞춰졌던 것이다. 그만큼 근세초기의 빈곤문제가 심각한 양상으로 전개되었던 것을 알 수 있다. 자선과 관련된 조직의 측면에서도 새로운 혁신들이 나타났다. 다음에 소개하는 여러 가지 조직들은 새로운 시대의 빈곤문제에 따른 자선활동의 변용들로 이해할 수 있다(Handel, 1982:64~67). 아울러 이들 자선활동들은 빈곤문제에 대한 광범위한 국가개입이 제도화된 오늘날의 복지국가 시대에 이르기까지 다소의 변모양상을 보이면서도 면면히 민간복지영역을 대표하고 있다.

(1) 자선신탁

자선신탁(*charitable trust*)이란 기부자의 의사에 따라 자선금을 사용하는 특정한 기금을 의미한다. 이러한 자선신탁이 등장한 것은 수도원이 기부자의 의사대로 자선금을 사용하지 않았던 경험으로부터 비롯되었다. 1601년 엘리자베스 Ⅱ세 여왕은 우리에게 잘 알려진 구빈법 이외에 또 한가지 중요한 자선 관련법을 공포하였다. 그 법은 '자선금품이용조례(Statute of Charitable Uses)'로 자선신탁기금의 집행에서 남용을 바로잡기 위한 목적을 갖고 제정되었다. 이 법에는 자선신탁기금을 남용한 의혹이 있을 때 자선·유증이 사적 이익을 위해 사용되지 않았다는 것을 확인하기 위한 조사위원을 임명하는 절차가 담겨 있다. 이 법 집행 첫해에 45명의 조사위원들이 임명되었다. 이 법은 또한 자선기부를 증진하기 위한 전국적 관심에 의해 추진되었다. 그 전문에는 매우 다양한 범주의 합법적 유증과 보호받을 자격에 대해 언급하고 있다. 자선유증의 형태로는 현금과 토지, 그리고 출자금(*annuity*) 등이 있다. 이 법에 의해 자선을 받을 수 있는 대상이나 경우는 매우 구체적으로 특정되었다. 예컨대 노인, 정신장애인, 빈민, 병들거나 상처입은 군인과 선원, 학교, 젊은 상인, 직인, 장애인, 고아, 죄수와 포로의 구제나 석방, 교량, 항구, 도로 및 운하의 보수, 심지어 7세에서 17세 사이의 아동을 위한 활과 화살의 유증을 보호하는 내용까지 담고 있었다(Handel, 1982:65). 기부금품의 사용용도를 기부자가 정하는 방식의 자선신탁은 오늘날 자신의 관심에 맞는 특정 단체에 기부하는 행위나 사회복지공동모금회의 특정 목적사업에 부응하여 기부하는 행위들에서 흔히 볼 수 있다.

(2) 연합 박애

자선협회(*Charitable Society*)로 불리는 연합박애(*associated philanthropy*)는 특정의 고귀한 목적을 위해 다수의 개인이 연합하여 박애를 위한 기금을 조성하는 것을 말한다. 17세기 후반부터 19세기에 걸쳐 여러 유형의 자선협회가 번성하였다. 이 시기 자선협회의 번성은 자선에 대한 관심이 국부의 극대화에 관심을 갖는 중상주의자들의 관심과 결합되었기 때문이었다. 한 예로 중상주의자들은 노동자들의 높은 사망률이 가져올 국부의 감소를 염려하였다. 그 결과 질병으로 인한 노동시간의 손실을 안타깝게 생각하여 만들어진 자선협회가 기금을 대는 많은 병원들이 세워지기도 하였다(Handel, 1982: 65~66). 매춘이나 아동 유기와 같은 비참한 사회상황을 개선하기 위한 움직임도 나타났다. 선원협회나 채무자 석방구호협회 등이 이러한 활동으로부터 비롯되었다. 이러한 활동들은 오늘날 다양한 사회문제들에 각각 개입하여 그 해결을 도모하는 많은 비영리조직들의 출현을 예고하는 것이기도 하다. 이들 비영리조직들은 시민들의 자발적 기부나 후원 이외에도 복지국가로부터 재정지원을 받기도 한다.

▎막달레나의 집

길가에 유기된 영아를 보고 충격을 받은 은퇴한 선장이 영아원(Quality and Distinction) 설립을 계획하여 고관들로부터 기금을 모았다. 또한 사생아를 출산하여 유기하는 어떤 부인의 사정을 딱하게 여긴 한 박애주의자가 《매춘부를 수용 보호하는 공공시설 설치계획》(*Proposals for Establishing a Public Place of Reception for Pertinent Prostitutes*)이란 제목의 팜플렛을 작성하였고 그 결과로 막달레나의 집(Magdalen Hospital) 설립운동을 시작하였다. 이 시설은 18세기 후반에 거의 3,900여 부인에게 유용한 직업훈련 혹은 기술훈련과 함께 종교·도덕 교육을 받게 하였다(Handel, 1982:66).

▎선원협회(The Marine Society)

선주와 상인들에 의해 설립된 이 협회는 빈곤아동문제를 해결하고, 해군 충원 문제를 해결하기 위한 목적을 지니고 있었다. 1756년에서 1763년까지 1만여명 이상의 남성과 청년들이 이 협회를 통해 해상근무를 위해 준비되고 충원되었다(Handel, 1982:66).

▎소규모채무로 투옥된 사람들을 위한 석방구호협회(The Society for the Discharge and Relief of Persons Imprisoned for Small Debts)

이 협회는 작은 채무 때문에 투옥된 사람들을 석방시켜 새로운 인생을 설계할 수 있도록 도움을 주는 것을 목적으로 하였다. 이 협회의 활동은 영국이 아메리카 식민지를 개척할 때 정부의 지지를 받아 대규모로 발전하였다. 영국의 죄수들을 석방시켜 그들이 신세계에서 새 삶을 영위하는 것을 돕는 일을 주요한 활동으로 수용하였다(Handel, 1982:66).

(3) 자선학교운동

자선학교운동(*The Charity School Movement*)은 자선기금으로 빈민아동을 위한 학교를 설립하여 그들에게 교육기회를 주는 것을 목적으로 하는 운동이었다. 17세기말의 박애사업에서는 빈곤예방을 위한 노력도 시작되었다. 이 운동은 인도주의적 동기와 함께 사회안정을 유지하고자 하는 이해에서 비롯된 바 크다. 빈곤을 예방하는 한가지 방법은 중산계급이나부자가 세운 학교에 빈곤아동을 보내는 것이었다. 자선학교에서는 빈곤아동들에게 근면과 검약을 교육시켰다. 당연히 신교에 대한 종교교육도 강조되었다. 그렇게 본다면 종교훈련이 처방이고 자선학교가 그것을 실행하는 도구였던 셈이다. 체스터(Chester) 주교가 자선설교에서 행한 말, 즉 "하층 계급의 생활을 개혁하기 위해서 가장 절실한 개혁은 어떤 사악한 습관이 그들을 사로잡기 이전인 아동기에 일찍 시작되어야 한다"에서 이 운동의 지향을 읽을 수 있다. 자선학교는 독일에서 헤르만 프랑케(Hermann Franke)가 설립한 학교를 모델로 지방의 개별 박애협

〈그림 3-2〉
프랑케 재단(the Frankeshe Stiftung) 전경.
18세기 초 Halle의 경건주의자(*pietist*) 헤르만 프랑케가 세운 자선학교이다.

회에 의해 영국에서도 시작되었다.

18세기 초기 기독교지식증진협회(SPCK; the Society for the Promotion of Christian Knowledge)가 이들 학교들에 대한 조정기관이 되었다. 학교 수는 1729년에 1,400여 개를 넘어섰다. 협회는 교과과정에 대해 지방학교 지도자들에게 조언을 제공하고 재정을 지원하는가 하면 예비교사의 명단을 제공하였다. 기독교증진협회를 주목하는 이유는 그것이 박애사업발전에 가져온 다음과 같은 세 가지 주요 혁신 때문이다(Handel, 1982: 66~67).

(1) 새로운 조직형태로서의 전국적 조정위원회 설치 — 지역사회에서 이루어지는 교육사업을 조정하고 지도하는 전국적 조정위원회를 조직하였는데, 이는 후일 전국적 규모의 박애·자선조직 활동에 모델을 제공하였다.
(2) 새로운 형태의 모금기법 개발 — 자선학교는 자선설교(*charity sermon*)를 통해 자선금을 모금하는 기법을 창안하였다. 대중 종교집회에서 자선금을 모금하는 기법은 후에 다른 대의(*causes*)를 위한 모금모델이 되었다. 자선학교는 연간, 반년간 혹은 분기별

로 자선예배를 갖고, 학생들을 행진시킴으로써 대중의 지지를 획득하려 하였다.

(3) 대중의 관심을 끌기 위한 영성전략(*inspired stratagem*) 채택 — 1704년에서 1887년에 이르기까지 런던 자선학교들은 연차총회를 가졌는데, 평균 4,500명의 아동과 7,500명의 구경꾼 군중을 소집할 수 있었다. 연차총회에는 단정한 차림을 한 빈곤아동들이 교구별로 행진하였다. 각 자선학교는 독특한 복장을 착용하였다. 이러한 모습은 영국 자선과 연합자선을 위한 반박할 수 없는 극적인 성공 증거들로 보였다.

이들 협회활동을 통해 창안된 전국적 조정위원회, 기금모금을 위한 특별 행사, 홍보를 통한 대중의 지지획득과 같은 혁신들은 오늘날 전국적인 활동을 전개하는 비영리조직에서는 기본적인 활동방식으로 채용되고 있다.

7) 초기 미국의 자선·박애

미국대륙은 초기 영국 식민지로 출발하였기 때문에 영국의 자선과 박애 개념이 도입되었다. 신대륙에서의 자선·박애는 박애적 동기와 정치적 동기의 혼합으로 특징지어진다(Handel, 1982:67~68). 예를 들면, James Oglethorpe는 영국에서 채무자를 감옥으로부터 석방시키자는 운동을 전개하였다. 그들이 신세계에서 새로운 출발을 하도록 하자는 아이디어를 창안한 것이다. 그의 계획은 영국의 부랑인 문제를 해결하는 데 기여할 것이라고 생각한 영국정부의 지지를 얻게 되었다. 한편 신세계에서는 '부의 청지기'라는 관념이 널리 퍼져 있었다. 식민시대에는 Cotton Mather나 George Whitefield와 같은 저명한 박애옹호자들의 활동들이 있었다.

18세기 전반기부터 미국 독립전쟁(1776년) 사이에 다양한 사회복지 조직들이 사적 자선재단과 공공조세재정으로부터 공동으로 지원받게 되었다. 그 이유는 첫째, 대규모 긴급재난상황 발생 시 사적 자선이나 공공 재원 하나만 가지고는 해결이 불가능하였고, 둘째, 식민지 사이의 끊임없는 전쟁과 프랑스-인디안 전쟁 등은 부상병, 고아, 과부, 노인, 개척지로부터의 피난민 등을 발생시켰기 때문이었다. 역시 자선이나 공공 재원 단독으로는 해결할 수 없었던 문제들이었다. 셋째, 보스턴, 찰스턴의 대화재, 두 번의 경제불황, 수 차례의 전염병 등 사회문제들의 규모는 사적 자선이나 공공 재원 하나만 가지고는 해결할 수 없는 것이었다. 다른 한편에서는 개인의 기부나, 유증된 재산이 자선목적으로 정부에 기탁되기도 하였고, 빈민감독관으로 알려진 공무원들이

| Cotton Mather

1710년대 활동했던 청교도 목사로서 《선행론》(*Essays to Do Good*)을 집필하였다. 그에 따르면, (1) 선행은 하나님에 대한 의무의 이행이고, (2) 불행한 자를 돕는 것은 그 자체로 보상이며, (3) 자애로운 사람은 장수하고 사업에서도 성공하며, (4) 선행은 사회적 긴장을 감소시키는 수용할만한 효과적 방법이라는 것으로 요약된다. 그에 따르면 빈민은 자신이 부자로부터 받은 것에 대해 하나님께 감사드려야 한다고 생각하고 영국처럼 개혁협회가 설립되어야 한다고 주장하였다(Handel, 1982:68).

| George Whitefield

영국의 목사로서 미국 식민지를 여러 차례 여행하였는데, 그 중에서도 1739년에서 1740년까지 14개월 동안 이루어진 미국 방문이 주목된다. 그는 대각성(*the Great Awakening*) 운동을 전개하였다. 독일 Franke 시설을 모델로 조지아주에 고아원을 설립하였다. 자신의 종교집회에 운집한 중산층 사람들의 양심과 이타주의에 호소한 결과 거의 전적으로 중상류층이 반은 의무로 그리고 반은 여가선용으로 하던 박애활동을 광범위하게 공유되고 실질적으로 대중적 소명(*avocation*)으로 전환시키는 데 성공하였다(Handel, 1982:68).

특별구제헌금을 모금하도록 교회에 요청하기도 하였다. 요컨대 빈민구호에 있어서 사적 자선과 공적 구호 사이에 경계가 모호했던 것이다.

근검원(House of Industry)처럼 조세와 개인 기부라는 두 가지 원천으로부터 재원을 조달하는 새로운 시설들도 발전하였다. 그 중에 필라델피아 개선원(the Philadelphia Bettering House)은 1766년에 설립되었는데, 거지와 빈민을 줄이기 위한 목적을 표방하고 빈민을 고용하여 그들에게 근검의 미덕을 교육하였다. 이처럼 빈민구호에 있어서 사적 자선과 공적 자원으로부터 공동으로 재정지원 받는 것은 두 가지 분명한 서구사의 전통에 기반을 두고 있다. 첫째로는 예로부터 내려오는 관념인데, 궁핍한 사람을 돕는 것은 자발적이어야 하며 이웃에 대한 관심과 시민의 의무를 수행하고자 하는 소망에서 이루어져야 한다는 것이다. 둘째로는 이 시기에 새롭게 대두된 관념으로서 국가가 그 시민을 보호할 의무가 있다는 것이다. 미국에서 19세기 이후 한 때 위 두 가지 관념은 서로 적대적 관계를 형성하기도 하였다(Handel, 1982: 69~70).

4. 자선 · 박애의 영향

자선과 박애는 산업화를 거치면서 새롭게 변용되었다. 산업화 이후 국가기구는 빈곤문제를 비롯한 사회문제에 대한 개입의 폭을 넓혀갔다(이 책 제3부 참조). 그럼에도 불구하고 민간차원의 자발적 도움과 원조의 체계인 자선과 박애는 그 기능과 역할이 쇠퇴하기는커녕 오히려 확대되고 발전하는 양상을 보여주었다. 이 책 제 8장에서 논의하고 있는 것처럼 산업화가 야기한 새로운 사회문제들에 대처하기 위해 자선단체들과 박애조직들은 자선을 과학화하고 조직화하기 위한 노력을 기울였다. 그러한 과정에서 사회사업(*social work*)이란 전문직도 태동하게 되었다.

한편 지역사회의 사회문제 해결을 위한 시민들의 자발적 기부는 많은 국가들에서 공동모금 형태의 새로운 노력들로 이어졌다. 현대 공동모금 역시 그리스, 로마 시대의 박애전통을 이어받고 있다. 특징적인 것은 오늘날의 공동모금에는 기업조직이 광범위하게 참여하고 있고, 중세이전에 비해 종교적 동기가 상대적으로 약화되었다는 점이다.

서구 복지국가들에서의 민간복지는 분명히 중세이전의 자선과 박애의 전통을 이어받고 있다. 서구의 자선과 박애는 근대 초 이래의 공공복지에 상당한 정도의 기능과 역할을 넘겨주었다 하여도, 여전히 서구사회에서 사회문제에 대처하는 사회적 대응양식으로 중요한 위상을 점하고 있는 것으로 이해할 수 있다. 구체적으로 현대사회에서 민간복지 부문이 존재할 필요성이나 이유는 다음과 같이 정리된다(Dolgoff & Feldstein, 1984:120~122).

첫째, 민간기관만이 아직 공공정책으로 되지 않은 서비스들을 제공할 수 있다. 한 예로 과거 가족계획서비스는 민간기관에서 먼저 창의적으로 시작하였고, 후일 그 가치를 국가가 인정하여 공공정책으로 발전하였던 것이다. 오늘날에도 민간기관만이 제공하는 서비스들이 있는데, 이러한 서비스들은 공공정책으로 발전할 수도 있고, 계속 민간기관의 서비스로 남아있을 수도 있다.

둘째, 민간기관만이 종파적(*sectarian*) 서비스 즉, 어떤 특정 인종집단이나 이해집단을 위한 서비스를 적절히 제공할 수 있다. 사실 공공서비스는 모든 시민들에게 평등하게 제공되어야 하고, 특정의 지위나 신념을 가진 사람들만을 위한 것이 되어서는 안 된다. 그러나 오늘날과 같은 다원화 사회에서 사정은 다소 복잡하다. 예컨대, 가톨릭 교인들이 가톨릭 청년들에게 종교의 가치들을 심어주는 것은 정당하며, 또한 그것을 여가오락 활동을 통하여 수행하는 것도 정당하다는 의미에서 민간기관의 종파적 서비스의 의의를 찾아볼 수 있다. 셋째, 알코올

중독자 자조모임(AA)에서부터 유방절제수술 경험자들의 자조모임에 이르기까지 자조집단이 갖는 중요성에 대한 인식이 점차 증대되고 있다. 이들 자조집단들은 시민들의 자원봉사 에너지를 동원하며, 자금을 모집하고, 보다 관료적 체계 혹은 공공 체계 속에서는 불가능한 독특한 형태의 도움을 제공한다.

넷째, 민간기관은 복지대상자(클라이언트)가 정부와 적대적 위치에 있을 때 그들을 위해 옹호(*advocacy*)하고 및 감시(*ombudsman*)하는 기능을 수행하는 가장 적절하거나 혹은 가장 좋은 도구일 수 있다. 마지막으로 역사적으로 볼 때, 비록 그 활동이 사회복지에 사용되는 재원의 일부분에 그친다 하더라도, 민간부문은 복지서비스의 제공과 관련하여 일정한 기능을 수행할 것이기 때문에 중요하다. 민간부문이 제공하는 서비스를 위한 기금의 보다 많은 부분이 점차 공공부문으로부터 조달될 것이다. 서비스의 전달은 앞으로도 공공과 민간의 혼합(*mixed*)에 의해 이루어질 것이며, 그런 의미에서 적어도 당분간은 민간부문이 정부를 위한 서비스의 전달자로서 계속 성장할 것이다.

생각해볼 문제

1. 자선과 박애는 어떤 공통점과 상이점이 있을까?
2. 현대사회의 복잡다단한 사회문제를 해결하는 데 있어서, 자선과 박애가 지닌 가능성과 한계는 무엇일까?
3. 오늘날의 비영리조직 활동에 남아있는 전근대 자선, 박애의 흔적들은 무엇인가?

제 4 장

상부상조 체계의 전개

> 강도를 당하거나 화재를 당해서, 혹은 자신의 과오가 아닌데도 여타 불행을 당해서, 어떤 형제나 자매가 빈곤하여 스스로 살기 어려우면, 그에게 매주 14펜스씩 지급한다.
>
> —중세 영국 우애협회규정의 한 조항

1. 상부상조의 개념

종종 상호부조로 일컬어지고 있는 상부상조(*mutual aid*)는 도움이 제공되는 방식에 대한 통제가 도움 받는 사람들 자신에 의해 좌우되는 도움의 형태이다. 상부상조는 도움 제공자와 도움 받는 자가 서로 입장이 뒤바뀔 수 있다는 점에서 다른 사회복지의 유형, 예컨대 자선·박애, 공공복지, 사회적 서비스와 구분된다(Handel, 1982). 자선은 부자나 유복한 자가 빈자에게 일방적으로 자원을 이전하는 것이다. 공공복지는 납세자가 납부한 조세를 공적부조를 통해 혹은 사회복지서비스 기관을 통해 이러한 도움이 없이는 살아가기 힘든 사람들에게 이전된다. 사회복지 서비스 역시 불평등한 관계 위에 서 있다. 기술과 지식을 가진 전문가가 그것들이 없는 자에게 서비스를 제공하는 도움의 형태인 것이다. 위의 3가지 모두 도움을 주는 자로부터 도움 받는 자에게로의 도움의 흐름이 존재하며 양자의 구분이 명확하다. 그러나 상부상조에서는 서로간에 도움을 주기 위해 사람들이 결속한다. 어떤 유형에서는 참여한 사람들이 공동기금에 기여하기도 한다. 집단의 모든 구성원은 욕구가 발생할 때 기금으로부터 지원을 받는다. 그러나 사전에 누가 언제 도움을 필요로 할지 모르는 상태인 경우가 많다.

상부상조에서는 참여자들 사이에 공유된 정체성이 존재한다. 예컨대 동일한 직업, 동일한 인종집단, 동일한 동네 거주, 동일한 문제를 보유하고 있다는 것 등이 그것이다. 그들은 프랭클린 기딩스(Franklin Giddings)가 명명한 동류의식(*consciousness of kind*)을 공유하고 있다(Handel, 1982：287∼288).

사회복지 역사에서 본다면 상부상조는 인류가 집단생활을 영위한 이래 하나의 생존방식으로 발전해왔다. 상부상조는 오늘날의 사회보험제도와 운영원리를 공유하고 있고, 사회행동이나 자조집단(*self help group*) 등의 사회복지 방법 또는 실천과도 접맥되어 있다. 여기에서는 서구의 전근대사회에서 상부상조의 출현과 전개를 살펴본 후, 그것이 현대 사회복지에 미친 영향에 대해 탐구해보고자 한다.

2. 상부상조의 출현

호혜성의 원리에 입각한 상부상조의 전통은 한국의 품앗이나 두레의 예에서 보듯 장구한 역사를 갖고 있다.[1] 서양에서 이러한 상부상조가 출현한 시점이 언제인지는 불분명하지만, 적어도 로마시대의 협회(꼴레지아：*collegia*)나 중세의 길드에서 그 형태를 살펴볼 수 있다.

---

1) 제 14장 참조.

1) 로마의 협회

고대 이집트의 경우 장의단체(葬儀團體)와 소금·석고상인들의 협회와 같은 협회조직의 존재가 확인되고 있는데, 로마시대에 이러한 협회(*collegia*)가 더욱 번성하였다. 로마시대의 중요한 직업협회로는 아프리카와 이집트에서 곡물을 수송해 오는 해운업자 협회와 제빵업자 협회 및 정육업자 협회 등이 있었다. 이들 직업협회 외에도 사교, 친목, 부조 등을 위한 비영리사단체(*sodalitates*, *collegia sodalicia*)가 있었는데, 후자의 경우 특히 소시민들의 장의단체(*collegia funeraticia*)가 대표적 예였다.[2)]

협회는 회원간에 일종의 상호보험(*mutual insurance*) 기능을 수행하였다. 로마 시대 꼴레지아의 회원은 매월 공동기금에 회비를 낼 의무를 지고 있었다. 협회는 회원이 사망하면 장례비를 지원하거나 유족들에게 연금을 지급하였다. 직업, 거주지, 인종집단 또는 동류의식을 갖게 하는 여타 특성을 기반으로 하는 협회의 상호보험 기능은 중세의 길드를 거쳐 오늘날까지 이어져 내려오고 있다.

2) 중세의 길드

중세시대 다수의 지역에서 공제조합(*fraternitie*)이나 길드로 불리는 자발적 협회들이 조직되었다. 길드(*guild*)는 봉건영주의 기득권에 대항하여 자발적 결사체를 조직할 수 있는 권리를 얻기 위한 상인과 직인들의 노력으로부터 발전하였다. 길드와 교구 공제조합은 그들의 기능에, 아프거나 소득상실로 이어지는 불행을 당한 회원을 서로 돕는 내용을 포함시켰다(Handel, 1982:289). 대부분의 공제조합에서는 회원이 구호

2) 최병조, "사법상 단체에 관한 일반론—단체법론의 역사적 발전과정을 중심으로," http://plaza.snu.ac.kr/~romanist/choe/53.html

〈그림 4-1〉
재단사 길드의 정관 집 (A Book of Statutes of Tailor's Guild)에 실린 르네상스 시대의 직물상인들과 재단사들.

를 받기 위해 그 이전에 7년 동안 회비를 납부할 것을 요구하였다.

중세시대에는 두 종류의 길드가 시민생활에 특히 중요하였다. 그 하나는 상인길드였고, 다른 하나는 직인길드였다. 상부상조 조직으로서의 길드 형태 가운데 어쩌면 최초로 출현한 조직인 상인길드(*merchant guilds*)는 중세 시민조직의 핵을 구성하고 있었다. 이미 10세기에 상인들은 여행시 말과 수레 및 화물을 상호 보호하기 위한 조직을 결성하였다. 한편 산업이 점차 세분화되어감에 따라 등장한 것이 직인길드(*craft guilds*)이다. 동일직업, 예컨대 제빵, 구두수선, 석공, 목공 등에 종사하는 직인(*artisan*)들이 영업의 보호와 상부상조를 위해 결사한 것이 직인길드이다. 직인길드가 이미 존재해왔던 상인길드보다 더 중요해짐에 따라 그 지도자들은 시민행정기구에서 일정한 영향을 행사하기 시작하였다. 점차 마을의 어느 누구도 특정 길드에 소속되지 않고서는 제조업에 종사할 수 없게 되었다. 길드의 주된 설립목적은 외부자들에 대항하여 특정 제조업의 독점권을 유지하는 데 있었다. 예컨대 마구제작공들은 담합하여 상점주인들이 그들에게 요구할 수 있는 물량을 정하고, 상점들이 판매할 수 있을 만큼의 마구제작가게를 열도록 장인들에게 허용하였다.

길드의 여러 기능 가운데 사회복지와 관련하여 중요한 상부상조 기능은 다음과 같다. 첫째, 빈곤한 회원에 대한 장례비 지원과 유족에 대한 지원, 둘째, 빈곤한 회원의 딸을 위한 결혼지참금 지급, 셋째, 일종의 건강보험으로 회원모두를 포괄하여 환자에게 보호를 제공하는 것 등이 그것들이다. 그 외에도 길드는 지역사회 공익을 위한 활동도 수행하였다. 예컨대 교회당을 건축한다든가, 지방 교회나 성당에 유리창을 기증한다든가, 교회 건축 시 수시로 도움을 준다든가, 혹은 도박과 고리대금에 탐닉하는 회원의 도덕성을 감시하는 활동 등을 수행하였다. 길드회원들은 서로 돕는 형제(*confraternities*)로 불렸다.

3. 근대 이후 상부상조의 변화

근대사회에 접어들면서 새로운 사회문제들이 출현하였다. 산업화에 따라 다수의 노동자들이 빈곤한 삶을 영위하게 되었다. 빈곤에 대한 국가의 구빈법적 조치들은 지나치게 제한적이었고 또한 가혹하였다. 종교적 자선과 이타주의적 박애는 대량 빈곤에 대해 거의 무기력하였다. 이러한 상황에서 빈곤한 노동자들이 스스로를 보호하기 위한 다양한 상부상조 기제들을 발전시켰다. 중세의 길드와 같은 상부상조 제도들 역시 다소의 변형을 거치면서 존속되었다. 그 중에 하나가 우애협회였다.

1) 우애협회(*Friendly Societies*)

길드나 교구 공제조합과는 별도로 18세기 영국의 빈민들은 상호부조를 위한 우애협회를 조직하였다(Handel, 1982:290~291). 우애협회는 빈민들에 의해 처음 시작되었으나, 후일 그것의 결성과 발전을 격려했던 보다 유복한 사람들의 관심을 끌기 시작하였다. 특정 직업, 특정 지역 거주, 특정 술집(pub)의 고객 등을 기반으로 다양한 우애협회가 만들어졌다. 대부분의 우애협회는 사교와 상부상조를 결합하였다. 그들은 회원으로부터 회비를 걷고, 걷힌 회비의 일부는 매우 다양한 유형의 불행에 처한 회원들을 돕기 위해 적립되었다. 질병, 노령, 과부, 고아, 사망, 난파, 직장탐색을 위한 여행, 회원 영업에 필요한 도구의 소실 등에 처한 회원이나 그들의 피부양자를 위한 소득보장이 우애협회의 주요한 서비스 내용이었다.

18세기말이 되면 영국 구빈법의 비용이 증가하게 된다. 그에 따라 우애협회는 영국 권력자들의 주목을 받게 되었다. 자조가 당시 시대정신의 일부였다. 구빈법 폐지를 제안했던 사람들은 전국적 우애협회 조직을 요청하였다. 당시에 제안된 한 계획을 보면 당시의 지배층들이 빈곤문제에 대해 어떤 관점을 지니고 있었고, 그 해결책의 하나로 우애협회에 주목한 이유가 무엇인지를 알 수 있다.

모든 계급의 사람들이 우애협회 회비를 납부해야 한다. 회비납부를 못하는 사람들은 상류계급을 제외하고는 모두 붉은 옷에 게으름뱅이(DRONE)라는 큰 글자를 박은 배지를 착용해야만 한다. 급부는 DRONE, 즉 너무 궁핍하여 협회 회비를 납부하지 못하며, 따라서 노역장 입소자격검사를 받아야 하는 사람을 제외한 누구에게나 그가 궁핍하게 되면 제공된다(Handel, 1982:290).

이러한 계획은 어떤 목사가 제안했는데 채택되지는 않았다. 이러한 계획을 보면 빈곤이 노동자의 예견력 부족에서 비롯된 것이고, 미래에 대한 계획을 세우는 데 실패한 데서 비롯되었으며, 미래의 소득상실에 대비한 저축과 보험계획을 세우는 데 실패하였기 때문에 야기되었다는 당시의 관념을 읽을 수 있다.

우애협회에 의무적으로 가입하도록 하는 대신 1793년에는 우애협회 회원에게 특권을 줌으로써 우애협회의 발전을 도모하는 법이 제정되었다. 이 법에 따르면 우애협회의 회원에게는 그가 타인에게 의존적이라는 것이 실제 증명될 때까지는 그를 정주법이 규정한 대로 교구 밖으로 추방하지 않는다는 특권을 부여하고 있다. 우애협회는 영국에서 번성하였다. 19세기말이 되면 영국에 약 25,000개의 협회가 있었고, 400 만 명 이상이 회원으로 가입되어 있었다(Handel, *ibid.*). 우애협회는 20세기 초에 이르러 실업과 공황 등으로 대부분 파산하였다. 그러나 일부 우애협회는 뒤에서 설명할 우애보험을 거쳐 상업보험으로 성장하였으며, 후일 사회보험 도입에 비판적인 입장을 견지하게 된다. 또한 일부 우애협회는 자선, 박애단체로 기능하기도 하였다.

2) 저축은행

영국의 18세기말은 반구빈법 정서가 팽배한 시기였고, 그에 따라 다양한 자조계획들이 모색된 시기였다. 1795년 어떤 성공회 목사는 적절한 이자를 줌으로써 빈민을 빈민구호로부터 그리고 나아가서는 선술집으로부터 멀어지게 하려는 소망에서 절약동네은행(*provident parochial bank*)을 제안하였다. 몇 년 후 최초의 저축은행(*saving bank*) 이 스코틀랜드에서 설립되었다(Handel, 1982:290).

당시 영국에서는 저축은행과 우애협회 각각이 지닌 상대적 장점을 두고 어느 것이 자조의 통로인가에 관한 논쟁이 있을 정도였다. 가정부와 직공들은 새롭게 시작된 저축은행에 맡길 돈이 있었지만, 일반 노동자들은 그렇지 않았다는 증거들도 있다. 노동자들은 저축은행 대신 자신들이 가입한 우애협회를 선택하였는데, 그 이유는 저축은행의 예금이 아니라 협회의 회원자격이 빈민들 스스로가 상부상조한다는 가장 큰 증거를 제공하는 것으로 받아들여졌기 때문이었다.

빈민들이 결성한 저축은행과 유사한 자조의 수단이 신용협동조합(*credit union*)이다. 신용협동조합은 지역, 직업, 종교 등 상호유대를 가진 개인이나 단체간의 협동조직을 기반으로 하여 자금의 조성과 이용을 도모하였다. 신용협동조합(또는 신용조합)은 독일에서 처음 조직되었

❙ 그라민은행(Grameen Bank)
빈민들이 스스로의 노력을 통해 빈곤의 굴레로부터 벗어날 수 있도록 담보없이 신용만으로 창업을 위한 소액금융대출을 하는 방글라데시의 법인체기업이다. 1976년 치타공대학교 경제학과 교수인 유누스(Muhammad Yunus)가 시골지역의 빈곤퇴치를 목적으로 창설한 후 전국적으로 확산되었다. 무보증 소액 창업대출(*micro credit*)을 통해 경제·사회발전에 기여한 공로로 그라민은행과 그 설립자 유누스는 2006년 노벨평화상 공동수상자가 된다.

다. 1850년 슐체델리치에 의해 도시신용조합이, 라이파이젠에 의해 농촌신용조합이 창설된 이후, 이탈리아를 비롯한 세계 각지에 파급되었다. 이 시기의 저축은행에서 우리는 2006년 노벨평화상을 받은 방글라데시의 그라민은행과 같은 자조프로그램의 원형을 찾아볼 수 있다.

3) 우애보험(*fraternal insurance*)

우애협회는 회원들이 서로간에 개인적으로 이미 알고 있었거나 곧 알게 되는 지방 클럽이었다. 19세기초에 지방 우애협회가 전국적 규모로 확장되거나, 어느 정도로는 변환되었다. 한 설명에 따르면, 당시 우애협회에서 흔히 발견된 연회와 음주에 실망한 어떤 석공이 그것을 개혁하려고 결심하였다 한다. 1812년 그는 맨체스터에서 평범한 사람들의 모임(*Order of Odd Fellows*)을 조직하였다. 이는 독립적 개별 지방 선술집들, 즉 우애협회들의 전국적 조직을 위한 첫걸음이 되었다. 여기에서 태동된 맨체스터 연합 시민단은 그 회원에게 상호보험급부를 제공하는 최초의 전국적 우애조직의 하나가 되었다(Handel, 1982: 291). 이 개념은 미국에서도 발전되었다. 1868년 미국 최초의 우애협회(*fraternal benefit association*)인 연합노동자단(*the Ancient Order of United Workmen*)이 결성되었다. 그러나 미국에서는 이민자들이 훨씬 이전부터 상호보험협회를 출범시켜왔다.

4) 이민자들의 협회

영국과 프랑스의 위그노(*Huguenots*)들은 칼뱅주의 청교도들인데, 프랑스에서 로마 가톨릭 지배를 벗어나기 위해 영국으로 이민을 가게 된다. 1687년 영국에서 최초의 이민자 우애협회가 성립되었다. 이국에서 이민자들은 상호부조를 위해 서로에게 의존하기 시작하였던 것이다. 미국 이민자들도 이런 방식으로 결집하였다(Handel, 1982:291~292). 국적, 종교 또는 양자 모두를 기반으로 한 결사가 출현하였다. 미국 식민지에서 최초의 이민자 우애협회는 스코틀랜드 자선협회(the Scots Charitable Society)로서 1657년 보스턴에서 설립되었다. 그 강령에는 "우리 자신과 우리가 인연을 찾을 수 있는 타인을 구호하기 위한" 것이라는 점을 그 설립목적으로 분명히 밝혀두고 있다. 여타 협회들은 대개 18세기에 설립되었다. 어떤 것은 식민지가 독립국가가 되고 이민이 증가하기 시작한 시기인 19세기에 설립되었다. 19세기 전반이 되면 이미 영국계, 웨일즈계, 아일랜드계, 스코틀랜드계, 쿠바계, 푸에르토리코계 등 이민자 집단들이 뉴욕에 우애협회를 두고 있었다.

이민자들의 상호부조 협회는 회원이 질병에 걸린 기간 동안 소득의 일부를 지원하였고, 회원이 사망했을 때에는 장례비를 지급하였다. 일부 상호부조협회는 국적이나 종교보다는 직업을 기반으로 조직되기도 하였다. 일부 이민자들은 Odd Fellows같은 기존 우애협회에 가입하였다. 1865년 남북전쟁 말기에 이르면 뉴욕에 소재한 거의 모든 국적의 집단들이 적어도 한 개의 우애협회를 갖게 되었다.

5) 협동조합(*Cooperative Society*)

협동조합은 18세기 중반부터 노동자, 농민 또는 자영업자나 소기업가들이 자조정신에 입각하여 시작한 운동이다. 거대자본의 막강한 힘에 대항하여 경제적으로 물품을 구매하기 위해(소비조합), 혹은 소생산자들의 상품생산과 판매를 원활하게 하기 위해(생산조합), 또는 저리의 이자로 대출을 받기 위해(신용조합) 벌인 운동이 협동조합운동이었다.

소비조합은 1844년 영국 랭커셔 공업지대의 로치데일에서 시작되었다. 동맹파업에 실망한 직물노동자들이 조합원의 경제적 이익 및 사회적·가정적 지위향상을 목적으로 한 사람당 1파운드씩 모아 자본을 조성하여 일용품을 구입한 후, 저렴한 가격으로 조합원에게 판매하는 소비조합(로치데일 공정개척자조합)을 결성하게 되었는데 이것이 근대적 협동조합의 시작이다.

한편 19세기 초반 프랑스에서는 비교적 많은 자영업자와 소농들이

로버트 오웬의 협동조합 실험 : New Lanark와 New Harmony

협동조합의 이념에 입각하여 이상사회를 건설하고자 했던 19세기 영국의 사회운동가 오웬(Robert Owen)은 두 개의 역사적인 실험을 수행하였다.

먼저 1800년에 스코틀랜드 중남부의 뉴라나크에 종업원 2,000명이 일하는 방직공장을 세웠는데, 아동기 성격형성의 중요성을 인식하여 오웬은 아동의 노동을 중지시키고 이곳에 세계 최초의 유치원을 만들었으며, 어른의 노동시간도 단축하여 야간학교에서 교육을 받게 하고 노동조건과 생활환경을 대폭 개선했다. 복리시설도 만들고, 이익도 올렸기 때문에 "뉴라나크의 기적"이라 해서 외국에서도 많은 견학자가 방문하였다. 그의 노무관리와 교육의 실태는 저서 《사회에 관한 새 견해》(1813~14)에 자세히 나타나 있다. 공장은 1968년까지 가동되었다.

영국에서의 성공에 고무된 오웬의 두 번째 협동조합 실험은 1825년에 미국 인디애나주에 세운 뉴하모니였다. 약 1,000명의 정착민들은 오웬의 공개적인 호소에 어느 정도 반응을 보였다. 그러나 대부분은 그들 몫의 식량을 먹고, 정책에 대해 논쟁을 일삼을 뿐 이 공동체에 꼭 필요한 봉사적 태도는 가지지 않은 부적격자들이었다. 농장들과 일터는 방치되었고 사실상 무질서가 이곳을 지배했다. 1827년 봄에 이르러 오웬의 자금은 토지와 보급품을 조달하느라 바닥이 나 1828년 그는 영국으로 돌아가고 말았다. 야후 백과사전 '뉴라나크'(http://kr.dictionary.search.yahoo.com/) 및 네이트 백과사전 '뉴하모니'(http://100.nate.com/) 참조.

자신들의 경제적 기반을 소유하고 있었다. 이들은 협동을 통해 영세한 사업규모를 확대함으로써 자본의 지배로부터 자신들을 방어하려는 수단으로 "생산조합" 성격의 협동조합을 발전시키게 되었다. 생산조합의 시초는 필립 붓세가 1831년 파리에서 설립한 '목공노동자조합'이다. 독일은 영국이나 프랑스와는 달리 부분적 협동이 필요한 "생산자조합" 위주로 발전하였으며 특히, 도시와 농촌의 소생산자들에게 자금을 융통해 주기 위한 신용조합이 먼저 발생하여 협동조합을 주도하였다.

4. 상부상조의 영향

동서양을 막론하고 상부상조 제도들은 현대 사회복지에 다음과 같은 중요한 영향을 미쳤다. 첫째는 상부상조 제도의 근간을 이루었던 호혜성의 원리 혹은 보험원리로부터 근대 사회보험제도의 기본원리가 태동하였다. 물론 그렇다고 하여 상부상조제도들과 사회보험이 동일한 것은 아니다. 전근대사회 상부상조 제도들에 의해 운영되었던 상호보험(*mutual insurance*)은 대면집단 혹은 지역, 직업, 인종, 종교, 특정 클럽회원과 같이 타인들과 자신들을 구분시켜 주는 뚜렷한 정체성을 가진 소규모집단에서 가동되었다. 반면 근대 사회보험(*social insurance*)은 어떤 국가의 전국민 혹은 실업, 노령과 같이 소득중단을 가져오는 특정한 경험을 하는 모든 사람을 위한 보험이다. 사회보험은 특정한 소속감(*loyalty*)을 지닌 소수의 사람들을 배제하기보다는 포섭하는 것을 특징으로 한다.

양자 모두 사람들을 결합함으로써 소득을 제공한다는 유사성이 있으나 상호보험은 자발적(임의적)인데 비해 사회보험은 강제적이라는 점이 다르다. 국가가 노령(혹은 유족, 장애) 인구에게 최소의 소득을 그들 상호간에 보장하도록 기여를 강제하는 것은 오늘날 널리 받아들여

지고 있다.[3)]

둘째, 전근대사회의 상부상조는 현대 사회복지의 한 방법인 자조집단의 출현에 영향을 미쳤다. 상부상조에 내재된 가입과 운영에서의 자발성은 오늘날 비슷한 문제를 안고 있는 사람들 사이에서 문제해결의 경험을 공유함으로써 서로간에 도움을 주는 자조집단의 운영이념과 일맥상통하고 있다.

전문사회사업이 발전한 사회에서 비전문가인 문제 공유자들이 스스로 모임을 만들어 문제해결을 도모하게 된 것은 사회사업 전문주의가 지닌 한계에서 비롯되었다. 사회사업 전문조직들은 지나친 지적 경향을 보여 클라이언트들에게 거리감을 느끼게 한다. 또한 학위나 자격증을 문제해결능력과 동일시하는 과도한 학력주의(*credentialism*)에 빠져 있다. 그로 인하여 전문가들은 다양한 문제집단이 존재함에도 불구하고, 그들이 전문성을 발휘할 수 있는 한계 내에서 제한된 접근을 하기 때문에 특정의 문제들을 해결하려고 시도하지 않거나, 종종 그들에게 해결능력이 없기 때문에 자조집단이 출현한 것이다. 그러나 전문적 원조와 자조 사이에는 보완적 관계가 실재하는 것으로 보아야 한다. 전문가는 종종 자조집단의 조직을 돕고 그 기능을 촉진할 수 있다. 자조집단 운영의 효과성을 제고하기 위해 그들의 기술을 가르칠 수도 있다. Katz(1976:151)는 자조집단과 전문사회사업과의 관계를 다음과 같이 말하고 있다. "무엇보다도 자조집단은 사회적 관계에서 상호 평등한 지위를 제공한다. 전문주의에 대해 우리가 그 어떤 것을 상정하더라도, 전문주의는 평등주의 분위기 또는 평등한 지위를 절대 제공할

---

3) 그러나 노벨 경제학상을 받은 Milton Friedman과 같이 전통적 자유방임사상을 가장 극렬히 옹호하는 사람들은 강제보험의 개념을 개인의 자유에 대한 위험하고도 정당하지 못한(*unwarranted*) 침해라고 믿고 있다. 그는 자발적 자조로 되돌아가기를 원하는 것처럼 보인다(Friedman & Friedman, 1980).

수 없다. 전문적 관계에는 항상 상하의 관계에서 오는 부담, 즉 '권위'가 부담으로 남게 되나, 자조집단에서는 공통의 문제를 가졌을 뿐만 아니라 공통의 사회적 지위를 갖고 있는 동등한 동료들 사이의 수평적 관계가 가능하다."

Katz에 따르면, 자조집단이 보다 큰 사회환경에 어떤 영향을 미치기 위해서는 동맹자가 있어야 한다. 전문가 중에서 전문적 지위향상 혹은 개인적 지위향상이나 체제유지가 아닌 인간복지와 인간잠재력의 만개에 그들의 가장 큰 소명을 두는 배려 깊고 융통성이 있으며 가장 덜 관료적 정신태세가 되어있는 동반자, 즉 사회사업가가 어쩌면 가장 적합한 동맹자일 수 있다. 적절히 결합되면 전문사회사업과 자조의 관념은 서로 양립할 수 있다.

셋째, 전근대사회의 상부상조가 현대 사회복지에 미친 영향의 하나는 문제해결을 위해 문제를 지닌 구성원 스스로가 나서거나 참여하는 사회행동(*social action*)의 발전이다. 상부상조에서는 자발적이고 자율적 조직운영이 강조되었다. 오늘날의 사회행동은 참여자들에 의해 자발적으로 구성되고 자율적으로 운영되는 것을 이상적인 것으로 생각한다.

물론 사회행동의 실제에 있어서는 전문가의 개입이 요청될 때가 있지만 전문가들의 기능은 보조적(*auxiliaries*)인 것에 그치는 경우가 많다. 그들은 촉진자(*facilitators*)이지 집단을 주도하는 지도자는 아니다. 지역사회 행동이나 자조집단 모두 공공, 민간의 전통적 도움형태에 대한 불만족으로부터 연유하였다. 그러한 불만에는 공공복지에 대한 불만, 전통적 사회사업가와 클라이언트 간의 관계에 대한 불만, 정신분석학에 관한 불만 등이 있다.

다소 차이가 있음에도 불구하고 오늘날에 널리 확산되고 있는 위 세 가지 상부상조 형태는 공통의 원칙과 하나의 강력한 충동을 지니고 있다. 즉 자발적 행동의 원칙, 자신들 스스로가 고안해내고 자신들 스스로가 방향을 결정하는 결사체에 결집한다는 원칙, 그리고 자신의 삶을 독자적으로 스스로 책임진다는 원칙이 그것들이다.

생각해볼 문제

1. 전근대사회의 상부상조제도 혹은 관행이 대두된 배경은 무엇인가 정리해보자.
2. 복지국가의 발전은 전통적 상부상조의 부침과 어떤 관련이 있는가를 정리해보자.
3. 자조집단이나 사회행동 혹은 협동조합운동에서 전문 사회사업가가 수행할 수 있는 역할을 정리해보자.

제 5 장

공공사회복지의 대두

> 큰 흉년이 와서 전염병이 크게 돌면, 여러 지방에 명령하여 곡식이 풍작인 지방으로 흉작 지역의 백성을 이주시키고(移民), 그렇지 못할 경우에는 곡식을 흉작지역으로 수송하며(通財), 평상시 금지하였던 유력자 소유의 연못과 삼림에서의 수렵과 채취행위를 허용하며(舍禁), 부역을 덜어주고(弛力), 세금을 가볍게 해서 재난을 당한 백성의 부담을 덜어주도록 하며(薄征) 형벌을 가볍게 해서 민심을 안정시킨다(緩刑). —《周禮》"地官篇"
>
> 빈민구호는 자신의 집을 지키고 자신의 양심을 안전하게 지키기 위해 부자들이 지불하는 일종의 보석금(ransom)이다.
>
> —Leeuwen & Marco

1. 국가의 성립

공공사회복지(*public social welfare*) 또는 공공복지(*public welfare*)란 국가가 구성원의 생존이나 안녕을 위해 제공하는 복지를 의미한다. 현대적 의미의 공공복지는 구빈법 이후 발전해온 것으로 이해되고 있다. 그러나 공공복지의 역사는 구빈법 시기보다 훨씬 앞선다. 국가가 존재한 이래 어떤 형태든 공공복지가 존재해왔던 것이다. 물론 고대국가의 공공복지가 현대 복지국가의 공공복지와 비슷하였다는 의미는 아니다. 국가가 구성원에게 복지를 제공한 동기나 방법 그리고 그 결과에서 현격한 차이가 있는 것은 두말할 필요가 없을 것이다.

국가란 '독점적 강압력, 통일적 권위, 그리고 제반 법률적 · 행정적 장치를 기초로 일정한 영토와 그 영토 내의 주민을 배타적으로 지배하는 정치적 조직(혹은 공동체)'을 의미한다(김태성 · 성경륭, 1993). 이러한 국가는 다음과 같은 세 가지의 하위 과정을 통해 형성되었다. 그것들은 첫째, 강압력의 축적과 집중; 둘째, 특정 영토 바깥의 경쟁자를 제거하거나 무력화시키는 전쟁유발; 셋째, 국가기구의 유지와 확대 및 전쟁수행을 위한 사회로부터 자원추출능력의 증가이다.

고대국가는 정복국가 혹은 약탈국가로 출발하였다. 고대국가는 사회불안을 예방하기 위해 최소한의 질서유지 기능을 수행하지 않을 수 없었으며, 적어도 경제적 측면에서 재생산이 가능할 만큼은 생산인구를 보호할 필요성에 처해 있었다. 고대 국가의 공공복지는 질서유지와 생산인구 보호라는 동기에 의해 시작되었다.

한편 정복국가/약탈국가는 역사적으로 볼 때, 간접통치를 근간으로 하는 연합체적 국가나 봉건국가로부터 주민에 대한 직접통치를 실시하는 국민국가로 발전해왔다. 간접통치는 국가나 지배자의 통치력이 전 영토와 주민에게 직접 행사되지 못하고 다양한 중간 매개자(예컨대 봉건영주, 귀족, 교회와 성직자, 지방 토호 세력 등)에 의해 간접적으로 행사되거나 공유되는 지배체제를 의미한다. 지속적 정복과 약탈의 결과 국가가 강압력을 독점하면서부터 국가와 주민 사이의 중간매개자들은 모두 제거 혹은 배제되거나 국가기구 속으로 편입되었고, 국가는 방대한 국가기구를 수립하여 전 영토와 주민을 국가의 직접적 통제하에 두는 새로운 지배체제, 즉 국민국가로 발전하게 되었다.

2. 고대국가에서의 공공복지의 출현

기원전 25,000년경에 설립되었던 사원이나 묘지를 발굴한 결과 공동사회의 흔적이 나타나고 있다. 최초의 인류사회는 수렵과 채취사회였다. 당시에는 어떤 조직된 정부나 국가는 존재하지 않았고, 사회구성원들은 공동으로 생산하고 공동으로 소유하며 소비하는 생활을 영위하였다(Day, 1997:61~64).

사유재산제도의 출현은 공공복지의 출현과 관련해 중요한 의미를 갖고 있다. 사유재산제도는 수렵과 채취생활을 하던 인류가 농업을 위해 정착생활을 하는 과정에서 발생하였다. 정착 농경의 결과 가축과 토지의 사유화가 나타나기 시작하였다. 기원전 2,000년경에 출현한 청동기시대에는 남성과 여성이 평등한 지위를 지니고 있었으나 점차 남성이 종교적 권력을 장악하게 되었다. 남성들은 부와 권력의 축적을 종교적으로 정당화하였다. 점차 타부족에 대해 '신의 명령으로' 억압하는 일도 발생하였다. 타부족에 대한 정복을 통해 토지, 가축 그리고 종종 사람 자체를 노예로 몰수하였다. 그 과정에서 빈부격차와 계급이 발생하였다.

기원전 6,000년경부터 기원전 3,000년경에 역사기록이 시작되었고 문명이 발생하였다. 정착농업이 발생할 수 있는 여건이 잘 갖춰진 메소포타미아 지방(티그리스 강과 유프라테스 강 유역), 인도평원(갠지스 강 유역), 이집트(나일 강 유역), 중국(황하 유역) 등에서 문명이 발생하였다. 여기서 말하는 문명이란 국가권력의 체계화를 포함한 것이다. 국가권력은 홍수통제를 위한 대규모 관개사업, 외적에 대한 방어 필요성 등에 의해 점차 체계화되었다.

이 시기에 사회구성원들의 안녕이 나눔(혹은 공유)만으로는 부족한 상황이 될 정도로 빈부격차가 커졌다. 그에 따라 새로운 사회적 보호형태가 출현하였는데, 그것이 바로 공공복지였다. 여기에는 물론 이타주의도 한 몫을 했지만, 절대군주의 지배하에서 노동력을 동원하고 농민을 보호하기 위한 수단으로써 공공복지가 발전하였던 것이다. 그러한 사례들을 문명이 발생한 이집트와 중국의 고대왕조들을 통해 살펴보자.

1) 고대 이집트의 공공복지

이집트에서는 기원전 5,500년 이전에 강력한 부권왕조가 출현하였다(이하 Day, 1997:64~65; Dolgoff & Feldstein, 1984:27~28). 이집트 제1왕조부터 파라오들은 농민보호를 위한 법을 만들었다. 아울러 빈민이 직접 파라오에게 불만을 말할 수 있는 통로를 만들었다. 당시의 믿음에 따르면, 신은 빈민에게 그들을 억압하는 사람을 영원히 저주할 수 있는 힘을 주었다는 것이었다. 권력자들은 그 저주를 두려워했다. 이집트의 사회복지는 노동자의 경제적 욕구와 생사에 관한 종교적 욕구 양자에 기반을 둔 것이었다. 범람하는 나일강의 홍수를 다스리기 위해 제방을 쌓는 일은 농민들을 동원하는 부역제도를 통해 해결하였다. 모든 성인 남자들은 7년에 1년씩은 파라오의 일을 해야 하였다. 관개사업이 어느 정도 이루어진 후에는(후기왕조) 부역노동은 파라오의 무덤과 사원 건축을 위해 동원되었다. 수상(*grand vizier*)이 지시하는 관료체계가 대규모 공공사업, 곡물의 수확과 저장, 곡물배분 및 구제를 책임졌다. 구제는 노동력을 보호하고 유지하기 위해, 즉 노동자를 보호하기 위해서 이루어졌다.

제4왕조에서 제6왕조(대략 기원전 2,700년에서 기원전 2,200년까지)에 농민들은 중소 영주에게 소속되었다. 성실한 노동이 강조되었고 장사를 통한 개인적 부의 축적도 강조되었다. 생필품은 정부에 의해 통제되었고, 소요가 발생하거나 또는 식량이 제한되면 현지의 수확량과 생필품이 그 지방인구를 위해 충분히 조달될 수 있도록 하기 위해 국경을 폐쇄하는 것이 일반적이었다.

> **이집트 창제(倉制)의 시작: 파라오의 꿈과 요셉의 해몽**
> 이집트의 왕 파라오는 동일한 주제의 꿈을 거푸 꾸게 된다. 일곱 마리의 잘생기고 살진 암소들이 강가에서 풀을 뜯고 있는데, 흉측하고 야윈 일곱 마리의 다른 일곱 마리의 암소들이 나타나 이들을 잡아먹는 꿈에 이어 토실토실하고 잘 여문 이삭 일곱 개가 있는데 열풍이 불어서 야위고 마른 일곱 이삭이 이들을 삼키는 꿈을 꾸게 된다. 이집트 마술사와 현인들이 이들 꿈의 의미를 해석하지 못하여 요셉이 해몽한다. 요셉의 해몽에 따르면 두 꿈의 내용은 같은 것인데, 하느님이 파라오에게 장차 이집트에서 일어날 일과 해야 할 일을 미리 보여준 것으로서 이집트 땅에 칠년의 큰 풍작이 있은 후, 극심한 칠년의 흉작이 있을 것이라는 점이다. 미리 대비할 일로서 전국에 관리를 두고 풍년에 수확의 1/5를 수납하여 창고에 갈무리했다가 흉년시에 대비하는 것이라고 조언하였다. 《구약성서》, 〈창세기〉 41장 참조.

2) 고대 중국의 공공복지

황하 유역의 광활한 농토를 배경으로 일찍이 고대국가가 출현하였다(Day, 1997:72~73; Dolgoff & Feldstein, 1984:28~29). 기원전 1,500년경에 왕조가 출현하였다. 기원전 1,000년경에는 은나라를 멸망키키고 주나라가 출현하였다. 고대 중국에서 형성된 유교문명에서 추구했던 이상사회의 모습을 《예기》에 제시된 대동사회에서 엿볼 수 있다.

> 대도가 행해지던 세상에서는 천하가 만인 모두의 것이었다. 사람들은 현자와 재능있는 사람을 관리로 선출하여 사회를 신뢰와 화목으로 이끌어나가도록 하였다. 그리하여 그들은 제 부모만을 부모로 여기지 않았고, 제 자식만을 자식으로 여기지 않았다. 노인들에게는 여생을 편안하게 마칠 수 있도록 하였고, 젊은이는 각자 삶의 자리를 갖도록 하였으며, 어린이는 마음껏 자랄 수 있도록 하였고, 홀아비, 과부, 고아, 병든 자들 모두 부양을 받으며 살아가도록 하였다. 남자들에게는 소업이 있었고, 여자들에게는 결혼의 안식처가 있었다. 재물의 헛된 낭비를 싫어했지만 그렇다고 해서 그것을 사재기하지는 않

았으며, 노력하지 않는 삶을 혐오했지만 그렇다고 해서 그 노력이 이기적으로 쓰이지도 않았다. 그리하여 남을 모략하는 일이 없어지고 도적이 사라져서 아무도 대문을 잠그고 살지 않았다(《禮記》, 禮運. 김기현, 《선비: 사유와 삶의 지평》, 민음사, 2009, p. 383).

이러한 이상사회가 실현된 적은 없지만, 주나라 때에 이미 농민보호를 위한 공공복지와 관련된 법제도들이 정비되어 있었다. 주나라의 법령집인 《주례(周禮)》 "지관편(地官篇)" 대보식(大保息) 조에 보면 여섯 가지 공공복지 프로그램들이 소개되어 있다(최익한, 1946). 그 내용은 자유(慈幼: 오늘날의 아동복지에 근사한 것으로 고아보호 등을 내용으로 함), 양로(養老: 노인복지에 근사한 것으로 경로잔치 등을 규정), 관질(寬疾: 장애인복지에 근사한 것으로 환자와 장애인들의 부역 면제 등을 규정), 안부(安富: 부유한 사람들을 편안하게 하는 내용), 진궁〔振窮: 환과고독(鰥寡孤獨) 사궁(四窮)의 구휼에 관한 내용〕, 휼빈(恤貧: 빈민을 구호하는 내용) 등이다.

한편 흉년 시의 구제와 치안을 위한 정책들도 이미 주나라 때 수립되었다. 그 내용을 보면(《周禮》, "地官篇" 大司徒 12荒政條), 다음과 같다.

(1) 산리(散利)로써 공공 창고의 곡식을 풀어 백성들에게 널리 이롭게 한다.
(2) 박정(薄征)으로 세금을 가볍게 해서 재난을 당한 백성의 부담을 덜어준다.
(3) 완형(緩刑)으로 흉년 시에는 형벌을 가볍게 해서 민심을 안정시킨다.
(4) 이력(弛力)으로 흉년 시에 부역을 덜어준다.

(5) 사금(舍禁)으로 평상시 금지하였던 유력자 소유의 토지(연못과 삼림)에서의 수렵과 채취행위를 허용한다.
(6) 거기(去幾)로써 시장에서 재화의 유통을 돕기 위해 시장에 대한 기찰을 중지한다.
(7) 생례(眚禮)로 손님을 맞이하는 예의를 대폭 간소화한다.
(8) 쇄애(殺哀)로서 흉년에 다수 발생하는 장례에서 서로 조문을 상쇄한다.
(9) 번악(蕃樂)으로써 흉년 시에 음주가무를 중지한다.
(10) 다혼(多昏)으로써 흉년 시에는 예물을 갖추지 않고 결혼을 치르도록 권장한다.
(11) 색귀신(索鬼神)으로 흉년의 원인을 초자연적 귀신의 조화로 생각하고, 그간 방치했던 사당이나 기도처를 찾아 귀신에게 제사를 지낸다.
(12) 제도적(除盜賊)으로 흉년 시 민심을 흉흉하게 하는 도적을 제거하여 민생의 안녕을 꾀한다.

그 외에도 자연재난이 닥치면 식량사정이 좋은 지방으로 백성을 이주시킨다든지(移民), 식량을 조달한다든지(移粟),[1] 혹은 화폐를 주조하여(作布) 물류유통의 확대를 꾀하기도 하였다.[2] 일종의 경기부양책이었던 셈이다.

농업에 기반을 두고 있던 중국 약대 왕조에서는 흉년 시 농민들의 보호가 중요한 과제였다. 흉년이 되어 식량이 떨어지면 농업생산을 담당하는 농민들의 수가 줄어드는 것은 물론, 이듬해 종자로 사용되어야 할 곡식까지도 소비해버릴 우려가 있었다. 이러한 사정에 대비하고자

1) 大荒, 大札, 則 令邦國移民通財舍禁弛力薄征緩刑.
2) 《周禮》, "地官篇" 司市章, 國凶荒札喪則市無征而作布.

만들어진 것이 창제도이다. 앞에서 소개한 12황정 가운데 첫 번째인 산리(散利)는 국가가 관리하는 창제도를 기반으로 한 것이었다. 창제도는 흉년시 구제의 기능을 수행했을 뿐 아니라 물가조절 기능을 수행하였다. 그런 의미에서 본다면 창제도는 사회복지제도이면서 동시에 경제제도였다. 중국의 창제도는 우리나라와 일본 등에 전파되었다(최익한, 1947).

3. 그리스·로마의 공공복지

앞 절에서 설명한 이집트와 중국의 사례들은 공공복지의 맹아적 형태에 대한 이해의 실마리를 제공한다. 그런데, 서구 국가들의 경우 공공복지의 연원은 그리스·로마에서 찾아볼 수 있다. 그것은 서구 국가의 통치와 관련된 각종 법제가 로마법에 뿌리를 두고 있고, 서구 국가의 문화 역시 그리스·로마 문화에서 대부분 비롯되었기 때문이다.

1) 그리스 도시국가의 공공복지

그리스 도시국가는 기본적으로 전쟁을 통해 이루어진 정복국가였다(이하 Day, 1997:74~77; Dolgoff & Feldstein, 1984:33~35). 기원전 700년경부터 기원전 300년경까지 다수의 식민지 획득 전쟁이 있었다. 기원전 500년경에 그리스 도시국가들이 성립되었다. 농민들이 농지를 떠나 새로운 빈곤계급이 되었다. 계급분화도 가속화되었다. 초기 그리스에서 노동은 정신을 황폐화시키는 저주로 받아들여졌다. 진리를 사고하고 덕을 쌓는 것을 불가능하게 하기 때문에 노동이 천시되었으며 그에 따라 노동자도 무시당하였다. 노예노동과 빈민노동에 기반을 둔 부자들이 엘리트계급을 이루었다. 노예들이 고대 그리스의 대다수 일을 수행하였다. 노예의 지위는 그 주인이 지닌 부의 크기에 따라서 종종 자유민의 지위보다 높을 수 있었다. 해방되었을 때 노예들의 다수는 궁핍한 하층민이 되기보다는 옛 주인의 근처에 머물렀다.

그리스 도시국가에서 박애는 '인간에 대한 신의 자비'를 의미하였다. 기원전 4세기경에 박애는 부하나 피후견자(*client*)에 대한 유력자의 의무로 이해되었다. 식량, 돈, 기름을 시 재정에 기부하여 비상사태와 식량부족에 대비하는 것이 박애의 주된 내용이었다. 기부자들은 시민들의 상부상조 협회나 재정적으로 어려움을 겪고 있는 엘리트 시민들에게 기부하는 것에서 영예를 추구하였다. 공직에 자발적으로 봉사하는 것 또한 영예로운 일이었다. 가치 있는 빈민, 즉 일반적으로 귀족이나 상인과 같이 교양 있게 자랐으나 곤경에 빠진 사람들을 돕는 것도 영예로운 일로 여겨졌다.

가치 없는 빈민은 노동자나 실업자인 하층계급의 사람들이었다. 이들에 대해서는 엘리트들이 박애기부를 거절하였다. 그들을 돕는 것은 가치가 없는 일로 여겨졌는데, 그 이유는 그들로부터 감사(*gratitude*)를 받는다는 것이 전혀 영예롭지 못하다고 여겼기 때문이었다. 실업자는 게으른 사람으로 여겨졌으며, 따라서 그들은 방치되었다. 노예는 시민권이 없었고 구호를 받을 수 없었다. 거지 역시 추방되었다. 그 이유는 거지를 돕는 것이 구걸근성(*pauperism*)을 조장한다고 보았기 때문이었다.

그리스에서 빈민보호는 이타적이었다기보다는 이기적이었고 자기 본위적이었다. 숙박소와 의료센터, 옛 종교사원의 잔재들이 전국에 산재해 있었다. 아테네에서는 시 당국이 식량부족 시에 시민들에게 곡식을 배분하였다. 또한 장애인에 대한 수당과 연금도 있었다. 불경기 때에 이루어진 공공의 식량배분 이외에도 여러 유형의 불행한 사람들을 위한 수용보호시설도 있었다. 고아원과 유족 연금은 전쟁에서 사망한 자의 자녀를 위한 것이었다. 여타의 고아들은 18세 생일까지 부양되었다. 그러나 빈민에 대한 처우는 가혹하였다. 피임과 낙태, 그리고 영아살해가 정당화되었다. 플라톤은 그의 《공화국》에서 장애인과 노인에 대한 안락사를 촉구하기도 하였다. 노예제, 축첩제도, 강압적 식민화가 복지로 여겨졌다. 즉, 개인보다는 국가의 안녕이 일차적 목적이었던 것이다. 마카로브(Macarov, 1978:76)는, "그리스에서 박애의 개념이 유래함에도 불구하고, 박애의 정신은 그곳에 결코 존재한 적이 없었다"고 하였는데, 그 이유 중의 하나는 자선에 관한 종교적 계명이 부재한 데에서 찾을 수 있다. 소크라테스, 플라톤, 아리스토텔레스 등은 "자연 미덕"에 자선을 포함시키지 않았다. 그들이 말한 자연 미덕은 사려분별(*prudence*), 절제(*temperance*), 불요불굴의 정신(*fortitude*) 그리고 정의(*justice*)였다.

2) 로마제국의 공공복지

로마의 공공복지는 다분히 정치적 고려에서 이루어졌다(Day, 1997: 77~85; Dolgoff & Feldstein, 1984:33~39). 초기로마에서는 엘리트들이 득표를 위해 자유민들과 소년들에게 불규칙적으로 시여(*dole*)를 베풀었다. 이때 급여를 받을 자격은 욕구가 아닌 투표권을 가졌느냐의 여부였다. 로마 후기 공화제하에서(기원전 450년~기원전 150년) 시여 외에도 부조 프로그램이 존재하였다. 당시 존재한 부조 프로그램에는 다음과 같은 것들이 있었다.

부유한 로마시민이 종종 베푸는 식량; 개인적 급식 프로그램; 개인 후원자가 베푸는 공공 연회; 장사나 제조업에 종사하는 집단이 협회(꼴레지아, *Collegia*)를 결성하여 매월 회비를 납부한 다음에 받는 상호부조; 부유한 자의 후원으로 꼴레지아 소속 노동자에게 제공되는 식량, 거처, 의복, 기타 생필품 등.

초기 제국(기원전 100년경에서 기원후 100년경)에 들어서면서 장차 병사가 될 소년들에 대한 부조 프로그램이 나타났다. 기원전 시기로부터 서기 시기로의 전환기에 그리스, 로마, 유태, 이집트, 동유럽 등이 로마 지배하에 들어가게 되었다. 영국해협까지 확장된 영토는 지배계급에게 막대한 부를 집중시켰다. 부패와 빈부격차, 군사비로 인한 조세부담 등이 심화되었고, 믿을 수 없을 정도로 빈곤이 만연하였다.

서기 2세기경이 되면 각종 시여(*dole*)와 후견인제도(*patronage system*)에도 불구하고 120만 로마시민 가운데 15만 가구가 공공의 식량부조를 필요로 할 정도로 빈곤이 심화되었다. 로마 도시의 하나인 콘스탄티노플에서는 8만 가구가 무료 급식을 받기도 하였다. 빈민에게 불리한 조세체계로 기존 납세자가 파산함으로써 정부재정은 점점 축소되어갔으며, 수세기 동안 유지했던 용병에 대해 급료를 주지 못할 정도로 중앙정부가 약화되었다.

기원 후 361년에 기독교가 공인되었다. 기독교가 궁핍자에 대한 국가의 자선을 베푸는 기관이 되었다. 그럼으로써 국가, 교회, 자발적 사회복지 기능이 중복되었다. 교회의 개입으로 국가는 빈민구호 부담에서 일부 벗어나게 되었다. 이탈리아에서는 개인들이 기부하여 설립한 재단이 재산을 부동산에 투자하여 얻은 수익을 도시나 국가행정가에게 자선목적으로 기부하기도 하였다. 비잔티움에서는 사제가 부조를 배분하는 역할을 맡았다. 로마에서는 민간자원집단이 국가지원을 받는 사회복지시설을 운영하였다.

지금까지 살펴본 그리스 로마의 공공복지에는 부유한 시민이 공공의 재정에 기부하여 이를 빈민구호에 활용하는 것에서 볼 수 있듯 사적 자선이 혼재되어 있다. 또한 기독교 공인 이후 국가는 구호재정을 조달하고, 교회가 이를 받아 직접 구호에 나섰던 것에서 보듯 공공-민간(교회)의 역할분담도 보인다. 로마가 멸망한 후 교회가 영적 권위 뿐만 아니라 세속적 권력까지도 장악하게 되는 중세에는 종교적 자선과 공공복지 사이의 구분이 거의 무의미한 상황이 전개되었다.

4. 중세의 공공복지

476년경 로마제국의 붕괴 이전에 로마 지역에서 봉건제가 출현하였다(이하 Day, 1997:89~99; Dolgoff & Feldstein, 1984:39~42). 빈농은 농지를 영주에게 기탁하고 그 휘하에 예속되었다. 한편 도시빈민은 희소한 일자리를 놓고 노예와 경쟁하는 처지에 놓이게 되었다. 이들은 도망친 노예, 군탈영병, 부랑자, 세금포탈농민, 야만족 이민자 등과 함께 농노로 편입되었다. 튜튼족의 침입으로 로마의 중앙집권구조가 붕괴되었고 지방분권화가 가속화되었다. 도시가 쇠퇴하고 무역과 통상이 거의 소멸하였다. 로마제국이 멸망한 것이다. 로마제국 멸망 이후 신성로마교회가 부상하였다. 신권이 세속의 왕권보다 우위에 서게 되었던 것이다. 로마의 영토 정복자들은 기독교에 귀의하였다. 기독교는 왕을 인정하였고, 그 결과 기독교의 위세가 강화되었다.

로마제국 붕괴에서부터 1215년 마그나 카르타(Magna Carta) 발표시기까지 이른바 중세 암흑의 시기가 찾아왔다. 통일정부의 부재 속에 도시가 위축되고 통상이 쇠퇴하였다. 군소 국왕들은 영토전쟁에 열을 올렸고, 백성들은 전쟁의 고통을 감내해야 했다. 비잔틴 제국(소아시아, 시리아, 이집트) 농민들은 자유민으로 농장과 마을에 거주하였다. 세금은 적정하였고, 불경기에는 정부와 교회가 협동으로 상품을 구매하였으며, 수도원에서 일자리를 보장하였다. 7세기경 교회의 지원을 받는 일종의 복지국가가 알렉산드리아에서 발전하였다. 임산부병원(*maternity hospital*)을 비롯한 의료시설이 세워졌고 식량배급이 이루어졌다.

로마 교회는 봉건정치 속에 흡수되었다. 자체 법과 행정기구, 조세제도 및 법원과 처벌기구까지를 교회가 지니게 되었다. 육체와 정신 모두를 교회의 소관으로 하였던 것이다. 이때 세속적 지배자들은 백성을 통제하기 위하여 자선을 줄 필요가 없었다. 그러나 조금 주어진 자선도 보통 지배자의 임종 시 유언에 따라서 이루어졌거나, 또는 종교적 구원을 기대하고 친척, 가까운 가신, 군지도자 또는 교회에 주어지는 것이 보통이었다. 다수의 영주는 교회 주교를 겸임하여 십일조와 세금을 징수하였고 기부와 유산을 관리하였다. 대부분은 그 고구민을 돕기 위해서가 아니라 자신의 사욕을 위해 이용하였다.

800년경에는 샤를마뉴법에 의해 구걸을 금지하고 건장한 거지에게 동냥을 주는 자에 대해 벌금을 부과하는 법이 제정되었다. 10세기 영국에서는 에덜레드(Ethelred) 왕 치하에서 빈민부조가 종교관습이 아니라 국가의 법으로 규정되었다. 일부 왕, 공작, 상인, 영주들이 시여(*dole*)를 제공하거나 다목적 수용시설(*hospital*)이나 자선원을 설립하였다.

이제까지 살펴본 중세의 공공복지는 실상 교회의 자선과 구분되지 않는다. 세속적 권력과 종교적 권력을 함께 지닌 중세교회는 자체 행정기구를 갖추고 있을 정도여서 실상은 국가와 다름없었다. 당시 교회로부터 인정받은 세속적인 권력을 지녔던 국왕과 영주가 행한 공공복지는 시여(*dole*) 형태의 자선이었다. 십일조 형태의 자체 조세권을 지닌 교회는 모아진 재원 가운데 1/3에서 1/4정도를 빈민구호를 위한 자선에 할당하였다. 이러한 사정을 종합적으로 고려한다면, 중세의 사회복지는 교회에 의해 대부분 이루어졌던 것으로 정리할 수 있다. 근세 이후 종교개혁과 수도원의 해산으로 교회가 자선에 할애할 수 있는 물적 토대가 약화되자 교회는 자선과 구제의 기능을 세속적인 국가에 양도하지 않을 수 없었다. 그것이 곧 중세에서 근세에 걸쳐 발생한 사회복지의 세속화(*secularization*)였다(Higgins, 1981).

5. 중세 말, 근대 초의 공공복지

중세 말에서 근세 초에 공공복지에서 변화들이 나타나기 시작하였다. 그 중요한 계기는 신대륙의 발견에 따른 상품화폐경제의 발전과 빈부격차의 발생, 도시의 발전, 농경지의 목초지화(엔클로저 운동)에 따른 이농 부랑민의 발생 등이었다(Day, 1997; Dolgoff & Feldstein, 1984). 유럽의 도시들은 유입해오는 빈민들의 처리문제가 부담으로 작용하였다. 도시의 구제능력에 비해 과다한 빈민의 유입은 긴장과 갈등을 유발할 가능성이 있었다. 여러 도시들에서 빈민구호와 관련된 새로운 수단들을 강구하였는데, 거기에는 타 지역 빈민에 대해 구호를 제한하는 것에서부터, 빈민에 대한 억압적 수단의 도입하는 것 등이 포함되었다. 당연히 이제까지 방치되었던 빈민들을 정확히 파악하기 위해 빈민등록제도를 시행한다든가 구걸허가증을 발급하는 등의 행정적 노력들이 수반되었다. 이러한 과정에서 국가는 공공복지와 관련하여 서서히 그 기능을 확장하였다.

1) 구빈세 전단계로서의 공동금고

오늘날 공공복지에 필요한 재원은 일반조세를 통해 충당한다. 그러나 구빈법 시기에는 일종의 목적세라고 할 수 있는 구빈세(*poor rates*)가 주요한 공공복지 재원이었다. 중세 말에서 근대 초에 구빈세와 성격이 유사한 공동금고(*common fund*)가 공공복지, 즉 구빈을 위한 재원으로 활용되었다. 공동금고에 대한 제안은 마르틴 루터의 구빈개혁안에서 볼 수 있다(Friedlander & Apte, 1974:10). 마르틴 루터는 1520년 독일에서 발표한 공개선언문("기독교 귀족에 대한 독일국민의 호소")에서 구걸은 절대 금지해야 하며, 빈민에 대한 금전, 식량, 의복 등의 지급을 위해서 공동금고(*common chest*)를 각 교구에 조직하여 활용하도록 해야 한다고 주장하였다. 그가 제안한 공동금고의 규정을 보면 "정직하게 수공업이나 농업에 종사하는 가난한 세대주가 다른 곳에서 도움을 구할 수 없을 경우에는 무이자로 공동기금에서 자금을 대출받도록 하며, 대출자금의 상환이 불가능할 때에는 탕감해주도록 한다. 금고의 수입은 교구의 헌금, 자유로운 기부, 시민에 대한 과세로 충당하며 그 관리업무는 선출된 시민에게 맡겨야 한다"고 되어 있다. 프랑스, 오스트리아, 스칸디나비아제국 등에서는 이러한 루터의 제안과 유사한 계획을 발전시켜 빈민, 환자 및 고아에 대한 구제기금의 모집이나 분배를 지방당국으로 하여금 책임지도록 하였다. 그러나 당시에는 교구가 실질적 행정구역이었기 때문에 구빈을 실제 수행한 것은 교구 당국이었다.

2) 빈민등록

제한된 공공복지 재원으로 구빈행정을 수행하기 위해 도입된 방안의 하나는 빈민등록제였다. 해당 지역(도시) 출신 빈민들의 명부를 파악하여 그들에게만 구호를 제공하기 위한 빈민등록제는 (1) 타지역 출신 빈민의 추방, (2) 등록된 빈민에게만 일종의 구걸허가증 발급, (3) 등록된 빈민에게만 각종 구호금품 지급 등을 내용으로 하는 것이었다. 빈민등록제의 아이디어는 이미 16세기에 후안 루이스 비브(Juan Luis Vives; 1492~1540)의 구빈안에서 찾아볼 수 있으며, 1531년 영국 헨리 Ⅷ세의 구빈법에 반영되었다(Friedlander & Apte, 1974:10~11).

3) 빈민의 도덕성과 행동에 대한 통제

중세 말, 근대 초의 빈민은 비도덕적이고 나태한 존재로 인식되었다. 빈민에게는 음주와 도박, 도둑질, 매춘, 무책임한 결혼 그리고 일하지 않으려는 구걸근성(*pauperism*) 등의 부정적 낙인이 부여되었다. 이 시기 구빈행정에서는 성격개조가 필요한 빈민을 처벌하고, 구호와 노동을 결합하려는 시도가 나타났다. 나태한 빈민에게 엄격하고 가혹한 처우를 통해 성격을 개조한다는 이러한 제안은 후일 영국에서 무자비하게 적용된 구호억제 프로그램으로 발전하였다. 아울러 구빈에 조건을 붙여 빈민의 도덕성과 행동에 대해 감시하고 통제하려는 의도도 반영되었다(Handel, 1983:30).

4) 공공복지 행정체계와 인력의 확충

빈민을 등록하거나 구걸을 단속하거나 혹은 빈민의 성격을 개조하고 행동을 통제하기 위해서는 불가피하게 그에 필요한 행정체계와 인력이 갖추어져야 했다. 중세 말에서 근대 초의 행정은 여전히 교회 중심의 교구행정이었다. 개별 교구(*parish*) 혹은 교구를 여러 개 묶은 지구(*district*) 단위의 구빈행정이 시도되었다. 마르틴 루터의 구빈개혁안에서는 구빈행정 단위가 교구였지만, 후안 루이스 비브의 개혁안에서는 몇 개의 교구가 묶여서 지구를 구성하게 되었다.

개별 교구든 혹은 지구든 구빈행정을 위한 별도의 행정인력이 필요하였다. 루터의 구빈개혁안은 실제로 교회 집사(*wardens*)들에 의해 수행되었지만, 비브의 개혁안에서는 각 지구에 1명의 간사(*secretary*)와 2명의 시의원이 자발적으로 참여하는 것으로 되어있다. 이후 각 도시들마다 차이는 있지만, 구빈감독관(*commissioner of public relief, overseers*)들이 무보수로 구빈행정에 참여하였다(Handel, 1982; Friedlander & Apte, 1974).

이제까지 살펴본 중세 말, 근대 초에 이루어진 공공복지의 변모내용들은 서구 복지국가의 연원을 이루는 구빈법에 직접 반영되었다. 억압적 구빈법의 성격은 이미 그 이전 시기에 제안되었던 각종 구빈안에 뿌리를 두고 있었다. 중세까지 종교적 자선에 남아있던 다소의 관대함은 중세 말, 근대 초의 사회변동 과정에서 점차 사라지고, 대신 구빈에서의 엄격함이 강조되기 시작하였다. 인구의 지리적 이동이 적고 장원과 도시라는 한정된 공간에서 생활했던 중세 사회에서 공공의 구빈, 혹은 교회의 자선은 해당 공동체가 수용 가능한 범위 내에서 별다른 변동 없이 안정적으로 이루어질 수 있었다. 이 시기에는 공공구빈과 교회 자선에 의존하여 살아가는 인구에도 별 변동이 없었을 것이다. 반면 중세 말에서 근대 초의 사회변동은 장원의 해체와 도시의 발달을 가져왔다. 대규모의 이농 부랑민과 걸인, 떠돌이 등의 존재가 도시 구빈행정의 엄격함과 가혹함을 가져 온 원인이 되었던 것이다.

6. 산업화 이전 공공복지의 의미와 그 영향

이제까지 살펴본 산업화 이전의 공공복지, 즉 공공구빈은 그것을 제공한 엘리트와 그것을 받은 빈민에게 어떤 의미를 지녔을까? 산업화 이전 사회에서 빈민이 지닌 가장 큰 관심사항은 생존이었다(이하 Leeuwen & Marco, 1994). 반면 부자 혹은 엘리트들의 최대 관심은 빈민의 동태에 있었다. 산업화 이전에 유럽 각지에서 다양한 시기에 이루어진 공공구빈에서 유럽의 엘리트가 관여한 방식은 놀랄만한 유사성을 지니고 있었다. 당시의 구빈은 하나의 통제전략으로써 엘리트들에게 유익한 방법으로 빈민의 행동에 영향을 미쳤다. 역으로 빈민은 구빈을 수용하였는데, 역시 그렇게 하는 것이 그들에게 이롭기 때문이었다. 엘리트는 구빈 대신 다른 방법으로 그들의 이익을 실현할 수 있었고, 빈민 역시 공공자선 이외의 생존전략들에 의존할 수 있었지만, 둘 다 그렇게 하지는 않았다. 산업화 이전의 공공구빈은 양 집단 사이의 '거래과정(*bargaining process*)'으로 기능하였다. 엘리트는 현금, 음식 및 서비스를 제공했는데, 그것들을 제공하는 데 있어서 특정한 조건을 받아들일 것을 전제로 하는 '일괄거래(*package deal*)' 방식을 적용했다. 그러한 조건에는 현존 사회질서를 수용하는 것과 근면한 생활을 하는 것, 그리고 도덕적 생활방식을 수용하는 것 등이 포함되어 있었다. 빈민들은 이를 받아들였다. 엘리트가 구빈을 통제전략으로 활용하지 않았다면 빈민은 생존전략으로 그것을 이용할 수 없었을 것이며, 그 역도 성립한다. 구체적으로 공공구빈은 다음과 같은 다섯 가지 면에서 엘리트들의 집합적 이해에 부합하였다.

첫째는 노동시장과 관련하여 볼 때 빈민의 존재는 지방 엘리트의 이익에 기여하였기 때문에 그들에게 구호를 제공하였다. 자신의 노동력만으로는 살아갈 수 없고, 구호가 없으면 타지역으로 이주하거나 비합법적 행동에 호소하거나 혹은 아사에 직면할 가능성이 있는 노동인구에게 구호가 제공되었다. 농업의 특성상 노동력의 수요는 계절적, 주기적으로 부침이 심하였다. 여름철과 경기상승 시에는 농업노동력의 수요가 급증하는데 비해 겨울철과 경기침체기에는 노동력 수요가 급감하였다. 노동시장이 불완전한 상황에서 고용주인 농장주들이 불경기시에 빈민(노동자)을 구호하는 것은 합리적 선택이 된다. 왜냐하면 노동력 수요가 많아질 때 이들의 노동력 활용을 보장하는 방편으로 구호가 작용하기 때문이다.

둘째, 사회질서의 유지라는 측면에서도 공공구호는 지배 엘리트들에게 의미가 있었다. 빈민들에게 현존 사회질서는 신이 정해준 것으로 정당하며, 따라서 변동될 필요가 없는 것이라는 점을 인식시키는 것이 필요하였다. 이를 위해서는 일종의 호혜성에 입각한 관념이 양자에 의해 받아들여질 필요가 있었다. 즉, 부자들은 빈민을 부조할 의무를 지고 있고, 빈민은 세계를 있는 그대로 수용할 의무를 지고 있다는 것이다. 구호금품을 받음으로써 빈민들은 현존 사회질서의 정당성을 수용하지 않을 수 없었다. 빈곤 아동 역시 빈민학교에 취학하여 현존 사회질서가 정의롭고, 그것이 변할 수 없다는 것을 강조하는 교육을 받아야 했다. 상향적 사회이동을 최소화하려는 엘리트의 의도가 공공구호에 잘 반영되었다. 공공구호는 또한 하향적 사회이동을 약화시키기 위해 좋은 가문 출신으로 빈궁해진 사람들에게도 제공되었다. 이들 수치를 아는 빈민(*shame-faced poor*)들은 보통의 빈민보다 더 많은 구호를 덜 엄격한 조건에서 받았던 것이다.

셋째, 공공질서의 유지라는 측면에서도 공공구호는 지배엘리트들에게 의미가 있었다. 다수의 경제적 파탄은 불만으로 이어질 수 있었다. 식품가격이 비싸지는 시기에는 특히 빈민에 대한 공포가 널리 퍼졌다. "노동계급은 위험한 계급(*classes laborieuses, classes dangereuses*)"이라는 인식이 엘리트들에 의해 공유된 상황에서 구빈 비용이 공공질서를 유지하고 지배 엘리트의 재산과 생명을 보호하기 위한 다른 수단에 드는 비용보다 싸다면, 그것은 엘리트들에게 이로운 것이었다. 궁핍한 자에 대한 부조는 그들의 기아상태를 점검할 수 있는 수단이 되고, 어느 정도로는 굶주린 빈민들의 난폭한 행동으로부터 부자를 지킬 수 있는 방도이기도 했다. 빈민구호는 자신의 집과 양심을 안전하게 지키기 위해 부자들이 지불하는 일종의 보석금(*ransom*)이었던 셈이다.

넷째, 감염위험의 경감이라는 면에서도 공공구호는 지배 엘리트들에게 의미가 있었다. 빈민을 죽이는 동일한 질병들이 부자들도 죽일 수 있었다. 따라서 빈민들이 원하든 원하지 않든 그들이 구빈 조건의 하나로 확실히 의료원조를 받도록 하는 것은 중요하였다. 이러한 맥락에서 공공복지의 영역에 보건의료와 관련된 내용들이 점차 확대되었고, 엘리트들의 자선·박애 활동에서도 보건의료사업이 강조되었다.

다섯째, 도덕적 행위의 강화라는 측면에서도 공공구호는 지배엘리트들에게 의미가 있었다. 도덕적으로 엘리트는 빈민을 교화(*civilize*) 또는 훈육(*discipline*)하기 위해 그들에게 새로운 가치와 규범을 교육함으로써 그들의 바람직하지 않은 행위를 교정하고자 시도하였다. 이러한 조치는 "왜 빈민들을 야만(*uncivilized*) 상태로 놔두지 않는가?"라는 점에서 이상하게 보인다. 그러나 당시 빈곤은 도덕적 문제로 생각되었고 역겨운 생활방식의 결과로 생각되었다는 점을 상기해야 할 것이다. 도덕적 조건을 부수하지 않고 부조를 제공하는 것은 빈민들 사이에 천박함과 방종을 재생산할 뿐이라는 생각이 만연하였다. 훈육의 부재와 일 대신 여가를 선호하는 것이 실업과 빈곤의 주요 원인으로 간주되었기 때문에 구빈은 빈민으로 하여금 노동하도록 자극하는 방식으로 제공되어야했다. 다른 한편 잘못 맺어진 결혼과 혼외정사의 결과로 나타나는 빈곤의 재생산은 억제되어야 한다고 생각되었다. 후일 맬더스에 의해 체계화된 '도덕적 억제'가 빈민들에게 교육될 필요성이 있었다. 초기 공공구호에서 엘리트들은 빈민의 가정생활을 구빈자격과 관련시켰다.

그렇다면 산업화 이전의 공공구호는 빈민들에게 어떤 의미를 갖는가? 빈민이 선택할 수 있는 대안으로 구호를 받아들이는 것 이외에는 없었는가? 중세 말에서 근대 초에 걸쳐, 혹은 오늘날까지도 빈민이 택할 수 있는 대안들은 다음과 같은 것들이 있을 수 있다. 이들 대안들 역시 일종의 생존전략으로 이해될 수 있다.

첫째, 부녀노동이 있다. 빈곤가정의 부녀들은 미숙련, 저임금 직종에 취업함으로써 가계소득의 증대를 꾀한다. 그 외에도 불법적이고 "명예롭지 못한" 소득획득 활동에도 참여할 수 있다. 그 대표적 것이 매춘이다. 둘째, 아동노동을 들 수 있다. 편지배달이라든가 구두닦기, 굴뚝청소 등의 일들이 빈곤가정에서 자녀에게 강요할 수 있는 구빈의 대안일 것이다. 그 외에도 아동구걸을 들 수 있다. 실상 빈곤아동들은 "뛰어난 거지"로서 활동했던 적이 있다. 셋째, 구걸행위를 들 수 있다. 구걸은 생존을 위한 여타의 전략들이 가능하지 않을 때 선택할 수 있는 대안의 하나였다. 중세에는 구걸에 종교적 의미가 담겨있기도 하였으므로 구걸하는 자에 대한 자선이 관대한 경우도 있었다. 그러나 점차 많은 지역에서 구걸을 단속하고 구걸하는 자를 처벌하는 조치들이 취해지게 된다. 넷째, 상부상조가 있다. 제4장에서 보았듯이 다양한 동류의식을 바탕으로 한 상부상조 기제들이 가동되었지만 그 보호의 수준은 높지 않았고, 가입에는 일정한 정도의 자원동원이 가능해야만 했던 전략이었다. 다섯째, 범죄가 있다. 빈민들의 생존전략으로써의 범죄는 극한상황에서 이루어지는 것이 보통이었고, 공공행정에 의해 철저하게 통제되었던 생존전략이었다.

공공구호는 이상에서 소개한 생존전략들과 보완적 관계에 있었다고 보는 것이 타당할 것이다. 빈민들이 구빈을 받는다는 것은 불법적 생존전략을 포기하고 엘리트가 정한 사회통제유형을 수용한다는 것을 의미했다. 그러나 미미한 수준의 공공구호라 하더라도 구빈은 경제적 생존전략 이상의 의미를 빈민들에게 부여했다. 특정의 시설을 이용하는 데 있어서 그것의 제공자가 원했든 원치 않았든 빈민들은 이를 자신들의 생존과 관련된 욕구의 충족을 위해 활용했다. 예컨대 빈민학교는 빈민들에게 자녀를 맡기는 탁아소로 활용되었고, 작업장이나 정신병원과 같은 수용소는 가족의 자원을 축내는 구성원을 강제로 추방하여 격리시키는 수단으로 활용하였던 것이다.

공공구호를 둘러싸고 제기되는 현대의 쟁점들 역시 근대 초에 제기되어 온 것들이다. 그 중에 구빈이 자발적 실업을 증가시켰다는 주장에 대해서는 이를 지지하는 관찰이 있는가 하면, 반박하는 주장도 있다. 구빈이 자발적 실업을 증가시켰다는 주장에 대한 반박에 따르면 구빈수준이 너무 낮아 노동에 대한 반유인기제로 가동되지 못하였다는 점이 지적된다. 아울러 구빈감독기관이 매우 효과적이어서 대규모의 '노동회피(*labor evasion*)'가 불가능하였을 것이라는 점도 지적된다. 구빈은 특정 집단에게만 특정의 경제적 상황에서 제공되었기에 구빈이 광범위한 (자발적) 실업을 가져온 것이 아니라, 거꾸로 만연한 (비자발적) 실업이 특정 형태의 구빈을 결과한 것이라는 점이다.

한편 구빈이 사회질서나 정치질서를 안정시켰는지 혹은 저해했는지에 대해서는 커다란 쟁점이 없다. 분명히 구빈은 사회질서를 유지하고 정치적 안정을 가져오는데 기여하였던 것으로 관찰된다. 구빈은 그 수준이 적절할 때 빈민의 생존에 도움이 되었을 것이다. 반면 그 수준이 너무 낮으면 아사자가 증가하였을 것이며, 그 수준이 다른 지역에 비해 높고 관대하면 다른 지역으로부터 많은 유입자를 불러 모았을 것이다. 이러한 가정들은 각각의 상황에 따라 다양하게 전개되었다. 한가지 분명한 것은 구호가 빈민수의 증가에 기여하였다는 점이다. 특히 빈민에 대한 의료구호는 빈곤아동의 생존확률을 높여 빈민수의 증가에 기여하였다. 마지막으로 빈민구호는 빈민의 교육수준향상과 영적 안녕에도 기여하였다. 아울러 빈민들의 가족생활에 대한 태도에도 영향을 미쳤는데, 구체적으로 성관계에서의 도덕성이나 전반적 위생상태에 영향을 미쳤다.

생각해볼 문제

1. 고대국가에서 공공복지는 왜 출현했을까?
2. 중세까지의 공공복지와 사적 자선과는 어떻게 구분될 수 있을까?
3. 사회불안을 예방하기 위해 제공되었던 공공복지(구호)의 역사적 사례들을 찾아보자.

제 3 부
국가개입의 확대와 전문사회사업의 발전

복지국가의 출발점을 언제로 삼을 것인가에 대한 견해는 다양하다. 빈곤을 비롯한 사회문제들에 대한 국가의 개입이 본격화된 때로 잡더라도 멀게는 중세의 구빈제도에까지 거슬러 올라갈 수 있겠고, 가깝게는 자본주의 대두 이후에 전개된 사회보험제도의 출현을 그 출발점으로 볼 수 있을 것이다. 이 책에서는 이 둘 가운데 어느 한 쪽에 치우치기 보다는 이 두 가지 모두가 복지국가 발전의 과정을 이해하는 데에 중요한 위치를 차지하는 것으로 파악한다.

제6장에서는 절대왕정기의 중상주의적 빈민관에 입각한 구빈제도의 등장 속에서 빈곤구제에 대한 국가의 책임이 수용됨을 볼 것이며, 그것이 시대적 사조와 상황의 변화에 따라 성격을 바꾸어가는 과정을 살펴본다. 이어서, 산업화 이후 종래의 구빈제도에 대한 자유주의자들의 비판을 거쳐 출현한 개정구빈법의 특성과 한계를 일별한 후에, 이윽고 구빈법적 원리가 소멸하고 근대적 사회복지제도에 자리를 물려주게 되는 상황을 살펴본다. 자유주의 정권에 의한 개혁의 일환으로 다양한 사회입법이 등장하는 것도 이러한 맥락에서 이해한다.

제7장에서는 본격적 산업화 이후 노동문제의 심화 및 노동자의 정치세력화 과정과 이에 대한 대응수단으로서 사회보험제도가 등장하는 과정을 볼 것이며, 그 성격과 한계를 아울러 파악한다. 이어서 사회민주주의의 대두 및 성장과 맥을 함께 하면서 집합주의적 사회정책이 확산되는 과정을 살핌으로써 복지국가를 향한 기초가 다져지는 상황을 개관한다.

이상과 같은 내용이 공공부문의 움직임에 초점을 두고 있는 반면, 제8장에서는 민간부문의 동향에 눈을 돌려 전문적 사회사업이 대두하고 성장해온 과정을 다룬다. 19세기 후반 이후에 영미의 자선조직화 운동과 인보운동 등에서 비롯된 자선의 과학화 움직임에서 전문 사회사업의 맹아를 찾고, 그것이 미국에서 사회문제에 대응하는 독특한 전문직으로 성장해가는 과정을 최근의 동향에 이르기까지 확장시켜 살펴본다.

제 6 장

구빈법의 성쇠와 자유주의 개혁

나태한 자들은 누더기를 걸쳐야 한다. 일을 하지 않는 자는 먹어서는 안 된다. —John Bellars

빈민은 스스로 가족을 부양할 능력도 없이 결혼하고 있다. 구빈법은 그것이 구제하려는 빈민을 오히려 창출하는 구실을 한다.

—Thomas R. Malthus

1. 구빈법의 등장과 쇠퇴[1)]

1) 중상주의적 빈민관과 엘리자베스 구빈법

(1) 절대왕정기의 정치와 경제

16~18세기의 유럽은 중세 봉건제 사회로부터 근대적 시민사회로 옮아가는 과도기에 속한 절대왕정의 시기이다. 절대왕정기의 정치적 지

1) 이 장에서 다루는 구빈법의 등장과 변모 및 쇠퇴 과정은 영국의 역사적 경험에 국한했다. 따라서 서술 내용을 보편사적 현상으로 이해하는 것은 무리다. 그럼에도, 영국의 경험이 갖는 보편적 특성(김태성·성경륭, 1993: 80~1)과 자료 접근의 용이성 및 서술의 간명성 등을 고려해 그렇게 하였다.

한편, 당시의 법률들을 가리키는 영문명 'Poor Laws'를 우리말로 어떻게 옮길 것이냐를 두고 약간의 견해차이가 있다. 더러는 이 법률들이 진정한 의미에서 "빈곤의 구제"에 뜻이 있지 않았다는 사실 등을 강조하면서 '빈민법'으로 옮김이 타당하다고 주장한다(김동국, 1994:27). 그러나, 당시의 관련 법률들의 명칭이나 이에 관한 설명에서 '구빈'(*poor relief*)을 그 중심 개념으로 사용하고 있음을 감안할 때(이후의 본문서술 참조), 다수가 받아들이는 '구빈법'으로 옮기는 것이 무난한 것으로 보인다. 더구나, '구빈행정', '구빈세' 등의 용어와 표현상의 일관성도 고려할 필요가 있다.

배기구인 절대주의 국가(*absolutist state*)는 농노제의 해체과정에서 위기를 느낀 봉건귀족들이 권력의 경제적 원천인 토지의 소유권을 절대화하고 정치권력을 중앙집중화함으로써 그러한 위기를 모면하고자 하는 가운데 형성되었다. 한편, 이처럼 봉건제가 해체되는 것과 함께, 이 시기는 일련의 기술적, 상업적 진보를 거쳐 산업혁명 이전의 매뉴팩처가 발전함으로써 도시 부르주아지가 성장하는 시기이기도 했다.

절대주의 국가들은 로마법을 부활시킴으로써 경제적으로는 도시와 농촌에서 자유로운 자본의 성장을 도왔고, 정치적으로는 권력의 중앙집권화를 시도하였다. 서유럽에서 절대주의가 갖는 모순점은 그것이 근본적으로는 귀족계급의 재산과 특권의 보호를 위한 장치이면서, 동시에 도시 상공업 자본의 기본적 이익을 보장해 주고자 하였다는 것이다. 즉 절대주의는 자본주의적 생산양식이 뿌리내릴 수 있는 물적 기초가 되었던 '본원적 축적'에 부분적 역할을 수행했던 것이라 볼 수 있다.

군주들은 조세를 징수해야 할 필요성에서 신분의회(*estates*)를 소집했다. 영국의 의회(*parliament*)가 그 예이다. 이 의회는 조세에 대한 동의권과 함께 국왕의 국사에 자문할 권리를 보유하고 있었다. 이처럼 이 제도는 군주들의 조세기반을 확대하기 위해 생겼지만, 차츰 군주에 대한 귀족들의 집단적 통제력을 강화시키는 통로가 되기도 하였다.

그러나 절대주의 국가는 일정한 한계를 지니고 있었다. 행정적 집중화와 사법적 통일을 달성하는 데에 궁극적으로 성공하지 못하였던 것이다. 중세로부터 내려온 신분집단적 특수주의와 지역적 특수성은 계속되었기 때문이다.

(2) 중상주의의 빈민관

절대왕정기의 지배적 경제정책 기조는 중상주의였다. 중상주의의 관점에서 빈곤은 사회악이 아니었다. 오히려 일정 수의 빈민들이 유지

중상주의(重商主義, Mercantilism)
서유럽에서 16세기부터 18세기에 걸쳐 널리 성행하였던 중상주의 이론과 정책은 국가의 힘을 강화하기 위해 나라의 경제를 정부가 규제하는 것이 그 기본적 특성이었다. 영국에서 엘리자베스 1세의 통치기에 채택된 이 정책은 17세기 종반까지 지속되었다. 엘리자베스 여왕은 국민의 나태심을 약화시키고, 독점적 산업활동을 지원하며, 상업을 통제하기 위해 법률들을 제정하였다. 그런 가운데, 노동능력이 있는 모든 사람들에게 노동을 강제화 하는 정책을 취했던 것이다.

중상주의는 국가의 번영과 경제의 강성이라는 공동이익을 위해 정치적 국가가 경제의 운영에 일관성 있게 개입하는 입장을 취한다. 이것은 또한 전쟁이 필요하며 전쟁이 국익을 가져다준다는 것을 강조하는 호전적 시각을 지니기도 하였다. 그래서, 경제를 튼튼하게 해야 하는 이유는 해외 정복전쟁을 성공적으로 수행하려는 데에 있었던 것이다.

되는 것이 사회적으로 유용한 것으로 인식되었다. 이 점이 오늘날의 복지국가가 궁극적으로 빈곤의 퇴치를 지향하고 있는 것과 대조를 이룬다. 노동력을 국부의 기반으로 생각하였으며, 따라서 인구의 감소보다는 증가에 정책의 비중을 두었다. 그리고, 노동하는 자들을 관리하거나 보호하는 일을 정책의 중요 과제로 생각하였다.

임금 수준은 되도록 낮게 유지하는 것이 국제 경쟁력 면에서도 유리할 뿐 아니라, 빈민들을 근면하게 만드는 길이라 여겼다. 가난이 반드시 나태에서만 비롯된다고 보지는 않았지만, 나태는 노동습관과 기술에 악영향을 줌으로써 빈곤의 주요한 원인이 되고, 따라서 본인은 물론 나라에도 해를 끼치게 된다고 보았다. 그래서, 그들은 빈민의 나태심을 매우 혐오하였고, 빈민의 나태심을 제거하는 것이 통치자의 의무라고 보았다(림링거, 1991:30~33). 바로 이 점이 중상주의자가 빈곤의 유용성을 주장하면서도 빈민구제를 위한 정책을 펴는 일견 모순적 모습을 보인 주된 이유라고 본다. 그들의 빈민구제 정책은 빈곤의 제거나 빈민의 고통을 완화시키는 데에 목적이 있었다기보다는, 빈민의 '나쁜' 노동습관을 고침으로써 국부의 근원인 노동력이 훼손되지 않도록 하려는 데에 있었다고 봄이 적절할 것이다.

(3) 중세 빈곤상황과 구빈제도의 대두

영국에서 교구 단위의 빈곤구제가 시작된 것은 15세기까지 거슬러 올라간다. 수도원이 해체되고 중세적 사회구조가 붕괴되면서, 빈곤구제가 전통적인 자발적 자선으로부터 교구 단위의 강제조세에 기반한 구빈행정으로 전환되어 갔던 것이다.

빈민 구제를 위한 초기의 입법들은 주로 걸인들과 부랑인들을 단속하기 위한 것이었다. 1348년에서 2년에 걸친 흑사병의 후유증으로 노동력의 급감과 임금의 급증 현상이 초래되었고, 이런 문제를 해결하기 위해 노동능력이 있는 사람들의 노동을 강제하고 임금을 종전 수준으로 되돌리기 위한 법률들이 제정되었던 것이다. 노동자들이 보다 급료가 높고 노동강제를 덜 엄격하게 하는 지역을 찾아서 떠돌아다니게 된 것은 이러한 제도들 때문이었다.

노동능력이 있는 걸인들에게 개인적 자선을 하지 못하게 한 1349년의 '노동자칙령(Ordinance of Labourers)'이나, 모든 노동자와 걸인들의 이동을 금한 1388년의 '케임브리지법(Statute of Cambridge)'은 이러한 노동자들의 반응에 대한 또 다른 규제법들이었다. 후자를 통하여 노동능력이 없는 빈민들의 구제를 각 지방의 책임으로 분명히 하게 되었다. 거주지를 떠나고자 하는 천민들은 당국으로부터 "양민"이라는 증명서를 지녀야 했었다. 그래서 이러한 규정을 담은 1388년 법을 영국 최초의 구빈법으로 보기도 하나, 강제력이 결여되었던 관계로 그 효과는 제한적이었다.

이후 몇 개의 규제법들이 뒤따랐다. 1494년의 '부랑인·걸인법(Vagabonds and Beggars Act)'이나 '합법정주법(Statute of Legal Settlement)'이 그 예이다. 후자가 갖는 긍정적 측면이라면, 노동능력이 없는 빈민들을 보호하기 위한 시설의 설치를 규정하고 있다는 점 정도였다. 1564년의 법은 교구 관리로 하여금 부랑걸인에게 거주지를 지정해줄 수 있는 권한을 부여하였는데, 이 장소가 후에 작업장으로 발전하였다. 엘리자베스 여왕 집권기인 1598년에는 '구빈법(Act For the Relief of the Poor)'이 제정되어, 모든 교구에 빈민감독관을 두고, 이들에게 실업자를 위한 구직활동과 자활능력이 없는 이들을 위한 보호시설 설치의 책임을 부과하기도 하였다(Higginbotham, 2000).

(4) 엘리자베스 구빈법

지금까지 서술한 바와 같은 시대적 및 사상적 배경 속에서 종전의 산발적이었던 구빈법들을 집대성한 최초의 법이자 복지국가를 향한 국가 개입의 전조로서 평가되는 법이 제정되었다. 바로 엘리자베스 1세의 집권 43년째인 1601년에 제정된 구빈법이 그것이다. 이 법은 실제로는 1598년의 법을 개정한 것이었으나, 종종 '구(舊) 구빈법(*Old Poor Law*)'으로 불리기도 한다(Higginbotham, 2000).

〈그림 6-1〉
Elizabeth Ⅰ세

엘리자베스 구빈법(Elizabethan Poor Law, 1601)은 추밀원(樞密院)을 정점으로 하는 중앙집권적 빈민통제를 특성으로 하며, 빈딘의 관리를 국가의 책임으로 하되 빈민의 권리는 아직 수용되지 않았다. 각 교구에는 교구 위원회의 임명을 받은 빈민감독관이 구빈세 징수 등의 구빈행정을 담당하였다. 그리하여, 음식물이나 돈을 배분하고 교구의 구빈원을 지도·감독하는 일을 담당하였다.

이 법의 가장 중요한 특징 가운데 하나는 빈민의 유형을 노동능력 유무를 중심으로 분류하였다는 점이다. 먼저, 노동능력이 있는 빈민은 교정원(*house of correction*)이나 노역장(*work house*)에 수용하여 노동을 하게 하였고, 이들에 대한 자선은 금지하였으며, 이주도 제한하였다. 종전의 구빈 관계법들이 지녔던 징계적 성격이 그대로 재현되고 있음

〈그림 6-2〉 구빈세 체납자 소환장

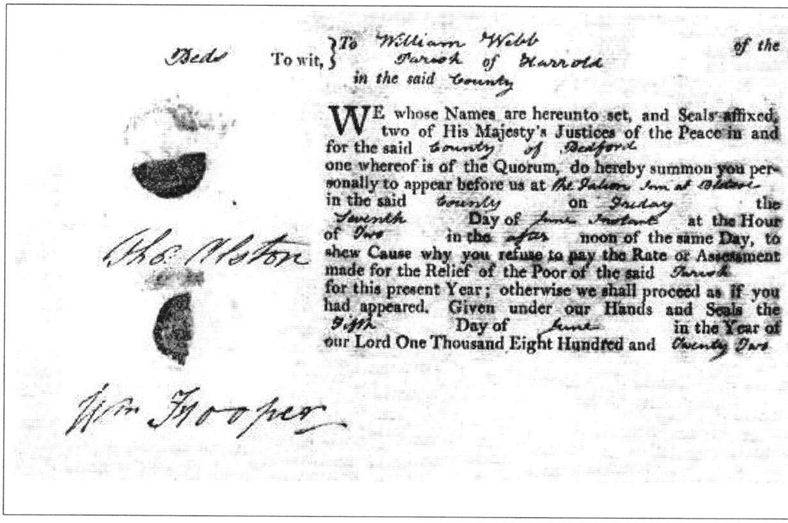

Beds To wit, } To William Webb of the Parish of Harrold in the said County

WE whose Names are hereunto set, and Seals affixed, two of His Majesty's Justices of the Peace in and for the said County of Bedford one whereof is of the Quorum, do hereby summon you personally to appear before us at the Falcon Inn at Bletsoe in the said County on Friday the Seventh Day of June Instant at the Hour of Two in the after noon of the same Day, to shew Cause why you refuse to pay the Rate or Assessment made for the Relief of the Poor of the said Parish for this present Year; otherwise we shall proceed as if you had appeared. Given under our Hands and Seals the Fifth Day of June in the Year of our Lord One Thousand Eight Hundred and Twenty Two

Tho. Alston

Wm Hooper

을 알 수 있다. 노동능력이 없는 성인 빈민은 구빈원에 수용하여 보호함(*indoor relief*)을 원칙으로 하되, 거주할 집이 있으면 원외구제(*outdoor relief*)를 병행하였다. 가족책임을 우선적 원칙으로 삼았기 때문에, 보호할 가족이 있을 경우에는 구제의 대상에서 제외하였다. 그리고 요보호 아동(*dependent children*)은 시민에게 무료 위탁보호를 시키거나, 유료로 위탁할 경우에는 최저입찰자에게 위탁보호시켜 도제로써 활용하도록 하였다. 빈민을 체계적으로 분류하여 노동력을 조직적으로 활용하고자 한 것으로써, 생산력 향상과 관리의 편의를 도모한 제도였다. 지역별로 징계방을 두어, 노동을 거부하거나, 도망을 치거나, 구걸 혹은 게으른 생활을 목적으로 타지역으로 옮긴 사람을 가두게 하였다.

이 제도의 운영을 위해 필요한 재원은 교구 주민들에게 능력에 따라 부과하는 구빈세(*poor rate*)로써 충당하였다. 초기에는 지방 소득세의 성격을 띠었으나, 차츰 부동산에 대한 재산세의 형태로 전환되었다. 이 때 문제는 토지의 소유자에게 세금이 부과된 것이 아니라, 그 소작인에게 부과되었다는 점이었다. 구빈세를 납부하지 않으면 치안판사에게 소환당하여, 벌금, 차압, 수감 등의 벌을 받게 되어 있었다.

엘리자베스 구빈법의 역사적 의미라면, 비록 중상주의적 발상에 기반을 둔 것이긴 하나, 빈민에 대한 공적 구제를 중앙정부의 책임으로 인정하였다는 점에서 찾을 수 있다. 이런 점에서 복지국가의 출현과 무관하지 않으나, 수급자의 권리에 대한 인식보다 이들의 통제에 목적이 있었으며 잔여적 모형의 전형이었다는 점에서 복지국가의 출발로 보기는 곤란하다. 특히, 17세기 후반의 두 차례 시민혁명 등의 영향으로 중앙집권적 통제가 실효를 거두지 못한 점에서도 이 법의 한계가 있다.

2) 구빈제도의 억압적 성격 강화

엘리자베스 구빈법의 억압적 성격은 중상주의적 사조의 확산과 더불어 등장한 이후의 새로운 법률들에 의해 더욱 강화되는 경향을 보인다. 말하자면, 노동력 관리와 빈민들의 잘못된 노동습관 개조의 필요성에 대한 지배계급의 인식이 더욱 확대되었음을 의미한다. 이러한 의미를 담고 있는 대표적 법으로 속칭 '정주법'과 '작업장법'의 두 가지를 간략히 설명하고자 한다.

(1) 정주법

엘리자베스 구빈법이 제정된 지 약 60년 후에 빈민들의 거주이전을 보다 엄격히 제한하는 새로운 법률이 제정되었다. 그것이 1662년의 '구빈개선법(An Act for the better Relief of the Poor of this Kingdom)'인데, 통상 '정주법(Settlement Act, 1662)'으로 약칭되고 있다. 이 법은 1388년의 법을 근원으로 삼고 있다는 점에서 사실상 새로운 법률이라 할 수는 없다.

이 법이 규정하고 있는 핵심적 사항은 구빈의 대상이 될 수 있다고 판단되는 새로운 전입자를 그들의 출생 교구로 추방할 수 있도록 한 점이다. 보다 나은 구제를 찾아 빈민들이 떠도는 것을 막음으로써, 노동력을 안정적으로 확보하고자 했던 농업자본가들의 이해가 반영된 제도였다(김동국, 1994:66). 새로운 교구에 정착하기 위한 몇 가지 방법이 주어져 있었지만, 사실상 그것은 불가능하거나 의도적으로 제약을 당해야만 했다. 예컨대, 연간 10파운드 이상 되는 재산을 임대하여야 한다거나, 1년 이상 지속적으로 취업상태에 있어야 한다는 등이 그것이다. 앞의 조건은 당시 노동자들의 능력에 버거운 것이었고, 뒤의 조건은 364일만 고용한 후 해고하는 식으로 이를 악용하는 사례들 때문에 충족시키기 어려웠던 것이다(Higginbotham, 2000).

교구주의를 강화한 이 법률은 빈민에 대한 거주이전 제한을 지방적 차원에서 전국적 차원의 제도로 강화시켰다는 점에 그 의미가 있다. 이 제도는 빈민의 기본권에 대한 침해는 말할 것도 없지만, 노동력이 부족한 지역의 발전에 걸림돌이 되기도 했다는 점에서 비판의 대상이 되어 왔다. 그 이후에도 이처럼 빈민들의 거주이전을 제한하는 법률들이 수차에 걸쳐 제정 혹은 개정되었다.

(2) 작업장법

'작업장법'(Workhouse Test Act or Knatchbull's Act; 1723) 혹은 '나치벌법'은 에드워드 나치벌 경이 마련한 초안에 따라 입법화된 법으로, 빈민의 정주, 고용 및 구제에 관한 법률들을 개정한 것이다. 이 법은 작업장을 단일 교구 단위나 인접한 교구들간의 연합에 의해서 세울 수 있도록 하였다. 이 법에 의해 처음으로 작업장 선서를 하게 되었다. 작업장은 구제를 억제시키는 기능을 하는 곳이어서, 작업장의 여러 열

〈그림 6-3〉 교구연합 작업장

악한 조건들을 받아들일 정도로 다급한 사람들만이 구제를 받도록 한 법이다. 이 법의 제정 이후 1732년까지 약 300개의 작업장이 설립되었고, 1750년까지 300개가 추가로 설립되었다(Higginbotham, 2000).

이러한 제도가 등장한 배경 역시 중상주의적 빈민관에서 찾을 수 있다. 빈곤을 죄악시하고, 빈민을 노동력의 근원으로 보았기 때문에, 이들이 노동력을 제공할 것을 선서하였을 때에만 구제를 행한 것이다. 아울러, 이 제도에는 구빈 신청을 억제함으로써 구빈세 부담을 줄여보려는 의도도 포함되어 있었다. 작업조건이 매우 나쁜 작업장에서 일하기를 기피하는 빈민들이 적지 않을 것이기 때문에, 자연히 구제 대상자 수를 줄일 수 있고, 따라서 구빈세 부담을 줄일 수 있을 것이라 보았던 것이다. 국가가 관리하기 힘든 빈민들에 대해서는 민간인에 보호를 청부하는 제도를 채택한 것도 이 법이다. 민간인에게 청부로 빈민의 관리에 대한 부담을 분산시킴으로써, 정부의 부담을 줄여보고자 하였던 것이다.

초기 얼마간은 기대대로 구빈세 부담을 줄이는 효과가 있었으나, 차츰 작업장 운영의 부적절성 및 비경제성 문제가 불거지면서 오히려 후에는 비용부담을 더욱 늘리는 결과를 가져와서 실패한 제도로 평가받는다. 청부제 채택으로 반인격적 제도라 비판을 받은 것은 말할 것도 없다.

3) 구빈제도의 인도주의화

18세기 중반 이후의 영국은 산업혁명의 영향으로 공장제 공업이 발전하는 등 생산양식의 변화가 가시화되기 시작한 시기이다. 그런가 하면, 프랑스 혁명과 나폴레옹 전쟁 등은 영국의 정치 지배자들에게 정치적 불안 의식을 갖게 하였고, 18세기말의 흉작은 또 다른 사회불안의 요인이 되었다. 특히, '나치벌법'에 의한 작업장 중심의 구빈행정이 실패하면서 구빈행정 개혁의 필요성이 대두되기 시작하였고, 교구 중심의 구빈행정이 초래하는 비효율의 문제도 인식되기 시작했다. 여기에 작업장의 비참한 생활과 착취 현상에 대한 인도주의적 관심과 국민들의 역량 결집이 필요하다고 본 정치적 판단이 작용하여, 구빈제도는 조금씩 인도주의적 성격을 띠어가기 시작했다(김동국, 1994:115~7). 이러한 변화를 반영한 것이 '길버트법'(Gilbert's Act)과 스핀햄랜드 제도(Speenhamland system)이다.

(1) 길버트법

'빈민의 구제·고용 개선을 위한 길버트법'(Thomas Gilbert's Act - For the Better Relief and Employment of the Poor, 1782)은 각 주(*county*) 단위로 구빈을 조직화하기 위해 제정되었다. 여기서 주는 여러 교구들을 합친 행정단위이다. 이러한 교구연합 방식의 채택을 통하여 구빈행정을 좀더 합리화하고자 시도하였다. 또한 교구연합은 공동으로 작업장을 설립할 수 있었는데, 이 작업장은 노인, 질환자, 신체허약자 등만을 구제의 대상으로 삼았다. 이 제도에 의한 작업장은 '나치벌법'처럼 구제신청을 억제시키는 수단이 아니었다.

노동능력이 있는 구제빈민들(*paupers*)은 가정 근처의 지주, 농업 경영자, 기타 고용주 등에게 임금보조 수당을 지원하여 고용하게 함으로써 최저생계비 수준의 급료를 지급하게 하였다. 시설 외 구제 방식을 적극 채용하였음을 알 수 있다.

길버트법이 제정되기 전에도 동부의 일부 교구들이 자체법을 제정하여 연합 작업장을 만든 예들이 있었다. 길버트법은 단지 그것을 좀더 용이하고 적은 비용으로 운영할 수 있게 한 것이었다. 그리고 교구연합에 의해 행정단위를 확대시킴으로써 인클로저 운동 이래 지속되었던 농촌지주들의 가부장적 지배를 약화시키는 효과가 있었다. 그러나, 이 법의 의도는 제대로 관철되지 못했다. 길버트식의 연합체는 채 100개도 설립되지 못했으며(Higginbotham, 2000), 작업장 운영도 의도했던 바대로 이루어지지 못했기 때문이다.

그럼에도, 이 제도가 갖는 긍정적 의미는 구빈행정의 억압적 성격이 완화되고, 시설 외 구제를 확대시키는 계기가 되었다는 점에서 찾을 수 있다. 그래서 이 법을 영국 구빈법의 억압적 전통을 탈피한, 그래서 1601년의 원칙을 이탈한 최초의 법으로 평가하기도 한다.

(2) 스핀햄랜드 제도

스핀햄랜드 제도(1795)는 구빈세 재정으로 저임금을 보충해주려던 제도로서 1782년 법을 그 출발로 삼는다. 이 이름은 1795년에 버크셔(Berkshire) 교구의 스핀햄랜드(Speenhamland)에서 식품의 가격과 자녀의 수에 따라 등급화하여 임금을 보충해주기로 결정한 일이 계기가 되어 붙여진 것이다. 이것이 제도화되기까지 최저임금제를 도입하자는 논의도 있었으나, 그것이 현실화되지 못하고 대신 이와 같은 임금보조 제도가 자리잡게 된 것이다.

이와 같이 저임금에 의한 빈곤문제를 공공재원으로 해결하려고 하였다는 점에서, 이 제도는 빈곤을 도덕적 타락과 연관시켰던 종전의 구빈법과는 그 시각이 근본적으로 달랐다. 그런 한편, 이로 인해 노동능력이 있는 노동자들은 자신들이 일자리를 잃게 되었을 때 교구의 구제를 받을 자격이 있다고 생각하게 되었고, 취업 중에는 근면성과 고용주에 대한 존경심이 약화되게 되었다(Higginbotham, 2000). 이처럼 노동자들의 태도를 전반적으로 이완시킨 효과를 가져왔는가 하면, 고용주들에게는 저임금 고용을 장기화하게 하는 결과를 초래하였다. 이 때문에 시민의 구빈세 부담을 가중시키게 되어, 후일 구빈법 개정을 위한 움직임의 빌미를 제공하게 되었다.

4) 산업혁명, 자유주의, 그리고 구빈법 개정

(1) 산업혁명과 사회변화

산업혁명은 산업자본가를 출현시키고 임금 노동자를 양산하게 됨으로써 자본제적 생산관계를 바탕으로 한 새로운 사회문제를 야기하게 되었다는 점에서 역사적 의미를 지닌다. 자본제하에서 자본가는 노동비용을 최소화하기 위하여 노력하게 되고, 이것이 저임금 노동, 노동조건의 열악성, 직업병과 노동재해의 만연 등과 같은 문제를 가져오게 되는 것이다.

빈곤문제가 발생하는 배경과 빈곤문제를 바라보는 시각이 자본제 이전의 사회와 달라질 수밖에 없고, 그것을 해결해야 할 필요성과 해결에 접근하는 방법도 따라서 달라질 수밖에 없다. 저임금 노동과 실업 및 주기적 공황 등이 자본주의 사회의 빈곤문제의 주된 원인이 되며, 자본가는 건강하고 값싼 노동력 확보를 통한 이윤 극대화의 필요성에서 노동자나 빈민에 대한 정책적 개입의 필요성에 착안하게 된다.

그래서 이와 같은 문제와 필요에 국가가 어떻게 대응하느냐에 따라 사회복지 양상이 달라지게 되는 것이다. 독일에서는 일찍이 근대적 사회보장제도의 도입을 통해서 산업화 이후의 문제에 대응하였던 반면, 영국에서는 여전히 구빈법의 틀 속에서 문제해결의 실마리를 마련하고자 하였다. 기존의 구빈제도에 대한 비판과 새로운 대안 모색의 필요성이 제기된 것도 이러한 배경과 연관시켜 이해하는 것이 적절하다.

(2) 구빈제도에 대한 자유주의적 비판

구빈제도에 대한 비판의 일반적 계기는 높은 구빈비용 부담의 문제에 있었다고 볼 수 있다. 구빈비용의 증가상황은 당시 잉글랜드와 웨일즈 지역의 구빈비용 지출 증가 상황을 보여주는 다음 〈표 6-1〉에서 잘 나타난다. 구제 대상자의 비율이 지속적으로 증가하는 가운데, 총 지출액은 물론이고 인구 1인당 평균 지출액이 꾸준히 증가하고 있음을 보여준다.

그리고 이와 같은 구빈비용의 증가를 가져온 직접적 원인으로 주로 제기된 것이 스핀햄랜드 제도였다. 저임금 노동자의 궁핍화를 막는다는 의도에서 구빈세를 재원으로 하여 임금 보조금을 지급함으로써 고용주를 위한 제도가 되어버렸을 뿐 아니라, 궁극적으로는 구빈세 부담의 주된 원인이 되었던 것이다.

구빈비용 부담의 문제는 절대액의 증가에만 있었던 것이 아니다. 교구간 및 교구 내 개인간의 비용 부담의 불공평성도 문제가 되었다. 교구의 규모가 작을수록 부담이 컸고, 산업지역보다 농어촌 교구의 부담이 상대적으로 컸다. 그리고 구빈세가 소득보다는 재산을 중심으로 부과되었던 관계로, 산업자본가보다 토지나 가옥 등의 재산 소유자의 부담이 상대적으로 컸다(김동국, 1994:146~7). 이러한 부담의 불공평으로 인하여 상대적으로 부담이 큰 집단으로부터 불만이 제기되는 것은 아주 자연스러운 현상이었다. 1820년대에 들어 구빈제도에 대한 불만의 표출이 확대되었을 때, 특히 불만 표출이 강했던 집단이 구빈세 부담이 컸던 지주계급이었다. 그런가 하면, 구제 대상자인 빈민들의 불

〈표 6-1〉 잉글랜드와 웨일즈 지역의 연간 구빈비용 지출

기간	총지출 (파운드)	인구 1인당 지출(실링)	잠재적 구제 대상자 비율(%)	국민소득 대비 지출(%)
1696	400,000	1.5	3.6	0.8
1748~1750(평균)	689,971	2.3	7.9	1.0
1776	1,529,780	4.4	9.8	1.6
1783~1785(평균)	2,004,238	5.3	10.9	2.0
1802~1803	4,267,965	9.5	14.7	1.9

〈자료〉 Slack, 1995:22.

만도 적지 않았다. 특히 산업화의 뒷전에서 상대적으로 더 궁핍하였던 농촌지역 빈민들의 불만이 커서, 이들이 폭동을 일으키거나 구빈원을 공격하는 일까지 생겨났다. 이처럼, 프랑스혁명의 전야를 연상시키는 소요의 확대가 구빈법 개정을 서두르게 한 중요한 원인이 되었다 (Jones, 1991:13~4).

당시 구빈제도에 대한 비판의 또 다른 초점은 구빈행정상의 문제에 있었다. 엘리자베스 구빈법이 기도하였던 구빈행정의 중앙집권화 및 전국적 통일은 지방자치를 존중해온 영국의 독특한 전통으로 인해 실현되지 못했던 것이다. 이것이 앞에서 지적한 혜택과 부담에 있어서 지역간 비형평성 문제를 심화시킨 이유의 하나가 되었던 것은 물론이다.

이상과 같이 일반론적 차원에서 다루어진 구빈비용과 행정에 관한 비판의 저변에는 초기 산업자본주의의 성숙과 궤를 함께 하였던 경제적 자유주의의 시각이 작용하고 있었다. 이 시각은 개별 경제주체의 선택과 이들 사이의 경쟁을 경제질서의 기본 원리로 생각하기 때문에, 개인적 책임인 빈곤에 대한 일체의 인위적 개입은 바람직하지 않은 것으로 이해한다. 뿐만 아니라, 어느 정도의 빈곤은 오히려 노동의욕을 자극하거나 유지하게 함으로써, 전체 사회에 대해 기능적인 것으로 파악되기도 한다. 이러한 관점에서 보았을 때, 인도주의적 성격이 강화

▎맬서스(Thomas Robert Malthus, 1766~1834)
영국의 성직자이자 정치경제학자였던 맬서스는 사회에 빈곤이 생기는 원인을 인구증가와 식량증가의 비율이 불균형을 이루기 때문인 것으로 설명했다. 그에 의하면 인구는 기하급수적으로 늘어나지만 식량은 산술급수적으로 늘어날 뿐이다. 사회에 빈곤과 범죄가 느는 것은 이 때문이다. 그리고 빈민의 곤궁은 무절제하게 출산하는 그들 자신의 책임이라고 보았다.
이와 같이 빈곤의 발생은 자연법칙이며 생활의 곤궁은 빈민 자신의 책임이라는 그의 이론은 부르주아들에게 유리한 것으로 볼 수 있다. 그러나 당시의 진보적 부르주아들의 생각과 반드시 일치하는 것은 아니었고 그의 이론에는 당시 지주계급의 사상도 상당히 내포되어 있었다.

되었던 18세기 종반 이후의 구빈제도가 매우 합당하지 못하게 비쳤던 것은 납득하기 어렵지 않다.

이러한 관점에서 구빈제도가 인구증가의 원인이 되어 한정된 자원과의 불균형을 심화시키고 사회적 부담을 가중시키게 된다는 점을 강조한 대표적 인물로 맬서스(Thomas R. Malthus)를 들 수 있다. 빈민들에 대한 경제적 지원이 오히려 무책임한 빈민을 양산하게 되고, 반면에 근면한 노동자들을 더욱 핍박하게 만드는 결과를 초래한다는 것이다(림링거, 1991:56). 그리하여 그는 구빈법의 폐지를 주장하고, 작업장은 빈민의 노동의욕을 자극할 수 있는 형태로 운영되어야 함을 강조하여, 후일의 구빈법위원회의 상황판단과 개정 구빈법의 주요 원칙 설정에 영향을 미쳤다.

임금기금론(*wage-fund theory*)적 관점에서 구빈제도가 보다 많은 사람을 궁핍화시킨다고 주장한 리카도(David Ricardo)의 궁극적 입장도 맬서스와 일치했다. 임금으로 지급될 수 있는 사회적 기금은 한정되어 있는데, 그 중에 많은 부분이 빈곤구제에 지출되면 임금으로 지급될 수 있는 몫이 적어져서, 결국 경제력이 있던 사람도 궁핍해진다는 것이다. 따라서 궁핍화의 악순환을 가져오는 구빈제도는 폐지되어야 한다는 것이 그의 결론이었다(김동국, 1994:157).

▎벤담(Jeremy Bentham, 1748~1832)
영국 런던 출신의 철학자이자 법학자. 인간은 불가피하게 쾌락을 추구하는 대신 고통은 회피한다고 생각하면서, 최대다수의 최대행복이 도덕과 법률의 기초가 된다는 점을 신성한 진리(*sacred truth*)라고 보았다. 또 그는 도덕성이란 그 전체가 현명한 이기심(*enlightened self-interest*)에서 비롯될 수 있다고 보면서, 자신의 만족을 극대화시키기 위해 항상 노력하는 자가 결국에는 항상 옳게 행동하는 자가 될 것이라고 보았다. 그리고 쾌락과 고통은 동일한 척도에서 양적으로 측정 가능하다고 주장했다. 이상이 그의 공리주의(功利主義)의 요지이다. 이후에 쾌락에는 질적 차이가 있다고 보아 질적 공리주의를 주장한 사람이 밀(John Stuart Mill, 1806~1873)이다.

한편, 공리주의(*utilitarianism*)의 창시자인 벤담(J. Bentham)의 기본 입장도 당시의 인도주의적 구빈제도에 대해서는 부정적이었다. 우선, 행복을 증가시키기 위해서는 경제적 자유방임이 적절하다고 봄으로써 국가의 개입에 부정적이었다. 그리고 전체 사회의 다수의 행복을 극대화하기 위해서는 빈민구제의 범위나 수준은 최소화되어야 한다고 보았다. 그런가 하면, 인간은 고통을 회피하고 쾌락을 추구하는 경향이 있다고 파악한 점은, 작업장의 고통스러운 환경을 통해 구원을 억제하고 구빈세를 절감하려 했던 지배계급의 이해에 기여하였다. 이러한 시각이 개정 구빈법의 열등처우의 원칙과 작업장제도에 이론적 기초를 제공한 것으로 보는 것이다.

(3) 개정 구빈법의 제정

이와 같이 기존의 구빈제도가 갖는 문제점들에 대한 지적들과 농업노동자들의 폭동 및 1830년대를 전후한 공황 등이 복합적으로 불거지자, 사회안정을 위해서라도 대응책의 모색이 불가피해졌다. 이러한 대응책의 하나로 결성된 것이 1832년의 왕립 위원회였다. 런던 주교를 의장으로 하여 9인으로 구성된 왕립 위원회는 구빈법의 상황을 면밀히 검토한 후에 보고서를 제출하였다. 이 보고서 작업은 주로 시니어(Nassau

Senior)와 채드윅(Edwin Chadwick)이란 두 위원에 의해 이루어졌다.

이 보고서는 빈곤이 경제·사회적 조건보다는 개인적 곤궁에서 비롯된다는 시각을 반영하고 있었다. 그래서 구제대상 빈민들은 자신들이 감당할 능력이 있음에도 구제를 신청한다고 보았다. 대가족들은 대책 없는 결혼을 부추겼고, 여성들은 사생아 구제를 요구함으로써 부도덕성을 조장하였으며, 노동자들은 일할 의욕이 없었고, 보조금을 의식한 고용주들은 의도적으로 급료를 낮은 수준으로 유지한다고 생각하였던 것이다(Higginbotham, 2000).

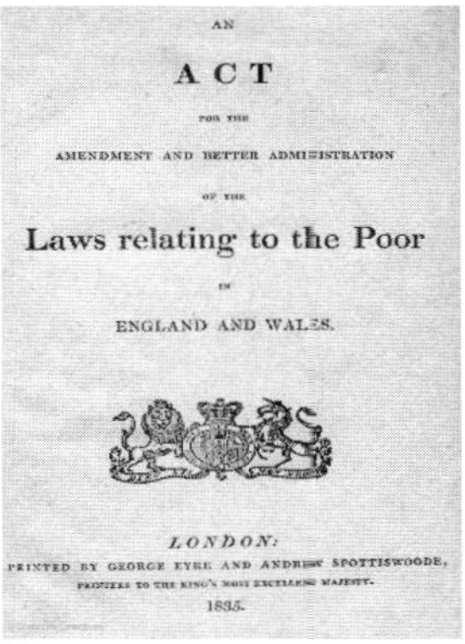
AN
ACT
FOR THE
AMENDMENT AND BETTER ADMINISTRATION
OF THE
Laws relating to the Poor
IN
ENGLAND AND WALES.
LONDON:
PRINTED BY GEORGE EYRE AND ANDREW SPOTTISWOODE,
PRINTERS TO THE KING'S MOST EXCELLENT MAJESTY.
1835.

〈그림 6-4〉
개정구빈법 표지

이 보고서의 제안들을 반영한 1834년의 개정 구빈법(The Poor Law Amendment Act, 1834)은 노동능력이 있는 자들의 빈곤(*poverty*)에 대한 원외구제를 중단하는 대신, 노동능력이 없거나 노동의 대가로는 생계유지가 불가능한 상태(*indigence*)에 대해서만 구제를 제공하였다. 그런데, 이러한 구제에는 중요한 원칙이 적용되었다. "열등처우(*less eligibility*)"의 원칙이 그것인데, 국가에 의한 구제수준은 최하층에 속하는 독립 노동자들의 생활수준보다 낮게 유지되어야 한다는 원칙이었다. 이 원칙에는 몇 가지 배경이 복합적으로 작용한 것으로 보인다. 우선, 노동력의 상품화와 값싼 노동력의 확보라는 산업자본가 계급의 필요와 빈민에 대한 정치적 통제력의 확보를 통한 국가권력의 강화라는 정치적 필요가 크게 작용한 것으로 보는 견해(김태성·성경륭, 1993:78~9)가 설득력이 있다. 그런가 하면, 다른 한편으로는 구제에 대한 의존도를 낮춤으로써 구빈세의 부담을 줄이고자 하는 현실적 필요와, 구빈제도의 폐해에 관하여 앞에서 언급한 자유방임론자들의 주장들이 수용된 결과라고 볼 수도 있다.

이와 같은 열등처우의 원칙은 이 법에 의해 부활된 작업장제(*workhouse test*)와 표리의 관계를 가졌다. 엄격하게 관리되는 작업장은 노동능력이 있는 빈민들이 국가로부터 구제를 받는 최후의 수단이 되도록 한 것이다. 디킨스(Charles Dickens)의 소설 《올리버 트위스트(*Oliver Twist*)》는 당시 작업장의 참혹상을 고발한 대표적 작품이다.

이 밖에 중요한 원칙으로 구빈행정을 중앙집중화(*centralization*)하고 빈민처우를 전국적으로 통일시킨다는 원칙(*national uniformity*)이 있다. 이러한 원칙에 따라 구빈제도의 행정을 담당할 중앙 기구로 구빈법 위원회(The Poor Law Commission)를 두었다. 지방에는 교구연합(*parish union*) 소속의 구빈위원회와 단위 교구의 구빈감독관이 있었다. 중앙의 구빈법 위원회는 지방의 구빈행정을 전국적으로 통제하며 통일된 행정을 실시하는 기능을 가졌으나, 한편으로는 지방조직에 부분적으로 재량권을 부여하기도 하였다(김동국, 1994:188).

이 개정 구빈법은 영국 사회정책 역사에서 중요한 분수령 가운데 하나였다. 혼란에서 질서로, 소극적 시혜에서 적극적인 억압으로, 만성적 빈곤문제에 대한 분노로부터 빈곤 근절을 위한 냉엄한 결단으로 전환되었다는 비유적 표현(Jones, 1991:13)이 그 변화의 성격을 시사해준다.

2. 구빈제도의 쇠퇴와 소멸

1) 개정 구빈법에 대한 저항과 구빈법위원회의 해체

1834년법은 시행되자마자 많은 비판을 받았다. 일례로 아직 법이 통과되기 전인 4월 30일 《타임즈》지는 이 법률이 "법전을 더럽히게 될 것"이라고 주장하기도 했다. 새 법에 의해 아빙던(Abingdon)에 설립된 새 작업장이 문을 연 지 몇 주일만에 시설장이 피살의 위험에 처하기도 했었다. 이 법을 반대하는 주된 이유는 그것의 잔혹성 때문이었다. 이 밖에도 지방자치의 전통을 파괴한다고 보는 중앙집권적 구빈법위원회에 대한 반발도 만만찮았다.

이러한 일련의 움직임의 영향으로 10년 만인 1844년에 부분적이나마 '제2차 구빈법 개정'이 있었고, 이어서 구빈행정이 의회에서 발언권을 가짐으로써 제도적으로 안정을 확보하도록 하기 위해 1847년에는 구빈법위원회(Poor Law Commission)는 해체되고 새로운 구빈법평의회(Poor Law Board)가 설치되었다. 이 구빈법평의회는 1871년에 '지방정부 평의회(Local Government Board)'로 대체되었다.

2) 1905년 왕립위원회

20세기가 시작될 무렵, 변화의 기운이 감돌고 있었는데, 여기에는 두 가지 요소가 작용하였다. 그 하나는 많은 여성들이 구빈위원으로 선출되었다는 점이며, 다른 하나는 1892년에 구빈위원 선거권 획득을 위한 재산요건을 완화함으로써 노동자 계급이 위원으로 선출될 수 있게 되었다는 점이다.

1905년 12월에 '구빈법과 실업자에 관한 왕립위원회'가 임명되었다. 이 위원회의 연구과제는 ① 구빈 법률들의 빈민구제 효과와 ② 심각한 산업불황기의 고용부족 현상 때문에 겪어야 했던 고통을 해결하기 위해 구빈법 범위 밖에서 추진되었던 다양한 대책들을 분석하는 일이었다. 이를 통하여 당면한 문제 해결을 위해 구빈 법률들의 개정이나 행정절차상의 수정 혹은 새로운 입법이 필요한지를 판단하고, 필요하다면 어떻게 해야 할 것인지에 대해 검토하고 보고하도록 한 것이었다.

이후 4년간 1832년의 위원회 이래 가장 광범위한 조사연구가 이루어졌다. 이 위원회에 소속되었던 인물들로는, 로크(C. S. Loch; 런던

COS 간사), 스마트(William Smart; 글라스고우 대학 정치경제학 교수), 힐(Octavia Hill; 주거개량 운동가), 사회주의 개혁론자였던 란스베리(George Lansbury)와 웹(Beatrice Webb), 전직 구빈위원들, 구빈담당 공무원과 성직자 등이 있었다. 이 위원회는 양분되었고, 제안서도 다수파 보고서와 소수파 보고서로 나뉘어 출판되었다.

위원들 중에서 14명이 서명을 한 다수파 보고서는 빈곤의 원인과 책임을 개인적 특성과 연관시켰다. 따라서 만성적 빈곤 상태에 있는 사람들을 빈곤으로부터 벗어나게 하는 것의 가능성에 대해 회의적 입장을 표했다. 그들은 성격상의 결함을 지녔기 때문에 그것을 극복하지 않는 한 정상적 시민으로서의 생활은 보장받을 수 없는 것으로 보았다(함세남 외, 1996:86~7). 그리고 종전의 작업장은 아동, 노인, 실업자, 정신질환자 등의 각 분야별로 별도의 전문화된 서비스를 제공하는 시설로 전환하고, 대신 각 주 혹은 자치시별로 새로운 구빈기구를 설치할 것을 제안했다.

웹(Beatrice Webb), 란스베리(George Lansbury), 찬들러(F. Chandler), 웨이크필드(Russell Wakefield) 신부 등의 4명이 서명한 소수파 보고서는 좀더 급진적이어서, 구빈법률들을 전면 폐지하고 다양한 집단에 대한 보호는 다른 기구에 이양할 것을 제한했다. 이것이 강조한 것은 빈곤의 구제가 아닌 예방이었다. 소수파는 빈곤의 원인을 사회적 요인에서 찾으려 하였다는 점에서 다수파와 달랐다. 그렇기 때문에 빈곤의 예방은 사회 책임으로 이해되었던 것이다. 다수파는 빈곤을 일시적이고 개인적 현상으로 본 반면, 소수파는 불합리하고 불건전한 사회질서의 결과로 보았다. 따라서 빈곤구제를 위한 가능한 수단을 긴급히 마련하고, 빈곤을 예방할 근본적 대응책 마련을 주장한 것도 소수파였다(함세남 외, 1996:87).

소수파 보고서는 페이비언 협회에서 별도의 유가판으로 발행되어 활기 있게 판매되기도 했다. 구빈법의 폐기를 통해 궁핍을 예방하자는 제안을 지지하는 대규모 운동이 웹 부부에 의해 조직화되기도 하였다.

두 보고서 사이의 견해 차이는 구빈행정의 미래에 대해서도 드러났다. 다수파는 현행 제도를 개선하고, 구제의 종류가 어떠하든 국가 또는 지방정부가 처리할 것을 주장한 반면, 소수파는 구빈법 자체를 해체시키고 빈곤을 예방하는 기능을 하는 각종 전문 위원회를 설치할 것을 제안하였다.

이러한 차이에도 불구하고, 두 보고서 사이에는 몇 가지 공통점도 있었다. 우선, 개정 구빈법 제도를 전면적으로 개혁해야 한다는 점에서 일치했다. 그래서 양자 모두 억압적 빈민법 개념을 폐기하여야 한다고 보았다. 좀더 구체적으로는, 1834년법의 소산인 구빈위원회와 교구연합 및 빈민을 혼합수용한 종합작업장 등을 폐지해야 한다는 점에서 일치했고, 노동능력이 없는 빈민의 대다수에 대해 열등처우의 원칙은 부적절한 것으로 본 점에서도 그랬다. 또한 빈곤의 예방이나 치료를 위한 비용은 공공지출로 충당하는 것이 바람직하다고 보았고, 환자·정신질환자·정신지체인 등에 대한 처우를 개선할 것을 공통으로 제안했다(김동국, 1994:298~9).

비록 위원회의 보고서에 따라 곧바로 새로운 법률이 제정된 바는 없지만, 이후에 다양한 주요 사회입법들이 등장하는 데에 영향을 미친 것은 사실이다. 예컨대, 1909년 1월에 도입된 노령연금제에 대해서는 두 보고서 모두 찬성했었고, 1911년의 국민보험법에서 채택한 실업보험 제도에 대해서도 두 보고서 모두 그 필요성을 제기했었던 것이다.

3) 작업장의 소멸

1913년 이후 공식문서에서 "작업장(*workhouse*)"이란 용어는 "구빈법 시설(*poor law institution*)"로 대체되었다. 한편, 제1차 세계대전에 이은 전반적 불황으로 1926년 광부 파업은 극에 달했고, 구빈체제가 심각한 위기에 직면하게 되는 가운데, 일부 구빈연합은 사실상 파산되는 상황이 발생했다. 구빈행정에 대한 사회구성원들의 평가나 반응은 지역 사정에 따라 서로 다르게 나타났다.

이러한 상황 속에 구빈행정을 담당했던 기구들을 청산하기 위한 움직임이 대두되고 있었다. 1925년 보수당 정부의 보건부 장관이었던 챔벌린(Neville Chamberlain)은 구빈체제에 개혁이 필요하다고 생각하여, 1926년에 '구빈위원(해촉)법' 제정을 강행하였다. 이 법은 지방의 구빈위원회(Boards of Guardians)를 해체하고 그것을 정부의 공무원으로 대체하도록 하는 내용을 담고 있었다. 이어서 1927년에 '구빈법에 관한 법률(Poor Law Act)'이 제정되었고, 1928년에는 '지방정부법(The Local Government Act)'이 제정되어, 1909년에 왕립위원회 보고서가 제안했던 다양한 조치들을 채택했었다. 이렇게 함으로써 지방의 구빈위원회가 해체되고 그 모든 권한과 책임이 지방의회로 이관되었다.

비록 공식적으로는 작업장이 더 이상 존재하지 않았다 하더라도, 1930년대에까지 존속한 '구빈법 시설'들은 사실상 그 성격 면에서는 종전의 작업장과 커다란 차이가 없었다. 그만큼 구빈제도의 변화는 매우 서서히 이루어지고 있었음을 알 수 있다. 결국 1929년에 공식적으로 구빈법이 해체되었지만, 실제로 완전히 그것을 청산하였다고 보지는 않는다. 단지 행정절차의 일부를 개혁하였을 뿐이고, 이름 몇 가지를 바꾸었을 뿐이었다. 구빈 시설은 공공부조 시설로 바뀌었고, 구빈 위원회의 통제를 받았다. 그런 중에도 피수용자들을 위한 물리적 환경은 다소 나아졌으며, 피수용자들의 대다수는 여전히 노인, 정신장애인, 미혼모, 부랑인 등이었다. 1946년에 '국민보건 서비스법'이 제정되어 1948년 7월에 시행되었고, 비록 기대만큼 영향이 크지는 않았지만, 이로써 종전의 구빈법 전통을 일소하는 변화가 있었다.

그런데, 구빈제도가 소멸된 시점에 대해서는 견해가 분분하다. 영국에서 남성의 보통선거가 확립된 1918년으로 보는 견해, 구빈법이 공식적으로 폐지된 1929년으로 보는 견해, '국민부조법'이 시행된 1948년으로 보는 견해 등이 그것이다(김태성·성경륭, 1993:80). 1900년대 초에 이미 다양한 사회보장 제도들이 입법화되고 사회복지 수급권이 시민권의 일부로 수용된 사실 등에 근거할 때에는 1910년대를 구빈법 원칙의 소멸기로 볼 수도 있다. 그러나 1948년법에서 비로소 빈민의 공공부조 수급권이 확립된 점에 착안한다면, 빈곤대책에 관한 한 구빈제도의 소멸기는 1948년으로 보는 것이 옳다. 이와 관련된 논의는 다음의 제7장과 제9장에서도 부분적으로 다루게 된다.

3. 사회조사와 개혁적 사회입법의 대두

시기상으로는 더러 겹치거나 엇갈리기도 하였지만, 구빈제도로부터 사회보장제도로 이행해 가는 과도기에 교량 역할을 한 것이 개혁적 사회입법이었다. 구빈제도가 억압적이고, 전근대적이며, 중상주의 혹은 자유방임주의에 기반한 선별주의적 성격을 지녔었다면, 근대적 사회보장제도는 수급자의 권리를 수용하고, 근대적이며, 집합주의 혹은 사회민주주의에 기반한 보편주의적인 성격을 띤 점에서 양자가 구별되며, 개혁입법은 그 중간자적 성격을 지닌다는 것이다. 이와 같은 사회복지 성격의 변화는 빈곤문제의 원인과 책임소재에 대한 사회의 지배적 시각이 변화하였음을 반영하는 바, 이러한 변화에 실마리를 제공한 것이 빈곤실태에 관한 사회조사 활동이었다.[2]

2) 이에 관한 좀더 상세한 논의는 김동국, 1994:258~263 참조.

1) 사회조사

19세기에서 20세기초에 걸쳐 영국에서 있었던 사회조사는 다양하였다. 1842년 채드윅(Chadwick)의 《영국 노동인구의 위생상태 보고서》(*The Report on the Sanitory Condition of the Labouring Population of Great Britain*), 1851년에 3권으로 발간된 메이휴(Henry Mayhew)의 폭넓은 인터뷰 자료집인 《런던의 노동자와 런던의 빈민》(*London Labour and the London Poor*), 1886년의 찰스 부스(Charles Booth)의 런던 빈민 및 노동자 가족 조사, 1890년 구세군 창시자 윌리엄 부스(William Booth)의 《극빈지역 연구》, 1901년의 라운트리(B. Seebohm Rowntree)의 요크시 빈곤조사, 1912~1914년의 바울리(A. L. Bowley)의 5개 도시 표본조사 등이 있었다. 이러한 조사들을 통해서 빈곤이 개인의 결함과 같은 도덕적 차원의 문제가 아닌, 사회경제적 구조와 결부된 사회적 문제로 널리 인식되게 된 것이다. 이들 가운데 상대적으로 영향력이 컸던 찰스 부스와 라운트리의 조사에 대해 좀더 상세히 알아본다.

(1) 찰스 부스의 런던시 조사

사회주의자 힌드만(Hyndman)을 중심으로 발표한 1885년의 사회조사 보고가 과장된 것임을 밝히기 위해 리버풀의 사업가였던 찰스 부스가 착수한 연구였다. 전액 자비로 실시한 이 연구의 보조원 가운데 한 사람이 비어트리스 포터(Beatrice Potter)이다. 포터는 부스의 아내 메리(Mary)의 사촌으로서, 후일 시드니 웹(Sydney Webb)과 결혼하여 함께 페이비언협회(Fabian Society)의 핵심 회원으로 활동하게 된 사람이다. 이 조사활동의 본거지는 토인비 홀(Toynbee Hall)이었다.

1886년 4월부터 시작하여 당시 런던 거주 세대의 거의 전수인 100만 세대를 조사한 결과, 1889년과 1891년에 발간된 두 권의 제1판과 1892~1897년에 걸쳐 발간된 9권의 제2판에 이어, 1902~1903년에 17권분량의 《런던주민의 삶과 노동》(*Life and Labour of the People in London*)이란 최종 제3판 보고서를 발간하게 된다. 이 조사를 통해서 그는 주민의 65%가 빈곤선 이상, 22%가 빈곤선 수준, 13%는 그 이하임을 밝혔다. 이러한 결과는 힌드만이 말한 25% 빈민 주장이 결코 과장이 아니라 오히려 그 반대임을 보여주었다. 그런가 하면, 당시 구빈행정 당국은 전인구의 3% 미만만이 빈민이라고 공식적으로 발표하여 큰 대조가 되었다. 조사결과에 따라 런던 시민을 8계층으로 구분하였는데, 그 내역은 〈표 6-2〉와 같다. 이 분류에 의하면 A부터 D까지의 30.7%가 빈민의 부류에 속하게 된다.

〈그림 6-5〉
찰스 부스

이 조사는 특정 신조나 이념에 구애되지 않은 객관적이고 과학적 방법으로 사실 파악을 통한 기초자료 제공에 주력하였다는 점에서 그 가치를 인정받는다. 이 조사를 통해 부스는 빈곤의 주된 원인이 저임금과 불규칙적인 노동임을 밝혔다(Thane, 1996). 이렇게 하여 빈곤이 주

〈표 6-2〉 찰스 부스의 런던인구 등급구분

범주	분류명		백분율(%)
A	부정기적 근로자, 부랑인, 준범죄자 등의 최하층민		0.9
B	소득이 일정하지 않은 "극빈층"(very poor)		7.5
C	간헐적 소득자	"빈곤층"(the poor)	22.3
D	소액 정규 소득자		
E	정규직 표준 소득자 — 빈곤선 초과수준		51.5
F	고위직 근로자 — 안정되고 괜찮은 정규소득		
G	중하층 계급 — 유복한(well-to-do) 중류계급		17.8
H	중상층 계급 — 부유층(wealthy)		

〈자료〉 Jones, 1991: 61.

로 빈민 개인의 결함에서 비롯된다고 보았던 종전의 주류적 사고방식을 변화시키는 데에 큰 영향을 줌으로써 개정 구빈법의 문제점을 공략한 대표적 조사로 평가받게 되었다. 그러나 부스 자신의 빈곤구제에 대한 시각에는 다소간 혼선이 있었던 것으로 보인다. 빈곤문제는 심각하나 대중의 자조 및 상부상조 역량은 향상되고 있다고 보면서, 국가의 지원은 노령이나 장애 등으로 노동을 할 수 없거나 자력으로 살아가기 어려운 사람에게 국한되어야 한다고 보았던 것이다. 그런가 하면, 이러한 지원을 받을 자격이 없는 사람들에게는 징벌적 성격의 치료가 행해질 필요가 있음도 시인했던 것이다(Thane, 1996). 이와 같은 부스의 연구는 뒤이은 다수의 체계적인 조사에 의해 뒷받침되었다. 그 가운데 하나가 라운트리(Rowntree)의 연구이다.

부스는 첫 조사에 이어 노인문제에도 관심을 가지고 노인 빈곤에 대한 조사를 추가로 벌여, 노령이 실업·질병·음주 등에 비해서 훨씬 중요한 빈곤 원인임을 설명하였고, 자산조사를 거치지 않는 보편적인 무갹출 노령연금제를 제안하기도 하였다. 그는 이러한 노령연금제도의 도입과 같은 '최소한의 사회주의'를 통해 사회주의의 준동을 막아야 한다는 보수적 입장을 가지고 있었고, 나이가 들면서 점점 더 보수화되어갔다. 이 점은 포트를 위시해서 그와 함께 조사에 임했던 다른 많은 사람들이 후일 사회주의자의 길을 선택했던 점(Thane, 1996)과 비교가 된다.

(2) 라운트리의 요크시 조사

찰스 부스의 조사가 런던만의 특유한 현상인지 여부를 확인해보려는 동기에서 비롯된 것이 도시 규모가 작은 요크 시를 대상으로 한 라운트리의 조사였다. 박애적 성향을 지닌 한 초콜릿 공장의 경영주였던 라운트리에 의한 조사는 1899년에 처음 실시되었다. 가정방문 교육위원과 성직자 등의 진술과 조사요원들의 관찰을 주요 자료원으로 삼았던 부스와는 달리, 라운트리는 1차 조사에서부터 조사원들로 하여금 근로자 가정을 직접 방문하게 하여 가계소득과 지출 및 생활조건 등에 대한 주관적 인식의 파악을 포함한 서베이를 실시하였다. 1899, 1936, 1951년의 세 차례에 걸쳐 조사를 실시하여 각각 《빈곤 : 도시생활의 연구》(*Poverty : A Study of Town Life*, 1901), 《빈곤과 진보》(*Poverty and Progress*, 1936), 《빈곤과 복지국가》(*Poverty and Welfare State*, 1951) 등의 제목으로 결과를 발표함으로써, 종단적 변화를 보여주는 시계열적 연구로서의 가치를 인정받고 있다. 그런데 부스의 조사와 함께 20세기 초 영국의 자유주의적 개혁에 영향을 끼친 것은 1차 조사이므로, 여기서는 이것에만 주목한다.

〈그림 6-6〉
S. 라운트리

그의 조사가 갖는 중요한 의미 가운데 하나는 요크와 같은 지방 소도시의 상황도 런던과 크게 다르지 않음을 확인함으로써, 부스의 연구가 타당하였음을 입증해 준 점이다. 그는 인간의 생존에 필요한 열량과 이를 뒷받침할 식품 및 그 시장가격 등을 고려하여 최저생계비를 산출하였다. 단순한 소득수준만이 아닌 '품위 있는(*decent*) 독립생활'의 영위에 필요한 수단의 소유 여부를 고려하여 설정한 그의 빈곤 개념은 절대빈곤과 상대빈곤 개념을 아우르고 있었다고 봄이 적절하겠다. 첫 조사에서 그는 빈곤 개념을 두 가지로 구분하였다. 자신의 수입으로 최저생활 욕구 충족이 불가능한 경우를 '1차 빈곤'으로 규정하고, 이 수준은 벗어났으나 품위 있는 삶을 유지하기에는 부족한 수준을 '2차 빈곤'이라 구분한 것이다. 그는 음주나 도박 등의 부적절한 지출로 인해 이러한 2차 빈곤에 처할 수 있다고 주장하여, 도덕적 해석이라는 비판을 받기도 하였다. 어쨌든, 이러한 구분에 따라 1차빈곤선 이하의 주민은 9.9%, 2차빈곤선까지는 전 주민의 27.8%라고 밝히고, 빈곤의 주된 원인은 저임금이라고 주장했다. 라운트리는 이러한 주민의 빈곤상황에 대한 자료 외에 주택, 빈약한 위생시설, 과밀한 주거환경 등에 관한 자료도 제시하였다(Thane, 1996).

2) 자유주의적 개혁입법 등장

19세기 후반과 20세기초에 등장한 사회입법들은 전근대적 구빈제도로부터 근대적 사회보장제도로 전환해가는 과도기에 교량적 역할을 하였다는 점에서 사회복지 역사상의 의미를 갖는 것으로 앞에서 요약한 바 있다. 이러한 역할은 사회복지의 발전 혹은 성격변화가 기본적으로 혁명적(*revolutionary*)이라기보다는 개혁적(*reformatory*)으로 진행됨을 보여주는 좋은 예가 된다. 이 시기의 개혁입법 등장에 구체적 계기로 작용한 현상들을 몇 가지로 요약해보면 다음과 같다.

첫째, 자본주의의 발전에 따라 사회의 지배적 계급관계의 축이 지주와 농업노동자의 관계로부터 산업자본가와 산업노동자의 관계로 전환되었다. 이 때문에 중심적 사회문제들은 자본제적 모순을 반영한 새로운 사회문제들로 대체되어 갔다. 예컨대, 노동력의 도시 이동, 노동력 공급의 상대적 과잉에 따른 저임금 노동과 실업 및 이에 따른 새로운 빈민층 형성, 열악한 노동환경과 이로 인한 재해의 증가, 급속히 팽창한 도시의 주거환경과 위생 문제, 주기적 공황 등이 이미 중요한 사회문제로 부각되고 있었던 것이다. 이 밖에 의학기술의 진보에 따른 사망률의 감소와 이에 의한 노령인구의 증가도 새로운 사회문제로 부각되기 시작했다.

둘째, 앞에서 다룬 각종 사회조사 활동을 통해 빈곤의 실태와 원인에 대한 사회적 인식이 변화하였고, 이에 따라 빈곤문제에 대응하는 원칙에 대한 시각도 변화되었다. 말하자면, 산업화 초기단계의 축적을 뒷받침하였던 자조의 윤리와 자유방임적 대응은 사회적 지지를 잃게 되었을 뿐 아니라 실효성도 떨어지게 되었다는 것이다. 변화된 상황에서 자본의 축적을 도울 새로운 대응원칙이 필요하게 된 것이고, 그렇게 해서 등장한 것이 제한적 국가개입을 수용하는 새로운 자유주의이다.

셋째, 시민권의 확장을 들 수 있다. 남성 노동자들에 대한 보통선거권의 부여로 노동자들의 정치적 권리가 확대된 것을 가리킨다. 이러한 변화는 노동자들의 움직임이 정치적 부담요인으로 대두되기 시작하였음을 의미한다. 이와 함께 노동운동이 발달하고 거기에 사회주의 사상의 영향이 확산됨으로써, 노동운동이 정치적이면서 사회주의적 성격을 띠게 된 것도 중요한 변화였다.

넷째, 국민생활 최저선(*national minimum*) 개념이 대두한 점을 들 수 있다. 찰스 부스와 함께 빈곤 연구에 참여하였던 비어트리스 포터가 개인적으로 주장하기 시작하여, 1890년대 이후에 페이비언 사회주의의 공식 슬로건으로 발전하였다. 이것은 임금을 포함한 생산, 여가, 위생, 교육 등 노동자 생활의 포괄적 영역에서 최소한의 수준은 보장되도록 정책적으로 뒷받침하여야 한다는 시각이다. 이러한 사상의 이면에는 기본권 관념 외에 국가적 효율성(*national efficiency*) 관념도 포함되어 있었다. 국민생활 최저선의 확보를 통하여 국민의 건강을 유지함으로써, 국력의 쇠잔에서 오는 국민적 비효율의 문제를 극복할 수 있다는 것이다.

다섯째, 현실적으로 자유당이 집권당으로 등장한 점이다. 1906년 총선에서 356개 의석을 차지하게 되었던 것이다. 그런가 하면, 노동당 측도 29명의 당선자를 내면서 그 해에 '노동당'을 결성하게 되어, 실질적인 정치적 영향력을 행사할 수 있게 되었다.

이상과 같은 상황 변화를 배경으로 사회입법들이 마련된 일을 통상 자유주의적 개혁(*liberal reform*)이라 부른다. 이 때 만들어진 주요 법률들 가운데 사회보험제도를 제외한 것들을 중심으로 간략히 살펴본다.

사회보험에 관해서는 제7장에서 살펴보게 될 것이다. 주요 법률들로 다음과 같은 것들이 있다. ① 노동자의 파업을 합법화한 '노동쟁의법'(1906), ② 지방행정 당국으로 하여금 초등학교 아동에게 급식을 할 수 있게 한 '교육법'(1906), ③ 아동들이 신체검사와 치료를 받을 수 있게 하여 구빈법의 원리를 벗어난 최초의 건강 관련 제도로서, 후에 '국민보건서비스(NHS)'의 출발이 되었다고도 볼 수 있는 '교육법'(1907), ④ 위험한 직종 노동자의 산업재해에 대해 고용주가 책임지도록 한 '노동자 보상법'(1907), ⑤ 아동의 생명보호와 학대예방 및 청소년 비행에 관한 조치 등을 규정하여, 아동의 독자적 인간으로서의 권리를 인정한 '아동법'(1908), ⑥ 범죄자가 일정한 보호관찰 조치에 따라 지역사회에 거주하면서 도움받을 수 있도록 한 '보호관찰법'(Probation of Offenders Act, 1908), ⑦ 구직자들에게 직업 관련 정보를 제공할 전국적 네트워크 구성을 규정한 '직업소개법'(Labour Exchanges Act, 1908) ⑧ 저소득 노인에 대한 무갹출 원칙의 '노령연금법'(1908), ⑨ 탄광 노동자의 8시간 노동을 규정한 '탄광규제법'(1908), ⑩ 노동조건이 열악한 산업을 지정하여 임금위원회를 설치하게 하고 그것이 정한 최저임금이 법적 구속력을 갖게 한 '최저임금법'(1909) 등이 그 대표적 예이다.

생각해볼 문제

1. 구빈제도의 변화는 시대상황과 지배 이데올로기의 변화를 어떻게 반영하고 있는가?
2. 구빈제도의 사회복지 역사상의 의의와 한계는 무엇인가?
3. 자유주의(*liberalism*)하에서도 국가개입이 이루어지게 되는 이유를 어떻게 설명할 수 있겠는가?
4. 이 시기의 상황전개 양상이 사회복지 제도 발달에 대한 엘리트와 민중의 역할에 대해 시사하는 바는 무엇인가?

제 7 장

사회보험 제도의 출현과 확산

> 어떤 나라도 국론을 무시할 수는 없다. 다만, 정치가는 국민의 여론이 자기와 동조하도록 이끌어 나가야 할 것이다.
>
> —Otto von Bismarck
>
> 좋은 가정에는 평등, 배려, 협동, 조력 등의 미덕이 있다. 이런 미덕이 국가와 사회라는 가정에서도 이루어진다면, 오늘날 시민들을 분리시키는 사회적 장벽들은 사라질 것이다.
>
> —Per Albin Hansson, 1928

1. 산업화와 국가개입의 확대

복지국가의 시작을 강제적 사회보험 제도가 등장한 때로 보는 것이 무난할 듯하다.[1] 서구의 각국에서 이러한 사회보험 제도가 도입되기 시작한 것은 대개 19세기 종반에서 20세기 초반까지의 시기이다. 이 시기는 산업화의 진척에 따라 자본의 독점화가 진행되는 가운데 자본주의의 구조적 특성에서 비롯되는 문제들이 사회문제로 부각되던 때이다. 이러한 문제들 중에서 노령, 질병, 재해, 실업 등과 같은 임금 생

1) 이와 관련한 논의가 많은데, 최근에 피어슨(Christopher Pierson)은 복지국가의 기원을 사회보험의 최초 도입, 시민권의 신장과 공공복지에 의한 빈곤퇴치, GNP의 3% 이상의 사회적 지출 등을 복합적으로 고려할 것을 제안하면서, 1880~1914년의 기간을 복지국가의 탄생기로 설정하고 있다(Pierson, 1999:166~8). 한편, 국민국가(*nation-state*)와 복지국가의 기원을 동일하게 보는 시각도 있다. 이에 따르면 중세가 끝나고 절대왕정이 대두한 시기, 곧 구빈법 시대가 복지국가의 기원이 된다(Midwinter, 1994:26).

활자의 최저생활을 위협하는 각종 사회적 위험(*social risks*)에 대한 국가의 개입이 본격화되는 첫 출발점이 바로 강제적 사회보험제도의 도입인 것이다.

물론 앞에서 밝힌 바와 같이 국가가 빈곤문제 등에 관심을 갖고 국민의 삶에 개입한 역사는 길며, 빈곤구제에 대한 공식적 책임을 수용하면서 개입하기 시작한 것은 구빈제도를 통해서였다. 그러나, 구빈제도나 이후의 자유주의 국가들에 의한 공공정책들은 국민의 권리에 대한 명확한 언명이 없거나 이를 부인하고 있다는 점에서 근대적 사회보험제도와 차이점을 보인다. 그런 점에서, 우리는 이러한 사회보험제도 등장 이후의 시기를 복지국가로의 진행의 출발점, 곧 여명기로 성격규정 하고자 하는 것이다.

이러한 사회보험 제도를 등장하게 한 구체적 배경과 시기는 나라마다 다양하나, 일반적으로 ① 산업화 이후의 자본주의 발전과 병행한 각종 사회문제의 심화, ② 그러한 문제의 해결에 대한 가족 및 시장기능의 한계 및 그것에 대한 인식, ③ 노동운동의 정치세력화를 통한 정치적 압력, ④ 근대국가의 성장과 개입적 기능의 확대 등을 든다. 이러한 조건 아래 국가가 당면한 각종 사회문제 해결을 위한 유용한 국가 개입 방법으로서 사회보험제도를 선택하게 된 것으로 파악하는 것이다.

대부분의 주요 사회보험제도들은 물론 가족수당제도도 대체로 1930년 이전에 선행 복지국가들에 의해 도입되었음을 〈표 7-1〉은 보여준다. 따라서, 사회보험제도의 등장기에 초점을 맞추는 이 장에서는 대공황 발생 이전의 시기까지를 주로 다룬다. 그러므로 대공황 이후인 1935년에 사회보장제도를 처음으로 도입한 미국은 여기서 제외된다. 개인주의, 자유주의, 지방분권주의가 지배적이었던 미국에서는 각계의 간헐적 시도에도 불구하고 연방정부가 책임지는 사회보험제도 도입이 늦었기 때문이다. 여기서는 세계 최초의 사회보험제도 도입국이자 권위주의적 개혁을 이루었던 독일, 이와는 대조적으로 자유주의적 개

〈표 7-1〉 주요 사회보장제도의 최초 도입기

	첫 번째	두 번째	세 번째
산재보험	독일(1871)	스위스(1881)	오스트리아(1887)
건강보험	독일(1883)	이탈리아(1886)	오스트리아(1888)
연금보험	독일(1889)	덴마크(1891)	프랑스(1895)
실업보험	프랑스(1905)	노르웨이(1906)	덴마크(1907)
가족수당	오스트리아(1921)	뉴질랜드(1926)	벨기에(1930)

주: 최초도입기에는 임의적 사회보험제도가 도입된 시기를 포함함.
〈자료〉 Pierson, 1991:169.

혁의 전형이자 정액제 방식을 채택했던 영국, 그리고 늦게 제도화되었지만 대중적 참여의 기반이 가장 강하였던 스웨덴을 중심으로 다루고자 한다.

1) 산업화와 노동자의 정치세력화

제2장에서 다룬 사회복지제도 발달 이론들 가운데 '산업화론'을 따르지 않더라도, 사회보험제도의 등장을 설명하기 위해서는 산업화와 그것이 미친 영향을 언급하지 않을 수 없다. 왜냐하면, 산업화가 곧 자본주의 발전의 출발점이 되었고, 자본주의 발전과정에서 배태된 각종 사회문제에 대한 대응의 하나로서 등장한 것이 사회보험 제도이기 때문이다.

그러나, 우리가 주의를 기울여야 할 점은 산업화가 본격화된 시기의 나라간 차이가 사회보험제도 등장의 시기의 차이와 반드시 부합하는 것은 아니라는 사실이다. 말하자면, 정치적 상황과 같은 산업화 이외의 요인이 어떻게 작용하였느냐에 따라, 일종의 정치적 선택인 사회보험 제도 도입의 시기와 형태가 달라질 수 있다는 것이다. 이제 독일, 영국, 스웨덴에 초점을 맞추어, 복지국가로 향하는 발전의 과정에서 중요한 역사적 전환점을 제공하였거나 제도화의 과정이 독특하였던 제도의 사례들을 중심으로, 산업화가 진행된 양상과 그것이 사회보험 제도의 대두에 영향을 미친 형태에 대해 살펴보고자 한다.

(1) 독 일

세계에서 강제적 사회보험 제도를 가장 먼저 채택한 시기와 나라는 1880년대의 독일이다. 이처럼 독일에서 가장 일찍 사회보험제도를 도입하게 된 과정을 산업화에서부터 설명해보고자 한다. 독일에서 산업화가 본격화된 것은 영국보다 훨씬 늦은 1840년대 이후의 일이나, 이후 '제2제국'의 건설을 가져온 1871년의 통일을 거쳐 19세기 말에 이르면 선두적 산업국가의 하나로 급부상하게 된다.

이러한 급성장의 과정에서 등장한 자유주의 부르주아지는 보수적 귀족과 자본주의를 배격하는 사회주의자의 틈바구니에서 상대적으로 그 힘이 약한 상황이었다. 사회주의자들은 물론이고, 위계적이며 가부장적 사회질서를 강조하는 보수주의자들이 가세해서 자유방임의 원리를 반대하였기 때문에, 개인에 대한 사회적 보호의 관념이 비교적 쉽게 받아들여질 수 있는 조건이 되었다.

이러한 분위기에서 힘의 우위를 점한 쪽은 정부 관료들이었고, 이들의 주도 아래 경제개혁은 물론 사회보험 제도의 도입도 추진되었던 것이다. 그리고 그러한 관료의 핵심에 비스마르크가 있었다(림링거, 1991:108~111). 이러한 상황이 늦은 산업화에도 불구하고 사회보험제도의 등장이 상대적으로 빨랐던 주된 이유였던 것으로 보인다.

한편, 산업화가 수반한 저임금과 장시간 노동 및 사회적 불평등 현상 등에 대한 노동자의 불만은 노동조합 운동의 확산을 초래하였고, 1840년대에 상부상조적 성격으로부터 시작한 노동운동은 노동자 단결권이 허용된 1860년대 이후 점차 정치적 성격을 띤 사회주의 운동으로 전환되어감으로써, 정치권에 대한 하나의 부담요인으로 대두되었다.

무인의 집안에서 기병장교의 6남매 중 넷째 아들로 태어났다. 어릴 때부터 성격이 괴팍하고 활동적이었던 그는 괴팅겐 대학 진학 1년 반만에 베를린 대학으로 전학하여 법률 공부를 하였다. 1862년 프로이센 왕국의 재상이 된 후 군비확장을 강행하여 '철혈재상'으로 불린다. 왕권을 수호하기 위해 자유주의자들과 맞서야 했고, 이를 위해 자유주의 부르주아지를 타도의 대상으로 삼은 노동자와 일시 제휴의 관계를 맺기도 하였다. 1871년 독일제국의 재상이 되어 자본주의 발전을 주도한다. 1878년에 '사회주의자 진압법'을 제정하기도 하나, 곧 강단사회주의자의 주장을 받아들여 사회보험제도를 도입한다.

비스마르크
(Otto von Bismarck, 1815~1898)

노동운동이 정치적이자 사회주의적 성격을 띠었다는 것은 궁극적으로 노동자 정당의 출현으로 설명된다. 라살레(Lassalle)가 이끈 점진적 개혁노선의 '전독일 노동자연맹(ADAV, 1863)'과 베벨(Bebel) 및 리프크네히트(Liebknecht)가 이끈 급진노선의 '사회민주주의 노동당(SDAP, 1869)'과 같은 노동자 정당이 등장한 것도 이 시기이다. 이 두 정당은 우여곡절 끝에 1875년 '사회주의 노동당'으로 통합하여 1877년 제국의회 의원선거에서 12석을 차지하는 저력을 보이기도 하였다.

이러한 노동운동의 정치세력화는 당시의 귀족이나 자본가로부터 경계의 대상이 될 수밖에 없었으니, 1878년의 '사회주의자 진압법'은 그것을 잘 말해준다. '사회주의 노동당'은 1890년에 '사회민주당'으로 개칭하게 되며, 1890년대 후반에는 혁명노선을 폐기하고 점진적 수정주의 노선을 채택하게 된다. 이와 같은 노동계의 일련의 움직임은 단기적으로는 국가의 회유적 사회정책을 낳게 한 원인이 되었고, 장기적으로는 독일 사회복지 발전기에 중심 역할을 한 '사회민주당'의 탄생을 가져왔다는 점에서 의미가 있다.

(2) 영 국

영국의 산업화 과정에서 비롯된 문제와 그것에 대한 대응의 과정은 엘리자베스 구빈법에 대한 초기 자유주의자들의 비판과 개정 구빈법 등장의 과정을 기술한 제6장에서 이미 다룬 바 있다. 영국에서 강제적 사회보험 제도가 도입된 것은 개정 구빈법의 극복을 주도한 개혁주의적 자유주의자들에 의해서였다. 여기에 비록 직접적 형태는 아니나 영향을 미친 세력이 정치세력화한 노동운동이었다.

영국에서 노동조합이 합법화된 것은 1825년에 '단결금지법'이 폐지되면서부터였다고 볼 수 있다. 이어진 1830년대의 노동자 참정권 확대 조치와 차티스트 운동(1838~1848)의 경험을 거치면서 영국 노동운동은 점차 정치성을 띠어갔다. 특히 '인민헌장'(People's Charter, 1838) 실천운동으로서 의회개혁을 추구하였던 차티스트 운동은 부르주아지를 상대로 한 노동자 계급의 세계 최초의 합법적 정치운동으로 평가를 받기도 한다.

노동운동이 전국적으로 조직화된 것은 1868년의 TUC(Trade Union Congress) 결성을 통해서였다. 숙련공 중심의 전국단위 직업별 조합이었던 TUC는 초기에는 주로 공제적 활동이나 경제적 목적의 활동(고용 조건의 개선 등)에 주력하였다. 노동조합 운동이 정치성을 본격화하게 된 것은 1800년대 후반의 일이다. 노동조합이 미숙련공 중심의 일반조합(*general union*)으로 전환되고 노조운동이 차츰 정치적 성격과 사회주의적 성격을 강화시켜 간 것이다. 노동자를 핍박하는 각종 문제의 해결에 국가가 책임져야 한다는 인식도 이러한 추세와 함께 했다. 이 시기에 이처럼 국가 개입의 필요성에 착안하게 한 배경에는 1879년의 경제공황이 있었다. 대규모의 실업 문제 해결에는 자조의 원리가 설득력을 잃을 수밖에 없었고, 당시 집권당이던 자유당의 개혁적 역량을 국민들이 불신하고 있었던 것이다.

이 시기에 대두되어 노동운동의 향방에 영향을 크게 미친 것으로 페이비언 사회주의(*Fabian Socialism*)를 들 수 있다. 이것은 페이비언 협회(Fabian Society, 1884)의 기본 사상을 가리키는데, 이것이 지향하는 바는 한 마디로 점진적 사회주의화로 표현할 수 있다. 의회정치를 활용하여 재정정책과 사회보장 및 노동입법 등에 의한 부와 소득의 평등화 정책을 추진함으로써 사회주의는 실현될 수 있는 것으로 낙관하는 것이다. 우리가 이것에 주의를 기울일 가치가 있는 것은 후일 '노동당'이 이 사상을 기본 강령으로 채택함으로써 사회정책적 개입의 기초로 삼았다는 점에 있다. 노동당이 결성된 것은 1906년의 일이며, 1880년대부터 그 뿌리가 자라고 있었다.

〈그림 7-1〉
Webb 부부

페이비언 협회(Fabian Society, 1884)
이 단체의 명칭은 카르타고의 한니발 장군을 지공작전으로 물리친 로마의 파비우스(Fabius) 장군의 이름을 땄다고 전해진다. 초기에 버나드 쇼(B. Shaw)와 웹 부부(Sidney & Beatrice Webb) 등 16명이 참여하였고, 결성 이후 80여 년을 활동하였다. 단체 출발 시부터 뚜렷한 역사관이나 이론 혹은 학설을 설정했던 것은 아니다. 다만, 여기에 참여했던 주요 인물들의 저작들을 통하여 유추하건대, 점진적 방법으로 사회주의를 실현하되, 이 과정에는 노동자뿐만 아니라 착취의 폐지를 주장하는 누구나 참여할 수 있다고 보았다. 1차 대전 후의 제2 사회주의 인터내셔널에서 대폭적 지지를 받았다.

(3) 스웨덴

스웨덴은 독일보다도 훨씬 늦은 1870년대에야 산업화가 시작되었다. 산업화 이전의 스웨덴은 풍부한 삼림과 지하자원에도 불구하고 이를 개발하지 못한 채, 농업과 어업 등에 종사하는 국민이 대부분인 매우 가난한 나라였다. 그러나, 늦게 시작된 산업화에도 불구하고 그 진척의 속도는 매우 빨랐다. 여기에는 스웨덴 나름의 몇 가지 특수한 상황이 유리한 조건으로 작용하였기 때문인 것으로 보인다.

우선, 인종이나 종교의 동질성을 바탕으로 비교적 안정된 사회 분위기를 유지할 수 있었던 점을 들 수 있겠다. 일찍이 북방 게르만(Norman) 민족이 정착한 이래 인종적 동질성을 유지해왔고, 가톨릭에서 루터파 기독교로 전환하기는 하였지만 종교의 국교화 정책을 통해 종교적으로도 일체감을 가질 수 있었던 것이다. 그리고, 남북한을 합친 면적의 두 배에 달하는 넓은 국토에 비해 인구가 8백만 남짓에 불과하여 인구의 부담이 많지 않았던 점도 산업화에 유리하게 작용한 요소라고 본다. 그런가 하면, 편리한 해양교통과 발전한 조선기술을 바탕으로 유럽 시장을 겨냥한 산업화 정책을 추진하여 성과를 거두었고, 1840년대에 시작한 의무교육제도로 양질의 노동력 확보가 용이했던 점 등도 산업화의 속도를 빠르게 한 요소가 되었다.

이러한 조건들에 힘입어, 1800년대 후반에 들어서기까지 유럽에서 가장 낙후한 나라에 속했던 스웨덴이 1900년경에는 괄목할 만한 새로운 산업국가로 부상하게 되었던 것이다. 이러한 신속한 산업화가 사회보장제도 발전을 위한 경제적 기반을 제공한 한편, 저임금, 장시간 노동, 불량한 노동환경 등의 문제를 확대시킨 점에서는 스웨덴이라고 예외일 수는 없었다. 이와 같은 노동문제의 확대는 곧 노동운동의 확산을 가져온 직접적 이유가 된다.

스웨덴의 산업화 초기 노동운동은 일찍부터 발달한 다양한 대중운동의 일부에 속하였다. 대표적 대중운동으로는 종교부흥 운동, 절제 운동, 노동운동, 농민운동 등을 들 수 있다. 이 가운데 노동운동이 가장 늦게 발달하였는데, 1840년대에 시작된 상호부조적 성격의 활동을 벗어나서 본격적인 계급운동의 성격을 띠게 된 것은 말할 것도 없이 산업화 이후의 일이다.

그런데, 스웨덴의 노동운동은 비슷한 시기의 다른 나라들보다 상대적으로 덜 과격하였던 것으로 알려지고 있다. 거기에는 고용주들의 온

> **조합주의(corporatism)**
> 조합주의는 일반적으로 국가와 이익집단의 전국단위 대표체가 이해관계의 조정을 통하여 국가의 주요정책을 결정하고 시행하는 제도적 장치라고 볼 수 있다. 이익집단의 참여가 큰 비중을 차지한다는 점에서 엘리트주의와 다르며, 소수의 중앙집권화된 리더십을 가진 대표자들에 의해 이해관계가 조정된다는 점에서 다원주의와도 구분된다. 슈미터(Schmitter)의 분류방식에 따라 통상 국가(*state*) 조합주의와 사회(*societal*) 조합주의로 구분한다. 전자는 국가의 권위에 의해 위로부터 조직화가 이루어진 경우이며, 주로 제3세계에서 발견되는 유형이다. 후자는 이익집단의 성장에 의해 아래로부터 조직이 이루어지는 것으로서, 스웨덴의 노사정 협약이 그 전형에 속한다.

정주의적 노무관리와 정부의 노동운동에 대한 유연한 대처방식이 주된 이유로 작용한 것으로 보인다. 그런가 하면, 앞서 언급한 대중운동이 평등한 투표권 확보를 위한 참정권 운동으로 발전하여 정치의 민주화가 일찍 이루어진 점도 노동자가 물리적 투쟁을 선택하지 않고 제도권 내에서 정치세력화할 수 있었던 배경이 되었다고 본다. 후일 노동자와 자본가가 살츠외바덴(Saltsjöbaden)에서 역사적인 계급간 대타협을 이루었던 일(1938)은 매우 유명하다. 이른바 사회조합주의(*societal corporatism*) 방식의 이해조정을 성공적으로 추진한 전형으로서 스웨덴을 꼽게 된 것도 이러한 배경과 무관하지 않다.

스웨덴의 '사회민주당'은 1889년에 창당되었다. 창당 초기에는 당시 산업화와 함께 급속하게 성장하고 있던 산업노동자들을 대상으로 고전적 사회주의 이념을 전파하는 일에 주력하였다. 그리고 사회주의 혁명을 표방하면서도 사실은 참정권 확보에 실천상의 비중을 두었겠고, 이 점에서 당시 자유주의자들과 힘의 연대도 가능했었다. 1898년에 조직한 '전국노동조합총연맹(LO)'이 이러한 '사회민주당'과 상호 긴밀하게 협력하는 가운데 노동운동의 중심이 됨으로써, 국가 및 자본가와 대등하게 협상에 임할 수 있는 정치적 입지를 확보할 수 있었던 것이다.

2) 집합주의 관념의 대두

사회보험 제도를 등장하게 한 보다 직접적 요인은 빈곤의 원인 및 빈곤문제 해결의 책임소재에 대한 관념의 변화를 통하여, 자유방임주의를 거부하면서 국가의 개입적 역할을 강조하는 집합주의(*collectivism*)가 대두하게 된 점을 들 수 있다. 그리하여 빈곤의 원인을 개인의 도덕적 결함에 두면서 국가가 억압적이고 제한적 역할만을 하였던 종전의 구빈제도를 극복하고, 국가가 보다 적극적으로 개입함으로써 빈곤을 비롯한 생활상의 문제를 예방하거나 해결하려는 사회보험제도를 등장하게 한 것이다. 노동자를 비롯한 국민 대중보다는 주로 지식인이나 지도급 인사들에 의해 제기되거나 발전된 집합주의적 관념이 대두된 시기와 형태는 나라에 따라 약간씩의 차이를 보인다.

독일에서는 '신역사학파'로도 불리는 '강단사회주의자'들이 국가개입의 필요성을 주장한 대표적 집단에 속한다. 이들은 당시에 산업화의 영향으로 악화되고 있던 실업, 불평등 등의 사회문제를 해결하고, 확산되고 있던 사회주의 세력을 약화시키기 위해서는 국가의 적극적 역할이 중요하다고 함으로써, 집합주의 관념의 확산을 주도하였다.

이러한 관념적 수준에서의 논의 외에, 현실적 목적에서 국가의 개입을 요구하는 움직임도 있었다. 중공업 대자본가들은 자신들이 부담해 왔던 노동자 보호의 책임을 국가에 전가하려는 실리적 목적에서 국가개입을 요구하였다. 이 밖에도 일부 지도급 관료들과 제국의회 의원들도 국가의 개입의 필요성을 제기하였다.

영국에서는 사회보험제도에 관한 논의가 본격화되기 전부터 자유방임 원칙을 고수하려는 구시대의 자유주의와 자유시장의 원활한 기능수행을 위해서는 일정한 국가개입이 필요하다는 새로운 자유주의 사이의 이념적 갈등이 지속되고 있었다. 제6장에서 다룬 자유주의적 사회정책들은 이러한 갈등을 거쳐 개입주의가 자리를 잡기 시작하였음을

강단사회주의(講壇社會主義, Kathedersozialismus)

1860년대부터 1890년대에 걸쳐 독일 경제학의 주류를 이루었던 신역사학파의 경제학자들이 주창한 사회정책이론. 고전경제학파의 자유방임론에 반대하고, 국가의 개입에 의한 사회개량을 통해 사회문제 해결을 시도하였다. 이것이 사회주의의 성장을 막는 방법이라 보았던 것이다. 슈몰러를 중심으로 사회정책학회를 설립하여 비스마르크에게 정책의 윤리적 기초를 제공하였다. 강단사회주의라는 이름은 교단을 통해 사회개량 운동을 벌였던 이들을 빗대어 자유주의자들이 붙인 것이다. 슈몰러 외에 바그너와 브렌타노 등이 참여하였다.

보여주었다.

자유방임주의에 대한 비판이 강세를 띠게 된 배경으로 림링거는 다음 두 가지를 제시하고 있다(림링거, 1991:76~7). 먼저 노동자 조직의 힘이 강화된 점을 든다. 노동자의 정치세력화를 통하여 권력의 민주화를 이룸에 따라, 빈민 등의 권리에 대한 관념의 변화가 촉진되었다는 것이다. 다음으로 든 것이 중상류층 일부의 태도변화이다. 빈곤문제에 대한 사회적 양심이나 빈민이 야기할 수 있는 사회적 위협에 대한 인식에서, 집합주의를 지지하거나 묵인하게 된 것을 가리킨다. 이러한 태도의 변화에는 빈곤실태의 심각성을 고발한 1883년의 《런던 부랑인의 절규》라는 소책자와, 1889년 이후 수 차례 발표된 부스(Charles Booth)의 런던 조사보고서, 그리고 1901년에 발표된 라운트리(Seebohm Rowntree)의 요크(York)시 사회조사 등이 큰 영향을 미쳤다.

스웨덴에서 국가개입과 사회보험을 둘러싼 활발한 찬반논쟁을 불러일으킨 계기가 된 것은 1884년 자유주의자 헤딘(Alford Hedin)이 독일, 영국 등의 유럽 사회입법을 연구한 후에 의회에 사회보험안을 상정한 일이었다. 질병, 산업재해, 노령 등의 사회적 위험을 포괄하는 안이었는데, 하원에서는 만장일치로 통과되었으나 보수주의자들의 벽에 부딪혀 상원 통과는 좌절되고 말았다. 국민의 조세부담을 늘리고, 개인 및 기업의 자유를 구속하며, 아직까지는 사치스러운 제도라는 등이 그들이 내세운 주된 이유였다. 아무튼, 이러한 논쟁의 과정을 거쳐서 차츰 집합주의 및 사회보험의 제도화가 이루어지게 된 것이다.

2. 사회보험 제도의 등장

1) 입법화의 과정

(1) 독일 : 권위주의적 개혁

독일에서 세계 최초로 사회보험제도를 등장하게 한 요소가 무엇인가에 대한 대답은 단순하지 않다. 우선 당시의 상황을 다시 요약해 본다면, 늦게 시작하였으나 빠르게 진행된 산업화와 이에 따른 노동자 생활조건의 악화, 이러한 상황에 대처하기 위한 수단으로써 확산된 노동운동의 정치화와 이에 대한 지배세력의 견제, 사회문제에 대한 국가개입의 필요성에 관한 관념의 대두, 그리고 비스마르크의 독특한 통치 스타일 등을 꼽을 수 있다.

특히 우리는 비스마르크와 같은 당시 정치 지도자의 통치 스타일에 주목할 필요가 있다. 왜냐하면, 이러한 상황들에 대한 정치적 대응수단의 결정에는 정치적 최고 실권자의 판단과 의지가 가장 직접적으로 작용하는 정치구조를 하고 있었기 때문이다. 비스마르크는 '선량한' 노동자에 대한 보호와 '소요자'들에 대한 제재 조치를 구분함으로써 노동자들을 제도권으로 흡수할 수 있을 것으로 기대하였던 것이다. 그런 의미에서 당시의 사회보험제도는 사회통제를 목적으로 한 집권자의 정치적 동기가 크게 작용한 것이었다고 볼 수 있다.

이러한 배경 아래 제정된 것이 1883년의 '질병보험', 1884년의 '재해보험' 및 1889년의 '노령폐질보험'이다. 그런데, 이들 제도는 적용대상에서 비정규직 저소득 노동자와 많은 여성 노동자들을 제외시켰고, 보험료 부담을 가입자 및 사업주에게 지웠으며, 수급조건이 까다로웠는가 하면, 급여수준도 낮아서, 노동자와 자본가 양측 모두에게 불만족스러운 것이 되고 말았다. 특히 노동자들은 이런 형태의 제도보다는 노동조건이나 노사관계에 대한 국가의 보호와 지원 및 노동자의 정치적 권리 확보에 더 관심이 컸던 것이다.

따라서 단기적으로는 이들 제도를 도입한 정치적 의도가 실현되지 못했으며, 비스마르크 자신도 이 점을 시인했던 것으로 전해진다. 그러나 이들 제도가 자본주의 사회 노동자가 당면할 수 있는 대표적인 사회적 위험들에 대해 국가가 보험의 원리에 따라 공식적으로 개입한 최초의 사례였다는 점에서 독일은 물론 세계의 사회복지사에서 역사적 의미를 갖는 것은 사실이다.

그리하여, 이때부터 발전한 사회보장제도들이 장기적으로 20세기 사회주의 혁명의 열기를 식히는 데에 기여하는 등 자본주의 체제 안정에 일익을 담당하였던 것이다. 1900년대 초까지 유럽의 여러 나라들이 자국의 사회보장제도를 도입할 때 독일의 관련 제도들을 참조하였음은 물론이다.

(2) 영국 : 자유주의적 개혁

영국에 사회보험제도가 등장하게 되기까지의 과정에는 전술한 독일의 경우와 비슷한 점이 있는가 하면 다른 점도 있다. 비슷한 점은 산업화에 따른 폐해와 이에 병행한 노동운동의 성장이 배경으로 작용하였다는 점이다. 그런데, 산업화가 세계에서 가장 먼저 시작된 나라였음에도 사회보험제도가 후발 산업화 국가인 독일보다 늦게 등장한 사실은 산업화가 그러한 제도의 발전에 영향을 미친 직접적 요인이 아닐 수 있음을 말해준다.

그렇다면 좀더 직접적 요인은 무엇이었던가? 영국 사회보험제도 등장의 과정에서 발견할 수 있는 독일과의 차이점이 그 답의 일부를 제공한다. 차이점의 핵심은 권위주의적 정치권력에 의하여 노동자 세력을 통제하기 위해서 사회보험제도를 도입한 독일과 달리, 노동자 정당인 노동당과 일시적이나마 우호적 관계에 있던 자유당 정권에 의해서 포괄적 개혁정책의 일환으로 사회보험제도가 채택되었다는 사실에 있다.

이처럼 영국에 최초로 사회보험제도를 도입한 때는 노동당이 아니라 자유당이 집권하고 있던 시기였다. 노동자와 연대하여 1906년의 총선에서 승리한 자유당이 추진한 자유주의적 개혁(*Liberal Reform*)의 일환이었던 것이다. 그리하여 자유당은 1906년부터 1909년에 걸쳐 '노동쟁의법'과 '최저임금법' 등의 노동관계법, '교육법'과 '아동법' 등의 아동복지법 및 무각출 '노령연금법'과 같은 노인복지법을 제정한 바 있다.

이 가운데 사회보장제도에 속하는 무각출 노령연금법의 제정 배경과 입법화 과정을 좀더 자세히 살펴볼 필요가 있다. 일찍이 1878년에 블랙클리(William L. Blackely)가 갹출제 노령연금을 제안했으나 자선조직협회(COS)와 우애조합(*friendly society*)들의 반대에 부딪혔다. 전자는 강제보험제도가 독립과 근면의 정신에 반한다고 반대했고, 후자는 단체의 이해와 관련된다는 점에서 그랬다. 이후 챔벌린(Chamberlin)과 같은 이도 갹출제 연금을 제안했으나, 역시 우애조합의 반대로 무산되었다. 이러한 상황에서 1892년의 총선에서 근소한 차이로 다수당이 된 자유당이 '노령빈민에 관한 왕립위원회'를 설치하였고, 여기에 챔벌린과 찰스 부스가 참여하였다(함세남 외, 1996:93).

이 시기에 뉴질랜드에서 먼저 실시한 무각출 노령연금제를 받아들이자는 움직임이 LSE 학장이었던 리브스(William P. Reeves)와 부스 등의 주장과 노동조합 지도자들의 동조로 일부 지역에 확산되었다. 1899년에는 부스가 연금계획안을 발표하였고, 이어서 노동조합을 중심으로 그것을 추진하기 위한 위원회가 발족되기도 했다. 차츰 우애조합도 노령 조합원의 소득문제를 생각하지 않을 수 없게 되면서 입장이 바뀌어져 갔다. 그러한 가운데, 1906년의 총선에서 노동자들이 의회에 진출하면서 노동당을 결성하게 되자, 자유당 정부는 노동조합이 주장해왔던 노령연금제를 받아들일 수밖에 없는 상황이 된다. 그리하여 자유주의자들의 입장과 재정부담 능력 등을 고려하여 수정입법화한 것이 1908년의 무갹출 노령연금제도이다(함세남 외, 1996:93~4).

이어서 제정한 것이 1911년의 '국민보험법'이다. 재무장관 르이드 조지(Lloyd George)가 독일을 방문한 후에 영국의 특성을 반영하여 제정하게 된 이 법은 독일과 달리 질병보험 외에도 실업보험을 포함하는 사회보험제도였다. 이 가운데 건강보험의 경우 제도화 과정에서 우애조합, 노동조합, 보험회사, 의사회(BMA) 등과의 이해마찰로 어려움을 겪어야 했다. 특히, 의사회의 반발과 요구가 강력해서, 법률 제정 전후로 가입범위, 급여결정 방식, 의사의 진료보수, 보험관리 기구의 구성 등에 대해 타협을 봄으로써 시행할 수 있었다.

건강보험제도의 도입을 촉진한 요소로는 국가적 효율성(*national efficiency*) 관념과 국민생활 최저선(*national minimum*) 관념의 영향을 들 수 있다. 전자는 영국이 남아프리카의 트란스발 공화국과 벌인 보어전쟁(1899~1902)을 수행하면서 다수의 지원병이 심각한 건강불량 상태에 있었다는 사실을 발견하고 받은 충격에서 비롯된 것이다. 이로써 국민건강의 증진을 위한 정책적 조치의 필요성을 절감하게 되었음을 의미한다. 후자는 노동이 가능한 국민의 최저생활을 보장함으로써 빈민화를 막고, 사회주의 혁명의 위협으로부터 자본주의 체제를 보호할 필요에서 제기되던 개념이다. 실업보험은 이해관계가 대립되는 단체가 특별히 없어서 비교적 무난히 채택되었다(원용찬, 1998:70; Jones, 1991:101~2).

(3) 스웨덴 : 또 하나의 자유주의적 개혁

스웨덴에서 최초로 강제적 사회보험제도가 도입된 것은 1913년의 일이다. 2년 전에 다수당이 된 자유당이 추진한 개혁정책의 일부로써 보편적인 노령연금 및 장애보험 제도가 도입된 것이다. 사회보험제도가 최초로 도입된 시기나 그것이 자유주의 집권당에 의해 주도되었었다는 점에서는 영국과 비슷하다. 이런 점이 절대권력의 정치적 필요를 반영한 독일의 경우와 제도 도입의 배경과 과정에서 발견할 수 있는 가장 두드러진 차이점이다.

그리고, 이러한 사회보험제도 도입을 전후한 시기에 사회개혁에 관한 논의와 움직임이 활발했었는데, 이를 주도한 집단은 사민당이나 노동조합이 아닌 자유당과 다른 사회운동 단체들이었다. 헤딘(A. Hedin)의 사회보험안 상정과 이를 둘러싼 논쟁도 그 한 예가 된다. 이 시기에 이처럼 개혁의 필요성이 제기되었던 것은 산업화로 인한 각종 사회문제들이 심각하게 인식되었기 때문이다. 농민의 무산계급 전락현상과 빈곤문제, 도시 노동자들의 문제, 주기적으로 반복되던 공황과 실업문제, 국민의 알코올중독과 같은 생활자세 문제 등이 당시의 주된 관심사였다. 대중운동의 꾸준한 발전과 정치의 민주화의 진전이 이와 같은 사회개혁 움직임을 촉진한 요소이기도 했다.

1911년에 실시된 스웨덴 최초의 남성들만의 평등선거에서 자유당이 다수당이 되었다. 그래서, 국방을 강조한 보수주의자들과 달리 사회복지의 필요성을 강조한 자유당이 집권함으로써 사회보험제도 도입에 주도적 역할을 하였고, 사민당과 노동조합은 이를 지지하였던 것이다. 이때에만 해도 사민주의자들은 사회복지 정책에 대한 구체적 구상이 없었던 편으로, 정책의 형성과정에 주체적으로 역할을 할 수 있는 상황이 아니었던 것이다.

이렇게 자유주의자들에 의해 추진된 사회정책은 그 자체가 복지국가의 요건을 갖추는 데에는 불충분했지만, 이후 사민당에 의한 복지국가 건설에 기초가 되었다고 볼 수 있다.

2) 초기 사회보험제도의 주요 성격

1880년대 독일의 3개 사회보험제도의 특성을 간략히 제시해보면 다음과 같다. 질병보험(1883)은 광산, 공장, 철도, 수공업에 종사하는 일정 소득 미만의 정규직 노동자를 강제가입의 대상으로 삼았다. 보험료는 노동자가 2/3, 사용자가 1/3을 부담하도록 하였고, 질병금고를 설치하여 가입자 발병 시에는 무료진료가 가능하도록 하였다. 재해보험(1884)은 광산, 공장, 건설업에 종사하는 일정 소득 미만의 노동자를 의무가입 대상으로 한 것으로, 업무상 재해에 대해 사용자가 전적으로 책임을 지게 하는 제도였다. 노령폐질보험(1889)은 제극의 관리나 몇몇 직종의 도제를 제외한 일정 소득 미만의 저소득 노등자를 의무가입 대상으로 삼았다. 70세 이상의 가입자에게 노령연금을 지급하였고, 자신의 잘못이 아닌 이유로 장애인이 되면 폐질연금을 지급하였다. 재원은 노사가 동등하게 부담하는 갹출금과 약간의 국가 보조금으로 하였다.

이상의 세 가지 사회보험제도 모두가 비정규직 및 여성 노동자를 제외하였으며, 급여수준이 낮고 수급조건이 까다로운 등의 한계를 지녔다는 점에서 공통적이다. '선량한' 노동자와 '소요자'를 분리하여 조치함으로써 정치적 효과를 기대하였던 점에서 종종 사회통제적 동기가 작용한 대표적 제도로 평가된다.

그러나 법안의 검토과정에서 지방분권적 조직과 조합방식의 노사 자주관리 원칙을 채택하였고, 각 보험제도간에 가입범위, 행정과 재정, 급여 등이 상이하여, 사회적 연대와 정치적 의도의 실현에는 실패한 것으로 평가되기도 한다. 그리하여, 이 제도들로 즉각적 사회주의 억제효과는 없었고, 비스마르크 자신도 이 점을 수긍했던 것으로 알려져 있다.

노동자들도 처음에는 긍정적 반응을 보이지 않았다. 노동자들은 노동조건이나 노사관계에 대한 국가의 보호와 지원을 요구하였고, 노동자의 정치적 지위를 향상시키는 데에 더 관심이 컸었던 때문이다. 이러한 제도가 자신들에게 도움이 되는 것을 인식하고, 그것들의 점진적 개선을 위해 사회주의자들이 다양한 요구를 하거나 정치적인 개입을 하게 된 것은 제도 시행 이후의 일이었다. 이처럼, 단기적으로는 사회주의 억제의 효과가 없었으나, 장기적으로는 20세기 사회주의 혁명의 열기를 식히는 데에 일정한 기여를 하였다고 볼 수 있다.

영국의 1908년 무갹출 노령연금제도의 내용은 노동조합의 요구와 자유주의적 입장이 절충된 것임을 보여준다. 제도의 기본 골격은 갖추되, 수급자격을 엄격히 제한하였던 것이다. 예컨대 영국 국민으로 20년 이상 거주한 70세 이상의 노인으로, 연간 소득이 일정 수준 이하일 때 급여신청을 하면, 각 지방의회가 지명하는 연금위원회에서 심사를 거쳐 수급자격을 최종 결정하게 되어 있었다. 그리고 유죄판결을 받은 경험이 있는 사람이나 상습적으로 노동을 하지 않은 자, 또는 가족부양의 의무를 다하지 않은 자 등에는 수급자격을 주지 않았다. 이처럼 수급자의 수를 제한하려 했던 데는 자유주의적 입장이 크게 반영된 것으로 볼 수 있다.

한편, 로이드 조지가 독일의 사회보험제도를 탐방한 후에 도입한 '국민보험법'(1911)은 건강보험(제1부)과 실업보험(제2부)으로 구성된 것으로, 소득연계 방식의 독일 제도와는 달리 정액제(*flat rate*)를 채택하였다. 두 보험제도 모두 보험료는 노·사·정 3자부담 방식을 적용하였다. 이 제도들은 임금이 낮고 불안정한 소수 산업(건축, 조선, 기계, 제철, 차량, 제재)에 강제적용하기 시작하여, 1920년대에 보편화되었다(함세남 외, 1996:93~102).

스웨덴의 1913년 노령연금보험은 강제적일 뿐만 아니라 보편주의적 특성을 지니고 있었다. 비교적 일찍부터 보편성을 띠었던 것은 당시의 집권당인 자유당이 노동자와 농민을 제도로써 끌어안아야 할 필요성도 있었고, 다양한 사회세력들이 정치적으로 영향력을 행사한 때문이기도 하였다.

3. 사회보험제도의 확대

여기서는 초기 사회보험제도의 도입 이후 세계적으로 복지국가 발전의 획기적 전기가 된 대공황기까지의 변화과정을 간략히 그 특성을 중심으로 설명하고자 한다. 먼저, 독일부터 살펴보자. 1880년대에 입법화된 3대 사회보험제도들은 1911년에 '제국보험법'으로 단일화되었다. 이를 통하여 전반적으로 가입자 범위는 확대되고 새로운 급여가 추가되는 등의 발전은 있었으나, 가입자의 범위, 행정체계, 재정 등에서 일원화되지는 못했다. 또, 같은 해에 중산층을 겨냥한 '직원보험법'이 따로 제정되었는데, 사무직 및 기술직 노동자를 주된 대상으로 하였다는 점에서 특징이 있다. 그리하여 이 두 제도가 이후 오랫동안 독일 사회보험제도의 중심이 되었다.

1차대전 기간 중에 이들 제도가 한 때 존폐의 위기를 맞은 적도 있었고, 종전 후 1919년에 출범한 바이마르 공화국의 집권당이 된 사회민주당에 의해 몇 가지 사회보장제도가 추가로 제정되었다. 전쟁 희생자 유족 보훈제도인 '제국부양법'(1920), 광업 종업원들에 대한 노령·질병·폐질 보험인 '제국 광업 종업원법'(1923), 빈민구제제도를 전반적으로 조정한 '공공부조법'(1924), 직업보도를 일원화하고 종전의 실업급여를 실업보험으로 정착시키려 한 '직업보도 및 실업보험에 관한 법률'(1927) 등이 그것이다. 마지막의 것은 뒤이은 세계 대공황으로 실업이 대량화되면서 사실상 효력을 상실하였다.

영국에서는 국민보험법이 제정됨으로써 구빈법적 전통을 탈피할 계기를 마련한 것으로 평가를 받고 있으며, 이 법에 기초한 사회보험제도

〈그림 7-2〉
Per Albin Hansson

는 1942년의 베버리지 보고서(Beveridge Report)에 따라 2차 대전 후에 노동당이 제정한 포괄적인 '국민보험법'(1946)이 제정되기까지 영국 사회보험제도의 근간이 되었다. 이러한 일련의 사회보장제도의 등장이 있는 가운데, 선별주의에 입각한 '구빈법'의 시기는 가고 보편주의가 지배하는 복지국가의 시기로 진입하게 된다.[2)]

스웨덴 사민당은 1917년의 선거에서 다수당이 되면서 자유당과의 연정을 이룬 가운데 참정권의 확대에 힘을 기울이게 된다. 1921년에 여성들에게 비로소 투표권이 인정된 일은 무혈혁명이자 귀족주의에 대한 민주주의의 승리로 평가받는다. 이러한 성과를 바탕으로 세계 대공황에 즈음하여 실업 극복과 비상구호 사업을 공약한 사민당이 드디어 1932년에 단독으로 집권하게 된다.

스웨덴 사민당의 적극적 사회복지 개혁을 뒷받침한 통치이념의 하나로서 "인민의 가정"(*Folkhemmet*; *people's home*)을 들 수 있다. 1930~40년대에 사민당의 지도자였던 한손(Per Albin Hansson)이 구성원간의 평등과 배려 및 협력을 속성으로 하는 가정과 같은 나라를 만들겠다는 취지에서 부르짖은 이념이다. 이것이 스웨덴 사회복지로 하여금 모든 국민을 포괄하는 보편주의적 특성을 확고히 하게 한 중요한 요소의 하나임은 말할 것도 없다.

스웨덴이 이 시기에 이처럼 보편주의적 사회복지를 추구하게 된 데에는 또 다른 현실적 필요도 작용하였다. 노동자뿐만 아니라 농민을 포함한 폭넓은 사회집단의 지지를 필요로 하였던 점이 그것이다. 이와 같이 위험률이 높은 다수의 저소득층을 포괄하는 사회보험제도였던 관

---

2) 구빈제도의 소멸에 관한 논의는 제6장에서 다루며, 2차대전을 전후한 시기의 상황은 제9장에서 자세히 다루고 있다.

계로 보험급여는 충분히 지급될 수 없었다. 최소한의 삶을 보장하는 이른바 적정수준의 급여(*modest benefits*)를 특징으로 하였던 보편주의는 1960년대 들어 소득수준의 향상과 중간계층의 성장에 따라 소득대체(*earnings-replacement*)의 원칙으로 전환될 때까지 지속되었다.

생각해볼 문제

1. 사회보험제도의 등장이 사회복지 역사에서 가지는 의미는 무엇인가?
2. 나라 간에 사회보험제도 도입의 시기에 차이가 나는 이유는 어떻게 설명할 수 있겠는가?
3. 독일의 비스마르크에 의한 세계 최초의 사회보험제도 도입이 갖는 역사적 의미를 어떻게 평가하는가?
4. 사례로 다룬 각 나라에서 사회보험제도가 도입된 과정과 제도의 특성에서 드러나는 차이를 통해 우리가 배울 점은 무엇인가?

제 8 장

제3섹터활동의 발전과 사회사업의 전문화

만약 우리가 국가는 국민에 최선을 다하기 위해 존재하는 것이란 점에 동의한다면, 오늘날의 민주주의는 건전한 행정의 기본 원칙인 '동등하지 않은 사람을 동등하지 않게 처우한다'는 것 이상으로 더 배울 점이란 없다"는 사실에도 동의해야 한다.

—Mary Richmond, 1922

자선조직협회 담당자들은 끊임없이 '하지 말라, 하지 말라'라고 얘기했겠지만, 인보관 활동가들은 '하라, 하라'라고 얘기했을 것이다.

—Walter Trattner

이 책의 대부분은 국가의 개입을 통해서 이루어지는 공공부문의 사회복지, 곧 국가복지의 발달과정에 초점을 맞추고 있다. 이 장은 이러한 제도적 영역과 함께 사회복지의 또 다른 한 축을 이루는 전문적 실천 영역인 사회사업(*social work*)이 대두하고 발전해온 과정에 시선을 돌려보려고 한다. 전문적 사회사업의 시원은 흔히 '제3섹터'로 불리는 자발적 민간 자선활동의 조직적 발전에서 찾아볼 수 있다.

여기서 잠시 '사회사업'이란 용어에 대해 짚어둘 필요가 있다. 다양한 개념정의가 가능하겠으나 이 책에서는 "개인, 집단 및 지역사회로 하여금 그들의 사회적 기능수행 능력을 향상 혹은 회복하도록 돕고, 사회의 조건들이 이러한 목표의 달성에 부응하도록 만들어 나가는 전문적 활동"(Barker, 1995:357)이라 규정한 미국 NASW의 시각을 수용한다.[1)]

1) 근자에 국내에서는 '사회사업'이란 용어 대신 '사회복지실천'으로 바꾸어 쓰거나 발음대로 표기하는 경향도 없지 않으나, 아직 새 용어들은 정착되거나

오늘날은 이 사회사업을 하나의 전문직으로 분류하는 데에 별다른 이견이 없다. 그러나, 이것이 단순한 자선활동에서 시작하여 전문직으로 인정받고 정착하게 되기까지 오랜 기간에 걸친 우여곡절이 있었다. 비유적으로 표현하건대, 이러한 전문적 사회사업의 씨앗은 영국에서 찾을 수 있고, 그것이 싹을 틔워 뿌리를 내리고 성장하여 열매를 맺게 된 곳은 미국이다. 자선활동을 보다 조직적으로 실천하려는 움직임이 영국에서 시작되어 미국으로 건너간 후에, 미국에서 그것을 다시 과학적으로 가르치고 훈련하는 가운데 그러한 실천을 뒷받침하는 이론을 체계화함으로써 전문직으로서 사회사업을 발전시키게 되었다는 것이다. 이제 이러한 발전의 과정을 영국에서 시작된 자선조직화운동 및 인보운동에서부터 살펴보고자 한다.

1. 사회사업의 맹아(萌芽)

사회사업의 출발점이 된 움직임으로는 영국에서 시작된 자선조직화운동(Charity Organization Movement)과 인보운동(隣保運動, Settlement Movement)을 든다. 전자는 산만하게 이루어지던 개별적 자선활동을 지역 단위로 보다 조직적으로 행하려고 하였던 운동을 가리키며, 후자는 빈민지역에 활동의 거점을 두고 그 지역의 빈민들에게 필요한 서비스를 직접 제공하려 하였던 운동을 가리킨다. 양자 모두 민간 수준에서 이루어진 자발적 활동으로써, 종종 조직적 자원봉사 활동의 역사적 사례로서 거론되기도 한다. 이제 이들 운동이 영국에서 시작되어 미국으로 건너가 자리 잡게 되기까지의 과정과 그 내용에 대해 좀더 자세히 알아본다.

널리 수용된 상태가 아니라고 보아 이 책에서는 종전의 표현을 그대로 쓴다. 따라서, social worker는 '사회복지사'가 아닌 '사회사업가'로 표기한다.

1) 자선조직화운동과 사회사업

자선조직화운동(Charity Organization Movement; COM)이 대두한 1860년대의 영국은 산업혁명 이후 한 세기를 지나면서 비롯된 자유방임적 자본주의의 폐해와 함께 기근과 전염병 등이 겹치면서 만연하게 된 빈곤 문제로 어려움을 겪고 있었다. 당시 개정 구빈법 체제하의 구빈행정은 이를 감당하기에는 역부족이었고, 이와 때를 같이 하며 확산되고 있던 자선활동들은 무원칙·비효율·무책임·상호대립 등의 난맥상을 드러내고 있었다(김동국, 1994:231~2).

그런가 하면, 만연한 빈곤에 대한 급진주의적 관심과 움직임들이 일부 지식인과 이들의 영향을 받은 빈민들에 의해 대두되고 있어서, 이에 대한 대응책이 기득권층 사이에 절실해지기도 하였다. 이러한 배경 속에 빈곤의 원인에 대한 접근과 민간 자선활동 단체 상호간의 조정 및 구빈행정과의 역할분담 등이 필요하다는 인식과 주장들이 대두하면서 지역단위의 조직적 자선을 위한 움직임이 나타나게 되었다. 1868년 이후 시작된 자선조직협회(Charity Organization Society; COS)의 발족이 그것이다. 영국에서 최초로 COS가 세워진 것은 1869년 런던에서였으며, 미국으로 건너가서는 1872년 뉴욕에 최초의 주 단위 COS가 세워졌고, 시 단위로는 1877년에 버팔로(Buffalo)시에 세워진 것이 처음이다.

이처럼 지역 단위로 결성된 이 협회에 자선단체들이 등록하게 함으로써 자선활동들을 조정하고자 하였던 것이다. 이 협회는 기본적으로 구빈행정의 적용을 받지 못하던 빈민들에게 관심을 갖되, 자조와 근면의 가치에 근거한 도덕적 판단기준에 따라 빈민을 '구제 받을 자격이 있는 빈민(*the deserving poor*)'과 '자격이 없는 빈민(*the undeserving poor*)'으로 구분하였다. 전자는 저임금 노동자나 장애인 혹은 연소아동 등과 같이 본인으로서는 어쩔 수 없이 가난하게 된 사람들을 가리키며, 후자는 노동능력이 있으면서도 나태나 정신적 퇴폐 등의 도덕적 결함으로 인하여 가난하게 된 사람들을 일컫는다. 자선조직협회의 구제 대상이 전자에 한정되었던 것은 물론이며, 후자는 억압적 구빈행정에 의해 관리되도록 하였다.

이처럼 COS의 활동은 구제의 대상과 수준을 제한하려 하였던 구빈행정의 원칙과 조화를 이루는 가운데, 실질적으로는 빈민들을 사회적으로 통제하게 되는 양상을 띠기도 했었다. 또 이 활동은 빈곤을 개인의 책임으로 돌리면서, 능력이 있는 자만이 누릴 수 있다고 보는 당시의 사회진화론(*Social Darwinism*)적 지배 이데올로기를 관철시키는 기능을 수행하였던 것이다.

빈곤한 가구를 방문하여 빈곤의 원인을 조사하여 판단하고 분류하는 활동은 자원봉사 인력이었던 우호방문원들(*friendly visitors*)이 담당하였다. 뿐만 아니라, 도덕적 문제를 가진 빈민들에 대한 상담을 통하여 이들을 감화시키는 일도 우호방문원들의 몫이었다. 이러한 활동의 성격으로 보아, 우호방문원들이 빈민들과 인격적으로 평등한 관계를 형성한 것이 아니었음을 알 수 있다. 그럼에도 COS의 활동을 전문적 사회사업의 출발로 삼는 것은 우호방문원들의 활동이 체계적 교육과 훈련의 과정을 거쳐 후일의 개별 사회사업(*casework*)으로 발전하였다는 점에서이다. 그리고, 지역 단위의 자선활동의 조직화와 조정활동이 지역사회조직(*community organization*)의 모태가 되기도 했고, 우호방문원들의 빈곤가정 조사가 사회사업조사의 발전에 일정하게 기여하기도 했다. 1900년대에 들어 차츰 유급인력에 대한 수요가 늘어나고, 빈곤의 원인을 도덕적 결함이 아닌 사회적, 경제적, 심리적 요인에서 찾는 경향이 대두하며, 우호방문의 유효성에 대한 회의와 함께 봉사활동의 전문직화를 추구하는 움직임이 나타나면서, 우호방문원들의 역할을 차츰 감소되어 갔다(김융일 외, 1995:42).

2) 인보운동과 사회사업

〈그림 8-1〉 토인비 홀

COM보다 다소 늦게 등장한 운동이면서 사회사업의 발전에 영향을 미친 것으로서 인보운동(隣保運動, *Settlement Movement*)을 들 수 있다. 이 운동은 경제적 상류층들에 의해 주도된 COM과는 달리 급진적이고 개혁을 지향하는 중류층 지식인들을 중심으로 이루어졌다. 대학을 졸업하였거나 재학 중인 젊은이들이 주축을 이룬 활동가들이 빈민들의 거주지역에 뛰어들어 그들과 적극적으로 동조하는 가운데, 그들에게 교육과 상담 등의 서비스들을 제공하였을 뿐 아니라, 사회입법 운동 등을 통하여 사회개혁에 힘씀으로써 빈곤의 문제를 해결하려는 노력도 병행하였다는 점에서 이 운동은 COM과 구분된다.

여기서 제공한 주요 프로그램으로서는 탁아, 급식, 아동과 청소년의 클럽활동, 레크리에이션, 교양강습 등이 있었고, 사회개혁 활등으로는 빈민의 조직화와 의식화 활동, 빈민보호를 위한 입법활동 등의 정치참여 활동 등이 중심이었다. 영국의 아동교육법(1906)과 무갹출 노령연금법(1908) 및 국민보험법(1911)의 제정 과정에 정치적 영향력을 행사하였던 일이 정치활동의 좋은 예가 된다. 미국에서도 여성 참정권의 확보와 노동조건의 개선 등을 위한 활동을 전개하였으며, 그 당시 유명했던 활동가로는 노벨 평화상을 받은 제인 아담스(Jane Addams)가 있다.

영국의 대표적인 인보관으로는 토인비 홀(Toynbee Hall, 1884)이 있다. 이것은 당시 개혁 지향적이었던 경제학자 아놀드 토인비(Arnold Toynbee, 1852~1883)의 헌신적이었던 인보운동을 기리기 위해 그가 사망한 이듬해에 바네트(Samuel Barnett)가 세운 것이었다. 찰스 부스

〈그림 8-2〉 헐 하우스(Hull House)

(Charles Booth)가 런던의 빈곤실태를 조사할 때 이곳을 활동의 거점으로 삼았던 사실은 앞서 언급한 바 있다. 이곳은 또한 페이비언 사회주의자들의 모임 장소로 이용되기도 했었다. 미국에서는 코이트(S. Coit)가 1886년에 뉴욕에 세운 근린조합(*Neighborhood Guild*)과 시카고에 1889년에 아담스가 세운 헐 하우스(Hull House)가 잘 알려진 초기의 인보관이다.

이와 같은 인보운동이 사회사업의 발전에 미친 영향은 대략 두 가지로 축약된다. 그 하나는 각종 집단 서비스 프로그램이 나중의 집단사회사업(*social group work*)의 출발점이 되었다는 것이고, 다른 하나는 빈민들의 조직화 활동이 지역사회조직의 발전에 기여하였다는 점이다. 그러나, 이러한 인보운동도 1차 대전 이후 빈곤의 감소와 함께 대학생들의 참여열기가 식으면서 쇠퇴하였다(김융일 외, 1995:43).

2. 사회사업의 전문직화 과정

앞에서 제시한 전문직의 여러 조건들을 갖추어가는 가운데 사회사업이 전문직으로서 사회적 인정을 받기까지는 오랜 기간이 걸렸다. 언제쯤 사회사업이 전문직으로 사회적 인정을 받게 되었다고 보는지에 대한 견해는 다양하다.

비교적 이른 시기에 전문직으로 자리잡았다고 보는 견해로는 20세기 초의 10년간 혹은 1차 대전 직후로 보는 견해가 있다(Youngdahl, 1951:491). 그런 반면에, 이 시기에 사회사업이 전문직으로 인정받기에는 이르다고 평가함으로써 이 분야 종사자들에게 충격을 준 사건이 있었다. 미국 고등교육의 발전에 크게 기여했던 교육자 플렉스너(Flexner)가 그 주인공이다. 그는 1915년 '전국 자선·교정회의'(National Conference of Charities and Correction)에서 발표한 "사회사업은 전문직인가?"라는 제목의 논문에서 전문직이 갖추어야 하는 여섯 가지 조건을 제시했다. 그것은 ① 고도의 개인적 책임성을 수반하는 지적 활동, ② 과학과 학습을 통해 추출되는 사실자료, ③ 이러한 사실자료에 근거한 실질적이고 확고한 목표, ④ 교육을 통해 전수 가능한 기술, ⑤ 자주적 조직, ⑥ 이타적 동기 등이다. 말하자면 당시 사회사업은 이런 조건들을 충실히 갖추고 있지 못하다고 본 것이다(Morales et al., 2007). 어떤 의미에서 이후의 미국 사회사업의 발전 과정은 플렉스너로부터 받은 충격에서 벗어나기 위해 그가 지적한 요건들을 충족시켜 가는 과정이었다고 볼 수 있다.

1950년대 후반 들어 미국에서는 사회사업의 전문직으로서의 정체성에 대한 관심이 드높았고, 이 시기에 사회사업가들에게 큰 힘이 된 논문이 발표된다. 그린우드(E. Greenwood)가 전문직의 요건을 ① 체계적인 이론, ② 전문적 권위, ③ 지역사회의 인정, ④ 윤리강령, ⑤ 전문적 문화 등을 들면서, 사회사업은 이러한 요건들을 충족시킨다고 공언하였던 것이다(Morales et al., 2007). 이에 반하여 20세기 후반에 들어서도 사회사업의 전문직적 지위에 대한 회의론이 적지 않았다. 대중의 인정이 뒷받침되지 않고 있다는 윌렌스키와 르보의 지적(Wilensky and Lebeaux, 1979:311)이 그 한 예이다. 그리고 짧은 훈련기간, 불완전한 지위, 권한의 부재, 지식체계의 결여, 독자성의 부족 등을 들어 반(半)전문직으로 칭한 에치오니(Etzioni)의 지적(NASW, 1977:1069. 재인용)도 있다. 그런가 하면, 에치오니와 비슷한 이유를 들어 역시 사회사업의 전문직성에 회의론을 편 데일리(Dailey, 1974:429~432)와 우드루프(Woodroofe, 1974:223)의 지적도 있다. 이러한 몇 가지 예만 보더라도 1970년대에 이르기까지도 사회사업의 전문성에 대한 부정적 시각이 존재하고 있었음을 알 수 있다.

그런가 하면, 이와 같은 부정적 시각들을 일축하면서 사회사업이 전문직으로서의 요건을 명백하게 갖추었음을 확신하는 주장들이 앞서거니 뒤서거니 하면서 발표되기도 했다(Stroup, 1948; Cliento, 1949; Friedlander and Apte, 1974; Meyer, 1977). 결국, 시각에 따른 인식상의 차이는 있지만, 우리는 사회사업이 실천 방법과 이론의 개발, 체계적 교육과 훈련, 종사자들의 조직화, 자격증 제도의 정착, 윤리강령의 채택 등을 통하여 전문직으로서의 요건을 갖추어 오게 되었다고 파악한다. 이제 미국에서 이러한 노력들이 전개된 과정을 좀더 자세히 살펴봄으로써, 사회사업이 전문직으로 자리잡게 되었음을 이해하고자 한다.

전문직(profession)의 요건

하나의 직업이 전문직으로 인정받기 위해서는 다음과 같은 조건을 구비하여야 한다. 첫째는 과학적 이론과 실제 경험을 바탕으로 하는 전문적 기술이다. 대개 이러한 기술은 구체적 문제의 해결과 같은 실질적 목표의 달성을 위해 독특하게 활용되며, 체계적 교육과 훈련을 거쳐서 전수된다. 둘째는 개별 실천가에게 부여되는 전문가로서의 권한과 권위이다. 이것은 각각의 실천가가 스스로의 판단에 따라 자율적으로 적절한 조치를 취할 수 있음을 가리키며, 이는 사회적 신뢰와 인정에 의해 뒷받침되어야 한다. 셋째는 직업 자체의 독자성이다. 독자성이란 실천가들에 의한 배타적 조직과 법률이 인정하는 자격제도 등에 의해 고유의 영역이 확보된 상태를 말한다. 넷째는 윤리적 규범과 전문적 문화이다. 실천가는 자신의 전문적 권한을 부당하게 남용하여서는 안되며, 서비스 대상자의 욕구를 우선으로 하면서, 사회적 책임을 중시하는 자세를 지녀야 함을 말한다. 사회사업이 전문직으로 발전해온 과정이란, 그것이 이 네 가지 요건을 두루 갖추게 되기까지의 과정을 말한다.

1) 배경적 상황

19세기 말엽부터 20세기 초에 걸쳐 미국이 세계적 강국으르 등장하면서 세계 각국으로부터의 이민이 급증하였다. 대부분이 미숙련인이었던 이들 이주민들이 대도시 지역으로 유입되어 정착하면서, 빈곤을 비롯한 많은 사회문제의 원인을 제공하였다. 이에 미국 정부는 1924년 '이민법'을 제정하여 이민을 억제하는 한편, 이주 빈민들에 더한 조치는 병행하지 않을 수 없었다.

인구구조 및 가족기능의 변화가 가속화됨으로써 개인의 문제에 대한 사회적 개입의 필요성이 확대되는 상황도 진행되었다. 그러나, 전통적으로 자유주의적 시장경제를 중시해온 미국으로서는 이러한 믄제에 대한 국가의 개입보다는 자발적 민간활동에서 그 해결의 실마리를 찾았다. 앞에서 언급한 자선조직협회운동이나 인보운동 외에도 YMCA나 YWCA, 보이 스카우트 활동, 재단 형태의 사회단체의 박애사업, 종교단체의 활동 등이 활기를 띠게 된 것도 이와 맥을 함께 한다. 1907년에 설립되어 사회환경 연구, 사회사업적 방법 활용, 사회개량 활동 자극 등의 활동을 하였던 러셀 세이지(Russell Sage) 재단은 그 대표적 예이다.

러셀 재단은 특히 자선조직부를 설치해서 전국의 COS 사회사업가들을 상대로 한 4주 단위 교육을 실시하기도 하였는데, 여기어 리치먼드(M. Richmond) 여사가 중심 역할을 담당했었다. 종교단체의 경우를 보면, 개신교 측에서는 교육이나 사회적 서비스가 사회의 책임으로 보아 소극적으로 관여하려 했던 반면, 가톨릭 측에서는 사회즈 서비스 활동을 종교조직의 중요한 사업으로 받아들이면서 활동을 하였다. 유태교는 이 둘의 중간 입장에서 세속적 차원의 활동을 하면서, 사회사업 분야와 교류를 하는 가운데, 개별 사회사업, 집단 사회사업, 지역사회조직 등의 발전에도 기여하였다.

사회사업 발전의 초창기에 그 방향설정에 커다란 영향을 미쳤던 미국 여성이다. 세 살 때 어머니를 여의고 할머니와 숙모 밑에서 자랐다. 고등학교 졸업 이후 사무원, 회계원 등의 일을 하다가 1889년에 볼티모어 COS에서 활동하기 시작하였는데, 여기서 능력을 인정받아 2년 만에 총무로 발탁되었다. 빈곤문제의 이해와 전문 사회사업가 교육의 필요성을 일찍이 역설하였으며, 영국에서 쓰이던 용어 "case work"를 새로운 사회사업 접근법을 가리키는 용어로 도입해 쓰기 시작했다. 1900년 초에 전국적인 유명인사가 되었으며, 그녀가 저작한 책 가운데 《사회진단론》(*Social Diagnosis*) (1917) 과 《개별사회사업이란 무엇인가》(*What is Social Case Work?*) (1922) 라는 두 권이 유명하다.

메리 리치먼드
(Mary Ellen Richmond, 1861~1928)

1차 대전이 있기 전까지는 두 가지 흐름이 병행했었다. 자선조직화운동처럼 개인의 책임을 강조하면서 개인의 변화에 역점을 두는 흐름과, 인보운동처럼 사회개량 활동을 통해 사회 변화에 역점을 두던 움직임이 그것이다. 정치 지도자로서 사회개량과 국가의 개입적 역할을 강조한 경우도 있었다. 26대 대통령이었던 루스벨트(Theodore Roosevelt) 와 28대 대통령이었던 윌슨(Woodrow Wilson)이 그들이다. 루스벨트는 소속정당이던 공화당 입장과 달리 이러한 활동을 지원하면서 많은 반대에 부딪히기도 했다. 또 윌슨은 "신자유(*New Freedom*)" 정책을 펴면서, 국민의 복지를 위해 정부가 정치, 경제, 사회적 측면에 적극적 수단을 동원하고 국민의 권리를 보호할 책임이 있음을 선언하였으나, 1차 대전의 발발로 무산된 바도 있다.

1차 대전 중에는 사회사업 서비스를 위한 공동재정과 공동계획이 시도되기도 했다. 또, 1차 대전으로 인한 정신적 피해자들을 대상으로 한 전문인력 수요가 증가하게 되면서, 유급 사회사업가의 수도 증가하게 되었다.

전쟁이 끝나자 환멸과 불만의 태도가 만연하면서 보수반동의 움직임이 나타나기 시작했다. 사회개량보다는 현상유지를 지향하면서, 현실에 직면하기보다는 이를 도피하려는 기제가 팽배해졌음을 가리킨다. 현상유지 지향적 사회사업 실천이 강화된 것도 이러한 분위기의 영향을 받았다(Cohen, 1958:138).

1920년대부터 공황을 겪은 1930년대까지는 공공복지 서비스가 확대되었던 시기이다. 이후에 공공부문 사회사업가의 수가 급증한 것은 말할 것도 없다. 1940년대의 2차 대전을 거치면서, 정신건강 서비스 영역에서 사회사업가의 수요가 다시 증가하게 되어, 사회사업의 전문직화(*professionalization*)에 일정하게 기여한 것으로 보인다.

2) 사회사업 실천방법 및 이론의 발전

사회사업이 전문직으로서의 면모를 갖추어 가는 과정의 단면은 그 실천의 방법과 이를 뒷받침하는 이론이 어떻게 변화하고 발전해 왔는가를 봄으로써 파악할 수 있다. 잘 아는 바와 같이 사회사업 실천의 방법과 이론은 일부 직접적 실천경험을 통해서 개발되는 경우를 제외하고는 대부분 인접 학문분야로부터 원용된 것들이었다. 지식의 구체적 내용은 상황에 대처하는 사회사업적 접근방법의 변화와 인접 학문분야의 지식체계의 변화를 동시에 반영한 것으로 볼 수 있다. 이러한 변화의 과정을 몇 개의 주제로 나누어 서술해보고자 한다.

(1) '대의'와 '기능'의 대립

19세기 후반 이후 초기 사회사업의 접근방법에는 크게 두 가지 다른 흐름이 있었다. 그 하나는 개인의 문제에 영향을 미친다고 보는 환경의 변화를 추구하는 사회개량적 접근이며, 다른 하나는 개인 문제의 근원을 개인적 결함에서 찾아 개인의 변화에 초점을 두는 접근이다.

〈그림 8-3〉
J. Addams,
1888~1892

미국에서는 전자를 '대의(*cause*)', 후자를 '기능(*function*)'이라 칭했다. 이 두 가지는 사회사업 방법의 변화 과정에서 서로 자리를 바꾸기도 하고, 때로는 심각한 논쟁의 소재가 되기도 하였다. 여기서는 전자를 사회개량적 접근, 후자를 개인변화적 접근이라 구분하고, 그 흐름을 간략히 더듬어보려 한다. 전자는 주로 진보적 운동이 일던 1900년대 초, 공황이 있었던 1930년대, 민권운동이 활발하던 1960년대에 득세했었고, 후자는 보수적 움직임이 강했던 1920, 50, 80년대에 강세를 보였다(Hopps & Collins, 1999:2618).

먼저, 사회개량적 접근의 추이와 관련 지식의 개발 혹은 원용 과정에 대해서 살펴본다. 사회사업과 관련시켰을 때, 이러한 접근의 출발은 인보운동에서 찾을 수 있다. 일례로 시카고 헐 하우스의 설립자였던 아담스(Jane Addams)는 1910년에 '전국 자선·교정회의'의 회장으로서 '사회사업을 대규모 사회운동의 일부'라고 파악하면서, 그 목표달성을 위해서 사회사업가가 사회행동(*social action*)에 관여하여야 함을 역설한 바 있다. 클라이언트들에 대한 교육과 입법활동 등을 통하여 정치·경제적 상황의 변화에 개입함으로써 이들의 생활조건을 향상시킬 수 있으리라 기대했던 것이다(Cohen, 1957:553). 이러한 경향의 실천활동을 뒷받침한 것은 가족과 지역사회 등에 관한 이론적 자원을 제공한 사회학 영역의 지식이었다.

그러나 이러한 접근방법은 오래 지속되지 못했다. 자선조직화 운동에서부터 비롯된 개인변화 중심의 접근이 1차 대전을 계기로 더욱 강화되면서 환경중심 접근이 약세를 보였기 때문이다. 자선의 과학화 움직임과 함께 이 영역의 접근방법이 보다 정교화되기 시작했다. 특히 1

차 대전으로 인한 전쟁공포증(*shell shock*) 환자의 치료에 사회사업이 관여하게 되면서, 정신의학 영역의 지식들에 대한 의존도가 커졌다. 사회사업 실천가들에 대한 공식적 훈련 프로그램이 발달하면서, 이러한 접근법은 더욱 확대되었다. 1920년대 들어 유럽으로부터 소개된 프로이트의 정신분석이론은 이러한 움직임에 박차를 가한 셈이었다. 개별 사회사업의 초기 실천가이자 이론가였던 리치먼드(M. Richmond)의 《사회진단론》(*Social Diagnosis*)'은 이러한 접근법을 뒷받침하는 독자적 지식을 제공한 최초의 교과서였다는 점에서 특히 의미가 있다. 이 저서를 통해서 사회사업의 대상자는 '빈민'이 아닌 포괄적 의미의 '클라이언트(*client*)'로 대체되었던 것이다(Cohen, 1958:131).

어떤 의미에서는 이처럼 개인의 변화를 중심으로 하는 접근방법이 기술적·이론적 측면에서 정교화됨으로써, 전문직으로서 사회사업의 지위 확보를 앞당겼다고 볼 수도 있다. 차츰 정신분석 이론과 함께 발달 심리학 등의 영역에서 발전된 이론들이 널리 활용되었다. 특히, 초창기에는 의학적 지식이 활용되거나 가르쳐진 점이 독특한데, 건강상의 문제가 모든 사회악의 근원이 된다는 관념이 작용한 때문으로 이해된다.

이러한 상황이 계속되는 동안에도 사회개량적 시각은 완전히 소멸된 것이 아니었다. 다만 상대적으로 약세를 띰으로써 드러나지 않았을 뿐이다. 그래서 대공황기에 이르러 이러한 관점과 접근법이 되살아났던 것이다. 대규모의 만성적 빈곤이 공황이라는 자본주의의 구조적 모순에서 비롯된다는 점에 대한 인식이 발전하면서, 개인의 변화만이 능사가 아니라는 데에 착안하였음을 말해준다. 정부기관과 같은 공공영역에 사회사업가들이 대거 진출하게 되는 것도 이 시기이다. 물론 이 기간 및 이후의 기간에도 개인 중심의 접근법이 사회사업의 주류를 형성하며 이어지고 있었음을 간과해서는 안 된다. 그런 가운데, 앞에서 언급한 바와 같이 사회상황의 변화와 함께 이후에도 한두 차례 자리바꿈을 반복했던 것이다.

사회사업 교육이 발전하면서 인접 학문은 물론 실천을 통하여 새로운 이론들을 발굴하기 위한 노력이 활발해졌다. 특히 인간의 행동에 대한 개인중심의 접근과 환경적 접근 사이에 조화를 이루려는 노력이 계속되어, 현장에서는 리치먼드 스타일의 개별사회사업과 경제학 및 사회학 이론을 접합시키려는 시도를 하게 되었다. 오늘날에는 두 가지 모두를 절충적으로 수용하는 것이 타당한 것으로 받아들여지고 있다.

(2) 진단주의와 기능주의의 대립

위와 같은 두 시각의 대립이 있는 가운데, 개인의 변화를 강조하는 개별사회사업 내부에서도 접근법을 달리하는 학파들간의 대결이 있었다. 그것이 진단주의 학파(Diagnostic School)와 기능주의 학파(Functional School) 사이의 대립이다.

진단주의는 개인의 정신역동적(*psychodynamic*) 및 사회적(*social*) 변화에 관한 이론을 강조하면서 통찰요법(*insight therapy*)을 중시했던 시각이다. 따라서, 이는 진단적 조사와 생육사 파악을 중시하면서, 프로이트 이론 혹은 신프로이트 이론을 주로 따랐다. 여기에 속하는 대표적 인물로는 해밀턴(Gordon Hamilton), 홀리스(Florence Hollis), 오스틴(Lucille Austin) 등이 있다.

반면에 기능주의는 한시적(*time-limited*) 상황에서 사회복지 기관의 기능의 범주에 드는 이슈들에 초점을 두는 전략을 강조하였다. 기관이 사회사업가에게 제공하는 초점, 방향, 내용에 따라 사회사업가와 클라이언트 사이의 관계에 의해 이루어지는 원조과정(*helping process*)을 중시했다. 여기에 속하는 인물로는 로빈슨(Virginia Robinson)과 태프트(Jessie Taft)가 대표적이다.

이들 두 집단간의 논쟁은 25년간 지속되었고, 사회사업 기관에서 상대방 학파 출신 학생들을 받아주지 않는 일까지 있기도 하였다. 대공황 이후의 사회혼란이 진정되면서 기능주의는 약화되었으나, 사회사업의 실천에 일정한 기여를 하였던 것으로 평가를 받는다. 이 두 집단의 논쟁을 정리한 사람이 문제해결 접근법을 창안한 펄먼(Helen Perlman)이다(김융일 외, 1995:49).

(3) 일반론적 접근의 대두

위와 같은 대립적 상황이 계속되는 상황에서 타울(Charlotte Towle)과 펄먼(H. Perlman) 등이 개인의 행동과 사회환경 간의 관계에 초점을 두는 일반론적 접근(*generic approach*)법을 개별 사회사업에 도입해야 함을 강조하기에 이른다. 집단 사회사업 이론이 이러한 시각에 동참하고 나섰고, 레이놀즈(Berta C. Reynolds)나 영달(Benjamin Youngdahl) 등과 같은 사회행동주의자들은 클라이언트와 지역사회에 미치는 사회적, 정치적, 경제적 영향에 대해 관심을 기울여야 함을 강조하게 된다(CSWE Homepage).

한편, 1960~70년대 동안은 사회사업 실천의 공통기반을 발견하기 위한 시도들이 활발하게 이루어졌다. 이것은 사회사업 전반에 걸친 통일적 지식, 목적, 가치, 기법 등을 규정해보려는 시도를 가리킨다(김융일 외, 1995:51~2). 근자에는 저메인(Carel Germain)과 같은 학자의 생태학적 관점이 이처럼 다양한 접근법들을 통합하려는 시도를 하기도 하였다(CSWE Homepage).

(4) 탈전문화의 움직임과 대안적 접근법 대두

이러한 일련의 움직임과는 별도로 1960년대 이후에는 새로운 흐름이 비록 소수세력이나마 나타나기도 한다. 전통적 전문직주의에 대한 반발로 나타난 탈전문화(*de-professionalization*)의 움직임이 그것이다. 마르크스주의를 적용한 급진적(*radical*) 접근법을 그 대표적 예로 들 수 있을 것이다.

(5) 재전문화의 과정

반면에, 1980년대 초를 전후로 전문직적 정체성의 회복 혹은 강화를 추구하는 재전문화(*re-professionalization*)의 움직임도 등장하여, 임상 사회사업(*clinical social work*), 가족치료(*family therapy*), 위기 개입론(*crisis intervention*) 등이 대두하게 된 것도 이 시기 이후의 일이다.

특히, 임상사회사업에 종사한 사회사업가들이 1960~70년대의 NASW가 지나치게 사회변화에 기울어져 있으면서 전문적 기술이 부족한 집단이라 비판하면서, 이로부터 떨어져 나와 따로 '임상사회사업협회'를 구성하게 된다. 이 즈음부터 개별사회사업이란 용어보다 임상사회사업이라는 용어가 더 폭넓게 사용되기 시작한다(김융일 외, 1995: 52).

(6) 기타 최근의 동향

최근의 동향 가운데 하나로서 1973년에 사회사업가이자 학자인 휘셔(J. Fischer)가 개별사회사업의 효과성에 의문을 제기함에서 비롯된 사회사업 실천의 효과성 논쟁을 들 수 있다. 그가 사회사업 실천의 효과성을 부정하는 주장을 하면서 비롯된 이러한 논쟁은 궁극적으로는 사회사업의 사회적 책임성과 과학성을 확보하기 위한 노력을 이끌어내었다는 점에서 의미를 지닌다(황성철, 1998).

이처럼 효과성에 대한 회의론이 제기되는 중에도, 비교적 효과성이 인정되고 있는 접근법으로 인정받고 있는 것이 최근에 등장한 사례관리(*case management*)이다. 사례관리란 클라이언트의 욕구와 서비스 혹은 자원을 연결시키는 것으로서, 클라이언트의 개별적 욕구와 특성에 따라 차별적 서비스를 행하거나 필요한 자원을 연결시키는 방법을 가리킨다.

한편, 전통적으로 공공기관이나 비영리 민간부문에 의해서 이루어져 오던 사회사업 실천활동이 차츰 영리를 목적으로 하는 시장부문에 의해 담당되는 일이 생겨나기 시작했다. 이런 현상을 개인개업(*private practice*)이라 하는데, 이는 마치 의사나 변호사가 개인 의원이나 변호사 사무실을 차려서 유료 서비스를 제공하는 것과 같다. 이러한 활동이 사회사업의 전문직적 권위나 위상을 높이는 데에 기여한 측면이 있는가 하면, 사회사업의 본연적 정신을 위배하는 것이라 보아 이를 반대하는 시각도 있었다. 최근의 한 추계자료는 2000년대 초의 개업 사회사업가의 수가 전체의 약 20%에 달할 것으로 내다본다(Popple, 1999:2643).

3) 교육 및 훈련체계의 발전

교육 및 훈련의 체계는 경험과 연구를 통하여 확립된 전문적 지식과 기술을 전수하는 수단이다. 주로 COS에서 봉사활동을 하였던 우호방문원들이 대상이 되었던 초기의 훈련방법은 도제식이었다. 차츰 우호방문원들의 역할이 확대되면서 이들 인력에 대한 수요도 늘어났다. 무급의 자원봉사에서 유급의 활동가들이 늘어나게 된 것도 이러한 상황과 연관이 있다. 이와 같은 변화에 부응하기 위해서는 종전의 도제식 훈련 방법으로는 역부족이었다.

그래서, 1897년의 '자선 및 교정회의'에서 교육의 필요성이 강하게 제기된 이후 1898년 뉴욕에 '뉴욕 박애스쿨(New York School for Philanthropy)'이 세워지게 되었다.[2] 비록 여름 6주간의 단기적 교육 프로그램이었으나, 이것이 사회사업 교육의 효시가 되었다는 점에서 그 역사적 의미는 결코 작지 않다. 1903년에 동계 6주의 과정이 추가

2) 여기서 단기 교육기관에 속하는 'school'을 '스쿨'이라 옮기는 것은 사실상 적절한 우리말 용어가 없기 때문이다. 후에 이 school은 석사 이상의 과정을 포함하는 전문대학원 수준으로 발전하며, 이 경우는 전자와 구분해서 '전문대학원'이라 옮겨 쓰기로 한다.

되었고, 1904년에는 1년 과정으로 확대되었다. 이것이 발전하여 오늘의 콜롬비아대학 사회사업전문대학원이 되었다. 뉴욕 박애스쿨 설립 이후 시카고, 보스턴, 필라델피아 등으로 확산되었다. 특히 1차 대전 이후 전문인력에 대한 수요가 증가하고 유급 종사자의 수가 확대된 것이 이러한 교육훈련 체계의 발달에 중요한 요인이 되었다.

초기의 스쿨들은 실무현장과 긴밀한 관계를 유지하였고, 이것이 오늘날까지 실습을 사회사업 교육의 특성으로 자리잡게 한 출발점이 되었다. 차츰 실무기관의 필요에 주로 부응하는 독립된 교육기관이 아닌 대학 소속의 대학원 과정의 교육체제로 전환하자는 움직임이 대두되었다. 그것이 전문직화를 위한 길이라 보았던 때문인데, 시카고대학에서 그 첫 시도를 하였다. 그리하여 1930년에는 최소한 1년 이상의 대학원 수준의 교육을 실시하는 대학 소속 스쿨이 34개가 되었다. 그리하여, 이러한 수준에 이른 교육기관인지를 확인해서 인가여부를 결정하는 기구로서 처음 등장한 것이 '미국사회사업스쿨협회(American Association of Schools of Social Work)'였다(CSWE Homepage).

대공황 이후 공공복지 부문의 인력 수요에 맞추어 대학 출신자들을 대거 충원하게 됨에 따라 학부과정의 교육이 나타나게 되었다. 한 때 대학원 교육 담당자들이 학부수준의 교육이 전문인력 양성의 기능을 다하지 못하리라는 시각을 가졌던 관계로 학부 수준의 교육기관들이 따로 '전국사회행정스쿨협회(National Association of Schools of Social Administration)'를 만들었다가, 오랜 논란 끝인 1952년에 '사회사업교육협의회(Council on Social Work Education)'로 통합했다.

사회사업 교육이 자리를 잡게 되는 데에는 이 '사회사업교육협의회(CSWE)'의 역할이 작지 않았다. 사회사업 전문대학원이나 대학에서 기본적으로 가르쳐야 할 교과목을 비롯한 전문적 사회사업 교육기관의 요건에 관한 기준을 제시하면서, 이를 근거로 개별 사회사업대학원 혹은 대학의 사회사업학과를 평가하고 승인하는 역할을 수행해온 것이다. 이러한 역할을 통해 사회사업 교육의 위상을 강화하고, 독자성을 지닌 전문영역으로서 사회사업을 인정받게 하는 데에 일역을 담당하였다.

일례로 1944년 CSWE의 전신인 AASSW가 책정한 사회사업 교육과정의 8개 기본과목에는 개별사회사업, 집단사회사업, 지역사회조직사업, 공공복지, 사회행정, 사회조사, 정신의학개론, 의학개론 등이 있었다. 당시까지만 해도 정신의학은 물론 의학을 사회사업의 주요 과목으로 설정하고 있었다는 사실이 흥미롭다. 이 사실은 20세기 초기 사회사업의 전문직화 과정에서 개인의 행동상 문제가 사회사업적 접근의 주된 대상이었음을 반영한다. 대공황을 겪는 가운데 사회사업가의 활동영역이 공공부문에까지 확대되면서 공공복지 과목이 사회사업 교육과정의 주요과목으로 포함되기 시작한 것은 의미 있는 변화였다.

4) 전문조직의 발전

사회사업 종사자들의 다양한 조직 결성 활동이 활성화된 것도 이들로 하여금 전문가적 정체성을 형성하고 대외적으로 독자적 영역을 확보하게 하는 데에 중요한 역할을 담당하였다. 지역 단위의 조직체가 있었는가 하면, 이들이 결합된 전국 단위의 조직체도 있었다. 개별 기관을 회원으로 하는 기관조직의 형태가 있었는가 하면, 개별 사회사업가가 개인 자격으로 참여하는 전문가 조직의 형태도 있었다. 이러한 조직들이 대개 1910년 이후에 활발하게 결성되었던 것이다.

기관조직의 예로는 1911년의 '전국인보관연맹', '미국가족봉사협회', 1918년의 '미국지역사회조직협회' 등이 있었다. 이 가운데 '미국지역사회조직협회'는 1차 대전 당시의 상부상조적 사회 분위기를 반영한 것으로서, 후에 '전국 공동모금·심의회'로 전환되었다.

전문가 조직의 효시로는 종종 1873년에 결성된 '전국 자선 및 교정회의'를 꼽는다. 그러나, 이 시기는 우호방문원들의 활동이 중심이 되었던 시기로서, 이 때의 활동가들로 구성된 이 단체를 사회사업 전문가 조직이라고 보기는 곤란하다. 본격적으로 전문가 조직이 출현하게 된 것은 대개 1918년의 '미국의료사회사업가협회(AAMSW)'를 출발로 삼는다. 이것은 보건 및 의료 서비스와 관련한 사회사업 서비스의 질과 효과를 증진시키고자 하는 것을 목적으로 한 것이었다. 이듬해인 1919년에는 '전국방문교사협회(National Association of Visiting Teacher)'가 설립되어, 후에 명칭만 '미국 방문교사협회(AAVT)'로 바뀌었다가, 1945년엔 '미국 학교사회사업가협회(AASSW)'로 발전되었다. 이것은 학교사회사업을 효과적으로 수행하고, 자격기준을 설정하며, 조직과 행정을 향상시키고, 이론적 기반을 확충·강화한다는 것을 목적으로 삼았다.

활동의 영역을 달리 하는 전문가 조직이 계속해서 설립되었다. '미국 정신의료사회사업가협회(AAPSW)'(1926), '교회사회사업가협회(ACSW)'(1934), '미국 집단사회사업연구회'(1936)가 발전한 '미국 집단사회사업가협회'(1946), '지역사회조직연구협회'(1946) 등이 그것이다. 한편, 최초로 회원의 자격요건을 유급 사회사업가로 한정하되, 위의 여섯 가지와는 달리 특정 전문영역에 국한시키지 않은 전문가 조직으로 1921년의 '미국 사회사업가협회(AASW)'가 있었다.

1940년대까지 위의 7가지 전문가 조직이 각각 활동하다가, 1949년에 이들 중 5개가 모여 단일 협회 설립 문제를 고려하게 되었다. 그리하여 1952년에 이들 5개 조직과 따로 2개의 연구회가 대표자 모임을 통해 새로운 조직을 위한 원칙과 절차 등을 공식화하면서 협의를 거듭한 결과, 1955년에 오늘날의 '전국 사회사업가협회(National Association of Social Workers, NASW)'를 발족시키게 되었다. 이것이 중점적으로 추구한 것은 서비스의 질을 향상시키며 사회사업 전문직에 대한 일반인의 이해를 돕는 가운데, 전문직으로서의 정체성을 확립하는 것이었다. 따라서 초기에는 '사회사업교육협의회(CSWE)'가 공인하는 사회사업 전문대학원 졸업자들만을 회원으로 받아들였었다. 이 즈음의 회원 수는 전체 유급 사회사업가의 38%인 22,500명 선이었다.

5) 자격제도 확립

NASW를 통해서 회원자격을 관리하는 것만으로는 사회사업의 전문직적 정체성을 다지는 데에 한계가 있었다. 서비스의 질을 향상시키고자 하는 관심이 확대되는 것과는 달리, 미숙련 사회사업가들이 늘어나게 됨으로써 숙련된 사회사업가와 수적 불균형이 초래되는 상황이 발생한 것이다. 뿐만 아니라, 숙련도 여부에 따라 담당할 수 있는 실천분야를 한정지을 것인가를 둘러싸고 사회사업계 내부에서 의견충돌까지 빚어지게 되었다. 이에 법적으로 그 자격을 규정하는 것이 필요하다는 인식들이 확산되기 시작했다(Cohen, 1958:343).

이리하여 최초로 법정 자격제도에 관심을 보인 주는 1929년의 캘리포니아주였다. CSWE로부터 공인받은 대학원 졸업자 혹은 최소 3년의 실무경험이 있는 사람으로서, 필기 및 구두시험에 합격한 사회사업가에게 자격을 부여하는 제도를 도입하고자 하였던 것이다. 그러나, 수차례 수정을 거듭하면서도 법은 통과되지 못했으며, 대신 1933년 캘리포니아주 사회사업가협회의 후원하에 임의 등록제를 도입하게 되었다. 주의 등록법으로써 자격제를 공식화하게 된 것은 훨씬 후인 1945년이었다. 미주리주처럼 1934년에 임의등록제 채택을 시도하였다가 입법화에 이르지 못하고 10년만에 중단한 사례도 있었다.

대공황 이후 공공 서비스에 대한 사회사업가들의 진출이 늘어나면서, 1930년대 후반 이후 자격증 제도에 대한 각주의 관심과 시도들이 늘어났다. 그러던 중 1945년에는 AASW에서 입법화를 지원하기 위한 위원회를 설치하였고, 1947년 AASW의 대의원 총회에서 각 주별로 입법화를 실현시킬 수 있도록 연구, 교육, 활동 등을 포함하는 장기 프로그램 개발에 협회가 책임을 져야 함을 공식화하였다. 후에 NASW가 이러한 책임을 이어받았다.

법률상의 자격기준은 아니되, 1973년에 NASW가 사회사업가의 책임성 정도를 구분하고 질서를 세우기 위해 교육 및 훈련의 정도를 기준으로 설정한 전문적 수준의 분류는 참고할 만하다. 이에 따르면, 크게 두 개의 수준으로 구분된다. 하나는 전문대학 이하의 학위를 가진 준전문직(*prefessional*)의 수준이며, 다른 하나는 공인 사회사업학사 이상의 학위를 가진 전문직(*professional*)의 수준이다. 전자는 다시 ① 고졸 수준의 사회사업 보조자(*aide*)와 ② 전문대졸 수준의 사회적 서비스 기술자(*technician*)로 구분된다. 후자는 ① 공인된 대학의 사회사업학사 수준의 사회사업가, ② 공인된 대학의 사회사업석사 수준의 사회사업가, ③ 사회사업학 석사 이후 2년 이상의 경험과 시험을 거친 공인사회사업가(ACSW, Academy of Certified Social Workers), ④ 사회사업학박사 학위 소지자 또는 공인 사회사업가로서 2년 이상 실무경력을 가진 특별 사회사업가(*social work fellow*) 등으로 구분된다(Hopps & Collins, 1999:2619).

6) 윤리강령 채택

사회사업을 전문직으로 자리 잡게 한 요소로서 마지막으로 언급할 것은 윤리강령이다. 사회사업가의 윤리강령이란 전문가로서 사회사업가가 지녀야 할 자세와 지켜야 할 책무 및 행동상의 지침을 제공하는 것이다. 미국의 사회복지사 윤리강령은 1960년 NASW 대의원회의에서 처음으로 채택되어, 1967년 이후 1979년, 1991년, 1993년 등 몇 차례 수정을 거쳤다. 가장 최근에 수정된 것으로는 1999년의 NASW 대의원 총회에서 채택된 것이 있다.

이 강령의 전문에서는 전문직으로서의 사회사업의 사명을 밝히고, 사회사업가는 클라이언트와 더불어, 그리고 클라이언트의 입장에서 사회정의와 사회변화를 촉진하여야 함을 전제하고 있다. 이 때 사회사업의 사명은 서비스(*service*), 사회정의(*social justice*), 인간의 존엄성과 가치(*dignity and worth of the person*), 인간관계의 중요성(*importance of human relationships*), 통합(*integrity*), 적격성(*competence*) 등의 핵심가치를 기초로 한다고 설명한다.

다음으로 이 윤리강령을 설정한 목적에 대해 서술하고 있다. 이 강령은 사회사업가가 어떤 결정을 내리거나 윤리적 문제와 관련된 행위를 할 때 지침이 되는 가치, 원칙, 기준을 제시하는 것이지, 반드시 지켜야 할 규칙을 제시하는 것이 아님을 밝히고 있다. 아울러 이러한 가치, 원칙, 기준 등의 상호간에는 어떠한 우선순위도 없으며, 이들이 법적 구속력을 가질 수는 없음도 분명히 하고 있다.

이러한 목적에 관한 설명에 이어 앞서 언급한 여섯 가지 핵심가치별로 윤리적 원칙(*ethical principles*)을 약술한 후에, 마지막으로 강령의 본문에 해당하는 윤리적 기준(*ethical standards*)을 여섯 영역으로 나누어 상세하게 규정하고 있다. 이 여섯 영역은 모든 사회사업가들의 전문적 활동에 관련되는 것으로서, 내용은 ① 클라이언트에 대한 윤리적 책임, ② 동료에 대한 윤리적 책임, ③ 실천의 장(*practice settings*)에 대한 윤리적 책임, ④ 전문가로서의 윤리적 책임, ⑤ 사회사업 전문직에 대한 윤리적 책임, ⑥ 전체 사회에 대한 윤리적 책임 등으로 구성되어 있다(http://www.naswdc.org/Code/ethics.htm).

생각해볼 문제

1. 미국에서 사회사업이 전문직으로 정착할 수 있게 한 주요한 요소들은 무엇이었는가?
2. 미국의 경험이 전문직으로서 우리나라 사회사업의 정체성 확립과 관련한 발전과제에 대해 시사하는 바는 무엇인가?
3. 미국형의 사회사업은 과연 우리나라의 사회사업에 어느 정도 의미 있는 준거 모델이 될 수 있겠는가?

제 4 부
복지국가의 발전과 재편

인류역사상 20세기만큼 인류에게 엄청난 희망과 악몽 같은 절망을 동시에 안겨준 시기는 없을 것이다. 인류는 엄청난 과학·기술의 성과를 기반으로 유례없는 물질적 풍요를 누렸으며 달 표면에 인간의 발자국을 남기는 쾌거를 이룩하기도 하였다. 하지만 인류는 두 차례의 세계대전과 대공황을 겪어야 했고, 많은 나라가 냉전의 고통 속에서 반세기를 신음해야 했으며, 물질적 풍요의 대가로 환경의 파괴와 세계적 불평등 현상을 안고 살아야 했다.

사회복지 제도와 관련해 보더라도 기대와 회의가 공존했다고 볼 수 있다. 분명 복지국가의 출현과 발전은 인류의 역사가 진보한다고 믿게 만드는 희망적 측면이 존재했고 실제로 많은 사람들이 복지국가의 보호 속에서 보다 질 높은 삶을 누릴 수 있었다. 복지국가는 한때 인류가 도달해야 할 궁극적 국가 형태로 보이기도 했다. 하지만 복지국가는 20세기 후반에 들어 인류의 성장과 진보를 저해하는 장애물로 인식되어 많은 오명을 얻어야 했고 복지국가의 많은 부분들이 포기되기도 했다. 머리와 가슴을 채웠던 복지국가에 대한 희망이 의심과 분노로 변화되기도 했다.

그럼에도 불구하고 복지국가의 제도 및 원리들은 여전히 인류의 삶 속에 깊숙이 자리 잡고 있으며 스스로의 적합성을 찾아 변화하고 있다. 비록 그것이 어렵고 고통스런 과정일지라도 자기진화를 계속하고 있는 것이다. 우리에게 풍요를 가져다 준 과학과 기술을 인류가 포기할 수 없는 것처럼 사회복지가 포기될 수 없는 것이라면, 복지국가는 미래 지향적으로 자기변신을 해야 하는 것이다. 따라서 복지국가의 변화·발전 과정에 대한 이해는 향후 만들어가야 할 사회복지 혹은 복지국가의 자기진화를 위한 필수 과제라고 할 수 있다.

이러한 맥락에서 4부는 복지국가의 탄생과 발전 그리고 재편 과정에 대하여 탐구한다. 대공황과 세계대전이라는 암흑 속에서 복지국가가 탄생하고(9장), 자본주의의 풍요 속에 발전하며(10장), 석유 파동 이후 의 위기를 겪고(11장), 위기 이후 신자유주의 및 세계화의 흐름 속에서 전개된 복지국가의 재편 과정을 정리하고 복지국가의 미래를 조망한다(12장). 이를 통해 복지국가의 변화를 추동하는 제 요인을 확인하고 미래를 위한 혜안을 얻기를 기대한다.

제 9 장

복지국가의 확립

평화와 전쟁의 시기에 정부의 목표는 통치자 혹은 특정 민족의 영광이 아니라 보통 사람들의 행복이다. … 승리의 목적은 지난 시기보다 더 좋은 세상에서 살게 되는 것이다.

—W. H. Beveridge

전쟁은 뜻밖에도 사회진보의 위대한 엔진으로 밝혀졌다.

—C. Jones

1. 국가 책임주의 확립: 대공황, 전쟁, 전체주의의 등장

오늘날 우리가 복지국가(*welfare state*)라고 부르는 역사적 실체로서의 자본주의 국가의 변형체는 대공황과 두 차례의 세계대전을 겪으면서 완성되었다. 그 시기는 대략 1945년을 전후하여 1950년 이전이 될 것이다.[1] 이러한 맥락에서 해밀턴(Hamilton)은 영국의 경험을 근거로 이 시기를 '확고하고 의미심장한 사회적 진보(Pierson, 1991:116 재인용)'의 시기로 규정했는데 이는 결국 복지국가의 정착을 위한 시기로 해석할 수 있겠다.

이 시기를 규정짓는 가장 주목할 만한 특징은 인류가 역사상 그 유례를 찾아볼 수 없는 엄청난 규모의 대공황과 두 차례의 세계대전을

1) 복지국가의 완성 시기를 이후 '복지국가의 황금기'와 구분하는 시기는 학자에 따라 1945년 2차 대전 종료시점으로 보는 경우(김태성 · 성경륭, 1993; Pierson, 1991 등)와 1950년 이후로 보는 경우(원용찬, 1998; Midwinter, 1994 등)로 나뉘고 있다. 이 책에서는 1950년을 기준으로 구분하기로 한다.

겪었다는 점이다. 또한 이 두 가지 끔직한 경험의 와중에서 유럽과 아시아를 중심으로 전체주의 국가가 등장했는데, 하나는 히틀러(A. Hitler)의 독일과 무솔리니(B. Mussolini)의 이탈리아에서 파시스트(*Fascist*)의 형태로 등장했고, 다른 하나는 1917년 러시아의 볼셰비키 혁명을 시작으로 동유럽과 중국에서 공산주의(혹은 사회주의) 국가 형태로 등장했다. 이를 개략적으로 살펴보면 다음과 같다.

1) 대공황

이 시기의 사회복지에 영향을 준 사건 중의 하나가 대공황이었다. 1929년에 미국 증권시장을 무기력하게 만드는 것으로 시작한 대공황은 당시 자본주의 국가에서 새로운 강자로 부상하고 있던 미국을 비롯하여 세계 자본주의 산업국가에 경제적·사회적으로 매우 큰 충격을 주었다. 미국을 예로 몇 가지 지표를 보면 실질국민총생산(GNP)은 1929년 1조 8천 1백 80억(1954년 경상가격)에서 1933년에는 1조 2천 66억 달러로 2/3로 감소했다. 1939년이 되어서야 실질국민소득이 1929년 수준으로 회복되었다. 이 과정에서 개인은 소득의 상실은 물론 자산의 상실에 의해서도 고통을 받았다(Rimlinger, 1991:262). 또한 공장이 멈추고 대규모 해직사태가 발생하면서 1933년 3월에는 전체 노동인구의 29%인 1천 5백만 명 정도가 실업 상태에 있었다. 그리고 1930년대 전체로 보면 평균 실업률이 전체 노동인구의 18%를 유지했다(Rimlinger, 1991:262). 노동자들은 실낱같은 기대로 일자리를 구하려 아우성쳤고, 비상급식소가 곳곳에 등장했으며, 물질적 고통을 능가하는 정신적 고통이 대공황을 겪는 사람들의 가슴을 무겁게 짓누르고 있었다(Buchholz, 1998:283).

이렇게 유례를 찾기 힘든 사회·경제적 위기는 경제와 국민생활에 대한 개입자 및 관리자로서의 국가 위상을 높이는 데 큰 영향을 주었

〈그림 9-1〉 1938년 1월 미국에서 실업급여가 실시되자 급여신청을 위해 길게 줄을 서 있다. 이 당시 노동 인구 중 약 1,000만 명 가까이가 실업자였고 22개 주에서 실업 급여를 지급하였다. 찰리 채플린의 영화들을 보면 당시의 상황을 간접적으로 알 수 있다.

다. 즉 대량실업에 의한 빈곤은 민간과 지방 차원에서는 도저히 감당할 수 없는 문제였고, 빈곤에 대한 구조적이고 체계적인 발견은 좀더 영구적 국가차원의 사회복지 프로그램을 요구하게 되었다(Dolgoff & Feldstein, 1984:82).

가장 극적인 예를 보여주는 나라는 미국이었다. 미국은 전체보다 개체를 중시하는 사회진화주의(*social darwinism*)의 영향으로 개인주의와 자조정신이 유럽의 영국과 프랑스보다 강하였다(원용찬, 1998:74~75). 사회진화주의는 자유방임주의(*laissez-faire*)와 같이 개인주의의 경쟁원리에 근거한 것이었지만 경쟁의 중요성, 사회 내부적 불평등의 정당화, 불간섭의 원칙을 더욱 강조하는 것이었다(원용찬, 1998:74 재인용). 이러한 사상적 기초는 미국민으로 하여금 국가의 개입과 책임에 의한 빈곤 구제 및 사회보호에 대하여 거부감을 갖게 하였고 미국의 사회보장을 지연시키는 원인으로 작용하였다(Rimlinger, 1998:3장). 하지만 대공황 이후 1930년대를 거치면서 연방정부는 점차 국민의 생활과 경제에 개입하여 중요한 역할을 하기 시작했다. 국민의 사고와 행동 속에 자유주의와 개인주의적 전통이 가장 강하게 남아있던 미국에서조차 대공황을 경험하면서 국가 개입에 대한 정당성이 크게 증진되었다는 점은 주목할 만한 변화였다.

총수요관리에 초점을 둔 케인스(J. M. Keynes) 경제이론은 국가의 경제정책의 주요한 수단으로 등장하기 시작했으며, 총수요 증가를 위한 다양한 재정정책이 시행되는 계기를 마련해주었다. 미국은 뉴딜(*New Deal*) 정책이 보여주는 것처럼 총수요를 자극할 수 있는 대규모 공공사업을 벌여 실업을 줄이고 이를 통해 수요를 진작시켰으며, 1935년에는 사회보장법(Social Security Act)을 연방정부 차원에서 입법하여 빈자들에 대한 긴급구호를 실시하였다. 영국을 비롯한 유럽국가들 역시 1930년대의 대공황을 극복하기 위해 케인스 이론을 도입하여 완전고용과 실업구제정책을 추진하였다(원용찬, 1998:76). 후술하겠지만 이는 곧 1950년대 이후 복지국가의 황금기 구현에 중요한 역할을 한 혼합경제가 정착하기 시작했다는 데 역사적 의미가 있었다.

2) 세계대전

두 차례의 세계대전은 참전국은 물론 인류사회에 엄청난 인명 피해와 경제적 손실을 초래했다. 유럽은 1차 대전 기간 중 약 800만 명이 목숨을 잃었으며 미국에서도 약 15만 명이 사망하였다. 또한 전쟁에 들어간 총 경비는 영국이 국가 총자산의 32%, 프랑스는 30%, 독일은 22%였으며 미국이 약 9%였다. 1913년을 100으로 할 때 1920년의 공업생산지수는 미국이 141, 영국이 100, 프랑스가 62, 독일이 61이었다(Beaud, 1987:5장). 미국을 제외한 유럽 국가들의 피해가 매우 컸음을 알 수 있다.

1차 대전 이후의 상황은 더욱 암울하게 전개되었다. 유럽 전체에서 제조업 부문의 생산은 1920년에서 1921년 사이 9.5% 감소하고 영국에서는 실업률이 2%에서 11%로 증가했으며, 미국에서는 생산이 20% 하락했고 실업률이 11.5%에 달했다(Armstrong, Glyn, & Harrison, 1993:25). 1920년에서 1922년 사이에 영국에서 물가는 27% 하락했고 같은 기간에 독일의 물가는 거의 15배나 상승했다(Armstrong, Glyn, & Harrison, 1993:25~26).

2차 세계대전은 서구 자본주의 국가들을 더욱 궁지에 몰아넣었다. 사무엘슨(Paul Samuelson)은 1943년에 최악의 양상으로 전개되는 인플레이션과 디플레이션의 악몽 같은 조합 가능성을 제기하면서, 어떠한 경제도 이전에 경험해 보지 못한 최악의 실업률 및 산업혼란의 도래를 우려하기도 했다(Samuelson, 1943:5; Armstrong, Glyn, & Harrison, 1993:26 재인용). 이러한 경제적 거시지표 이외에도 도시지역의 대규모 난민 발생, 지방으로의 아동 소개(*evacuation*) 및 전사 등으로 인한 가족 해체, 주택의 파괴, 배급(*ration*), 기아, 질병 등으로 인해 수많은 빈곤자와 보호가 필요한 클라이언트를 양산했다(Jones, 1991:121; Armstrong, Glyn, & Harrison, 1993:1장).

이렇듯 세계대전, 특히 2차 세계대전이 초래한 엄청난 재난은 경제위기와 함께 국가의 강력한 사회복지 프로그램을 필요로 하는 수많은 사회 문제와 욕구를 발생시켰다. 전쟁은 대공황의 영향과 마찬가지로 기존의 모든 공적·사적 복지제도들을 파산시키거나 작동 불능의 상태로 만들어 버렸으며(김태성·성경륭, 1999), 이는 국가의 책임과 개입을 당연한 것으로 만들었다.

2차 대전이 끝날 무렵 구미의 각 정부들은 국민들의 건강과 안녕에 대하여 놀랄 만큼 커다란 관심을 가지게 되었다. 그리고 빈자는 물론 거의 모든 사회계급의 고통에 대한 보호가 국가의 의무인 동시에 중요한 기능으로 간주되었다(Titmuss, 1950:506). 이처럼 전쟁은 예상치 않게 '사회진보의 위대한 엔진'으로 작용했는데, 이때 사회적 진보란

▎〈이코노미스트〉(*Economist*, 1946. 1. 26) 기사
비극은 거대하다. … 유럽의 가난한 도시 주민들은, 아마도 유럽의 4억 인구 중 1/4 가량은 올 겨울에 굶주리게끔 운명 지어져 있다. 그들 중 일부는 굶어 죽었을 것이다. … 재앙의 중심지는 여러 곳이다. 바르샤바에서는 1만 명이 굶어 죽을 것이라고 한다. 헝가리 부다페스트에서는 기근으로 인한 사망자가 거의 100만에 달할 것이다. … 파리와 프랑스 대도시들은 새로운 식량위기에 직면해 있다. 칼로리와 영양 상태에 대한 이상의 열거는 참상의 진면목을 묘사하기에 부족할 따름이다. 기아의 소름끼치는 동반자들 — 결핵, 이질, 장티푸스, 구루병 등 — 이 창궐하고 있으며 임산부와 젖먹이의 사망 수는 섬뜩할 지경이다.
〈자료〉 Armstrong, Glyn, & Harrison, 1993:24~25 재인용.

새로운 이타주의(*altruism*)와 사회정의에 대한 열정으로 표현되기도 하였다(Jones, 1991:121). 즉 전쟁을 겪으면서 공통적으로 경험한 전례 없는 궁핍과 위험은 사회계급간의 차이를 감소시켰으며, 새로운 공동체에 대한 기대는 좀더 개방적이고 평등한 사회에 대한 요구로 나타났다(Jones, 1991:121~122). 이러한 변화는 총력전 양상의 전쟁에서 승리하기 위해 구미 국가들이 국민 동원 전략의 효과적 수단으로 한 약속, 즉 종전 후의 평화 시에 더 나은 삶을 보장할 것이라는 약속의 결과이기도 했다(김태성 · 성경륭, 1993:104~105).

3) 전체주의의 등장

역사적으로 보면 20세기 전반의 역사는 자본주의에 대한 가장 강력하고도 위협적인 새로운 체제가 인류 앞에 구체적으로 등장한 시기였다. 바로 공산주의와 사회주의의 등장이다. 또한 자본주의 내부에서도 제국주의전쟁으로 불리는 1차 대전을 거치고 1920년대와 1930년대를 거치면서 파시스트 국가가 등장하였다. 의회민주주의가 발전하던 시기의 서구국가들에 대하여 새로운 전체주의 국가들이 강력하고도 무시할

수 없는 세력으로 등장한 것이다. 이들 서구민주주의 국가와 전체주의 국가들은 2차 대전이라고 하는 미증유의 전쟁에 돌입하게 되었다.

2차 대전의 과정에서 서구민주주의 국가들은 전체주의 국가들에 대한 견제를 분명히 하였다. 즉 서구국가들은 자신들의 제국주의적 이해관계와 대립되는 차원에서 분명히 파시스트 제국들을 물리치고자 하였으며, 다른 한편으로는 가능하면 파시스트 제국에 의해서 소련이 파괴되기를 기대하고 그것을 위해 필요하다면 자신들의 군사원조도 제공할 수 있다고 생각했다(Foster, 1986:43장). 이러한 적대적 대응이 정치와 외교 부분에만 적용된 것은 아니었다. 미국의 보험사업자들은 국가보험기금에 대해서 볼셰비즘의 위협을 느꼈다(Rimlinger, 1991:3장). 비록 미국적 상황에서 국가의 개입주의를 반대하고 민간보험을 유지하려는 맥락에서 제기되는 것이었지만, 공산주의에 대한 공격이 반독일 감정과 뒤섞여 폭발하였다는 것은 서구민주주의국가들에 있어서 전체주의에 대한 두려움이 곳곳에 스며들고 있었음을 보여주는 것이었다(Rimlinger, 1991:107~108).

사실 국가는 발생의 국면에 있었던 복지만큼이나 의미 있는 개념이다. 파시스트(*fascist*) 국가인 독일, 스페인, 이탈리아, 일본 혹은 공산주의 국가인(*communist*) 러시아 같은 권력국가(*power state*)도 비록 독재적일지라도 모든 구성원에게 구제(*succor*)를 제공할 수 있었다. 이는 제한받지 않는 자유방임적 시장의 힘이 너무도 많은 사람들을 사회적 위험에 방치하고 있었던 의회민주주의 사회에게는 분명히 위협적이었다(Midwinter, 1994:95). 이러한 위협은 러시아에서 볼셰비키 혁명이 성공하고 난 이후 거의 모든 서구 국가들에게 드리워진 두려움이라고 할 수 있었다. 따라서 서구 국가들은 이러한 위협에 대응하기 위하여 모든 시민에 대하여 보호와 지원을 약속하고 실행해야 했다. 이러한 공적 책임은 종전 후에 집합적 공공재 및 서비스 제공을 위한 국가의 계획에 찬동하는 합의 분위기로 이어졌다.

이상과 같은 세 가지 큰 흐름 즉 경제적 측면에서의 대공황, 세계대전, 그리고 정치적 차원에서 파시스트 국가와 공산주의 국가라는 전체주의의 등장은 서구자본주의 국가들에게 사회복지와 관련하여 적어도 다음과 같은 공통의 영향을 주었다. 이 세 가지의 경험은 '사회정책의 완전한 국유화'에 심각한 장애물이 제거되고 1945년 이후 복지국가의 성립과 확장에 대하여 논쟁의 여지가 없도록 해주는 것이었다(Pierson, 1991:116). 즉 자유난민에 대한 민간단체 혹은 자선단체의 원조가 전적으로 부적절하고, 사적 보험계약자들에 있어 많은 심각한 사회문제들이 보험통계적으로 건전한 보험 용량을 초과한다는 것(Ashford, 1986:107)을 의미했다. 또한 기존에 존재하던 모든 제도들이 무기력하여 그 대안으로 국가의 책임과 적극적 개입이 보편적 제도로서 큰 반대 없이 등장하고 있었음을 의미했다.

2. 복지국가 확립을 위한 동인(動因)들

앞에서 본 정치·경제·사회적 격변을 통해 좌파든 우파든 국민생활의 보호와 지원에 대한 국가의 책임과 개입, 혼합경제의 수용, 노동자에 대한 노동자로서의 권리 인정, 국가의 완전고용 책임 등에 대한 합의(*consensus*)가 이루어졌다. 이러한 합의를 통해 2차 대전 이후에 복지국가가 안정적으로 정착했다고 할 수 있다. 하지만 이러한 외적 충격만으로 복지국가의 구체적 구조와 내용들이 자동적으로 확보되는 것은 아니었다. 아주 멀게는 16세기 이후의 구빈법 전통과 1883년 비스마르크(Bismark)의 사회보험 도입, 그리고 19세기 이후에 발전하기 시작한 민간 자선사업의 전통이 다양한 진화과정을 거치면서 확대된 결과라고 할 수 있다. 그럼에도 불구하고 다음과 같은 몇 가지 계기와 동인은 전후 복지국가의 확립에 중요한 역할을 담당했다.

1) 노동조합과 사민주의의 정치세력화

서구 유럽에서 1870~1939년의 노동운동은 권력블록으로부터 격리된 채 주변부에 머물러 있던 노동계급이 정치와 기업경영 영역에서 권력을 획득하려는 과정으로 이해된다. 특히 1914년 이후 1939년까지는 정치세력화의 관점에서 볼 때, 사민주의 개화기에 해당하는 시기로서 노동운동이 부르주아적 정치논리를 수용하면서 정치적 지지시장의 확보를 통한 권력에의 길을 다지고자 했던 기간이라고 할 수 있다(송호근, 1999:2장).

19세기부터 조직화되기 시작한 노동운동은 1920년대 기점으로 노동계급의 정치적 분화를 완료하였고, 서구의 정치적 정당들은 부르주아 및 지주계급 정당(보수당, 자유당, 농민당)과 노동계급 정당(사민당, 노동당, 공산당)의 유형으로 크게 분화하였다. 실제로 대공황과 전쟁이라는 절박한 상황에서 미국의 민주당, 영국의 노동당, 유럽대륙국가의 사회민주당 등 진보적 정당들이 등장하여 집권에 성공하였다.

이들 정당들은 조직화된 노동계급, 개량적 자본 분파, 그리고 많은 중간계급 성원 및 농민들과 연합하여 개혁적 선거연합을 이루었고 이를 통해 국가권력을 장악해 갔다(김태성·성경륭, 1993:104~112). 특히 이 시기의 사회복지 입법이나 제도의 형성에는 선거 국면에서 사회민주당 및 그에 연계된 노동자·농민의 계급적 힘이 상당히 중요한 역할을 하였다. 스웨덴의 경우 1932년 선거에서 노동계급과 농민당과의 적-녹 동맹(*red-green alliance*)을 통하여 사민당이 집권한다. 이를 통하여 노동계급에게는 복지개혁과 완전고용을, 그리고 농민들에게는 농업가격 지원을 내용으로 하는 정책의 타협을 만들었다(Pierson, 1991:122). 이러한 움직임은 1933년 덴마크 사민당 정부의 사회개혁법(*social reform act*), 1938년 뉴질랜드의 사회보장법 등을 통해 확대된다.

하지만 복지국가를 향한 질주는 노동계급의 일방적 주도로 이루어진 것은 아니었다. 여기에는 2차 대전 후 복지국가를 황금기로 유지시킨 계급간의 대타협이 있었다. 즉 이미 2차 대전 종결 이전에도 사민주의와 조직화된 자본 간에 조정과 타협이 이루어지고 있었다. 스웨덴을 예로 들면 자본소유의 즉각적 사회화에 대해 압력을 가하는 전통적인 사회주의 정책을 추구하기보다는 역사적 절충안(*historical compromise*)을 택하였다. 즉 노동조합의 권리에 대한 보증을 조건으로 작업장 내에서 자본이 관리상의 특권을 그대로 유지할 것이며 자본주의 경제성장이 고무될 수 있음을 보장했다(Pierson, 1998).

아직 모든 자본주의 국가들에서 노동계급의 조직화와 이에 기반을 둔 좌파 정당이 등장한 것은 아니었다. 하지만 1920년대 이후 1950년까지 유럽과 미국에서는 좌파정당과 진보 성향의 정당들에 의해서 다양한 복지 제도들이 만들어졌다. 특히 1945년 종전 이후 등장한 영국의 애틀리(C. Attlee) 노동당은 베버리지(Beveridge) 보고서에서 확립한 포괄적 사회보장 프로그램과 원칙을 반영한 국민산업재해법(National-Industrial Injury Act), 가족수당법(Family Allowance Act), 국민보건서비스법(National Health Service Act), 국민부조법(National Assistance Act) 등을 제정했다. 이는 복지국가 완성을 상징적으로 보여주는 것이었다.

2) 케인스와 혼합경제의 성립

1929년 대공황이 세계 자본주의를 덮치면서 고전파 경제학은 몰락의 길을 걷게 되었다. 케인스의 주 공격 대상은 세이의 법칙(*Say's law of market*)이었다. 즉 케인스는 공급이 수요를 창출한다는 대단히 낙관적인 고전파의 주장을 의심했다(Buchholz, 1998:285~286). 세이의 법칙이 사실이라면 대공황이나 실업은 발생하지 않고 언제나 완전고용 상태에 있어야 했다. 하지만 대공황은 현실이었으며 케인스에게 불황이란 총수요가 총소득에 미달하는 경우 발생하는 것으로 인지되었다(Buchholz, 1998:289~290). 즉 사람들이 소비를 충분히 하지 않으면 상품은 팔리지 않고, 기업은 감원을 할 것이며, 총생산량(GNP)은 감소할 것으로 보았다.

따라서 케인스의 입장에서 최선의 불황 타개책은 소비를 진작시키는 것, 즉 총수요를 진작시키는 것이었다. 그렇다면 누가 소비를 늘릴 것인가? 이미 기업은 파산상태였으며 노동자들(가계)은 직장도 돈도 없었다. 결국 소비를 늘려 생산량과 수요량의 차이를 극복할 수 있는 주체는 정부가 유일했다. 정부는 재정 정책(정부의 지출과 조세 정책)을 사용하여 총수요(총소비)를 조절해야 했다. 즉 경기가 침체되면 세율을 낮추고 정부지출을 늘리며 경기가 과열되면 세율을 올리고 정부지출을 줄여야 했다.

이러한 케인스의 논리는 사회복지에 있어서 대단히 중요한 의미를 가지고 있었다. 정부의 재정지출은 크게 공공사업 및 정부 소비 부문과 사회부문(복지, 교육 등) 지출로 나눌 수 있다. 따라서 대공황 당시 미국의 뉴딜 정책과 같이 대규모 공공사업을 통하여 일자리를 늘리고 실업을 줄여 소비능력을 증진시키며, 사회보장급여를 통해 구매능력을 늘리는 것은 불황타개를 위한 케인스 이론과 궁합이 맞는 것이었다. 실제로 케인스는 미국의 루스벨트 대통령에게 국민소비계획의 추진을 권고하여 뉴딜 정책과 사회보장지출을 늘리는 데 영향을 주었으며 이후 30여 년간 미국의 경제정책에 중요한 역할을 하였다(Buchholz, 1998:294~298).[2] 또한 완전고용을 전제로 국민의 소득안정을 꾀하고자 하는 베버리지 보고서 역시 국가의 재정지출 영역의 구체적 프로그램이란 점에서 케인스의 전략과 합치하는 것이었다.

---

2) 케인스는 미국의 승수를 2.5로 추산하여 국민소비계획의 추진을 루스벨트 대통령에게 권고하는 편지를 보내기도 하였다(Buchholz, 1998:294~295 참조).

대공황을 이겨내면서 국가는 케인스 이론에 따라 경기순환을 조절하기 위해 재정금융정책을 적극적으로 시행하게 되었으며 경제에 있어 완전자유방임은 포기되었다. 또한 모든 나라가 복지국가를 향하여 여러 가지 사회보장제도를 확대하였다(조순, 1986:23). 이는 자본주의를 완전히 포기한 것이 아니라 국가에 의해 보완되는 것이었으며(Buchholz, 1998:296) 민간부문의 활동과 정부부문의 활동이 공존하고 혼합된 이른바 혼합경제(*mixed economy*)의 경제운용방식이었다. 이는 결국 복지의 확대를 경제적 측면에서 정당화시켜주는 이론적, 실천적 무기라고 할 수 있었다.

3) 베버리지 보고서

베버리지(Beveridge) 보고서는 앞에서 살펴본 것처럼 대공황과 세계대전을 경험하는 과정에서 국가의 책임과 개입에 의해 선별주의적 구빈법 체계로부터 탈피하여 보편적이고 보다 평등한 사회를 지향하고자 하는 정치·사회·경제적 분위기에서 등장하였다.[3] 1942년 발간된 베버리지 보고서(Social Insurance and Allied Services)는 전후 국민보험(National Insurance)의 기초를 제공했고 복지국가를 떠받치는 일련의 원칙과 전제들을 제공하였다(Cochrane, 1998:301~306). 이러한 의미에서 베버리지는 케인스와 함께 전후 복지국가의 상징이 되었으며 복지국가는 종종 '베버리지의 자식(*children of Beveridge*)'으로 여겨졌다(Cochrane, 1998:301).

베버리지의 주요 공격 대상은 5대 거인(*giants*)으로 표현된 결핍(*want*), 질병(*disease*), 무지(*ignorance*), 불결(*squalor*), 나태(*idleness*)로 특히 빈곤이 주요 퇴치 대상이었다(이인재·류진석·권문일·김진구, 1999:83

3) 베버리지 보고서의 작성과 관련된 다양한 논의는 김상균(1987)을 참고할 것.

~87). 이러한 5대 거인을 퇴치하기 위해 사회보장 프로그램을 제시한 것이 베버리지 보고서이다. 베버리지는 사회보장 계획의 기본 원칙을 다음의 세 가지로 요약했다(Jones, 1991:125~126). (1) 미래를 위한 어떤 제안도 이해관계자 집단에 의해 제약되어서는 안되며, (2) 보고서의 사회보장 계획이 주로 결핍(*want*)의 퇴치와 소득보장에 초점을 두고 있지만 이는 사회진보를 위한 포괄적 정책의 일부로서 간주되어야 하며, (3) 사회보장은 정부와 민간의 협력(*co-operation*) 의해 달성되어야 한다는 것이었다. 이러한 조건하에서 사회적 진보를 위한 포괄적 정책의 일부, 즉 5대 거인 중 결핍(빈곤)에 대한 대응으로서 사회보장 프로그램을 제시하였다. 이것의 주요 내용은 〈표 9-1〉과 같다.

현재 시점에서 주목할 점은 그가 사회보장 프로그램의 성공을 위해 제시한 세 가지 전제이다. 즉 아동수당, 포괄적 의료 및 재활 서비스,

〈표 9-1〉 베버리지(W. Beveridge)의 사회보장 프로그램

주 제도(*main method*)	보조 제도(*subsidiary methods*)
* 강제적(*compulsory*) 사회보험의 원칙 1. 정액급여(*flat-rate benefits*)의 원칙 2. 정액기여(*flat-rate contribution*)의 원칙 3. 행정책임의 통합(*unification of administration responsibility*) 4. 급여 충분성(*adequate benefits*) 원칙 5. 포괄성(*comprehensiveness*) 원칙 6. 피보험자의 세분(*classification*) 원칙	* 국가부조(*national assistance*): 사회보험에 포함시킬 수 없는 빈자 * 임의보험(*voluntary insurance*): 강제 사회보험 대상자 중에서 소득이 많은 사람들을 위한 소득 비례보험
* 사회보장의 3대 전제(*assumptions*) 1. 아동수당(*children's allowance*) 2. 포괄적 의료 및 재활 서비스(*comprehensive health and rehabilitation service*) 3. 완전고용의 유지(*maintenance of employment*)	

〈자료〉 박광준(1994) p. 42 〈그림 1. 2〉와 이인재·류진석·권문일·김진구(1999) 2장을 참조하여 재구성. 사회보험의 6가지 원칙에 대한 설명은 이인재·류진석·권문일·김진구(1999) 2장을 참조.

〈그림 9-2〉 1943년 뉴욕의 한 기자회견에서 베버리지가 그의 계획에 대하여 설명하고 있다.

완전고용이 왜 전제 조건으로 필요했는가이다. 아동수당은 그의 사회보장 프로그램이 '남성 가장 소득모델(*male breadwinner model*)'을 가정하고 있다는 데서 비롯된다. 하지만 남성임금은 가구 규모를 고려한 가족임금(*family wage*)이 아니라 개인 단위의 임금이다. 따라서 가구단위의 소득 유지를 위해서 그리고 빈곤함정(*poverty trap*) 유발을 피하기 위해 보편적 급여의 수당제도가 필요했다(Cochrane, 1998:304~305). 또한 포괄적 의료 및 재활서비스는 궁극적으로 질병 급여나 장애 급여 등에 대한 수요를 줄임으로써 사회보장 프로그램의 재정 안정을 도모할 수 있다는 의미가 있었다. 마지막으로 사회보험을 중심으로 한 사회보장 프로그램은 무엇보다도 보험료를 지불할 수 있는 완전고용이 절대적으로 요구되며 이는 또한 사회보장 프로그램과 여타 정책을 위한 중요한 세원확보의 전제조건이기도 하였다(Cochrane, 1998:301).

확실히 베버리지 보고서는 재분배적 조세제도 및 최저수준의 생활보장과 같이 평등주의적이고 보편주의(*universalism*)적이며, 시민들을 통합할 수 있는 중요한 수단을 제공하는 혁명적인 것이었다. 이는 기존의 구빈법 체계를 실질적으로 폐기했다는 것을 의미하였다. 1930년대의 대량실업에 대한 대응으로서 구빈법 체계는 실질적으로 많은 변화를 겪었다. 하지만 1940년대 노동당 정부가 등장하면서 구빈법에 기초한 소득 유지책임은 국가가 담당하게 되었으며 실질적으로 구빈법 체계가 무너지게 되었다.

이제 더 이상 빈자들은 가치 있는 빈자(*deserving poor*)와 가치 없는 빈자(*undeserving poor*)로 구분되지 않았으며, 더 이상 지방 차원에서 빈자들을 관리하려는 의도도 없어졌다. 이제는 모든 노동자와 그 부양자 및 취약 계층이 사회보험을 중심으로 하는 사회보장의 대상이 되었다(Cochrane, 1998:306). 모두가 돈을 지불하고 모두가 급여를 받는 '주고받기 식(*give and take*)'의 보편주의적 제도가 된 것이다. 이러한 의미에서 베버리지 개혁 프로그램은 사회복지 발달 과정에서 전혀 다른 출발점을 제시한 것으로 평가할 수 있다. 그럼에도 불구하고 구빈법 원리 중에서 자산조사(*means-test*)와 열등처우의 원칙(*less eligibility*)이 여전히 존속하였고 이후 사회복지의 발달 과정에서 계속적인 영향을 주게 된다.

4) 국제적 노력[4)]

복지국가가 확립의 동인에는 2차 대전 중에 그리고 종전 후에 국제적 차원에서 시도한 사회보장 발전을 위한 노력들도 포함되어야 한다. 가장 대표적인 것이 대서양 헌장, UN 인권선언, 국제노동기구(ILO) 노력, 국제사회보장협회(ISSA)의 노력이었다.

1941년 미국의 루스벨트 대통령과 영국의 처칠 수상은 역사적인 '대서양 헌장'을 발표하였다. 대서양 헌장은 2차 세계대전 후의 세계 질서를 논의하고 사회보장의 실현을 위해 국가간 경제적 공동 작업을 제안하기 위한 것이었다. 여기에서 2차 대전의 승리를 위한 정치적 슬로건으로 '공포와 결핍으로부터의 자유(*freedom from fear and want*)'를 제시하였으며 이의 내용이 사회보장이었다.

---

4) 이 부분의 내용은 이인재·류진석·권문일·김진구(1999)의 1장과 권오구(2000)의 5장에서 발췌·정리하였음. 자세한 내용은 두 자료를 참고.

이러한 대서양 헌장의 슬로건은 서방 국가들로 하여금 사회보장권리를 국민의 기본권으로 인정하는 계기로 작용했으며 이러한 정신이 베버리지 보고서에 반영되었다고 할 수 있다. 이어 1948년 UN의 인권선언에서는 사회보장의 권리개념의 근거라고 할 수 있는 "모든 인간은 사회구성원으로서 사회보장을 받을 권리가 있다"는 규정을 두어 대서양 헌장의 정신을 반영하였다. 하지만 대서양 헌장은 선언적 의미와 이후의 파급력에도 불구하고 구체적 프로그램이나 사회보장의 수준들을 제시하지는 못했다(이인재 · 류진석 · 권문일 · 김진구, 1999:20).

오히려 사회보장이 2차 대전 후에 구체적 제도로 자리잡아 가는 데는 국제노동기구와 국제사회보장협회의 노력이 상대적으로 컸다. 1919년 창설된 국제노동기구는 1942년 《사회보장의 길》(*Approach to Social Security*)을 발간했으며, 1944년에는 소득보장의 권고(67조), 의료보장의 권고(69조), 고용서비스 권고를 사회보장법 체계의 3대 기본요소로 채택하였다.

1927년 질병보험을 확대하고 강화하기 위해 창설된 국제사회보장협회는 사회보장의 주무관청, 즉 국가행정기구를 회원으로 하여 구성되었다. 곧이어 활동영역을 노령, 장애, 유족연금까지 확대하였다. 이후 국제사회보장협회는 1944년 필라델피아의 국제노동기구 회의에서 사회보장조직 간의 협력, 사회보장에 관한 정보의 공유, 공통의 문제에 대한 연구 증진을 결의하는 등 복지국가의 정착과 사회보장제도의 발달에 많은 영향을 미쳤다.[5]

---

5) http://www.aiss.org 참조.

3. 복지국가의 확립 : 법과 제도의 확대 발전

위와 같은 역사적 배경과 계기들에 의해 2차 대전 후 1950년에 이르는 사이에 현대적 의미의 복지국가가 완성되었다. 복지국가(*welfare state*)라는 용어는 1934년 옥스퍼드(Oxford) 대학의 짐메른(Alfred Zimmern)이 사용한 신어로서, 1941년 캔터베리 대주교(The Archbishop of Canterbury)인 템플(William Temple)이 독일 나치의 전쟁국가(*warfare state*)에 대하여 전후 영국이 평화와 안정이 보장된 복지국가가 되어야 한다고 주장한 후 널리 유행하게 되었다(권오구, 2000 : 130~131; Midwinter, 1994 : 94~96). 한편으로는 1940년 이미 카(E. H. Car)에 의해 야경국가(*night watchman state*)에 대한 반대개념으로 20세기에 복지국가가 필요하다는 주장도 있었다(권오구, 2000 : 130~131).

하지만 초기 복지국가 개념은 자유기업이나 자본주의 국가에 반대하는 개념보다는 당시 새로운 세력으로 등장한 유럽의 전체주의 국가를 지칭하는 권력국가(*power state*)에 반대하는 개념으로 주로 사용되었다(Midwinter, 1994 : 94). 이후 2차 대전이 종결되고 복지국가가 완성될 무렵에는 혼합경제와 복지제도의 확대처럼 국가 개입이 더욱 확대되면서 순수 자유방임적 자본주의에 반하는 개념으로도 이해되기에 이르렀다.

이러한 복지국가의 확립은 어느 날 갑자기 주어진 선물이 아니었다. 사실 베버리지 보고서에서 제시된 원칙들은 혁명적이었지만 그러한 원칙들은 이미 대공황 이후에 부분적으로 그리고 여러 제도들을 통해 나타나고 있었다. 따라서 복지국가의 확립은 진화적 과정의 산물이었다. 다만, 이전의 산발적이고 단편적으로 존재하던 원리들과 새롭게 등장하던 원리들이 베버리지 보고서에서 사회보장 프로그램의 원칙들로 정리되고 창조적으로 발전하면서 비로소 현대적 복지국가가 완성되었다고 할 수 있다.

1) 제도 확대의 양상

두 차례의 세계대전과 대공황의 경험은 복지국가의 확립 과정에서 제도적 확충, 복지수혜자 범위의 확대, 복지예산의 증대와 같은 양상으로 나타났다(김태성·성경륭, 1993:105~112).

첫째, 제도의 확충으로 2차 대전 후 1950년 이전 시기까지 서구 선진국가에서는 현대적 사회복지제도를 구성하는 거의 모든 제도를 완비하게 되었다. 〈표 9-2〉는 실업보험과 가족수당이 어느 시기에 도입되었는가를 나타내고 있다. 일반적으로 실업보험과 수당제도(*allowance*)는 다른 사회보험과 공공부조에 비하여 시기적으로 늦게 등장하였다. 그 이유는 실업보험의 경우 일을 하지 않는 사람에게 급여를 준다는 점에서 이데올로기적으로 사회적 합의가 쉽지 않았기 때문이며, 수당제도는 대상자 수에서 보편적이면서도 기본욕구를 충족시켜주어야 하기 때문에 재정부담이 매우 컸기 때문이다. 실제로 실업보험을 보면 16개 국가 중에서 9개 국가가 1920년 이후 도입하였고, 가족 수당은 모든 국가에서 1920년대 이후에 등장했으며 다만 독일, 덴마크, 스위스는 1950년 이후에 도입하였다.

둘째로 사회복지 수혜자 범위가 엄청나게 확대되었다. 산재보험, 질병보험, 노령연금, 실업보험 등 네 가지 복지제도에 의해 보호되는 대상자 수를 1890년 이후 1970년까지 시계열적으로 분석한 플로라와 앨버(Flora and Alber)에 따르면, 전체적으로 보아 1919년까지는 약 27% 수준에 머물러 있었다. 그러나 1920년에서 1945년 사이에 약 60%로 급상승한 것으로 나타났다. 또한 국가 간의 차이를 보면 1차 대전 이전에는 어느 정도 동질적 분포를 보였으나 두 차례의 세계대전 사이에는 국가 간의 차이가 다양해져 수혜 범위에 있어서 편차가 커지는 등 이질적 특성이 증가하였다. 이러한 국가 간의 편차는 1950년까지 지속되는 경향을 보였다(Flora and Alber, 1981:54~57).

셋째로 복지 예산이 확대되었다. 1920년을 기준으로 보면 9개 국가가 GDP의 3% 이상을 사회분야에 지출하였다. 그러나 1940년이 되면 거의 모든 국가들이 GDP의 5% 이상을 사회지출에 투여하고 있었다. 일반적으로 사회복지 지출에 가장 소극적으로 알려진 미국조차도 유럽 국가들 못지않게 사회분야에 대한 공공재정의 팽창을 보였다(Pierson, 1991:111~113). 또한 전후 집합주의에 대한 거부로 신자유주의적[6] 경

〈표 9-2〉 복지국가 확립기의 제도적 확충

국가	실업보험	가족수당
프랑스	1905	1932
노르웨이	1906	1946
덴마크	1907	1953
영국	1911	1945
네덜란드	1916	1940
핀란드	1917	1948
이탈리아	1919	1936
벨기에	1920	1930
오스트리아	1920	1921
스위스	1924	1952
독일	1927	1954
스웨덴	1934	1947
미국	1935	-
뉴질랜드	1938	1926
캐나다	1940	1944
오스트레일리아	1945	1941

〈자료〉 김태성 · 성경륭(1993) p. 106에서 재인용.

6) 여기서의 신자유주의는 정부의 시장개입을 반대하는 1980년대 이후의 신자유주의와 차이가 있다. 여기서는 2차 대전 후 독일이 채택한 '사회적 시장경제'를 뒷받침한 이념을 지칭하는 것으로, 림링거가 말한 일종의 의사-자유주의(*quasi-liberal*)로서 국가의 시장개입을 일정 정도 인정하는 것을 의미한다.

제시스템을 도입한 독일도 1915년에 이미 GDP의 5% 수준을 넘고 있었다. 국가의 전통적 기능은 전쟁에 대한 경제적 지원이었다. 그런데 국가가 GDP의 3~5%를 사회복지를 위해 지출한다는 것은 국가의 전통적 기능을 상대적으로 약화시키고 국가의 복지기능을 새로이 강화했다는 점에서 이전 국가와는 다른 복지국가의 출발이라고 할 수 있다(김태성 · 성경륭:109~110; Pierson, 1991).[7]

〈표 9-3〉 사회적 지출의 증가

국가	GDP의 3% 이상 시기	GDP의 5% 2이상 시기
프랑스	1921	1931
노르웨이	1917	1926
덴마크	1908	1918
영국	1905	1920
네덜란드	1920	1933
핀란드	1926	1947
이탈리아	1923	1940
벨기에	1923	1933
오스트리아	1926	1947
스위스	1900	1920
독일	1900	1915
스웨덴	1905	1921
미국	1920	1931
뉴질랜드	1911	1920
캐나다	1921	1931
오스트레일리아	1922	1932

〈자료〉 Pierson(1991) p. 173에서 재인용.

7) GDP 대비 3~5%를 복지국가로의 전환을 나타내는 기준으로 삼는 주장(Pierson, 1991:3장)에 대하여 사회복지비가 경제개발비와 국방비를 상회하는 시기를 복지국가로 간주하기도 한다(김태성 · 성경륭, 1993: 111).

2) 시기별 제도의 내용과 특성

1883년 독일에서 사회보험이 등장한 이래로 유럽의 많은 극가들은 산재, 노령, 질병 등에 관한 연금을 꾸준히 확대하였다.[8] 이를 1차 대전 이후에서 2차 대전 전 시기, 그리고 2차 대전 이후 시기로 나누어 살펴보기로 한다.

우선, 1차 대전 후의 사회복지제도의 변화를 보면 다음과 같이 정리할 수 있다(Pierson, 1991:116~118; 권오구, 2000:139~142). 1920년대와 1930년대 전반기에 사회 지출의 점진적은 증가 경향을 보였다. 이는 입법적이거나 행정적 발의가 아니라 연금에 대한 권리의 성숙이나 인구통계의 변화를 통해 이루어졌다. 즉 이미 1차 대전 이전에 도입된 제도들이 1차 대전을 겪으면서 성숙해지고 관련 지출이 증가한 것이다. 호주의 경우 1922년 전쟁연금 수령자가 노령연금이나 장애연금 수령자에 비하여 거의 2배 이상에 이르렀다. 이는 일종의 환치효과(*displacement effect*)로서, 일단 전시의 직접적 수요가 끝났음에도 불구하고, 공공지출의 대대적 감소가 이루어지지 않은 채 정치인, 관료, 납세자로 하여금 공공지출 수준을 그대로 유지하게 만드는 결과가 초래되었다(Pierson, 1991:116~118).

미들마스(Middlemas)에 의하면 이러한 현상은 새로운 형태의 정부통제 및 행정을 필요로 하는 상황이었다(Pierson, 1991:117 재인용). 즉 이 시기는 아직 복지국가가 확립되지는 않았지만 사회보장제도가 확장되어 가는 과정에서 접한 첫 번째의 심각한 재정위기 상황이었다.[9] 대공황의 도래는 가장 먼저 사회복지 급여의 삭감을 야기했으

8) 앞 장의 내용 참고.

9) 피어슨은 첫 번째 복지국가의 재정위기라고 묘사하고 있다(Pierson, 1998). 하지만 엄밀히 말하면, 복지국가가 도래하기 이전이기 때문에 1970년대 이후의 재정위기에 상응하는 '사회보장 확장기의 재정위기'로 이해해야 할 것이다.

나, 심각한 경제 침체 하에서는 더 이상 보험통계상의 균형을 유지하기 어려웠다. 사회 지출에 대한 수요(욕구)가 재원을 조달할 수 있는 경제적 능력과 역으로 관련되었으며, 사회비용을 감소시킴으로써 경제문제를 해소할 수 없다는 것이 증명되었다(Pierson, 1991:117~118).

이러한 맥락에서 본다면 대공황 이후 사회복지 발달사에서 가장 중요한 제도는 미국의 1935년 사회보장법(Social Security Act)일 것이다. 사회보장법의 등장은 역시 경제적 대공황의 충격 때문이었다. 이 법은 다른 사회복지 선진국보다 늦게 등장했으나, 사회보장이란 용어를 법적으로 사용한 점과 자유주의와 개인주의가 강한 미국에서 등장했다는 점이 이 시기의 국가 책임주의와 연결시켜 생각할 때 대단히 상징적이었다. 이 사회보장법의 기본 내용은 〈표 9-4〉와 같다. 확실히 1935년 미국의 사회보장법은 뉴딜 정책의 확대된 사회적 정책이라고 할 수 있으며, 미국의 사회복지제도 확장에 영향을 주었음은 물론 복지국가의 성립에 긍정적 영향을 주었다(Pierson, 1991:118~124).

미국의 자유방임적 전통을 고려하면 미국의 사회보장법은 상당히 집합주의적이라고 할 수 있다. 하지만 실제 입법 내용을 보면 다른 국가들과 비교하여 상당한 제한점을 가지고 있었다(이인재·류진석·권문일·김진구, 1999:81). 복지 급여는 주로 개별 주에 위임되었고 일반

〈표 9-4〉 미국의 1935년 사회보장법의 주요내용

1. 연방-주(*state*) 실업보험 프로그램
2. 아래 사항의 원조를 위해 각 주에 지원하는 연방 프로그램
1) 빈곤한 피부양 아동 2) 맹인 3) 노인
3. 아래 사항에 대한 각 주의 지출에 대한 연방기금 보조(*Matching*)
1) 직업재활 2) 유아와 모성 보건 3) 장애 아동에 대한 원조
4. 연방 노령보험 프로그램

〈자료〉 Berkowitz & McQuaid, 1980:103; Pierson, 1991:120~121에서 재인용함.

조세보다는 역진적 임금과세로부터 기금이 조성되었으며, 개별 주에 대하여 상당한 재량권과 상당히 많은 예외를 인정하고 있었다(Pierson, 1991: 121). 사회보장제도가 뉴딜 정책의 보완적 기제였다는 측면에서 이는 뉴딜 정책의 한계이기도 했다. 즉 시장의 활성화가 정책의 가장 큰 방향이었으며 노동자들의 생활안정을 꾀했음에도 불구하고 시장의 기능을 위축시키는 정책요소들은 최대한 억제되었다(이인재 · 류진석 · 권문일 · 김진구, 1999:2장).

대표적 예가 질병보험이었다. 애초 경제보장위원회는 질병보험에 대한 계획을 가지고 있었으나 미국의사협회는 국가에 의한 제반 통제를 우려하여 질병보험안을 반대하였다. 이에 경제보장위원회는 질병보험제도를 사회보장법에서 독립시키고 차후에 입법할 것을 제안하였다. 그러나 21세기인 오늘에 있어서도 의료보험법은 도입되지 못하고 있다. 이러한 민간영역의 자율성과 관련한 공적 양보 혹은 연방정부의 부담 축소의 양태는 실업보험과 노령연금에서도 나타나고 있다(이인재 · 류진석 · 권문일 · 김진구, 1999).

한편 스웨덴은 경제적 어려움을 경험하고 이를 극복하는 과정에서 미국과 다른 특성을 보여 주었다. 우선 스웨덴은 발달한 관료제와 중앙집권적 전통을 가지고 있었다. 여기에 1932년 사민당이 집권하였다. 1930년대 스웨덴의 사회복지는 사회복지정책의 혁신보다는 케인스식 경제정책이 중심이었다고 이해된다. 하지만 1934년 실업보험제도에 대한 국가의 개입을 강화하기 위한 법을 제정했고(Esping-Andersen & Korpi, 1987) 1933년과 1938년 사이에 (1) 새로운 고용창출 프로그램, (2) 보조금과 이자가 보조되고 건축 대부가 가능한 다자녀 가구를 위한 주택 프로그램, (3) 생활비의 지역적 차이에 따른 연금의 연동화, (4) 모든 어머니의 약 90%에게 지급되는 가족 수당, (5) 무료 출산과 분만 서비스, (6) 신혼부부를 위한 국가의 대부, (7) 모든 민간 · 공공기업 종업원을 위한 2주일 휴가의 도입을 위한 입법을 하였다(Pierson,

1991：123~124).

이러한 스웨덴의 사회복지제도는 미국에 비해 보편적이고 강제적이었으며 1930년대 이미 GDP 대비 사회지출에서 미국(4.2%)보다 약 2배에 가까운 7%를 보이고 있었다. 또한 경제정책 특히 완전고용정책과 사회복지정책이 상당히 밀접하게 연계되기 시작했다. 1930년대 사민당 정부는 완전고용을 위해 케인스 정책을 우선적으로 고수하면서, 경제적 불평등을 감소시키고 교육, 보건, 주택 분야의 욕구를 충족시키기 위해 누진과세를 적용하는 등 보완적 사회정책을 실시했다. 이러한 정책 경향은 2차 대전 후에도 지속되어 복지제도와 완전고용정책이 인플레와 국제경쟁력의 하락을 초래했을 때, 적극적 인력정책(*active manpower policy*)에 의한 노동력의 재개발과 재배치, 연대임금정책(*solidaristic wage policy*)[10]의 자격을 부여하는 렌-마이드너(Rehn-Meidner) 모델의 채택에 의해 보완해 갔다.

다른 많은 국가들도 1920년대와 1930년대에 복지제도의 도입이 있었다. 덴마크는 1933년 사회개혁법(social reform act)을 제정하였고 1926년 최초로 가족수당을 도입했던 뉴질랜드는 1938년 사회보장법을 제정하여 1930년대 후반에 세계에서 가장 포괄적 제도를 갖추었다. 하지만 두 차례의 세계대전 사이에 있었던 제도 확장에 대한 평가는 엇갈리고 있다. 패리(Parry)는 이 시기 복지국가를 위한 독창적 진전이 없었다고 결론짓고 있고, 일부학자들은 1945년 이후 복지국가의 성립을 위한 근본적인 변화가 이 시기에 있었다고 평한다(Pierson, 1991：123~125). 하지만 앞서 기술한 것처럼 베버리지 보고서가 이전 시기와 단절된 채 존재하는 것이 아니라 사회복지의 진화적 과정에서 특별히 창의적이었음을 고려할 때, 이 시기에 있었던 제도의 등장과 발전

10) 특정 회사의 임금 지급 능력과는 상관없이 동일노동 동일임금의 원리에 입각하여 집권화된 임금 협상과 임금 차이의 감소를 허용하는 임금정책.

이 복지국가 성립에 특별히 공헌한 창의적 시기임은 부인하기 힘들다.

2차 대전과 그 이후 1950년까지는 베버리지의 원리가 적극적으로 반영되어 현대적 사회복지 프로그램들이 완성되는 시기이다. 유럽의 각국은 다양한 프로그램과 제도를 법으로 제정하게 된다. 주요 국가들을 보면 영국은 보충연금제도(1940), 장애자고용법(1944), 가족수당법(1945), 국민보험법(1946), 국민보건서비스법(1946), 국가부조법(1948) 등을 제정하였다. 스웨덴은 일반자녀에 대한 수당제드를 도입했고(1947), 신노동자보호법(1949)을 제정하였다(권오구, 2000).

이 시기에 주목할 국가는 독일이었다. 우선 나치 정부(1933~1945)하의 독일에서도 사회복지의 변화가 있었는데 다른 서구 유럽과는 다른 방향이었다. 이 시기 독일의 사회보장 정책은 전체주의 극가의 목표에 적응하는 형태였다. 노동정책과 사회정책은 나치의 전반적인 경제적·정치적 통치체제의 일부가 되었다. 예를 들면 제국 직업보도 및 실업보험 공단에는 노동력을 군사화하는 과업이 맡겨졌으며 사적 직업보도 기관들은 폐쇄되고 국가기관이 그 기능을 독점하였다. 또한 사회보험과 관련한 여러 결정권이 나치당이 선발한 사람들의 손데 장악되어 그들에게 봉사하게 되었다(Rimlinger, 1991:4장).

2차 대전 후에는 패전국으로서 1946년 난민수용을 개시하였다. 1949년 긴급원조법과 같이 전후의 복구와 난민문제를 해결하기 위한 프로그램들이 다른 국가와는 달리 좀더 직접적으로 제도에 반영된 것이 특징이라 하겠다. 하지만 이러한 재건 과정에서 복지국가로의 확립 과정은 영국 및 스웨덴과는 다른 것이었다. 즉 원래의 가부장적 전통에서 탈피하여 의사-자유주의적(*quasi-liberal*) 체계로 전환하는 경로였다(Rimlinger, 1991:122). 그리하여 1949년 기독교 민주당(CDU)이 집권하게 되었는데 이들은 '사회적 시장경제(*Socialist Market Economy*)'를 채택하였다. 이는 전체주의를 경험한 나라로서 어떤 형태의 집합주의에도 거부감을 나타내는 당시 독일의 정서를 대변한 것으로 경제적 자유주의의 부활이라고 할 수 있었다. 그리하여 2차 대전 후 독일의 신자유주의자들은 복지정책에 대하여 신중한 입장을 고수하였다(유광호, 1994:151~152; Rimlinger, 1991:190~200). 이는 당시 케인스 이론과 베버리지 원리가 결합하여 국가 개입적 혼합경제하에서 복지를 확대하던 다른 국가들과는 분명히 다른 길이었다.

생각해볼 문제

1. 복지국가의 확립과정에서 전쟁과 공황이 어떤 영향을 주었는가를 정리해 보자.
2. 복지국가 확립의 주요 동인들은 무엇인가?
3. 베버리지 보고서의 주요 내용을 정리해 보자.
4. 복지국가 대한 전후 합의의 배경을 설명해 보자.
5. 앞 장들을 참고하면서 복지국가를 구성하는 주요 제도들의 등장 순서와 그러한 등장 순서가 갖는 의미를 설명해 보자.

제 10 장

복지국가의 융성

오늘날 정당 사이의 차이는 주로 강조점의 차이이다.
—S. W. Churchill

완전고용의 복지국가 기본틀을 훼손하는 어떠한 정부드 투표에서 강한 반발에 직면할 것이다. —A. Crosland

그 시작이 무엇이든지 간에 … 복지국가에 대한 반대즈차도 단지 그 확장에 대해서만 논한다. —C. Schottland

1. 복지국가 팽창의 사회 · 경제적 배경

1940년대를 기점으로 복지국가가 성립되어 인류의 희망인 평등의 실현과 '요람에서 무덤까지'의 사회적 보호 속에서 보람 있는 삶을 살 수 있다는 자신감이 서구 사회를 지배하게 되었다. 이러한 배경에는 공유된 시민권 이념을 기반으로 훨씬 더 포괄적이고 보편적인 복지국가를 만들려고 했던 급속한 초기의 개혁, 확대된 제도 내에서 급여와 적용범위를 확대하려는 노력, 혼합경제와 확대된 사회복지제도에 호의적이고 폭넓은 정치적 합의, 경제성장과 완전고용의 실현이 있었다(Pierson, 1991:125~126). 평화의 정착과 민주주의 발전 또한 중요한 배경으로 작용했다고 할 수 있다.

1) 자본주의의 대호황

베버리지는 자신이 계획한 사회보장 프로그램의 전제 조건으로 완전고용을 제시하였다. 이는 전후 경제성장과 함께 복지국가 확대의 중요한 기초로 작용하였다. 서구 선진 자본주의 국가들은 경제성장과 완전고용을 유지하면서 전쟁 중에 약속한 희망과 진보의 새로운 질서를 실현할 물질적 기반을 갖추고 이를 현실로 옮길 수 있었다.

(1) 경제성장

이 시기는 세계 자본주의가 엄청난 경제적 도약을 이룬 시기로서 한마디로 '풍요의 시기'라고 할만 했다. 특히 포드주의적 대량생산방식(*Fordism*)이 공산진영을 포함한 전 세계에 확산되면서 대량생산과 대량소비가 많은 국가에서 현실로 나타났다. 이러한 경제적 성공은 복지국가와 사회복지의 발달 측면에서 두 가지 의미를 가진다. 첫째는 기존의 서구 선진 복지국가들로 하여금 급여의 수준이나 적용 대상 등을 계속해서 확장시킬 수 있는 물질적 기반을 제공해주었고, 둘째는 신흥개발도상국 등 제3세계 국가들로 하여금 기존의 복지국가들이 전유하던 사회복지제도를 도입하여 자국에 적용할 수 있는 어느 정도의 물적 기반이 확보되었다는 점이다.

실제로 이 시기 세계 자본주의는 서구 복지국가만이 아니라 세계적 차원에서 유례없는 호황을 누리고 있었다. 〈표 10-1〉에서 보는 것처럼 1948년 이후 1971년까지의 공업 연평균 성장률은 5.6%로서 이전의 어느 시기보다도 높은 성장을 했다. 세계 무역의 성장률도 대공황시기와 2차 세계대전 직후까지는 마이너스 성장을 하거나 거의 정체되었던 반면 1948년 이후 약 25년간은 7.3%로서 19세기 중반 이후 가장 높은 성장률을 보였다. 이러한 성장은 2차 대전 후 약 25년 동안 포디즘을 특징으로 한 세계자본주의가 기존의 영미와 유럽대륙에 국한되지 않고 세계적 차원에서 성장 · 발전해왔음을 보여주는 것이다.

〈그림 10-1〉 테일러주의와 포디즘

▎테일러주의(Taylorism)와 포디즘(Fordism)

테일러리즘은 노동자를 기계의 한 부분으로 파악하여 노동자와 기계를 효율적으로 결합하기 위한 시도였다. 시간-동작 연구와 같은 과학적 관리기법의 연구를 토대로 하여 작업장의 배치, 공장의 조직 구조, 조명의 밝기, 점심 먹는 시간, 공구의 크기와 무게 등을 치밀하게 정하였다.

포디즘은 미국의 포드 자동차회사에서 처음 개발된, 컨베이어 벨트의 도입에 의한 일관작업방식이다. 포디즘적 생산방식에 있어 부품들의 흐름은 기계(컨베이어, 운반기, 이동조립대)에 의해 이루어져 노동자들이 작업 대상을 기다리게 되었다.

이들 작업방식의 결합(특히 포디즘의 적용)이 여러 분야에 응용되고 확산되면서 20세기 중엽 풍요로운 사회의 특징인 대량생산을 가능하게 했다.

헨리 포드
(Henry Ford, 1863~1947)

테일러
(Fredrick W. Taylor, 1856~1915)

〈표 10-1〉 세계 공업 및 무역의 연평균 성장률

(단위: %)

연도	공업	무역
1860~1870	2.9	5.5
1870~1900	3.7	3.2
1900~1913	4.2	3.7
1913~1929	2.7	0.7
1929~1938	2.0	-1.15
1938~1948	4.1	0.0
1948~1971	5.6	7.3

〈자료〉 Beaud(1987) p. 277.

〈표 10-2〉 세계 각 지역의 1인당 국민총생산

지역	인구(1975)*	1인당 국민총생산		
		성장률 (1950~1975)**	생산액(US 달러)	
			1950	1975
남아시아	830	1.7	85	132
아프리카	384	2.4	170	308
남미	304	2.6	495	944
동아시아	312	3.9	130	341
중국	820	4.2	113	320
중동	81	5.2	460	1,660
개발도상국	1,912	3.0	187	400
선진자본주의국***	654	3.2	2.378	5,238

〈자료〉 Beaud(1987) p. 279.
* 단위: 100만 명
** 단위: %
*** 스페인, 그리스, 포르투갈을 제외한 OECD 국가

국민총생산(GNP) 또한 유례없는 증가를 보였다. 〈표 10-2〉를 보면 동아시아, 중국, 중동, 개발도상국의 1인당 GNP 성장률이 각각 3.9%, 4.2%, 5.2%, 3.0%를 보임으로써 서구선진국의 3.2%와 거의 같거나 훨씬 높은 성장률을 보였다. 또한 1인당 GNP의 수준도 1959년과 1970년을 비교해 보면 석유를 수출하게 된 중동국가들이 약 4배 정도, 개발도상국들이 2배 이상, 동아시아 국가들이 약 2.5배, 서구 선진자본주의국들이 2배 이상 증가하였다. 세계적으로 사회복지제도의 도입이나 확대를 위한 물적 기반이 급격히 증가했던 것이다. 특히 〈표 10-3〉에서 나타나듯 OECD의 주요 선진국들의 경우 1950년대에 4.4%, 1960년대와 오일 쇼크 이전에 약 5.5%의 연평균 성장률을 기록하였다. 이러한 경제 성장과 정치적 합의 구조 속에서 1975년 경 이들 국가들의 평균 사회지출비 규모는 GDP의 약 21.9%까지 증가하였다(Pierson, 1991:128~129).

〈표 10-3〉 연평균 GNP 성장률(7개 주요 OECD 국가), 1950~1981

	1950~1960	1960~1973	1973~1981
캐나다	4.0	5.6	2.8
프랑스	4.5	5.6	2.6
독일(서독)	7.8	4.5	2.0
이탈리아	5.8	5.2	2.4
일본	10.9	10.4	3.6
영국	2.3	3.1	0.5
미국	3.3	4.2	2.3
평균	4.4	5.5	2.3

〈자료〉 Pierson(1991) p. 131.

다만 이러한 세계적 차원의 경제 성장에도 불구하고 선진국과 비선진국가 간의 1인당 GNP의 차이는 상당히 크게 나타나고 있었다. 개발도상국을 포함하여 모든 비서구 선진국가들의 경우 1975년 1인당 GNP 수준이 선진국의 1950년 수준에도 미치지 못하였다. 이는 사회복지 제도의 세계적 확대에도 불구하고 제 3세계 국가들의 물질적 기반이 2차 대전 후 서구 선진국들이 복지국가를 확립하던 시기의 사회복지 수준조차 달성하기 힘든 상황이었음을 보여준다. 이 점이 제 3세계 국가들이 아직 낙후된 복지 수준을 유지할 수밖에 없었던 여러 가지 원인 중의 하나였다.

(2) 완전고용과 인플레이션의 안정

1950년에서 1970년대 초반까지 약 20여 년의 시기는 베버리지(Beveridge)가 사회보장프로그램의 전제로 제시한 완전고용을 달성한 기간이었다. 앞에서 본 것처럼 유례없는 전후 자본주의의 호황과 함께 실업률이 자연실업률 수준으로 떨어지는 등 고용에 있어서 장기간 안정적 상태를 유지하였다.

〈표 10-4〉 실업률(6개 주요 OECD 국가), 1993~1983, 총노동력 중 차지하는 비율(%)

	1933	1959~1967	1975	1983
프랑스	-	0.7	4.1	8.0
독일(서독)	14.7	1.2	3.6	8.0
이탈리아	5.9	6.2	5.8	9.7
일본	-	1.4	1.9	2.6
영국	13.9	1.8	4.7	13.1
미국	20.5	5.3	8.3	9.5
평균	13.0	2.8	4.7	8.5

〈자료〉 Pierson(1991) p. 132.

〈표 10-4〉를 보면 1960년 대 주요 서구 선진국들의 평균 실업률은 총 노동력 대비 약 2.8%를 유지하였고 1975년에는 4.7%로 실업률이 약간 상승하였다. 이러한 수치는 대공황 이후, 즉 두 차례의 세계대전 사이인 1933년의 경험과 복지국가 위기 시대인 1983년의 경험을 비교하면 상당히 양호한 고용상태 즉 완전고용 상태에 가까운 수준이었다. 다만 비교국가 중에서 미국과 이탈리아만이 예외적으로 높은 실업률을 나타나고 있었다. 이러한 낮은 실업률은 첫째, 사회복지 정책의 확대를 위한 납세자의 풀(*pool*)을 확대한다는 점, 둘째, 취업자들이 스스로의 소득을 획득함으로써 국가로부터의 보호 필요성을 감소시켰다는 점, 셋째, 사회보험의 적용대상을 확대할 수 있다는 점에서 베버리지의 사회보장 프로그램 원리에 잘 부합하는 것이었다.

한편 인플레이션(*Inflation*)도 이후 2차 세계대전 전과 복지국가 위기 이후에 비하여 매우 낮은 상태를 유지했다. 구미 주요국가의 인플레를 정리한 〈표 10-5〉를 보면 1963년에서 1972년에는 평균 4.7%의 인플레를 보인데 반해 1973년에서 1982년 사이에는 약 9.2%의 인플레를 유지했다. 이 시기의 낮은 인플레는 완전고용 상태에서 실질임금을 보

〈표 10-5〉 구미 각국의 인플레(연평균 %)

	1963~1972	1973~1982
스웨덴	5.4	10.0
서독	3.2	5.2
프랑스	4.7	11.1
오스트리아	3.9	6.4
영국	5.9	14.2
미국	3.7	8.8
일본	6.0	8.8
평균	4.7	9.2

〈자료〉 김태성 · 성경륭(1993) p. 114에서 부분 인용.

장하고 복지급여의 실질적 구매가치를 높게 유지할 수 있게 해주었다. 이는 고실업과 높은 인플레이션에 비하여 동일한 사회복지 재정으로 좀더 안정된 국민생활을 보장할 수 있다는 점에서 매우 중요한 의미를 갖는다.

이상에서 본 것처럼 전후 복지국가의 황금기에는 높은 경제성장, 완전고용, 낮은 인플레 등으로 사회복지비 지출을 늘리는 동시에 실질적 보장 수준을 높일 수 있는 유리한 경제적 환경에 있었던 이례적 시기였다.

2) 합의의 정치구조와 버츠컬리즘(Butskellism)

전후의 합의(*consensus*)는 여러 가지 차원이 있을 수 있으나 중요한 합의는 계급간의 합의와 정당간의 합의로 나타났다. 계급적 차원의 합의는 노동자들의 전통적 염원인 경제의 사회화 및 계급투쟁의 이념과 실행의 포기를 수반하였다. 자본 측에 있어서는 복지국가를 위한 완전고용과 전략적 공익사업의 국유화 및 지원의 이행을 수락한다는 것을 의미했다. 노동과 자본 양자는 지속적 경제성장이라는 목적을 공유했으며, 이러한 절충적 합의는 정부에 의해 관리되는 것으로서, 정부는 노동조합과 고용주 사이의 관계를 조정하고 경제성장을 위한 유리한 조건을 만들어 냄으로써 복지국가를 관리했다(Pierson, 1991:128~132). 이런 의미에서 보면 이 시기의 복지국가는 국가에 의해 '관리되는 자본주의'라고 할 수 있었다(Armstrong, Glyn, & Harrison, 1993). 정당 차원에서의 합의는 정치적 '게임의 법칙'의 지배를 인정하고 좌파와 우파 양극단의 주장과 논리를 피하며 이를 주변 화하였다(Pierson, 1991:129).[1)]

결국 소유 - 생산 - 경영 - 분배 - 소비의 자본주의 경제과정에서 국가나 노동계급은 소유, 생산, 경영에 관한 자본가 계급의 특권적 지위를 인정하고, 노동계급은 자본가계급과 합의 및 국가의 보장 하에 경영참가와 단체협약의 방식으로 경영-분배과정에 부분적으로 참여하게 되었다. 그러나 이 경우도 소유와 생산을 사회화하려는 급진적 시도는 하지 않았다. 또한 국가, 노동, 자본간의 삼자 협력 결과 이루어지는 경제성장은 자본가 계급에게 이익을 주는 것은 물론 노동계급에 대하여 완전고용과 향상된 복지혜택을 보장하고 국가에게는 재정수입의 증가를 보장하여 모두를 유리하게 하였다(김태성 · 성경륭, 1993:113). 이러한 측면에서 본다면 복지국가의 지출은 노동계급과 일반 국민을 체제에 순응시키는 기능을 했다는 해석도 가능하다(Midwinter, 1994:114).

---

1) 하지만 모든 연구자들이 전후의 합의(*consensus*)에 동의하는 것은 아니다. 디킨(Deakin)은 '주요 정당과 개인 사이의 정책에서 실제 수렴은 복지국가 내부에서 확실한 위치를 차지하고 있지만 … 일반적으로 생각하는 것보다 동질성이 훨씬 더 작다'고 했으며 벤 핌롯(Ben Pimlott)은 합의를 하나의 신화(*the myth of consensus*)로 묘사했다(Pierson, 1991:129~130). 이런 의미에서 본다면 전후의 합의는 갈등과 대립적 요인을 잠재화시킨 채로 진행된 일종의 정전협약이라고 할 수 있다(김태성 · 성경륭, 1993:113).

이러한 합의의 정치 형태는 복지국가들의 황금기 동안 그 정도의 차이에도 불구하고 이른바 '조합주의(*corporatism*)' 정치 시스템, 특히 '사회 조합주의(*societal corporatism*)'가 지배적이었음을 의미한다.[2] 조합주의는 국가와 사회의 연결구조이면서 다원주의와 구분되는 이익대표체라고 할 수 있다(진재문, 1994:14).[3] 이러한 합의의 정치구도에서 주요 주체 즉 국가, 자본, 노동은 이러한 조합주의를 구성하게 되며 이 틀 내에서 경제정책과 사회정책 등의 다양한 정책과 제도를 생산하였다. 이러한 의미에서 '삼자 합의 구도'의 조합주의 체계는 분명 복지국가 팽창의 중요한 기반 중 하나였다.

결국 이러한 합의의 정치 구도 속에서 마셜(Marshall)의 주장처럼 제공되어야 하는 서비스에 대한 의견 차이는 거의 없어졌으며 서비스 공급의 주체가 누구이든지 간에 전체적 책임은 국가의 것이 되어야 한

---

2) 슈미터(Schmitter)는 사회발전에 따른 제도화의 관점에서 사회 조합주의(*societal corporatism*)와 국가 조합주의(*state corporatism*)로 분류한다. 사회 조합주의는 선진자본주의적, 후기 자유주의적인 조직화된 민주-복지국가에서 나타날 수 있는 조합주의 유형으로, 상대적으로 자율적이고 다분포적인 지역적 단위로 구성된 정치체계에서 배양된다고 보고 있다. 반면 국가 조합주의는 엄격한 중앙관료적 권력에 종속된 하위의 지역적 단위를 지닌 정치체계와 관련된 것으로서 이익집단은 국가의 권위에 의해 위로부터 조직되며 국가에 의하여 사회부문에 침투되어 제도화된 것이다. 특히 라틴 아메리카에서와 같이 개발도상국이 직면한 산업화의 조건 마련을 위하여 국가가 자본축적 과정에 직접 개입하여 사회의 안정과 통제를 위해 적극적 역할을 하는 이익대표체계라고 주장한다(최경구, 1991; 진재문, 1994 참고).

3) 슈미터는 조합주의를 '구성단위들이 단일적, 강제적, 비경쟁적, 비위계적인 서열을 지닌, (그러면서도) 기능적으로 분화된 범주에 따라 제한된 수로 조직된 것으로서 그 구성단위들이 그들 지도자의 선출, 요구 및 지지의 표명에 대하여 국가에 의한 통제를 받아들이는 대가로 (만일 조직되지 않더라도) 그들의 국가에 의해 승인을 받거나 각개의 범주에서 구성원의 이익을 대표할 독점적 권리를 부여받는 이익대표체계'로 정의한다(Schumitter, 1979).

다는 데에 일반적 동의가 존재했다(Pierson, 1991:128~130). 또한 완전고용의 유지, 모든 시민에 대한 일련의 서비스 제공, 빈곤의 방지와 경감에 대한 국가의 공약은 전후 사회에서 필수적이어서 거의 역행할 수 없었다(Mishra, 1984:1). 복지국가에 대한 반대조차도 단지 그것의 확장에 대해서만 논해야 할 정도의 분위기가 정착되었다(Schottland, 1969; Pierson, 1991:130). 이러한 시대적 조건 하에서 뒤에 살펴보는 것처럼 복지제도는 급여 수준이나 적용 범위 등 그 내용에 있어서 더욱 풍부하게 확대되어 갈 수 있었다.

또한 합의 정치구도는 서구 복지국가에서 정치적 버츠컬리즘(*Butskellism*)을 형성하였다.[4] 이는 영국에서 나온 개념으로 서로 다른 정치적 입장임에도 불구하고 정치적 합의 구도하에서 보수당과 노동당의 정책적 합의 기조가 만들어진 것을 의미한다(김영순, 1998:86; Midwinter, 1994:7장). 사회복지 정책의 경우 보수당과 노동당 중에서 어느 정당이 집권해도 제도의 근본적 변화 없이 복지제도의 프로그램과 내용은 꾸준히 확대되어 갔다. 〈표 10-6〉에 나타난 영국의 예를 보면 집권당의 변화에도 불구하고 급여의 인상과 수당의 증액 등이 있었다. 이러한 현상은 전후 대합의의 영향도 있었지만 선거를 통한 대의

4) 버츠컬리즘(*Butskellism*)의 용어는 1950년대 초 시사주간지 《이코노미스트》(*The Economist*)에서 보수당과 노동당의 정책적 합의 기조를 나타내기 위해 사용한 말로 당시 보수당 정부의 재무장관이던 버틀러(R. M. Butler)와 그의 노동당 예비내각(shadow cabinet)의 상대역이었으며 후에 노동당 내 수정주의 흐름을 주도했던 게이츠컬(H. Gaitskell)의 이름을 합성한 것이다(고세훈 1992:165). 버틀러는 우파연구소인 IEA가 창설되어 보수당의 좌경화를 공격했을 때 "실업의 풀(*pool*)을 만들어야 한다고 주장하는 사람은 그 풀 속에 던져 넣어 헤엄쳐 보게 해야 한다"고 일갈한 보수당 내 개혁분파의 대표자였으며 게이츠컬은 자본주의의 인간화야말로 노동당의 임무라고 믿었던 노동당 내의 대표적 수정주의자였다(김영순, 1998:86). 마치 오월동주(吳越同舟)의 형태라고 할 수 있다.

민주주의가 정착된 국가에서 득표를 위해 사회복지의 확장을 수단으로 경쟁한 것도 중요한 이유라고 할 수 있다. 특히 복지국가의 확대 과정에서 서비스의 주된 수혜자인 동시에 공급자로 복지국가 시스템에 깊숙하게 편입된 중산층과 노조의 결합은 선거과정에 우파들의 입지를 좁히는 기제로 작용했던 것이다(Therborn, 1987). 즉 중산층의 복지편입(*middle-class involvement*)은 1970연대 중반 이후 신우파로부터 복지국가의 주된 위기 원인으로 지목되기도 하지만 그 이전에는 우파를 복지에 종속시키는 역할을 수행했다고 할 수 있다.

〈표 10-6〉 전후 영국의 사회보장 확충 과정

집권당	수 상	사회보장 확충 내용
노동당 (1945~1951)	애틀리(C. Attlee)	국민보험법 가족수당법 국민보건서비스법 국민부조법
보수당 (1951~1964)	처칠(S. W. Churchill: 1951~55) 이든(A. Eden: 1955~57) 맥밀란(H. Macmillan: 1957~63) 홈(A. D. Home: 1963~64)	사회보장급여 인상 가족수당 증액 국민보험법 개정 소득비례연금 도입
노동당 (1964~1970)	윌슨(H. Willson)	단기급여 소득 보족 사회보장성(DHSS) 설립 국민부조를 보족급여제로 전환 가족수당 증액
보수당 (1970~1974)	히이스(E. Heath)	가족수당보족(FIS) 제정 연금생활자에 크리스마스 보너스 신청
노동당 (1974~1979)	윌슨(H. Willson: 1974~75) 캘러한(J. Callaghan: 1975~79)	연금 개선, 신연금법, 아동급여 시행

〈자료〉 박광준(1994) p. 45.

3) 노동자 계급의 영향력, 국제기구의 역할, 시민권 운동

19세기 후반 이후 계속해서 확대되어온 노동자계급의 조직화는 복지국가 황금기에 이르러 더욱 강력한 정치적 영향력을 발휘하였다. 전통적으로 사회민주주의 정당은 노동자 계급의 지지를 기반으로 하고 있었다. 노동자 계급의 '계급투표 성향(*class voting*)'은 이 시기의 주요 집권세력인 좌파정당과 노동자 계급이 어느 정도로 정치적으로 긴밀성을 유지했었는지를 보여준다. 다음 〈그림 10-2〉는 노동계급의 지지도를 보여주는 알포드 지표(*Alford index*)의 변화 추이이다(송호근, 1999: 277).[5)]

미국을 제외한 비교국가들을 보면 대체로 1950년대와 1960년대 중반까지는 알포드 지표가 높게 유지되고 있었다. 하지만 1970년대 이후에는 국가마다 차이는 있으나 대체로 계급투표 성향이 감소하고 있었다. 스웨덴, 영국 등 상대적으로 복지국가가 발달한 국가일수록 노동자 계급의 계급투표 성향이 높게 나타났다. 이는 복지국가 황금기의 사회복지 팽창에 대하여 노동자 계급의 정치적 영향력이 직·간접적으로 발휘되었음을 보여주는 것이다.

한편 ILO(국제 노동기구)와 같은 국제기구의 사회보장에 대한 관심이 급속하게 증대되어, 이 시기 사회복지의 세계적 확대에 많은 영향을 주었다. 이 시기 ILO는 복지국가 확립기 이후 영향력이 더욱 증가하여 사회보장에 대한 국제적 기준을 제시하고 그 기준의 이행여부를 감독하는 기구로서 위상이 높아졌다(이인재·류진석·권문일·김진구, 1999:32~36). 주목할 점은 ILO의 활동이 사회경제적 조건이 상이한

---

5) '알포드 지표'는 노동계급과 중간계급의 사민당 지지자 차이를 비교하여 만든 수치이다. 예를 들어 노동계급의 75%가 사민당에 투표하고 중간계급의 25%가 사민당을 지지했다면 알포드 지표는 50이 된다(송호근, 1999:277 재인용).

〈그림 10-2〉 계급투표성향 추이 : 1948~1986

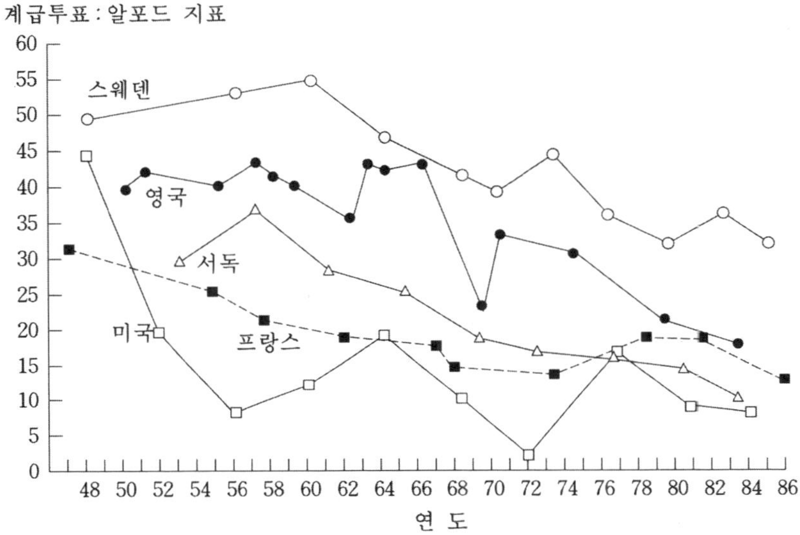

〈자료〉 송호근, 《시장과 복지정치》, 나남출판(1999), p. 277.

가입국들의 정부대표, 노동자 대표, 사용자 대표 등 삼자 협의에 의해 이루어졌는데 이는 조합주의에서 노동자계급의 영향력이 중요한 요소인 것처럼 국제기구에 대한 노동자 계급의 영향력도 증가했음을 보여주는 것이라 할 수 있다.

사회복지 부문에 한정해서 보면 ILO는 1952년 사회보장의 최저 기준에 관한 조약을 제시한 이후 '사회보장의 내 · 외국인 균등처우에 관한 조약(1962)', '출산보호에 관한 조약(1952)', '고용재해급여에 관한 조약(1967)', '의료 및 상병급여에 관한 조약(1969)'을 제시하였다. 또한 '출산보호에 관한 권고(1952)', '고용재해급여에 관한 권고(1964)', '장애 · 노령 · 유족급여에 관한 권고(1967)', '의료 및 상병급여에 관한 권고(1969)'를 제시하였다.[6] ILO의 조약은 국제적 노동조건에 관한

6) 1990년대까지 ILO는 15개의 조약 및 권고를 하였다. 자세한 것은 이인재 ·

〈그림 10-3〉 1960년대와 1970년대 초반은 노동, 여성, 반전 등 사회정의와 인권에 대한 문제제기 및 사회적 행동이 활발한 시기였다.

기준을 설정하는 것으로 비준시 강제성을 가지며 권고는 강제성이 없는 문서로서 기준설정문서의 성격을 가지고 있다(이인재 · 류진석 · 권문일 · 김진구, 1999:33 재인용). 개별 국가의 비준 여부와 제도의 도입이라는 측면에서 볼 때, ILO의 조약들은 해당 국가의 사회복지 증진에 상당히 중요한 역할을 했음은 물론, 사회복지에 대한 보편적 국제 표준을 제시했다는 중요한 의의가 있다.

한 가지 주목할 것은 이 시기 특히 1960년대에서 1970년대 초반은 노동자 계급의 영향력만으로 사회복지의 확대를 설명할 수 없다는 점이다. 즉 이 시기에 근로능력과 관계없이 취약계층, 특히 비노동-취약층까지 기초적 생활보장이 확산되었던 현상은 '시민 각성의 시대' 혹은 '시민권 운동(*Civil Right Movement*)의 시대'로 불릴 정도로 미국과 유럽을 휩쓴 시민운동에 힘입은 바가 컸다(박능후, 2000).

특히 반전운동, 신좌파 운동과 더불어 소수집단을 위한 복지권리운동이 경제적 번영기에 활발히 전개되었다. 그 결과 미국에서는 긍정적 차별법(*Affirmative Act*)이 입법되기도 하였다. 또한 유럽에서는 장애인, 노령, 편모 등 취약 계층에 대한 배려가 '사회적 배제'(*social exclusion*)의 담론 과정에서 본격화되었다. 이러한 '배제의 담론 과정'에서 사회적 연대의 붕괴로 인해 발생하는 '배제된 자'(*the excluded*: 취약계

류진석 · 권문일 · 김진구(1999) p. 34 그림을 참고할 것.

층)에 대한 기초생활의 보장이 사회적 의무로 제시되기도 하였다(박능후, 2000).

2. 복지 제도의 팽창과 발전

전후 25년간 복지국가는 1973년 석유 파동(*oil shock*)이 일어날 때까지 사회복지에 대한 재정 지출을 더욱 확대해 나갔다. 하지만 제도의 외형적 측면에서는 뚜렷한 변화가 일어난 것은 아니다. 다만 전후 엄청난 호황과 합의의 정치구도 속에서 사회복지 지출을 늘려 나갔고 복지국가 성립과 함께 출범한 다양한 제도들의 내용이 조금씩 변화하면서 급여수준, 적용대상이 확대되어 갔다. 이런 과정을 통해서 복지국가는 더욱 세련되게 발전했으며 이러한 복지국가의 여러 제도들이 세계 전역으로 확산되어 갔다.

1) 사회복지의 팽창

전후 사회복지비는 물론 제도의 내용과 수준이 경제적 호황, 정치적 합의 구도 및 버츠컬리즘 하에서 급격히 팽창하였다(앞의 〈표 10-6〉 참고). 〈표 10-7〉을 보면 구미 각국은 1960년에 GDP 대비 평균 12.84%를 사회부분에 지출하였는데, 1975년에는 사회부문 지출 비율이 무려 배로 증가하여 평균 23.12%로 나타났다. 특히 스웨덴, 노르웨이, 덴마크의 스칸디나비아 국가를 비롯하여 벨기에, 네덜란드, 독일(서독) 등의 국가는 약 25%에서 35% 정도에 이르는 높은 비율을 보이고 있다.

반면에 미국, 일본, 그리스 등의 국가도 2배 정도의 상승을 보이고 있지만[7] 복지 선진국들에 비하여 두 시기 모두 상대적으로 낮은 지출

비율을 보이고 있었으며 1975년에 이르러서도 20%를 넘지 못했다. 또한 이 시기에는 사회복지 지출의 증가율도 급속하게 높아졌다. 1950년에서 1955년 사이에 약 0.9%이던 사회보장비용의 연평균증가율은 1970년에서 1974년 사이에 3.4%로 가속화되었다(Pierson, 1991:128).

〈표 10-7〉 구미 각국의 사회지출의 증가: 1960~1975

(GDP 대비 사회지출 비율: %)

	1960	1975
캐나다	11.2	20.1
프랑스	14.4	26.3
독일(서독)	17.1	27.8
이탈리아	13.7	20.6
일본	7.6	13.7
영국	12.4	19.6
미국	9.9	18.7
호주	10.2	18.8
오스트리아	17.9	24.5
벨기에	17.6	34.5
덴마크	-	32.4
핀란드	15.4	23.3
그리스	8.4	10.6
아일랜드	11.7	23.1
네덜란드	16.2	37.1
뉴질랜드	13.0	16.3
노르웨이	11.7	26.2
스웨덴	15.4	26.8
스위스	8.0	19.1
평균	12.48	23.13

〈자료〉 OECD(1988) p.10. Pierson(1991) p.128.
김태성 · 성경륭(1993); 이인재 · 류진석 · 권문일 · 김진구(1999) p.88.

7) 국가복지에 소극적이던 미국조차도 1964년 '빈곤과의 전쟁(war on poverty)'를 선포할 정도였다.

<그림 10-4> 주요 국가의 거시지표 비교(1960년대)

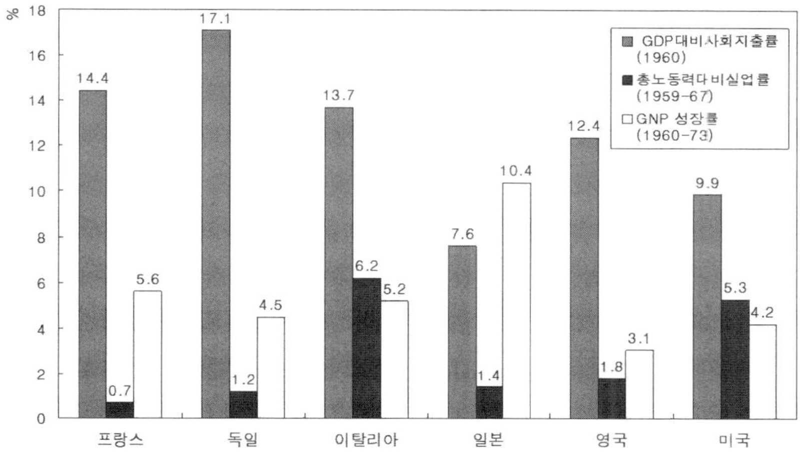

이는 복지국가의 팽창 시기에도 내적으로 다양한 확대 경로가 존재했었음을 보여주는 것이다.

이 시기에는 적용 범위도 급격히 확대되었다. 1930년대 초 서유럽에서는 노동인구의 약 절반만이 재해, 질병, 폐질, 노령보험의 보호 속에 있었으며 노동인구의 1/5만이 실업보험의 혜택을 입고 있었다. 그러나 1970년대 중반에는 노동인구의 약 90% 이상이 노령, 폐질, 질병으로 인한 수입 상실을 대비한 보험에 포함되었으며, 약 80% 이상이 재해보험, 60%가 실업보험에 적용되었다(Pierson, 1991:128). 전체적으로 보면 나라마다 다소 차이는 있었지만 1970년대에 이르러 거의 100% 가까이 확대되었다(Flora and Alber, 1981:55).

<그림 10-4>는 앞에서 제시한 표의 수치들을 이용하여 실업률과 경제성장률 그리고 사회지출의 관계를 개괄적으로나마 확인하기 위해 구미 국가와 일본을 비교한 것이다. 일단 유럽 국가에서 이탈리아가 실업률이 5%를 상회하는 예외적 현상을 보이고 있고 미국 또한 5%를 상회

하는 실업률을 보였다. 그럼에도 불구하고 이탈리아는 13.7%라는 상대적으로 높은 사회지출 비율을 보이고 있었다. 그리고 일본은 경제성장률이 유일하게 10%를 상회하고 있고 실업률도 1.4%로 매우 낮은 상태인데도 불구하고 사회지출비율은 7.6%에 불과하였다. 이는 베버리지의 전제 즉 완전고용이 사회복지지출의 전제로 작용하는 국가(프랑스, 독일, 영국)가 있었는가하면 일본과 이탈리아처럼 베버리지의 전제가 적용되지 않는 국가도 있었다는 점을 보여준다. 또한 이는 복지국가 발전에 경제적 현상만이 아니라 정치·사회·문화적 측면과 같이 비경제적 요인들이 작용했을 가능성을 보여준다는 점에서 중요하다.

2) 사회복지 팽창의 직접적 원인

이 시기에 사회복지 예산이 팽창한 원인은 앞에서 본 것과 같은 사회·경제적 배경이 작용했다. 하지만 고흐에 의하면 좀더 직접적 원인은 상대적 비용의 상승, 인구 변화, 새롭게 개선된 서비스, 증대하는 사회적 욕구에 있었다(Gough, 1979:84~94).

첫째, 사회복지서비스의 상대적 비용이 평균비용보다 빠르게 증가하는 경향에 있었다. 왜냐하면 사회서비스는 매우 노동집약적이며 생산성 증대로 임금상승분을 상쇄할 가능성이 희박하여 이들을 공급하는 상대비용이 해마다 증가했기 때문이다. 이는 동일한 수준의 복지수준을 유지하게 위해서 이전보다 더욱 많은 지출을 해야 한다는 것을 의미했다. 물론 인플레이션은 모든 가격에 영향을 미친다. 하지만 영향을 미치는 정도가 서비스 혹은 재화마다 다르기 때문에 총물가(일반물가)의 영향 이상의 특수한 현상이 발생하게 된다. 이를 상대가격효과(*relative price effect*)라고 한다. 실제로 이 시기에 대부분의 국가에서 국가부문의 상대적 비용이 상승하였다. 모든 OECD 국가들을 합쳐 볼 때 1963년에서 1973년까지 일반물가상승률은 연 4.5%에 불과했던 반면에 국가 서비스의 가격상승률 증가는 6.4%에 이르고 있었다.

둘째, 2차 대전 이후 총인구의 증가는 물론 인구구조에서 어린이와 노인 등 사회적 의존층의 인구가 상대적으로 빠르게 증가하였고 그 규모도 커졌다. 이로 인하여 사회지출이 더욱 빠르게 증가하였다. 이는 전후 '베이비 붐'으로 인한 아동인구의 급격한 증가와 선진국들의 노령화 진전으로 나타나는 현상이었다. 아동인구의 증가는 아동 수당과 같은 아동 및 청소년 관련 사회지출 비용의 상승을 가져왔다. 또한 OECD국가의 경우 1955년에서 1969년까지 예외 없이 노령인구가 증가하였으며 이러한 인구의 노령화는 국가 지출 증가원인의 1/3을 구성할 정도였다. 특히 1960년대에는 노령연금 수급자로서 그리고 의료서비스의 주된 수혜자로서의 노인인구가 증가했다는 데서 사회지출의 상승 원인을 찾을 수 있다.

셋째, 새롭고 개선된 사회적 서비스가 사회적 지출의 상승을 초래했다. 사회적 서비스의 개선은 크게 두 측면에서 이루어졌다. 하나는 앞서 기술한 것처럼 사회서비스의 범위가 확장되어 더 많은 집단과 욕구가 급여 대상이 되었다는 점이며, 다른 하나는 1인당 제공되는 급여수준이 상승하였다는 점이다. 실제로 OECD는 복지국가 황금기의 유럽공동체 국가들에 있어서 최저노령연금, 유족 수당, 의료서비스 경비, 장애자를 위한 의료혜택과 소득유지 영역의 사회보장 혜택이 그 내용과 적용범위 면에서 상당히 개선되었던 것으로 평가하고 있다(Gough, 1979:91 재인용).

넷째, 새로운 사회적 욕구의 증대 또한 사회 지출의 팽창을 초래한 중요한 원인으로 작용하였다. 우선, 티트머스의 지적처럼 사회복지의 중요한 기능 중의 하나가 비복지(*diswelfare*)에 대한 보상기능이라고 한다면 복지국가 황금기에 일어난 자본주의적 발전 즉 도시화, 산업화는 범죄, 이혼, 편부모, 독거노인의 증가 등 사회문제와 비복지를 끊임없이 확대시켰다. 또한 여권 신장과 같은 새로운 사회적 분위기는 여성의 사회진출을 용이하게 하기 위한 각종 복지시책에 대한 요구를 증가시키기도 하였다. 이렇게 새롭게 폭발한 사회적 문제와 욕구는 직·간접적으로 복지를 팽창시키는 데 기여했다.

3) 제3세계로의 사회복지 확산

이 시기의 사회복지 발달사에서 중요한 특징의 하나는 사회복지 제도가 구미 중심에서 제3세계 국가들로 확산되어 갔다는 점이다. 즉 사회복지 혹은 복지국가 지향이 세계적 현상처럼 보일 정도로 많은 국가들이 다양한 제도들을 채택하여 적용했다. 〈표 10-8〉을 보면 1949년 사회보험과 가족 수당 중 하나라도 실시하는 국가가 58개였으나 1950년대 말에는 80개 국가 그리고 1967년에는 120개 국가에 이르렀다. 1960년대에 비약적으로 증가하였음을 알 수 있다.

이를 사회보험의 종류별로 살펴보면 산재 보험이 1967년에 117개국으로 다른 사회보험보다 무려 50여 국가의 차이를 보이고 있었는데, 이는 일반적으로 개발도상국이나 제3세계 국가들이 산업화를 추진하는 과정에서 그 필요성을 사회적으로 일찍 인식했기 때문이다. 연금의 경우 1949년 44개국에서 1967년에 92개국으로 약 2배 증가하고 1977년에 114개국으로 1960년대에서 70년대에 급격히 증가하였다. 의료보험은 1949년에서 1958년에 상대적으로 빠른 확산을 보였으나 도입국가 수는 1987까지도 84개국에 불과했다. 실업보험은 노동하지 않는 건강한 사람에 대하여 급여를 지급하는 것이 사회적 합의로 쉽게 나타나기 힘든 이념적 이유 때문에 1977년까지도 38개 국가만 도입하여 가장 늦은 확산을 보였다.

이처럼 1960년대를 전후로 하여 사회복지 프로그램이 급격히 확산되었음에도 불구하고 국가와 제도 및 프로그램의 종류에 따라 편차를 보이는 것은 사회복지 정책의 환경이 국가마다 상이했기 때문이다. 즉

〈표 10-8〉 사회보장제도의 프로그램 별 실시 및 국가수

	1940	1949	1958	1967	1977	1987
실시국가	57	58	80	120	129	141
사회보험						
연금보험	33	44	58	92	114	130
의료보험	24	36	59	65	72	84
산재보험	57	57	77	117	129	136
실업보험	21	22	26	34	38	40
가족수당	7	27	38	62	65	63

〈자료〉 U. S. Department of Health and Human Services(1988). p. xxii. 원용찬(1998) p. 84.

경제 성장과 정부의 재정 능력, 사회의 계급적 역관계, 국가 관료들의 힘과 능력 및 행정조직의 구조화 정도, 사회적 이데올로기의 유형, 산업화 진전 정도, 국내의 의료 기반과 의료 인력 수준, 인구학적 구조 등에 따라 제도의 도입시기와 종류가 다르게 나타날 수 있다. 이러한 요인들 때문에 사회적 할당(*allowance*), 사회적 급여(*provision*), 전달체계(*delivery*), 재정(*finance*) 등의 내용과 특성이 다르게 나타날 수 있다(원용찬, 1998:83; Gilbert & Specht, 1974:28~39).

급격하게 확산되었음에도 불구하고 제3세계의 사회복지는 선진국의 복지제도와 비교할 때 내용과 질적 측면에서 후진성을 면치 못하고 있었다. 이는 구미 선진국형과는 다른 일종의 '제3세계 사회복지 유형'으로(원용찬, 1998:82~84) 식민지 경험, 서구식 근대화 방식의 이식과정에서 발생한 부정합, 왜곡된 소득분배, 부와 토지의 지나친 편중, 일반 국민의 배제와 특정 계층에 대한 편중, 봉건적 사회구조의 잔존 등을 특질로 하는 제3세계의 공통적 조건으로부터 유래하는 사회복지의 특성이다(Midgley, 1986:220~221). 좀더 자세한 내용은 이 책의 13장에서 다루기로 한다.

4) 사회복지 팽창의 양상 : 중산층 복지와 공공부분의 고용 증대

피어슨은 전후 나타난 이러한 확대·성장 과정의 정치적 결과들에 대한 주의를 환기시킨다(Pierson, 1991:132~133). 하나는 사회복지 지출의 급격한 팽창이 복지국가 클라이언트의 보편화를 함께 초래했다는 것이고, 다른 하나는 전체 노동력 구성에서 급격한 변화를 가져왔다는 점이다.

(1) 중산층 복지

이 시기의 복지국가는 단지 가난한 사람들만의 보호장치가 아니었다. 거의 모든 나라에서 가난하지 않은 일반 국민들이 복지국가 체제에 편입되었으며 이들이 복지국가를 창조하고 확장하고 유지하고 개혁

〈표 10-9〉 영국 사회복지 서비스에 대한 공공부문 지출의 분배

서비스	하위 1/5의 1인당 지출비율에 대한 상위 1/5의 1인당 지출비율
빈자에게 유리한 분야	
공공주택	0.3
동등한 분야	
초등교육	0.9
중등교육	0.9
부자들에게 유리한 분야	
NHS	1.4
중등교육(16세 이상)	1.8
종합대학이 아닌 고등교육	3.5
버스 보조금	3.7
대학	5.4
자가 거주자에 대한 세금보조	6.8
철도 보조금	9.8

〈자료〉 Goodin & Le Grand(1987) p. 92.

하고 해체하는 중요한 역할을 하였다(Goodin & Le Grand, 1987:3). 즉 중산층의 편입(*middle-class involvement*)이 복지국가 확대·발전 과정의 중요한 원인이자 결과라고 할 수 있었다. 사실 전후 복지국가의 확대는 실제적으로 중산층에게 이익이 되는 의료, 교육, 주거, 교통 등의 편의에 접근할 수 있는 '소비자'로서 그리고 공공부분 내에 전문적 고용기회가 주어지는 서비스의 '공급자'로서 중산층들에게 이익이 되는 경향이 있다(Goodin & Le Grand, 1987:91).

〈표 10-9〉를 보면 영국의 경우 공공 주택 서비스만이 빈자들에게 유리하고 다른 대다수의 프로그램들이 상위소득자들에게 유리하게 기능했음을 알 수 있다. 특히 고등교육 분야와 세금보조 및 철도 보조금 등이 심한 역진적 경향을 보였다. 이러한 경향은 구빈법에 의한 빈곤 구제시대와 대공황 이전의 자유주의 이념에 기반을 둔 사회정책이 실시되던 시기와 비교하면 상당히 다른 모습이라고 할 수 있다. 이제 복지국가 시대는 진정한 전 국민의 복지제도로 작용하게 되었으며 더 이상 가난한 사람들만이 통제와 낙인(*stigma*)을 대가로 수혜를 받는 시대가 아니었다.

(2) 복지국가 고용의 증대

앞서 살펴본 것처럼 전후 세계 자본주의는 경제적 호황은 물론 완전고용을 달성하였다. 그런데 완전고용의 달성은 경제적 호황의 덕분이기도 했지만 일정 정도는 사회복지 확대의 결과였다. 즉 사회복지는 여성과 같은 기존의 유휴 인력과 실업자를 흡수하는 하나의 메커니즘으로 기능함으로써 고용과 노동시장의 구조에 변화를 가져왔다. 물론 이 과정에서도 대학교육을 받은 중산층은 상대적으로 유리한 위치를 점하게 되었으며 주된 수혜 계층이 되었다.

예를 들면 영국의 NHS는 꾸준히 고용을 늘려 1980년대에는 서유럽에서 가장 큰 단일 고용주가 되었다(Pierson, 1991:135). 서독, 영국,

스웨덴, 미국의 경우 1960년대 초반에서 1980년대 사이에 사회복지와 기업에 대한 서비스(*service to business*) 부문은 경제적 서비스 영역들 중에서 실제 성장을 기록하는 유일한 두 영역이었다(Rein, 1985: 39~40). 또한 서비스 부문에서의 고용 특히 여성인력에 대한 고용이 증가하였다. 사회복지 서비스 부문은 고등교육을 받은 여성들을 위한 것이었다고 할 정도로 증가했는데, 1981년 서독, 미국, 스웨덴에서는 대졸여성의 65~75%가 사회복지 관련부문에 고용되었다(Rein, 1985:43~45).

3. 서로 다른 복지국가 발전의 길

지금까지 복지국가 황금기의 배경과 사회복지 발전 및 확산의 특성을 살펴보았다. 그런데 서구 선진국의 경우 같은 복지국가로 불리더라도 그 발전의 내용은 서로 상이했다. 그리하여 많은 연구들이 복지국가의 유형을 분류하고 각각의 특성과 구조를 분석하려고 노력하였다.

복지국가의 유형은 다음의 〈표 10-10〉과 같이 학자에 따라 다양하게 분류된다. 이들 유형들은 나름대로 분류의 기준을 제시하고 해당 국가를 선별하며 유형의 특성을 설명한다. 이 책에서는 가장 최근의 복지국가 유형에 관한 연구로서 북지국가들을 체제(*regimes*)의 군집들(*clusters*)로 분류한 에스핑-앤더슨(Esping-Andersen)의 연구를 따라 논의를 전개하기로 한다. 그의 복지국가 유형 분류는 분류의 체계성과 논리성을 인정받고 있을 뿐 아니라 가장 영향력 있는 시도로 평가받고 있다.

에스핑-앤더슨은 복지국가를 탈상품화(*de-commodification*) 정도, 국가와 사회계층체제의 형태, 시장과 가족 간의 관계의 세 가지 기준으로 자유주의 복지국가, 보수주의 혹은 조합주의 복지국가, 사회민주주의 복지국가로 분류하였다(Esping-Andersen, 1990:1장). 이를 간략하게 요약한 것이 〈표 10-11〉이다.

〈표 10-10〉 복지국가의 유형 분류틀

연구자	복지국가 유형
Willensky & Lebeaux (1965)	잔여적 (*residual*) 복지국가 제도적 (*institutional*) 복지국가
Titmuss (1974)	잔여적 모형 산업 업적 수행 (*industrial achievement performance*) 모형 제도적 재분배 (*institutional redistributive*) 모형
Furniss & Tilton (1976)	적극적 (*positive*) 국가 사회보장 (*social security*) 국가 사회복지 (*social welfare*) 국가
George & Wilding (1985)	반집합주의 (*anti-collectivism*) 소극적 집합주의 (*reluctant collectivism*) 페이비언 사회주의 (*Fabian socialism*) 맑스주의 (*marxism*)
Mishra	다원적 혹은 분화적 (*pluralist or differentiated*) 복지국가 조합주의 혹은 통합적 (*corporate or integrated*) 복지국가
Jones (1985)	welfare capitalism / welfare capitalism
Rimlinger (1971)	사회적 시장경제 (*Social market economy*) 사회주의적 시장경제 (*Socialist market economy*)
Therborn (1986)	Proletarian welfare state / Bourgeois welfare state
Esping-Andersen (1990)	자유주의 복지국가 (*liberal welfare state*) 보수주의 혹은 조합주의 복지국가 (*conservative or corporatist welfare state*) 사회민주적 복지국가

〈표 10-11〉 에스핑-앤더슨의 복지국가 모형

비교기준 \ 유형	자유주의 복지국가	보수주의 혹은 조합주의 복지국가	사민주의적 복지국가
해당국가	미국, 캐나다, 호주, 영국, 뉴질랜드	독일, 오스트리아, 프랑스, 이탈리아	스웨덴, 노르웨이, 덴마크
급여 대상	빈곤자, 요구호자 중심	피용자 중심	모든 시민
급여 종류	극소화	필요시 확대 가능	극대화
급여 수준	최저생계비 수준	계급과 지위에 따라 차이	중간계급의 생활수준
가족복지서비스	미약	미약	강력
사회보험운영체계	분립형	분립형	통합형
본인부담(사회보험)	많음	많음	적음
직업복지/자원복지 역할	강함	미약	미약
복지에 대한 가족 책임의 강조	강력	강력	미약
복지의 재분배 기능	미약	미약	강력

〈자료〉 김상균(1992) p. 437.

▎탈상품화(de-commodification)

개인 또는 가족이 시장에 참여하는 것과 관계없이 사회적으로 받아들일 수 있을 만큼의 생활수준을 유지하는 정도를 의미한다. 시민들이 시장의 경쟁원리에 의존하지 않고, 즉 자신 혹은 자신의 노동력을 상품화시키지 않고 자신들의 삶을 안정적으로 유지할 수 있는 정도를 의미한다. 이 경우 탈상품화의 의미를 노동의 소멸과 혼동해서는 안 된다(Esping-Andersen, 1990; Merrien, 2000:127).

1) 자유주의 복지국가

가장 대표적 나라는 미국, 영국, 캐나다, 호주, 뉴질랜드 등이다. 자유주의 복지국가(*liberal welfare state*)는 시장메커니즘의 근본적 역할을 인정하며 기본적으로 보호 대상을 가장 취약한 계층에 한정하는 엄격한 선별주의 원칙을 적용하였다. 수치감을 수반하는 자산조사(*means test*)를 통해 욕구와 자산을 조사하고 분류하며 대상범위와 적용되는 위험 범위(*risk coverage*)를 최소한으로 통제하였고 사회권은 최소화되었다. 전반적으로 가족 및 민간에 대한 복지의존도가 높으며 국가 개입에 대한 거부감이 강한 이데올로기가 사회를 지배하는 국가들이다. 따라서 개인책임과 자조가 중요한 원리로 강조되었으며 선별주의가 적용되는 공공부조가 상대적으로 중요한 보호 제도로 자리 잡았다.

미국의 경우 대공황과 전쟁기간을 거치면서 뉴딜 정책, 사회보장법 제정 등 사회복지 프로그램이 확장되었고 국가의 역할이 이전보다 증가한 것은 사실이었다. 하지만, 기본적으로 사회복지 정책은 시장의 능력과 경제정책에 종속적이었으며 결코 시장을 훼손하는 수준으로 사회복지를 확대하려고 하지 않았다. 소수의 복지수급자들에 대한 제한된 평등, 다수에 대한 시장 기준의 분화된 복지, 이 두 집단(수급자집단과 다수집단) 사이의 계급 정치적 이중구조가 어우러져 계층적 질서를 형성하였다. 이렇게 기본적 지향이 시장 의존적이었기 때문에 탈상품화 정도가 낮고 재분배 기능은 세 유형 중 가장 약하여 불평등이 상대적으로 심하게 나타났다.

2) 보수주의 혹은 조합주의 복지국가

이 집단에 속한 대표적 국가는 독일과 프랑스이다. 보수주의 (혹은 조합주의) 복지국가 (*conservative or corporatist welfare state*) 는 자유주의적 복지국가의 관심인 시장의 효율성과 노동력의 상품화 문제는 중요하지 않다. 이는 후기 산업사회의 계급구조를 유지하기 위한 시스템이라고 할 수 있었으며, 따라서 사회복지를 하나의 사회적 권리로 제공하는가의 문제는 주된 관심이 아니었다. 이들 국가에서는 사회복지의 제공은 사회적으로 존재하는 계급, 계층, 지위의 차이를 유지하는 것과 밀접하게 관련되어 있었고 따라서 재분배 효과는 사민주의적 복지국가에 비하여 약할 수밖에 없었다(김태성 · 성경륭, 1993:178).

복지의 공급 주체는 주로 국가가 맡았으며 민간이나 기업복지의 역할은 상대적으로 약하였다. 특히 교회의 역할이 컸으며 전통적 가족의 기능을 유지하는 데 중점을 둔다는 점에서 보수적이었다. 복지 제도의 중심인 사회보험은 비노동 주부를 대상에서 제외하였고 가족에 대한 서비스는 가족 내에서 주부의 역할을 고무시키는 방향으로 제공되었다. 사회복지는 임금노동에 근거한 사회보장 모형으로서, 사고, 질병, 노령, 실업 등의 특정 상황에서 노동자를 사업장 혹은 노동시장 밖으로 방출하려고 할 때 부분적으로 이들의 소득을 보장하는 것을 주된 목적의 하나로 삼았다. 사회보험에 대한 의존은 자유주의 국가보다는 탈시장적이지만 보험원리 자체가 시장원리와 결합되어 있고, 이들 국가의 기본적 사회복지 구조가 지위나 계층에 따라 분화되어 있는 상태에서 계층적 · 구조적 차이들을 유지하려는 데 목적이 있었기 때문에 탈상품화에는 일정한 한계를 가지고 있었다.

3) 사회민주적 복지국가

사회민주적 복지국가(*social democracy welfare state*)는 주로 스칸디나비아 국가들에 의해 추구되었다. 이 유형의 복지국가는 적용 대상과 보장하는 위험 범위에 있어서 보편주의를 추구하고, 사회권에 의한 탈상품화 정도는 새로운 중산층(*new middle class*)의 생활수준까지 확대되었다. 사회민주주의가 사회개혁에 중요한 역할을 하였으며 시장과 국가, 노동과 중산층의 이중구조를 허용하기보다는 최저수준의 평등이 아닌 최고수준(중산층 수준)의 평등을 추구했다.

복지에 필요한 재원은 누진적 체계의 조세제도를 통해 조달되었으며 육체노동자는 사무직 노동자나 공무원과 상응하는 사회적 권리를 향유하였고 모든 계층은 보편적 보험제도에 포함되었다. 이러한 복지국가에서의 시장 기능은 공공부문의 기능에 의해 최소화되며 복지국가를 위한 연대 즉 사회 통합이 매우 중요한 목표가 되었다. 이러한 의미에서 모두가 수혜자이며 모두가 의존자이고 모두가 의무감을 느끼는 평등 지향적 체제라고 할 수 있다.

여기에 속하는 국가들은 노조가 잘 조직화되어 있었음은 물론 이들의 의견이 정책결정 과정에 적극으로 반영될 수 있는 정치 시스템을 구축하고 있었다. 또한 사민주의적 복지국가는 복지의 대상자에 대한 가족 및 시장의 보호나 보장 능력이 소진될 때까지 기다리기보다는 적극적으로 개입하고 미리 사부문의 보호비용을 사회화시킴으로써 가족에 대한 의존을 강화하기보다는 개인들의 독립 능력을 강화시키고자 노력하였다. 이러한 의미에서 이 모형은 자유주의(*liberalism*)와 사회주의(*socialism*)의 독특한 혼합(*fusion*)이라고 할 수 있다. 이러한 결과 아동, 노인, 도움이 필요한 자들에 대한 경제적 지원과 보호의 책임이 국가에게 직접적으로 귀속되었으며 이것이 여성의 노동시장 참여와 같은 노동정책과 적극적으로 연계되었다.

이처럼 이들 복지국가에서는 노동과 복지가 긴밀하게 연계되었다. 이들 국가는 경제정책과 사회복지 정책이 통합되어 있었는데 가장 대표적인 것이 적극적 노동시장 정책과 완전고용의 지향이었다. 이러한 완전고용 정책은 노동과 소득 유지라는 양 권리의 연계를 의미했으며, 다른 한편으로는 연대와 보편성 그리고 탈상품화를 지향하는 복지국가의 엄청난 유지비용을 해결하기 위해, 즉 사회문제를 최소하면서 재정

수입을 극대화하기 위해 필요했다. 이를 위한 방법으로 공공부문의 고용흡수기능을 적극적으로 활용하였다.

이렇게 복지국가 황금기를 경험하고 있는 서구 복지국가들은 사회의 탈상품화에 영향을 미치는 이념, 사회·경제·정치 구조, 계급간의 힘의 관계, 시장과 가족에 대한 관점 등에 따라 서로 상이한 형태의 복지 시스템을 운영하였음을 알 수 있다. 이러한 차이는 다음 장에서 보듯이 복지 국가 위기의 내용과 그에 대한 대응에 있어서도 서로 상이한 유형과 경로를 보여주게 된다.

생각해볼 문제

1. 복지국가가 황금기를 누릴 수 있었던 사회경제적 배경은 무엇인가?
2. 복지국가 황금기에 사회복지 팽창의 직접적 원인은 무엇인가?
3. 복지국가 팽창의 양상과 특성이 어떠했는가를 정리해 보자.
4. 복지국가의 팽창 과정이 복지국가 유형별로 서로 어떻게 다른가를 정리하고 그 원인에 대하여 추가 자료를 이용해 정리해 보자.

제 11 장

복지국가의 위기

정부의 책임이 증가해 왔던 것처럼 그와는 반대로 그 책임을 이행할 수 있는 역량은 감소해왔다. —A. King

정부는 강하기(strong)보다는 비대했고 힘이 있기(powerful)보다는 뚱뚱하고 연약했으며 엄청난 금전적 비용에 비해 많은 것을 성취하지는 못했다. —P. F. Drucker

1. 복지국가 위기의 배경

1960년대까지 세계적인 자본주의의 호황과 합의의 정치 구도 하에서 안정적으로 팽창하던 서구 복지국가들은 1970년 대 중반에 이르러 위기를 맞이하게 된다. 이러한 위기의 배경으로는 (1) 경기침체, 성장의 둔화 및 실업의 증대, 지하경제 문제, 세금회피와 탈세 등의 경제적 배경, (2) 정부에 대한 신뢰성 저하, 정당에 대한 애착의 결여, 관료 기구의 비효율성 및 통제 강화, 이익집단 중심의 비효율적 다원주의 등의 정치·행정적 배경, (3) 아노미 현상, 사회통합의 이완 현상, 성별·계층별 갈등 현상 등의 사회·문화적 배경들이 제시되고 있다(현외성 외, 1992:27~29). 하지만 1973년 10월 중동전으로 인해 석유 생산량이 줄고 가격이 폭등하는 이른바 석유 파동(*oil shock*) 이후 복지국가 위기의 배경에는 혼합경제와 포디즘 생산체계의 붕괴, 전후 합의의 붕괴, 노동연대의 약화 등의 좀더 근본적 변화가 있었음에 주목할 필요가 있다.

1) 혼합경제 및 포디즘체계의 붕괴

1972년~1973년의 단기적 호황은 전후 복지국가가 마지막으로 누릴 수 있었던 경제적 국면이었다. 1973년 중동전으로 인한 석유파동은 이 호황을 파국으로 몰며 1974년 여름 이후 세계 경제를 공황으로 몰고 갔다(Armstrong, Glyn, & Harrison, 1993:13장). 이는 결국 전후 강력한 역할을 해왔던 혼합경제 시스템과 포디즘적 생산방식의 위기로 나타났다.

전후 복지국가는 케인스 경제학의 원리에 따라 약간의 물가상승을 초래하더라도 재정정책을 통해 완전고용과 높은 경제성장률을 유지할 수 있었다. 하지만 〈표 11-1〉과 〈표 11-2〉에서 보는 것처럼 1970년대 중반 이후 경기침체에도 불구하고 심각한 인플레이션이 발생하는 스태그플레이션(*stagflation*)이 지속됨으로써 전 시기에 비하여 실업과 물가 상승 그리고 경제성장의 둔화가 한꺼번에 나타났다(김영순, 1998: 121). 특히 1970년대는 이러한 위기에 대한 진단이나 대응책이 구체적으로 제시되지 못한 시기였기 때문에 1980년대보다 더 심각한 상황이었고 국가마다 상당한 혼란에 직면하였다. 이는 더 이상 케인스의 경제정책으로 해소할 수 없는 새로운 국면이었다.

〈표 11-1〉 OECD 국가들의 거시경제지표 변화

경제지표	1960~1973	1973~1981
실업률	3.2	5.5
인플레이션	3.9	10.4
GNP 성장률	4.9	2.4
생산성 성장률	3.9	1.4

〈자료〉 Pierson(1991), p. 145.

이러한 케인스 경제학의 무기력 현상은 혼합경제의 위기는 물론 대량생산-대량소비를 특징으로 전후 호황을 추동해왔던 포디즘의 위기였다. 포디즘 생산 방식은 생산과 소비의 호순환에 의해 생산규모가 점차 확대되었으나 생산성의 저하, 소비자의 욕구 변화, 국제시장에서의 경쟁력 약화 때문에 위기를 극복하기에는 비효율적이었다(김영순, 1998: 121~127; 원용찬:87~95; 이종래, 2000:131~132). 1970년대 중반 이후 소비자들의 기호와 욕구가 다양해졌으며, 시장은 질이 높으면서도 다양한 품종을 소량 생산하여 시기 적절하게 공급해야 하는 환경으로 변하였다. 이는 소품종을 대량 생산하는 기존의 포디즘 생산방식으로는 충족시키기 힘든 요구였다. 또한 일국 체계 내에서 국가의 개입에 의해 보호를 받던 생산체계는 세계적 무역 장벽의 해소 속에서 무섭게 성장하는 아시아 신흥공업국들과의 경쟁에서 점차 약자의 위치를 점하게

〈표 11-2〉 거시경제지표, 1960~1993(%)

	연평균 실질 GDP성장률		연평균 물가상승률		연평균 실업률		연평균 성산성		
	1975~1980	1980~1993	1975~1980	1980~1993	1975~1980	1980~1993	1960~1973	1973~1979	1979~1992
OECD	3.6	2.5	10.0	5.4	5.3	7.5	3.0	0.6	0.9
덴마크	2.5	1.8	10.4	5.0	6.4	9.6	2.7	1.1	1.4
프랑스	3.1	1.9	10.5	5.5	5.4	9.6	3.9	1.7	1.4
독일	3.4	2.1	4.1	2.9	3.0	7.2	2.6	1.8	1.0
그리스	4.4	1.5	16.4	18.5	2.0	7.5	5.8	2.1	0.5
이탈리아	4.8	2.1	16.8	8.7	7.3	10.8	4.4	2.1	1.1
네덜란드	2.2	1.7	6.0	2.8	3.6	9.0	3.4	1.8	0.9
스페인	1.8	2.5	18.6	8.2	7.4	18.9	3.3	0.9	1.7
스웨덴	1.3	1.1	10.5	7.1	1.6	3.1	2.0	0.2	0.7
영국	1.9	1.9	14.4	6.0	5.1	9.6	2.6	0.6	1.6
미국	3.4	2.4	8.9	4.4	6.8	7.1	1.6	-0.4	0.4

〈자료〉 George, V. (1996) pp. 8~9의 〈표 1.3〉과 〈표 1.4〉를 함께 게시함.

되었다. 이제 기존의 복지국가는 변화된 경제상황에 유연하게 적응하지 못하는 경직된 모습을 보이게 되었으며 자본의 축적 전략은 물론 국가의 역할, 문화와 이데올로기까지도 변화를 요구받게 되었다.

2) 노동 연대의 약화

1960년대와 통해 지속적으로 증가했던 노조의 힘은 1970년대 말 이후 약화되기 시작했다. 실제로 당시 노조 가입률과 파업의 경향에서 의미 있는 변화를 보여주고 있다(Armstrong, Glyn, & Harrison, 1993: 378~387).[1] 미국과 일본에서는 1970년대와 1980년대 초반 임금 생활자 중 노조원의 비율이 꾸준히 감소했다. 미국의 경우 1970년 31%에서 1985년 18%로 감소했다. 반면 유럽에서는 반대 현상이 일어났다. 1970년대에 보편적으로 노조원의 비율은 증가했으며 스칸디나비아 국가들의 경우 90%에 육박하는 수준이었다. 하지만 이러한 유럽에서의 증가는 주로 공공부문의 노동자들이 급속히 가입했기 때문이며 전통적으로 노조의 요새였던 공업부문의 육체노동자들에 의한 증가는 아니었다. 그나마 이러한 유럽의 노조원 증가도 1979년 이후 감소하기 시작한다. 1979년에서 1985년에 이탈리아와 영국은 매년 1%가량 노조원이 감소했다(Armstrong, Glyn, & Harrison, 1993:378).

노조의 영향력 감소는 노조원의 비율보다 파업일수에서 보다 극적으로 나타났다. 〈표 11-3〉을 보면 석유 파동이 일어난 70년대 중반까지는 파업일수가 높게 유지되고 있다. 이는 경기 침체가 자신들의 취업과 생활수준에 미치는 영향을 최소화하기 위한 것으로 해석할 수 있다. 하지만 영국의 대처(Margaret Thatcher) 정부의 등장을 필두로 미

1) 노조의 가입숫자와 파업의 경향으로 정확히 노조의 힘을 평가하는 것은 무리가 있다. 하지만 경기 후퇴기 혹은 그 이후의 노조가입비율과 파업의 경향은 중요하다(Armstrong, Glyn, & Harrison, 1993:378).

〈표 11-3〉 주요 국가의 파업일수, 1967~1987*

	1967~1971	1972~1976	1977~1981	1982~1987
미국	165	105	90	28
일본	19	21	5	2
프랑스	350	34	23	13
독일	8	3	8	9
이탈리아	161	200	151	93
영국	60	97	112	88

〈자료〉 Armstrong, Glyn, & Harrison(1993), p.379에서 부분 인용.
* 공업 및 수송 분야의 노동자 100명당 연간 평균 파업일수.

국의 공화당(레이건 행정부), 서독의 기민당(콜 수상) 정부 등 보수정권이 등장한 1980년대에는 독일을 제외하면 파업일수가 상대적으로 낮은 수준을 유지하고 있었다. 이 시기에 와서 노동자들은 임금, 잉여노동자의 퇴직, 작업규칙, 노동자의 재배치 등 생산의 유연성을 늘리는 것과 관련하여 많은 양보를 하게 되었다.

노동 세력의 후퇴는 아이러니하게도 복지국가 팽창의 결과이기도 했다. 즉 복지국가 황금기 동안에 노동 계급의 저항에 의해 국가와 자본으로부터 많은 양보를 얻어냈지만 이에 대한 대가로 노동계급은 제도의 내부로 순응·흡수되어 이른바 두비엘(Helmut Dubiel)의 '시민화(*Verbürgerlichung*)'가 이루어졌다고 할 수 있다(이종래, 2000:129~135). 한편으로는 회사 단위의 협상으로 인한 노조의 분절화(*fragmentation*)로 인하여 취약한 노동운동이 강력한 노동운동을 약화시켰다. 또한 일본이나 한국과 같은 새로 부상하는 공업국가와의 경쟁압력으로 서구 국가 노조는 점차 많은 양보를 할 수밖에 없었다(Armstrong, Glyn, & Harrison, 1993:404).

노동세력의 약화는 조합주의의 중요한 주체였던 노동계급의 정치적 힘의 약화를 초래함과 동시에 협상의 헤게모니가 자본으로 넘어가는 것을 의미했다. 이는 전후 합의(*consensus*)를 통한 조합주의적 힘의 균형과 조절 장치가 붕괴되는 중요한 원인으로 작용했다.

3) 전후 합의의 종언 : 자유시장경제로의 복귀

1970년대 후반 이후 정부와 노조의 역할을 축소하려는 흐름이 서구 선진 각국의 정책결정 과정에서 지배적 위치를 점하게 되었다. 이는 전후 완전고용과 경제성장, 사회복지에 대한 국가의 책임과 역할에 대한 합의(*consensus*)의 붕괴를 의미했다. 피어슨의 견해로 보면 계급 간 합의와 정당 간 합의가 무너진 것이다(9장 참고).

우선 앞서 기술한 것처럼 노조의 협상력이 약화되어 사회 조합주의 구도가 힘의 균형을 잃었고 자본에 의해 헤게모니가 장악되어 갔다. 즉 케인스의 경제원리 대신 새로이 통화주의 경제원리가 영향력을 확대하는 것과 동시에 자본은 국가의 역할과 노동 계급의 역할을 축소시키면서 새로이 시장의 역할이 강화되는 시대의 흐름에서 막강한 힘을 가진 주인공으로 등장하게 되었다. 이들은 더 이상 복지국가의 황금기와 같은 양보를 할 필요가 없었고 전 시기에 존재했던 다음과 같은 자유주의자들의 우려는 사라지기 시작했다.

> 노조에 대한 정부의 정책은 약 1세기 사이에 한 극단에서 다른 극단으로 이동했다. 노동조합이 전적으로 금지되어 있지 않더라도 노조가 합법적으로 할 수 있는 일이라고는 거의 없었던 상태에서 노조가 일반적·법적 규칙을 적용 받지 않는 유일한 특권기관이 되어 버린 지금의 상태에 도달했다. … 자유 사회의 전체 토대는 노조의 강력한 권력에 의해 위협받고 있다(Hayek, 1972:66~68).

다음으로 정당간의 합의 즉 버츠컬리즘(*Butskellism*)이 붕괴되었다. 이제 우파 정당들은 좌파 정당들과 동일한 노선을 추구하지 않았으며

❙ 통화주의(monetarism)란?

프리드먼(M. Friedman) 등이 발전시킨 경제이론이다. 복지국가 위기시대 이후 케인스 경제원리의 대안으로 경제 분야는 물론 정치·사회 등 광범위한 분야에 영향을 미쳤다. 케인스 이론과 비교할 때 가장 중요한 특징은 재정정책 대신 통화정책을 수단으로 한 통화량 조절을 강조하고 정책수행의 주체로서 정부 대신 정부로부터 독립적인 중앙은행의 역할을 선호한다. 이들은 통화량의 증가를 수반하지 않는 정부의 소비지출이 물가는 물론 생산량(성장)에도 아무런 영향을 주지 못한다고 주장함으로써 케인스와 다르다. 또한 화폐의 유통속도가 일정하다는 점과 장기적으로 통화량의 증가가 물가 상승만을 초래한다는 것을 받아들임으로써 그들의 이론적 조상인 고전학파의 '화폐수량설'에 동의하지만 단기적으로는 통화량의 증가가 경제를 활성화시킨다고 주장함으로써 차이를 보인다(Buchholz, 1998:305~330).

시장의 자유와 국가의 역할 축소라는 새로운 정책 노선을 자신 있게 채택하였다. 우파 정당들은 경제 위기 속에서 자유시장경제와 작지만 강한 국가라는 슬로건 하에서 복지국가를 부정하면서도 집권에 성공할 수 있었다. 카바노의 주장처럼 불경기와 경제성장의 둔화는 많은 나라에서 복지 합의에 대한 대중적 지지를 손상시켰으며 시장의 기능을 강화하고 국가의 개입을 축소하려는 대처정부의 정책들은 서구국가에서 적지 않은 반향을 일으켰다(Kavanagh, 1987:9). 1980년대에는 대부분의 서구 복지국가들은 우파 정당의 집권 하에서 1970년대 이전의 복지국가와는 다른 정책노선을 지향하고 있었다.

이러한 신우파의 경제정책노선 변화와 합의 붕괴의 근저에는 통화주의(*monetarism*) 경제원리가 있었다. 예를 들어 대처 정부는 통화주의 이론에 근거해서 강력한 금융긴축 정책을 시행하였다. 이는 다른 거시경제지표(실업, GNP 등)에는 영향을 주지 않고 인플레이션만 줄인다는 생각 때문이었다. 하지만 이러한 강력한 디플레이션 정책은 작업관행(가동률 감소, 작업속도 증가 등)의 변화를 강요하고 이러한 변화에 대한 노동자의 저항을 약화시키는 역할을 했다. 노동자들에게 실업이나 기업 폐쇄는 곧 재취업의 불가능성으로 다가오기 때문에 그들은 임금의 동결 혹은 상승폭의 감소를 받아들이는 수동적 입장이 되었다(Armstrong, Glyn, & Harrison, 1993:439~440). 이러한 맥락에서 보자면 통화주의 정책은 합의의 두 당사자(노동, 국가)의 위축을 통해 경제위기의 극복을 추구하는 것이었다.

2. 복지국가 위기 내용과 원인

1) 복지국가 위기의 주요 내용

위에서 살펴본 혼합경제와 포디즘의 붕괴, 노동 세력의 약화, 전후 합의의 종언 등의 환경변화로 인해 복지국가는 대하여 여러 가지 문제에 직면하게 되었다. 그 중에서도 자주 언급되는 것은 재정 위기 문제, 정당성의 위기 문제, 정부 부문의 비효율과 경직성 문제, 사회·문화적 부작용의 문제이다.

(1) 재정 위기

경제 사정의 악화는 복지국가의 재정 위기를 초래하기 시작했다. 이는 전후 급격하게 팽창한 사회복지 지출처럼 정부의 재정지출 규모가 증대한 상태에서 경제 환경의 악화로 재정 수입이 급격하게 감소하는 데서 발생했다. 〈표 11-4〉를 보면 프랑스를 제외한 나머지 국가는 심각한 부채 문제를 안고 있었고 대표적인 복지국가로 불리던 영국은 정부채무잔고가 특히 심각한 상황에 있었다. 또한 재정수지의 악화에 따라 적자부문을 대부분 국채발행을 통해 보전하였으며, 이것이 이자지불이나 상환을 위한 국채비용의 증대를 야기하여 재정 및 재정정책의 경직성을 초래하였다(원용찬, 1998:105).

주목할 점은 대부분의 복지국가에서 이러한 재정적자 누적의 원인으로 국방비와 함께 과잉 팽창한 사회복지비를 제시하였다는 점이다. 이러한 재정적자는 이후 복지국가들이 복지비 축소 움직임과 더불어 작은 정부를 지향하게 만든 주요 이유라고 할 수 있다. 하지만 복지국가의 정치구조는 정부의 복지 지출의 삭감을 통한 재정의 적자 해소를 어렵게 했다. 정치적으로 복지혜택 감소에 대한 국민들의 저항이 있었으며 선거 민주주의는 이러한 상황에서 취약성을 드러내곤 했다. 또한 경제적으로 침체 국면에 들었기 때문에 세수입 증대를 통한 균형재정도 어려운 입장이었다. 결국 많은 국가들은 사회복지 예산 마련을 위해 적자재정을 편성했으며 이는 재정위기의 악순환 고리를 만들었다(김태성·성경륭, 1993:252~253).

〈표 11-4〉 장기 정부채무 잔고의 국제 비교

	GNP(a)	장기정부 채무잔고(b)	일반회계 세출규모(c)	이자지불 (d)	b/a (%)	d/c (%)
미국(억달러)						
1978년	20,913	6,106	4,484	354	29.2	7.9
1982년	30,573	8,641	7,284	850	28.3	11.7
영국(억파운드)						
1978년	144,909	66,490	43,989	2,220	45.9	5.0
1981년	251,818	112,507	84,803	6,522	44.7	7.7
서독(억마르크)						
1977년	11,962	1,408	1,720	83	11.8	4.8
1981년	15,437	2,608	2,330	180	16.9	7.7
일본(억 엔)						
1977년	1,888,043	387,728	290,598	18,954	20.5	6.5
1982년	2,673,509	1,115,717	472,450	68,827	41.7	13.9
프랑스(억프랑)						
1977년	18,752	576	3,780	208	3.1	5.5
1981년	31,061	-	7,025	477	-	6.8

〈자료〉 원용찬(1998), p. 105.

(2) 정당성 위기

복지국가의 위기 중에서 재정위기와 함께 지적되는 가장 대표적 위기는 복지국가의 정당성 위기(*legitimation crisis*)이다(Merrien, 2000: 159~160). 이러한 정당성의 위기는 복지국가가 의회주의와 복지정책을 통해 자본주의 폐해를 해소하고 사회적 정의를 달성할 수 있다는 믿음의 상실을 의미했다. 즉 국가에 대하여 국민들이 원하는 것을 복지국가가 제대로 부응하지 못한 데서 오는 지지의 상실이었다.

복지국가의 가장 큰 이념적 틀은 국가를 통한 평등의 추구였다. 복지국가 황금기를 경험하면서 빈곤의 재발견과 소득재분배 상의 불평등이 다소 해소된 것은 사실이었다. 하지만 사회적 갈등요인으로서의 불평등은 여전히 존재했으며 복지제도를 통한 분배가 계급간의 수직적 분배보다는 차라리 계급 내의 수평적 재분배였다는 사실이 드러났다. 누진적 세제와 보편적이고 평등 지향적인 사회서비스라는 것이 매우 과장된 것이었다는 비판이 점차 확산되어 갔다(Mishra, 1987: 37~38). 이는 네오-맑시스트(*neo-marxist*)들이 주장하는 자본주의 국가의 기능 중에서 정당화(*legitimization*) 기능의 위기였다(O'Connor, 1973).

이러한 정당성의 위기는 다음과 같은 세 가지 반응, 즉 복지국가에 대한 여론의 악화, 사민당과 노동당 등 좌파정당에 대한 지지 감소, 조세에 대한 저항으로 나타났다(Pierson, 1991:155~157). 영국의 경우 1964년에는 77%가 사회복지지출 확대에 찬성했지만 1969년에는 43%로 줄어들었다. 1978년 NHS 확대에 대한 지지도는 1963년 41%에서 20%로 하락한다(Harris and Seldon, 1979). 심지어 노동자 계급은 더 이상 복지권과 사회권(*social citizenship*)에 강한 애착을 가지지 않는다거나, 공공급여에 대한 의존자로서 규정되는 것에 대하여 오랜 적대감을 표현하기도 했다(Selbourne, 1985:117). 물론 이러한 여론의 악화는 경기침체, 복지프로그램의 오용과 남용, 경제적 풍요 과정에서의 사회적 결속력 약화 등 다양한 요인의 영향으로 볼 수 있다(김태성 · 성경륭, 1993:254). 그럼에도 불구하고 여론의 상당부분은 정부와 사회복지에 대한 비판에 모아졌다고 할 수 있다.

여론의 악화는 사회민주주의 정당들에 대한 지지의 하락으로 나타났다. 1975년에서 1982년 사이 영국, 미국, 서독에서 우파정당이 집권하게 되었고 사민주의 정당이 오랫동안 강력한 영향을 행사해왔던 덴마크, 스웨덴, 노르웨이에서도 좌파 정당이 선거에서 패배하였다. 1970년대와 1980년대는 보수주의가 역사의 주인공으로 다시 등장하는 시기라고 할 수 있다. 다른 한편으로 여론의 악화는 세금 증가에 대한 저항으로 나타났다. 경제 침체기에 조세수준을 넘어 지출되는 복지에 대한 반대여론이 추가적 조세부담에 대한 저항으로 나타난 것이다(Pierson, 1991:156~157).

(3) 정부의 위기

정부의 위기는 국가 부문의 과대성장으로 인한 비효율 및 경직성 그리고 과부담(*overload*)의 문제이다. 우선, 복지국가의 황금기에 대규모로 팽창한 국가 부문은 그 자체가 거대한 관료기구가 됨으로써 유연성과 효율성을 상실하고 말았다. 또한 복지 서비스에 대한 독점성은 경쟁원리의 부재로 인하여 합리성과 효율성을 추구할 수 있는 내부 혹은 외부의 자극이 부재한 상태에서 계속해서 자기증식을 하였고 관료조직을 비대하게 만들었다. 이러한 비효율성과 경직성은 적재 적소에 적정량의 재원을 투입하는 것을 어렵게 만들었고 서비스 영역에 따라 과잉 및 과소 문제를 야기시켰으며 정부의 지출에 비하여 효과는 상대적으로 미흡한 문제점을 노출시켰다(김태성 · 성경륭, 1993:251).

또한 복지국가의 팽창은 경제와 국가의 과부담으로 나타났다. 경제가 호황일 경우에는 이것이 은폐될 수 있는 문제였지만 경제가 침체하고 스태그플레이션이 나타나자 복지국가를 위한 재정의 팽창과 국가의 다양한 개입활동은 경제 및 국가 시스템 전반에 큰 부담으로 작용했다고 볼 수 있다. 실제로 일부 국가는 정부지출이 GNP의 50% 내외를 보였다. 복지국가 비판자들은 이러한 정부의 과다 지출이 민간부문의 투자감소, 공공부문으로 인한 생산부문의 노동력 감소, 저축의 감소 등 경제를 둔화시키는 방향으로 작용했다고 비판해왔다. 비록 이러한 주장이 모두로부터 명확히 동의를 얻는 것은 아니라 할지라도, 이미 위기 국면으로 접어든 경제상황을 고려할 때 완전히 부정하기 힘든 것이었다.

(4) 사회 · 문화적 위기

사회 · 문화적 부작용으로 대표적인 것이 사회통합의 이완현상이 시작되었다는 점이다. 이는 복지국가의 중요한 전제인 사회적 연대가 파괴되는 것을 의미하며 그런 의미에서 복지국가의 정당성 위기의 한 측면으로 볼 수 있다. 플로라(Flora, P.)는 사회통합의 이완현상이 크게 아노미와 에고이즘(*egoism*)이 확대되는 것, 즉 규범적 불안정(*normative insecurity*)과 사회적 유대의 약화가 증가하는 것으로 설명한다. 대표적 예로서 이혼율과 자살률의 증가를 들고 있다(현외성 외, 1992:29~30 재인용). 여기서 복지국가의 사회 · 문화적 위기라는 것은 한편으로는 복지국가의 여러 프로그램들이 이러한 현상들을 조장한다는 측면에서 제기되었고, 다른 한편으로는 기존의 복지국가 프로그램들이 이러한 새로운 변화에 적절히 대응하지 못한다는 측면에서 제기되었다.

물론 이혼의 증가, 동거가족의 증가, 독신가구의 증가, 편부 · 편모가구의 증가 현상이 반드시 위기인 것은 아니며 하나의 사회 · 문화적 변화로서 이해할 수도 있다. 즉 특이하거나 문제 현상으로 여겨지던 것이 사회의 보편적 현상으로 변화하고 있다는 점을 받아들이면 문제가 아닐 수도 있다(Giddens, 1999:7장). 그럼에도 불구하고 이 당시 집권한 신보수주의와 이를 지지한 여론의 흐름을 고려하면 이혼, 동거가족, 편부모의 증가는 그들의 관점에서 분명히 도덕적으로 문제가 있는 것이었다. 따라서 이러한 부도덕한 문제에 사회복지가 연대라는 이름으로 관련될 수는 없는 것이었고, 바로 이러한 점에서 사회적 연대감의 위기로 해석할 수 있을 것이다.

2) 복지국가 위기의 원인

1970년대 중반 이후 복지국가에 대한 공격은 신우파(*The New Right*)와 네오-맑시스트(*Neo-Marxist*)들에 의해 이루어졌으며 이들의 복지국가에 대한 비판 혹은 복지국가의 위기에 대한 주장은 상당한 반향을 불러일으켰다. 이러한 공격과 비판에 대하여 복지국가 옹호론자들은 실용주의적 관점을 취한다(김태성·성경륭, 1993:255; George and Willding, 1984; Pierson, 1991).[2)]

(1) 신우파의 견해

신우파가 제기하는 복지국가 위기의 핵심은 국가 혹은 정부의 실패이다. 즉 국가 혹은 정부의 과도한 개입과 역할이 재정위기, 경제의 악화, 시장의 왜곡, 자유의 제한 등을 초래한다고 주장했다. 이들은 복지국가에 대한 반대를 명확히 하였는데, 그 근거는 행정적이고 관료적인 할당(*allocation*) 방법이 시장의 할당보다 열등하며, 복지의 수혜자나 후원자 모두에게 도덕적으로 거부당할 가능성이 있고, 복지 소비

---

2) 김영순은 복지국가 위기의 또 다른 설명으로 히르쉬(Hirsch, J.), 제솝(Jessop, B.), 로스(Roth, R.) 등의 '복지국가의 기반약화론'이라고 할 수 있는 조절이론(*regulation theory*)과 탈조직자본주의론(*disorganized capitalism theory*)을 소개하고 있다(김영순, 1998:28~29). 하지만 주요한 내용은 이미 이 장의 위기배경에서 대략 설명되었기 때문에 여기서는 생략하기로 한다. 또한 이 장에서는 각 주장들의 주요 내용만을 검토하며 이론적 측면에서의 문제점은 생략한다. 각 견해의 이론적 단점에 관해서는 김영순(1998)의 제2장과 Pierson(1991)을 참고하기 바란다.

〈그림 11-1〉 작고 강한 정부가 필요하다는 만평

자들의 실제적 선택을 제한하고 엄청난 자원의 투입에도 불구하고 복지국가는 빈곤과 기회의 불평등을 제거하지 못했다는 것이다(Gamble, 1988:27~60). 좀더 구체적으로 신우파는 복지국가를 다음과 같이 규정했다(Pierson, 1991:48).

첫째, 복지국가는 투자유인과 노동유인을 감소시킴으로써 시장의 질서와 유인을 대체시키는 등 비경제적(*uneconomic*)이다. 둘째, 비생산적(*unproductive*)이다. 비생산적인 공공부분이 생산적인 민간부문의 자본과 인적 자본을 박탈하여 총량적으로 비생산성을 낳는다. 셋째, 비효율적(*inefficient*)이다. 복지국가는 급여제공을 독점함으로써 소비자보다는 공급자의 이익에 기여하고 정부활동 영역이 확대되면서 정책실패가 증가한다. 넷째, 비효과적(*ineffective*)이다. 사용한 자원에 비하여 빈곤과 박탈을 제거하지 못했으며 전통적 지역사회와 가족에 기반한 원조 형태를 제거하여 빈자의 처지를 악화시키고 의존주기(*cycle of dependence*)에 집어넣는다. 다섯째, 전제적(*despotic*)이다. 이러한 특징은 관료제도가 복지의 실현과정에서 시민들을 통제하고 조정함으로써 나타나는 현상이며 때에 따라서는 지역사회 전체를 통제하기도 한다.

신우파의 두 부류: 신보수주의 대 신자유주의

복지국가에 대한 비판의 내용을 보면, 신우파의 두 부류 즉 신보수주의 집단(*neo-conservatism*)과 신자유주의(*neo- liberalism*)의 견해가 복합되어 있다. 이들은 신우파로 동일시되어 왔지만 약간 차이가 존재한다(김영순, 1998:18; Pierson, 1991:41~48). 신보수주의는 사회전체를 통한 사회적·정치적 권위를 회복하는 데 관심을 갖는다. 따라서 전통적 가치와 국가 권위의 회복을 강조한다. 신자유주의는 보다 자유롭고 개방적이며 경쟁적인 자유시장의 원리의 회복을 강조한다. 하지만 복지국가 위기의 원인을 국가의 실패, 특히 복지국가의 실패로 규정하고 있다는 점에서는 동일하다. 필자의 견해로는 같은 신우파로 불리지만 복지국가 위기로 등장한 보수당 집권기인 1980년대에는 신보수주의 영향력이 상대적으로 강했다면 세계화가 전면화되는 1990년대 이후에는 신자유주의 영향이 상대적으로 크다고 판단된다.

마지막으로 자유를 부정(*a denial of freedom*)한다. 강제적인 복지 서비스 제공은 개인의 선택의 자유를 박탈하는 것이며 과도한 누진세제는 '몰수적(*confiscatory*)'이라고 할 수 있다(Pierson, 1991:48).

신우파는 이러한 국가 실패를 초래한 과도한 국가 개입의 원인을 공공선택이론(*public choice theory*)을 중심으로 설명하고 있다. 특히, 비시장(*non-market*) 영역의 의사결정에 관심을 기울여온 공공선택이론가들은 복지국가의 과부하 및 정부팽창의 원인을 공공부문 의사결정과정의 약점 즉 정치시장의 특성으로부터 도출했다. 정치시장은 비용절감이나 가격경쟁이 일어나는 사적인 경제시장과는 다르다. 이익집단(특히 조직화된 이익 집단)이 이기적으로 이익추구 경쟁을 벌이는 선거 상황(정치시장)에서 정치가는 재정 사정을 초과하는 공약을 제시하고 표를 구매하고자 한다. 또한 집권하면 공약 이행을 위해 조세제도를 통해 재원을 확보하고자 하기 때문에 재정은 팽창하고 유권자의 기대수준은 계속 상승하게 된다는 것이다(김영순, 1998; Brittan, 1975; Pierson, 1991).

또 하나의 원인은 복지국가의 관료제 자체가 강력한 이익집단이 된다는 데 있었다. 공공관료제도는 강력한 이익집단으로서 자신들이 속한 부서나 집단의 예산을 극대화하고자 했다. 여기에 자신들의 효용극대화가 있기 때문에 재화와 용역을 과잉 공급하는 경향을 보이게 되었다는 것이다(Niskanen, 1971; Tullock, 1976). 이러한 현상은 공무원과 같은 화이트칼라 근로자들이 노동조합으로 조직화될 때 더욱 심각하게 대두되는 것이었다(Bacon and Eltis, 1978).

마지막으로 크로지어(Crozier, M.) 등은 정부의 과부하와 실패 원인을 복지민주주의 하에서 전통적 권위의 붕괴 및 개인의 욕망에 대한 제재의 실패에서 찾았다. 이로 인해 전후 경제가 성장하고 복지가 제도화되는 과정에서 '기대상승의 혁명'이 발생했고 이것이 일상생활에 대한 책임을 국가에 전가하는 풍토를 낳았다는 것이다. 그 결과 대의민주주의에 대한 전통적 신념의 붕괴와 공익을 무시하는 분파적 이익추구 및 동원 증대에 기인하는 '통치할 수 없는 상태(*ungovernability*)'가 도래했다고 설명한다(김영순, 1998:20 재인용).

(2) 네오-맑시스트들의 견해

네오-맑시스트들의 복지국가 위기에 대한 진단은 복지국가의 모순으로부터 출발했다. 이들의 인식으로 볼 때 독점자본주의 단계에 있는 복지국가는 축적(*accumulation*)과 정당화(*legitimation*)라는 상충되는 기능을 수행하였다. 즉 복지국가는 그것의 경제적 기반인 자본의 지속적 축적과 발전을 가능하게 하는 제반 조건을 제공해주어야 했고, 다른 한편으로는 축적과정에서 소외와 고통(착취)을 당하는 노동자를 비롯한 국민들의 불만을 누그러뜨리고 다양한 요구를 충족시켜 복지국가 체제에 대한 충성심을 확보하고 정당성을 유지해야 했다는 것이다(김영순, 1998:2장; O'Connor, 1973; Gough, 1979; Offe, 1984). 복지국가의 위기는 이러한 복지국가의 모순적 기능의 산물로 이해되었다.

이를 구체적으로 보면 연구자 별로 약간의 차이를 보이고 있는데 이들의 주요 논리는 다음과 같다. 아마도 복지국가의 위기 원인에 대한 대표적 논리는 오코너의 재정위기 설명에서 찾을 수 있을 것이다. 오코너에 의하면 국가는 축적 기능을 위한 '사회적 투자'를 증가시키고 정당화 기능을 수행하기 위한 '사회적 지출'을 증대시켰다. 문제는 이러한 생산과 소비의 사회화(비용의 사회화)에도 불구하고 축적의 결과(이익)가 사적으로 점유되기 때문에 재정의 위기 혹은 국가의 수입과 지출 간의 구조적 차이를 만들어 냈다는 것이다. 이를 타개하기 위해 일반 대중에 대한 조세부담을 증대시켜 재정 균형을 추구하지만 이 또한 조세저항과 정부당국에 대한 적개심의 증가, 복지 수혜자 사이의 새로운 사회운동 증가 등으로 힘들게 된다. 여기에 더하여 자본측이 복지부담 증가로 인한 축적의 장애요인을 피하기 위해 복지지출 삭감을 요구하게 되면 축적과 정당화의 상충된 모순은 폭발하고 통제가 불가능해진다(O'Connor, 1973).

고흐(Gough, I.)는 복지국가를 하나의 '모순적 통일체(*contradictory unity*)'로서 파악했다. 고흐는 복지국가를 '자본주의 사회에서 노동력 재생산을 수정하고 비노동인구를 유지하는 국가권력의 사용'으로 규정했다. 즉 이러한 국가의 권력 사용은 모순적 성격을 가진다. 즉, 사회복지를 강화하고 개인 권력을 향상시키고 시장의 맹목적 활동에 대한 사회통제의 경향을 가지는 동시에 사람들을 억압·통제하고 그들을 자본주의의 경제적 요구에 순응시키는 기능을 동시에 행하고 있다. 이러한 모순 속에서 사회복지는 장기 실업, 기술변동 등과 같은 자본주의의 변화에 대응하는 하나의 수단이 됨으로써 자본의 이익에 부합되기도 하지만 그러한 복지 기능 자체가 조직화된 노동계급의 투쟁에 대한 지배계급의 방어적 대응이라는 역사적 성격을 가지기 때문에 일정한 한계를 가진다. 따라서 장기적으로 모순적 통일체로서의 복지국가는 소득지원과 완전고용 등의 복지제도로 인해 실질임금을 낮추고 생산성을 높이려는 시도에 대한 조직적 방어에 직면하게 되고 장기적이고 안정적 자본주의의 이윤추구 조건 창출이 어렵게 되어 위기로 이어진다(Gough, 1979).

후기-맑스주의자로 불리는 오페(Offe, C.)는 복지국가의 위기를 '위기관리의 위기(*the crisis of crisis management*)로 설명한다. 그에 따르면 복지국가는 사적으로 규제된 자본주의 경제와 그것으로부터 야기되는 모순적 사회화 과정을 조화시키려는 행정적 형태로 출현하는 것으로 이해할 수 있다. 복지국가는 정당화(규범) 하위체계와 경제하위체계를 가지는데 경제하위체계는 자기규제적이지 못하며 정당화 하위체계와 서로 역기능을 가진다. 이 모순적 관계를 조정하고 지속적으로 축적과 정당화를 유지하기 위해 정부 혹은 국가는 개입과 중재 기능 즉 위기관리기능을 수행해야 한다. 하지만 이러한 중재과정은 복지국가 자체가 이러한 위기적 논리를 따르기 때문에 불가능하며 이로 인해 재정위기, 행정적 결함, 정당화의 실패가 초래된다고 설명한다(Offe, 1984; Pierson, 1991).

요컨대, 네오-맑시스트들은 복지국가들이 위기 상황에 빠진 것은 자본주의 국가로서 가지는 필연적 상황으로 이해한다. 그리고 복지국가가 축적과 정당화라는 모순적 기능을 수행하는 것은 일시적으로는 가능할지 모르나 궁극적으로는 불가능하다고 본다. 특히 1970년대 중반 이후처럼 경제적 모순이 첨예하게 나타나는 기간에는 더더욱 불가능하다고 본다. 따라서 이들은 궁극적으로 복지국가를 포기하고 사회주의 체제로 가야 한다는 명확하고도 단순한 대안을 제시한다.

(3) 복지국가 옹호론자들의 실용주의적 관점

복지국가 옹호론자들의 기본 입장은 복지국가의 위기가 복지국가 자체의 근본적 결함보다는 복지국가에 대한 외부의 충격과 복지국가 발전과정에서 시행착오로 인해 발생하는 일시적 현상으로 받아들였다. 따라서 이들의 입장에서 복지국가의 위기는 체제 자체 내에서 해결할 수 있는 내부 문제였다(김태성·성경륭, 1993:258). 이러한 측면에서 보면 이들도 1970년대 이후 복지국가가 문제 상황에 직면하였음을 인정하고 있었다.

구체적으로 보면 우선, 이들에게 복지국가의 위기는 석유파동과 그로 인한 세계 자본주의의 전반적 위기의 영향이었으며 결코 복지국가가 이러한 경제위기의 주 요인은 아니었다. 단지 외부상황이 갑작스럽게 나빠져 복지국가의 목표달성이 어렵게 된 것으로 이해되었다. 자주 인용되어 비교되는 국가는 영국과 스웨덴이다. 만일 복지국가가 경제위기의 원인이라면 복지지출 비중이 훨씬 많았던 스웨덴의 상황이 더욱 악화되었어야 했지만 각종 거시지표(물가, 경제성장률, 실업률 등)는 오히려 스웨덴이 더욱 좋게 나타났던 것이다(김태성·성경륭, 1993:258).

다음으로 복지국가가 내부적으로는 복지국가체제 자체보다는 프로그램이나 그것의 운영방법에서 오류가 있었기 때문에 위기가 발생했다고 본다. 즉 효과성이나 효율성을 떨어뜨리는 운영과정상의 오류들이 존재했음을 인정하고 있으며 이러한 측면에서 특히 중앙집권적 형태와 관료제에 문제의 초점이 맞추어진다. 이것이 비능률과 경직성 그리고 국민들의 지지상실의 원인이라는 것이다. 따라서 국가의 책임을 포기하고 시장에 모든 것을 맡기는 것이 아니라 프로그램들을 분권화 및 민영화를 통해 효율적으로 운영하고자 한다. 그리고 경제적 여건이 좋아지면 위기해소가 가능하다는 다소 절충적이고 실용적 측면의 대안을 제시하였다.

3. 위기의 진화 : 신자유주의적 세계화[3)]

신자유주의는 신보수주의와 함께 신우파를 일컫는 개념이다. 따라서 1970년대 중반 이후 복지국가가 위기를 맞고 우파 정권이 서구선진국의 정치적 집권세력이 되었을 때 이미 신자유주의는 개별 국가는 물론 하나의 세계적 흐름을 보이고 있었고 세계화라는 싹이 돋아났다고 할 수 있다. 그럼에도 불구하고 세계화(*globalization*)라는 개념과 함께 신자유주의가 전 지구적으로 맹위를 떨치게 된 것은 1990년대라고 할 수 있다. 1980년대 말에서 현재까지 동구권의 붕괴, 유럽의 통합(EU), 북미자유무역지대(NAFTA), 세계무역기구(WTO) 등 많은 사건과 변화를 겪었다. 이러한 경험들의 본질을 하나의 개념으로 묶어내기는 힘들 것이다. 하지만 신자유주의에 기초한 세계화가 어떤 식으로든 연관되어 설명될 수 있다는 것은 부정하기 힘들 것으로 보인다. 냉전의 붕괴와 함께 신자유주의의 물결이 세계를 하나의 질서로 재편하려는 소용돌이를 만들고 그 속에 인류의 모든 삶의 요소들이 휩쓸리고 있으며 복지국가 또한 이로부터 자유로울 수가 없는 상황이다.

---

3) 세계화의 출현을 자본주의 발전과의 연관 속에서 어떻게 파악할 것인가를 놓고 단절론과 연장론의 논쟁이 전개되고 있다(류진석, 2000 참고). 이 책에서는 세계화의 논의를 복지국가와 관련시켜 논의하기 때문에 실제로 복지국가의 위기를 기술하는 장에서 이미 신자유주의의 내용과 세계화의 주요 단서들이 제시되었다. 사실 이 때부터 현재의 세계화 추세가 시작되었다고 할 수 있다. 하지만 복지국가의 미래와 관련하여 세계화가 본격적으로 논의되고 일반인에게 익숙해지는 시기는 1990년대 이후, 특히 WTO의 출범 이후라고 할 수 있다. 따라서 본 장에서는 주로 1990년 이후 현상에 초점을 두고 논의를 전개하기로 한다.

1) 세계화의 개념과 명암

〈그림 11-2〉 세계화의 명암
2000. 10. 21자 한겨레그림판

세계화는 논자마다 다양한 개념을 제시하고 있고 다양한 관점과 차원에서 언급되고 있기 때문에 간단히 정의하기 힘든 개념이다. 하지만 공통적으로 (1) 지리적 의미의 중요성 상실, 즉 국민국가의 영역을 초월한 전지구적 범위에서 일어나는 현상이며, (2) 단일 과정이라기보다는 정치, 경제, 사회, 문화의 각 영역이 상호간에 기능적으로 연결되고 통합되는 복합 과정이며, (3) 지구적(*global*), 국가적(*national*), 국지적(*local*) 수준에서 질적 변화를 수반하는 다차원적 현상이라는 점이 포함되어 있다(류진석, 2000). 따라서 세계화란 지리적으로 국가단위의 경제활동 경계가 무너지고 각 경제활동 주체들이 전 지구적 차원에서 상호의존과 통합 과정에 포섭되는 과정이며 그로 인하여 경제적 영역은 물론 정치, 사회, 문화의 모든 영역에서 인간의 생활이 질적으로 변화되어 가는 일련의 과정으로 이해할 수 있다.

이러한 다양한 속성에도 불구하고 분명한 것은 현실의 세계화가 신자유주의에 기초하고 있다는 점이다. 신자유주의의 이상적 사회모형은 자유로운 시장을 중심으로 설정되며 사회 내의 모든 자원 분배 메커니즘으로서 시장의 효율성에 대해 절대적 신뢰를 가지고 있다. 그리하여 무역의 자유 및 국제 자본의 자유로운 이동, 조세감면, 경쟁, 공기업의 민영화, 국가역할의 축소 등을 통하여 시장의 끊임없는 확장과 창조적 파괴를 추구하고 있다(김석진 · 박민수, 1998; Pierson, 1998;

Martin & Schmann, 1998). 또한 세계화론자들은 브와이예(Boyer)처럼 국가가 글로벌 경제에 효과적으로 참여하기 위해서 무역정책의 자유화, 자본통제의 철폐, 자본시장의 해외투자가들에 대한 개방, 경제영역에서의 국가역할 축소 등이 불가피한 수렴(*convergence*) 현상으로 묘사하고 있다(안병영, 2000 재인용).[4] 그 결과 복지국가는 소멸하거나 쇠퇴하여 서구 국가들의 평균적 복지수준이 아닌 가장 복지수준이 낮은 수준으로 수렴할 것으로 예측하고 있다(조영훈, 2000).

세계화의 긍정적 영향으로 세계화 찬성론자들은 자유의 증진과 민주주의 발전을 들고 있다. 물론 이러한 주장에 모두 동의하는 것은 아니다. 하지만 세계화의 진전 과정에서 경제 및 정치 영역에서의 자유 증진, 탈규제, 경쟁 원리의 도입을 통한 생산성·효율성 증진, 관치주의와 권위주의적 경제운용의 해소, 국가 역할의 축소와 지방정부의 역할 증진, 권력의 분점을 통한 민주주의 진전 등 긍정적 요소가 있었음을 완전히 부정하기 힘들다(안병영, 2000). 또한 첨단 정보통신에 기초한 세계화 시대의 자유로운 정보의 흐름은 기업은 물론 공공 부문에 있어서 의사결정의 신속성과 민주성(이른바 '전자민주주의')을 강화시키고 있다.

그러나 신자유주의적 세계화는 다음과 같은 암울한 결과를 초래하고 있다. 가장 중요한 것은 '20 대 80 사회'로 표현되는 부의 불평등과 사회의 양극화 현상이다(Martin & Schmann, 1998). 이는 이미 복지국가의 위기에 대응하는 신우파들의 정책 하에서 1980년대부터 진행되어 온 현상이다. 이러한 불평등과 사회의 양극화 현상이 1990년대 세계화가 빨라지고 광범위하게 진행되면서 더욱 심각해지고 있다. 또한 세계화의 기술적 토대인 정보화는 '정보의 격차'에 의한 새로운 불평등을

---

4) 1960년대 복지국가의 확대적 수렴과 비교하여 시장의 부활을 향한다는 의미에서 '새로운 수렴(neo-convergence)'로 불리기도 한다(류진석, 1999).

심화시키고 있다(안병영, 2000; Martin & Schmann, 1998).

마르틴과 슈만은 그들의 노작에서 세계화의 어두운 면을 다음과 같이 정리하고 있다(Martin & Schmann, 1998). 첫째는 '수단과 목적의 전도' 현상이다. 모두가 삶의 질을 향상시키기 위해 일하는 것인데 경쟁력 있게 일하기 위해서 삶의 질을 희생시킨다는 것이다. 둘째는 '주체와 객체의 전도' 현상이다. 삶의 질을 높이기 위한 경쟁이 아니라 상품경쟁력을 높이기 위한 경쟁이 진행되면서 노동자(인류)는 창조와 진보의 주체에서 경영혁신과 생산합리화의 객체로 전락한다. 셋째는 '파괴적 경쟁'의 심화이다. 세계화의 극단적 경쟁은 환경의 무제한적 파괴는 물론 인간 노동 활동의 불안정성 증가 및 노동 강도의 강화로 인하여 육체적·심리적 파괴를 초래하고 있다.

2) 세계화와 복지국가 후퇴 : 역(逆) 버츠컬리즘(Butskellism)

〈그림 11-3〉 구조조정과 신자유주의에 반발해 불거진 1995년 프랑스 노동자대파업은 '68 혁명' 뒤에 벌어진 가장 큰 규모의 시위였다.

앞에서 밝힌 것처럼 세계화는 양면성을 가지고 있다. 이러한 세계화의 급속한 진행과 양면성은 1980년대는 물론 1990년대 사회복지 혹은 복지국가의 전개에 상당한 영향을 미쳤다. 세계화는 개별 국가의 이념, 사회복지의 형태 및 내용, 계층 및 계급, 거시경제 등에 영향을 줌으로써 결과적으로 사회복지의 총체적 형태에 변화를 가져오게 된다(류진석, 2000: 181).

문제는 사회복지의 변화가 복지국가를 어떠한 방향으로 변화시켜 왔는가이다. 세계화의 영향이 거세지는 기간에도 복지국가들의 기본 정책 방향은 1980년대 신우파 정권들이 추구했던 복지국가 위기에 대한 대응과 거의 동일하다. 하지만 신자유주의적 세계화가 세계의 정치, 경제, 문화적 흐름을 주도했던 1990년대 이후에는 국가 간의 경쟁이 이전보다 더욱 격화되고, 경쟁의 범위가 전 지구적으로 확대되면서 국가경쟁력(특히 경제적 경쟁력) 확보의 논리 속에 복지국가의 입지는 더욱 좁아지고 있다. 이제 복지국가는 1970년대 중반 이후의 복지국가 위기에 대응하면서 재편 전략을 모색하는 와중에 신자유주의적 세계화라는 좀더 진화한 위기의 터널을 지나가고 있다.

초국적 기업(TNC)의 성장과 금융자본의 세계화는 자본의 이동성을 촉진시켰다. 이 자본에 대하여 개별국가들 간에 입지 경쟁이 벌어지면서 국가의 시장규제력이 약화되고 통화정책과 재정정책에 대한 국가의 통제력이 상실됨으로써 사회적 연대를 창출하는 전통적 복지국가의 능력이 제한되고 있는 것이다(류진석, 2000). 초기 복지국가 위기의 내용들을 넘어 좀더 본질적인 차원에서 복지를 수행하는 주체로서 국가의 능력과 기능 자체를 위협하는 새로운 위기 국면이 전개되고 있는 것이다.

물론 이러한 견해에 대한 반론도 존재한다. 가장 일반적 지적은 복지국가의 축소 경향과 이를 추동하는 세계화의 부정적 측면들(빈곤의 증대, 불평등 심화, 사회의 양극화 등)이 서로 모순적 관계에 있다는 점이다. 즉 경쟁이 격해지고, 고용의 유동성이 심해지며, 사회가 양극화될수록 정치·사회적 안정에 대한 필요성이 증대하고 이에 근거하여 복지급여가 증가한다는 분석들이 있고 이에 관련된 실증적 자료들도 제시하고 있다(류진석, 1999; Deacon, 1999; Esping-Andersen, 1996; George, 1996). 이러한 반론들은 21세기로 전환되는 시점에서 볼 때 세계화의 흐름 속에서도 복지국가의 원칙들이 여전히 중요함을 보여준다는 데 의의가 있다고 하겠다.

그럼에도 불구하고 21세기로의 전환기에 복지국가들은 신자유주의적 세계화의 거대한 흐름 속에서 이전의 복지국가 원칙들을 상당 부분 양보해야 했으며 각종 사회복지 개혁과 정책 노선의 수정 등 다양한 변화를 겪어야 했음을 부인할 수 없다. 또한 그러한 변화는 우파 혹은 신자유주의적 요구들 중 상당부분을 수용하고 타협하는 과정이었으며 그 결과 이 시기의 복지국가들은 이미 황금기에 나타났던 복지국가의 모습은 아니라고 할 수 있다.[5] 제솝(Jessop)의 설명대로 한다면 전통적인 케인스주의적 복지국가(*Keynesian Welfare State*)가 슘페테리언 근로연계 복지국가(*Schumpeterian Workfare State*)로의 재편이 더욱 가속화되는 시기로 규정할 수 있다(Jessop, 1993; 1994).[6]

이러한 흐름은 복지국가의 전통이 상당 부분 남아 있고 아직도 신자유주의적 정책기조에 대한 견제와 반발이 강한 스칸디나비아 국가들에서도 나타나고 있다. 즉 이들 국가마저도 신자유주의적 세계화의 영향에서 자유로울 수 없었던 것으로 여겨진다. 역설적으로 말하면 미국과 같이 이미 신자유주의적 재편의 길을 고수하는 국가들에서는 복지제도에 대한 세계화의 영향이 유럽대륙이나 스칸디나비아 국가들보다는 상대적으로 적게 나타나기 때문에 혼선이 적을 수도 있다. 적어도 신자유주의적 영향이 스칸디나비아 국가들의 복지모형을 성공적으로 변화시켰는가의 문제를 떠나 일정 정도의 충격과 영향을 주었음은 분명하다.

---

5) 엄밀한 의미에서 본다면 현재 서구 선진국들의 복지제도와 복지체계를 기준으로 볼 때, 이들 국가들 복지국가로 부르는 것이 타당할 것인가에 대한 검토가 필요할 것이다. 이미 많은 국가들은 역사의 한 기간을 특징지었던 1950년~1960년대의 전형적 복지국가로서의 특성에서 이탈했기 대문이다.

6) 슘페테리언 근로연계복지국가는 포스트포드주의 자본주의 경제체제에 대응하는 복지국가의 변화된 모습으로서 국가개입이 수요보다는 공급측면을 중시하고, 국민경제의 구조적 경쟁력을 제고시키기 위해 생산, 노동과정, 조직, 시장의 혁신을 제고하는 한편, 사회복지 정책이 노동시장의 유연성과 국제경쟁력을 위한 비용부담의 감소와 연결되는 것을 주요 내용으로 하고 있다(Jessop, 1993; 류진석, 1999 재인용).

스웨덴을 예로 들면 사민주의적 복지국가의 방어에 절반의 성공을 거두었다는 평가도 있다(안상훈, 1999). 하지만 이 평가는 역으로 절반의 쇠퇴를 인정하고 있는 것이다. 즉 복지국가의 방어에 어느 정도 성공적인 스웨덴조차도 신자유주의적 세계화 과정에서 상당한 변화를 겪고 있는 것이다.[7]

우선, 사민당이 1991년 선거에서 패배함으로써 스웨덴 사회보장 모델이 다양한 공격을 받게 되었다. 집권에 성공한 우파 연립정권은 비록 외환위기의 발생과 야당의 협조를 구하는 처음의 의도를 일관되게 관철하지는 못했다. 하지만 다양한 부문에서 복지의 축소를 달성했다. 〈표 11-5〉를 보면 아동 수당과 같이 사회복지가 확대되는 경우도 있었지만 대체로 급여자격 범위, 소득 대체율 등이 하향 조정되는 경향을 보였다. 특히 1994년 연금개혁 가이드 라인의 합의 도출 과정에서 우파 연합정권과 야당인 사민당이 자신들의 이데올로기적 지향을 어느 정도 포기하게 되었다. 이러한 타협의 과정에서 법적 권리에 기초하여 확정된 급여를 주는 연금제도가 소득에 따라 급여가 변화되는 자본주의적(시장주의적) 연금으로 변화하고 있음을 알 수 있다. 예를 들면 일반보충연금(ATP)이 급여 중심에서 기여 중심으로 변화하여 보장성이 약화되고 재정 안정성을 기하고 있으며, 기존의 보편적 프로그램이던 기초국민연금(FP)은 저소득 혹은 무소득자에게 국한된 보충적 기능만을 담당하고, '개인보험금 지정 투자제(*premiereservsystem*)'와 같은 민영 시스템을 도입하고 있다(안상훈, 1999).

한편 1994년 선거에서는 사민당이 집권하게 된다. 하지만 전반적 경제위기와 정부재정의 악화로 인하여 공산당을 제외한 모든 정파들이 복지급여 축소와 세금의 인상을 추구하게 된다. 제도 변화의 주요 내용을 보면 〈표 11-6〉에서 보듯이 사민당의 집권에도 불구하고 우파정

7) 다음의 스웨덴 설명은 안상훈(1999)을 참고로 정리하였음.

〈표 11-5〉 1991~1994 우파 정권기의 복지 변화

제도	변화 내용
산재보험	산재개념 축소, 질병보험과 지급대체율 연계 (영구재해만 100% 임금보상)
질병보험	1991년부터 첫 결근일 대체율 감소
실업보험	1993년 소득대체율 하향조정(90~80%), 5일간의 대기기간 도입
부모보험	1994년 정액제 폐지, 대체율 감소 (80%로 조정)
아동보호수당(3세 이하 아동)	1990~1991년 수당액 증액
주택수당	소득확인절차 생략

〈자료〉 안상훈(1999), pp. 229~232 요약.

권의 복지삭감 경향에 대한 극적 반전은 생각만큼 이루어지지 않았다. 오히려 많은 사회복지 정책 분야에서 자격기준의 강화, 급여의 소득대체율 감소, 소득조사 실시, 소득비례부분의 도입 등 전반적으로 보편주의적 원칙이 훼손되거나 소득비례에 원리와 같은 시장의 원칙들이 확산되고 있다. 또한 실업보험과 같이 적극적 노동시장 정책과의 연계 강화가 눈에 띈다.

스웨덴의 예는 비록 서구의 다른 국가들과 비교하여 여전히 국가의 역할과 시장에 대한 통제가 상대적으로 많이 남아 있음을 보여줌에도 불구하고 신자유주의적 세계화 시기의 복지국가 축소에 있어서 좌파정권이든 우파정권이든 정책적 유사성이 있음을 보여준다. 이러한 공통성은 영국에서도 나타나고 있는데, 일반적 사적 소유경제의 확대, 높은 경제성장률의 추구, 완전고용보다는 물가안정 추구 등에 있어서 블레어(T. Blair, 노동당) 정부의 등장에도 불구하고 보수당과의 정책 노선 차이는 현격히 줄었다(박순우, 1999; George and Miller, 1993).

〈표 11-6〉 1994~1998 스웨덴 사민당 정권기의 복지변화

제도	변화 내용
가족정책 프로그램	• 1994년 일련의 가족정책 프로그램 축소. • 1998년 사민당 전당대회 → 1995년 수준 회복 선언
질병보험	• 고용주 부담기간과 피보험자 기여금 도입. 자격기준 강화
아동수당	• 우파의 아동보호수당안 백지화. 부모보험의 3개월 정액제 재도입 • 부모보험의 대체율은 1996년 75% 감액 후 1997년부터 80%로 재조정 • 1995년 셋째와 넷째 자녀에 대한 보충수당 감소와 보충수당의 궁극적 폐지 결정 • 1997년부터 양육비지급의무는 부모의 소득에 연계하여 지급하고 연동제 폐지 → 장기적 삭감 * 1998년 선거를 앞두고 1995년 수준으로 회복
부모보험	• 1994년 정액제 폐지. 대체율 감소(80%로 조정)
연금	• 1994년 예산결손시 연금연동의 감소 결정으로 실질급여 하락 • 1994년 연금생활자에 대한 기초지자체의 주택보조 삭감 • 1994~5년 기혼자에 대한 기초연금 급여율 하향조정 • 1994년 이후 장애연금을 질병보험과 연계 → 실질적 급여 삭감 • 1997년 평균수급연령 이하의 과부연금대상자에 대한 소득조사 실시(기초연금과 일반보충연금(ATP)에 공히 적용) • 1998년 30년 연금산정 변화: 노동기간중 최고임금수령 15년 → 30년 동안의 전체 임금 기준으로
주택수당	• 비용의 20% 삭감. 1994년 이후 실질소득조사로 차액보상과 벌금징수강화
실업보험	• 1990년 이후 전반적 삭감 경험-피고용자기금의 도입, 소득대체율 하향조정 • 실업보험과 관련수당 → 적극적 노동시장정책과 연계(재정부담이 적은 분야에 초점을 둠) • 1997년 개혁 → 정액제 현금노동시장보조(KAS)와 일반 실업보험 통합 → 기초부분 + 소득연계부분 → 대체율, 1일당최대수혜액, 지급기간 확대 → 사전노동기간 연장(1개월 → 6개월), 피고용자 기여금 증가

〈자료〉 안상훈(1999), pp. 232~238 요약.

이러한 현상은 복지국가 황금시대의 복지확대 과정에서 좌파와 우파의 구분이 없었던 것과 비교하면 복지확대에서 복지감소로 내용이 변한 일종의 '역(逆) 버츠컬리즘(Butskellism)'이라고 할 수 있다. 노선 간의 공통성을 지적하는 것이 노선 간에 존재하는 차이가 없다는 것을 의미하지는 않는다. 하지만 좌파와 우파의 어느 노선이든 확대지향적 복지국가보다는 '감당할 수 있는 복지국가(*the affordable welfare state*)'를 추구하고 있다는 점에서 동일하다. 그리고 감당할 수 있는 복지국가의 추구가 신자유주의적 세계화 추세 속에서 복지의 감소 내지는 시장과 조응하는 방향으로의 제도적 재편을 주요 내용으로 삼고 있다는 점 또한 현실적인 공통점이다(George and Miller, 1993). 이러한 맥락 기초로 하여 다음 장에서는 복지국가들이 어떤 방식으로 복지국가의 재편을 추구하고 있는지를 살펴볼 것이다.

생각해볼 문제

1. 복지국가 위기의 내용과 그 원인은 무엇인가? 우파와 좌파 그리고 복지국가 옹호론자들의 주장을 검토하고 정리해 보자.
2. 복지국가의 위기 시대에 사회복지는 어떠한 변화를 겪었으며 그 결과는 무엇인가?
3. 복지국가 위기가 우리나라의 복지전략에 주는 교훈은 무엇인가를 정리해보자.
4. 신자유주의적 세계화는 복지국가에 어떠한 영향을 주고 있는가? 또한 이 문제를 한국적 상황에서 정리해 보자.

제 12 장

복지국가의 재편과 전망

세계화는 20세기의 끝자락이자 21세기의 문턱에서 우리의 삶을 규정하는 가장 강력한 흐름이다. —안병영

교육! 교육! 교육! 노동연계복지(welfare to work)! —영국 노동당의 구호

후기 결핍사회에서도 여전히 복지국가가 존재할 것인가? 그렇지 않을 것이다. —A. Giddens

미래의 실제 이슈는 우리가 복지국가를 지니고 있는가하는 것이 아니라 어떤 종류의 복지국가체제가 될 것인가 하는 것이다. —C. Pierson

1. 복지국가의 재편과 사회복지의 변화

앞에서 제기된 복지국가 위기의 원인과 내용에 대한 대응은 신우파와 네오-맑시스트들의 적극적 비판에도 불구하고 복지국가의 급격한 해체(*dismantling*)보다는 복지국가의 재편(*restructuring*) 과정이었다(Gough, 1979:138). 즉 신우파들이 득세한 1980년대의 복지국가는 복지제도의 내용과 양적 측면에서 많은 변화(주로 축소 경향)를 초래했지만 그 결과는 신우파의 의도가 모두 성공하는 양상은 아니었다. 그러한 의미에서 복지국가의 해체보다는 새로운 정치·사회·경제적 환경에 적응하기 위한 재편과정이라 할 수 있었다.

1) 사회복지 축소의 경과

이 시기에 신우파 정권이 복지국가의 위기 특히 경제위기와 재정위기를 해소하기 위해 주로 사용한 정책기조는 복지의 삭감 및 지출 구성의 변화, 민영화 및 규제완화, 지방정부의 역할 축소, 사회세력의 분화 등이었다.

(1) 복지의 삭감과 지출 구성의 변화

① GDP 대비 지출비율의 증가와 증가율의 감소

영국에서 대처 정부가 집권한 이후 세계적으로 복지의 축소 움직임이 있었고, 그 중심에 사회부문에 대한 지출 즉 복지 예산의 감소가 있었다. 하지만 뒤에 서술하듯이 사회지출의 절대액은 지속적 증가를 보였다. 다만 사회지출의 예산 증가율은 복지국가 황금기에 비하여 감소하는 추세를 보였다. 〈표 12-1〉에서 보듯이 서구 선진 복지국가들은 복지국가 황금기의 GDP에서 차지하는 공공지출의 비율이 1980년에 잠시 감소했다가 1990년대에 다시 증가하고 있고, 사회지출은 1980년대 이후에도 증가 경향이 지속되어 왔음을 알 수 있다.[1)]

하지만 사회지출비의 경우 OECD 평균을 보면 1975년과 1980년을 비교할 때 독일, 네덜란드, 미국 등과 같이 GDP에서 차지하는 비율이 감소하는 나라가 생겨나기도 하는 등 복지국가 황금기와는 다른 양상이 나타났다. OECD 전체의 평균 사회지출비율을 보더라도 1975년을 기준으로 이전 15년과 이후 15년의 증가비가 8.0% 포인트와 3.4% 포인트로서 복지국가 황금기와는 달리 사회지출비율의 증가가 확연히 축소되었다. 이렇게 재원 측면에서만 본다면 신우파의 복지국가 축소 전략은 절반의 성공이라고 할 수 있다.

---

1) 이것이 이른바 '복지국가의 불가역성'이다. 복지국가의 복지예산이나 급여수준은 한번 상승하면 하강하지 않는 성질이 있음을 반영하는 개념이다.

〈표 12-1〉 GDP 대비 공공지출비와 사회지출비의 비율 1960~1993(%)

	공공지출비					사회지출비			
	1960	1975	1980	1990	1993	1960	1975	1980	1990
OECD	28.5	38.0	37.1	39.1	42.0	10.1	18.1	19.6	21.5
덴마크	24.8	48.2	56.2	58.3	62.3	9.0	24.2	26.8	27.8
프랑스	34.6	43.4	46.1	49.8	54.9	13.4	17.7	22.5	26.5
독일	32.0	48.9	47.9	45.1	50.0	18.1	26.2	25.7	23.5
그리스	17.4	26.7	33.1	53.3	52.7	7.1	8.6	11.1	20.9
이탈리아	30.1	43.2	41.9	53.2	56.2	13.1	21.0	21.2	24.5
네덜란드	33.7	55.9	54.9	54.1	55.8	11.7	29.6	28.3	28.8
스페인	13.7	24.7	32.2	41.8	46.9	7.8	11.8	16.8	19.3
스웨덴	31.1	48.9	60.1	59.1	71.3	10.8	21.2	25.9	33.1
영국	32.6	49.6	43.0	39.9	43.5	10.2	15.6	16.4	22.3
미국	27.8	43.6	31.8	33.3	34.4	7.3	14.5	13.4	14.6

〈자료〉 George, V. (1996)의 〈표 1.2〉와 〈표 1.5〉를 재구성.

② 복지 급여의 감소

비록 복지국가의 사회복지 예산비율이 심각하게 축소되지는 않았다 하더라도 개별 제도나 프로그램에 있어서는 여러 형태의 삭감이 있었다. 〈표 12-2〉에서 나타난 것처럼 급여 수준의 감소나 공공서비스의 배제, 더 일반적으로는 인플레의 반영이 미흡하여 실질급여가 제한되었다. 자산조사와 엄격한 자격기준으로 인하여 서비스나 급여에 대한 접근이 더욱 힘들게 되었으며 수급자들은 혜택에 대하여 더 많은 지불을 해야 하는 상황이 되었다(Pierson, 1998:253~254). 이러한 급여 감소는 예산 증가율이 감소한 상황에서 모든 분야에서 일어나는 것은 아니었다. 다음에 살펴보는 것처럼 한편으로는 선별주의에 입각하여 자산조사 등을 근거로 급여대상과 급여를 잔여화(*residualization*) 시키면서 다른 한편으로는 노동연계 복지서비스 분야를 강화하는 방향으로 조정이 일어났다(류진석, 1999).

〈표 12-2〉 OECD 국가의 복지급여의 삭감

급여 형태	변경사항	예
노령 연금	• 퇴직 연령을 높임 • 완전연금수혜자격 기간의 증가 • 인플레이션에 맞추어 급여를 인상하는 근거 마련 • 연금의 소득 심사	• 영국, 뉴질랜드, 이탈리아, 일본 • 프랑스, 포르투갈, 아일랜드, 핀란드 • 영국, 프랑스, 스페인 • 오스트리아, 프랑스, 호주
장애	• 보다 엄격한 장애(무능력) 심사 • 새로운 기간 제한. 급여 축소	• 영국, 미국, 네덜란드, 노르웨이 • 영국, 미국, 네덜란드
실업	• 급여기간 축소 • 급여수준 감소 • 자격 축소	• 벨기에, 영국, 덴마크, 미국 • 독일, 아일랜드. 뉴질랜드, 스위스 • 네덜란드, 영국, 벨기에
가족 수당	• 실질 가치를 감소 혹은 자격 축소	• 영국, 스페인, 네덜란드

〈자료〉 Pierson(1998), p. 254.

③ 급여의 잔여화

복지급여의 잔여화는 자산조사(*means-test*)를 통해 복지욕구가 가장 큰 대상자에 한정하여 꼭 필요한 정도의 급여수준을 제공하는 것이다(류진석, 1999). 이는 분명 베버리지의 보편주의 원칙과 반대되는 것으로서 복지국가 이전에 있었던 구빈제도의 현실적 복귀라고 할 수 있었다.[2] 〈표 12-3〉을 보면 1980년대 이후 사회부조의 지출 비율이 꾸준히 증가한 것으로 나타났다. 특히 제 9장에서 제시한 에스핑-앤더슨의 복지국가 유형 중 전통적으로 개인의 자유와 시장의 자율성을 강조하는 이데올로기를 가진 자유주의 국가들이 상대적으로 높은 비율을 보였으며 증가율 또한 세 배 이상 높게 나타나고 있다.

2) 복지국가 황금기에도 자산조사와 열등처우의 원칙은 있었지만 역사적으로 볼 때 보완적 원리로 위상이 제한되어 있었다.

또한 〈표 12-4〉에 나타난 자산조사형 복지수급자를 보면 영국은 1980년 9.2%에서 1993년 19.2%로 증가하고 미국도 같은 기간에 7.6%에서 9.9%로 증가했다. 프랑스 및 영국과는 다른 유형의 복지국가로 분류되는 독일의 전체비율은 전체 비율은 여전히 1993년 4.1%로 낮지만 수급자의 증가율은 매우 높게 나타나고 있다. 이렇게 사회부조와 자산조사형 수급자 비율이 증가하는 경향은 〈표 12-2〉에서 본 것처럼 연금과 수당(*allowance*) 제도 같은 보편주의적 프로그램의 급여대상자 및 급여요건이 제한되고 엄격해지는 것과 대조를 이루는 것이다. 요컨대 1980년대의 사회복지 프로그램이 보편주의적 사회보험보

〈표 12-3〉 사회보장 대비 사회부조 지출 추이(1980~1992:%)

	1980	1985	1990	1991	1992	1980~1992 증가율
프랑스[1)]	3.5	5.2	6.5	6.5	6.4	2.9
독일	7.1	11.0	11.9	-	-	4.7[2)]
스웨덴	4.6	6.7[3)]	5.4	6.3	6.7	2.1
영국	21.9	30.2	30.9	30.8	33.0	11.1
미국	29.3	32.7	32.8	36.5	39.8	10.5

주 1) 범주적 사회부조에 대한 수치로서 사회부조 지출이 낮게 추정됨.
2) 1990년까지 증가율.
3) 1986년임.
〈자료〉 Kalisch, Aman & Buchele(1998), 류진석(1999) p.42 재인용.

〈표 12-4〉 자산조사형 복지수급자의 규모(%)

구분		프랑스	독일	영국
전체인구대비 수급자비율	1980	7.6	1.7	9 2
	1993[1)]	9.9	4.1	19.2
수급자증가율(1980~1993)[1)]		27	142	88
연평균 수급자 증가율(1980~1993)		1.9	7.6	5.0

주 1) 독일의 경우에는 1992년임.
〈자료〉 Evance(1996), 류진석(1999), p.42 재인용.

다는 엄격한 선별주의를 기초로 하면서 목표 효율성(*target efficiency*)을 높일 수 있는 사회부조가 강조되었음을 알 수 있다.

④ 노동연계복지 및 적극적 노동시장 강화

신우파들은 복지의 급여를 가능하면 생산 및 노동과 연계시키고자 하였다. 이는 신우파가 주장한 복지에 의한 노동인센티브의 감소를 예방 혹은 제거하기 위한 것으로 이해할 수 있다. 근로연계복지는 급여의 성격을 생활보장이라는 사회적 성격으로부터 노동 유인성이라는 고용촉진의 성격으로 변화시키는 복지국가 재편전략의 일환이며 공공지출의 축소를 의도하고 있는 것이다. 또한 적극적 노동시장 정책도 복지제도와 경제정책 특히 노동정책이 긴밀하게 연계된다는 점에서 노동연계복지(*workfare*)와 상통하는 측면이 존재한다. 즉 적극적 노동시장 정책은 직업훈련정책, 직업 배치정책, 직업창출정책 등을 통해 노동시장의 수량적 유연성과 기능적 유연성 등 산업의 유연성과 조정능력을 향상시키고 시장 기능의 향상을 제고시키는 데 목적이 있었다(류진석, 1999).

이렇게 본다면 노동연계복지와 노동시장정책은 국가의 공공지출 혹은 사회지출을 경제적 생산성과 연계시켰다는 점에서 동일한 목적을 지향한다고 할 수 있다. 이러한 경향은 미국의 AFDC(Aid to Families with Dependent Children)가 TANF(Temporary Assistance to Needy Families)로 전환한 것과 같이 1990년대 세계화와 신자유주의의 물결 속에서 더욱 강조되는 경향이 있다. 하지만 이미 1980년대 신우파들의 집권 하에 있던 서구 복지국가들에서 중요한 비중을 차지하고 있었다(〈표 12-5〉). 특히 9장에서 검토한 에스핑-앤더슨의 복지국가 분류 중에서 사회민주주의적 복지국가인 스웨덴이 높은 비율을 보이고 있다.

〈표 12-5〉 GDP 대비 적극적 노동시장정책의 지출 추이(%)

구분	1965~1969	1970~1974	1975~1979	1980~1984	1985~1989	1985~1995[a]
독일	0.33	0.63	0.81	1.00	1.11	+1.0
스웨덴	0.95	1.40	1.75	1.94	1.81	+2.0
프랑스	0.30	0.42	0.88	1.10	1.43	+20.2
영국	0.15	0.18	0.53	0.79	0.86	-0.4
미국	0.15	0.18	0.38	0.23	0.21	+3.0

주 a) 증가율을 의미함.
〈자료〉 류진석(1999), p.43 재인용.

⑤ 감세정책

신우파는 경제 활성화를 위해 다양한 감세정책을 펼쳤다. 이는 공급측면(*supply-side*) 경제 정책의 일환이었다. 미국의 레이건 행정부는 최고소득세율을 70%에서 33%로 내렸고 영국의 대처 정부는 83%에서 40%로 내렸다. 조세삭감의 압력은 주로 고소득층과 부유층으로부터 제기되었다. 이러한 전반적 감세는 노동자들의 실질임금을 상승시켜 임금 인상 요구를 약화시킬 수 있게 됨으로써 전체 노동비용의 증가를 둔화시키는 효과가 있었다. 또한 감세는 복지에 필요한 재정 능력을 제한하는 효과가 있기 때문에 전반적 급여 축소의 방향과도 합치되는 것이었다. 하지만 정치적으로 일정 수준 이상으로 복지국가를 공격하기 힘들기 때문에 조세 부담의 대폭적 삭감은 오히려 재정적자의 위험을 증가시킬 수 있고 이러한 이유로 극단적 감세정책은 배제되기도 하였다(Armstrong, Glyn, & Harrison, 1993:448).

(2) 시장역할의 강화 : 민영화와 규제완화

시장기능을 강화시키기 위한 신우파의 대표적 수단은 민영화(*privatization*)와 규제완화(*deregulation*)였다. 민영화란 어떠한 활동이나 재산의 소유에 있어서 정부의 역할을 줄이거나 민간 부문의 역할을 증진시키는 활동을 말한다(Savas, 1987:3). 민영화에는 재정의 민영화와 운영(서비스 공급 등)의 민영화로 크게 구분할 수 있다. 따라서 사회복지의 민영화란 사회복지와 관련된 국가활동의 축소와 민간역할의 증대를 의미한다(손병돈, 1994). 이러한 민영화는 민간부문의 활동 영역을 증진시키는 것이 비효율적이고 경직적인 정부의 실패를 극복하고 효과성, 생산성, 소비자의 선택과 자유를 높이고 국가재정을 호전시킬 것이라는 기대 때문에 이루어졌다.

사회복지분야에서의 민영화는 민간부분의 서비스 이용 장려, 예산의 축소에 따른 보조금의 삭감, 이용자들의 부담 증가의 형태로 나타났다(박광준, 1999; Mishra, 1990:23~26). 대표적 예로 영국은 대처 정부가 집권한 이후 사회복지 서비스, 사회보험, 교육, 보건의료, 주택 등의 다양한 분야에서 이루어졌다. 의료분야의 경우 지방 보건의료부에 세탁, 급식, 청소 등의 서비스를 민간회사에 위탁하도록 장려했다. 특히 민간의료보험을 장려했는데 세금 우대조치와 NHS와의 연계조치를 취하여 NHS 환자를 의뢰하고 경비를 지급했다. 이러한 조치로 인해 이용자의 부담이 증가하여 NHS의 예산에서 1979년까지 약 2.2%이던 자기부담이 1983~1984년에 3.0%로 상승했다. 주택분야의 경우 공영주택을 매각하고 주택보조금을 삭감했으며 주택서비스의 잔여화가 이루어졌다(박광준, 1999). 연금 또한 사부문과 기업부문의 보충(*supplementary*) 연금을 활성화시켰으며, 상병급여(*sickness benefit*)도 국민보험(*national insurance*)에서 고용주들의 관할로 이전되었다(Mishra, 1990:24).

규제완화는 산업운영에 관한 정부의 규제를 감소 혹은 제거하는 것으로서 1980년대의 강력한 경향 중 하나였다. 액커만(Ackerman)이 '질적 표준을 부과하는 당국의 행위는 소비자 선호의 자유로운 표현을 방해한다'고 한 것처럼(Armstrong, Glyn, & Harrison, 1993:452~455) 규제완화는 당국에 의한 기준·지침 등 통제에서 벗어나 민간의 자율성을 증진시키는 데 목적이 있다. 하지만 규제완화는 민간의 자율성 확보라는 명분 속에서 정부책임 감소를 의도했다고 할 수 있다.

대처정부의 경우 저임금 및 비조직 노동자를 보호하는 정책 대신에 규제완화를 택하였다. 약 300만 명의 노동자들에 대하여 최저임금을 규제하던 임금 협의회(*wage councils*)들이 규제완화와 함께 약화되면서 사실상 영국의 저임금 노동자들은 국가의 보호와 법적 최저임금 어느 것으로부터도 보호를 받을 수 없었다.

(3) 지방 정부의 역할 변화

1980년대 신우파가 정부의 역할을 축소시키기 위한 조치 중의 하나는 지방정부의 역할을 조정하는 것이었다. 조정의 방향은 지방정부의 역할을 감소시키고 중앙집권화(*centralization*)하는 방법과 중앙정부의 기능을 약화시키고 지방정부의 역할을 강화하는 상반된 모습으로 나타났다.

영국의 경우 지방정부의 억제 혹은 통제는 크게 다음과 같은 형태로 나타났다(현외성 외, 1992:42~43; Midwinter, 1994:147~148). 지방정부의 각종 비용을 감소시키고, 지방정부의 각종 권한 특히 런던과 같은 거대 도시에 대한 도시행정과 정책을 중앙정부가 직접 관장함으로써 지방정부의 권한을 약화시키려고 하였다.

하지만 이러한 대처정부의 조치가 세계적으로 일반적인 것은 아니었다. 미국의 레이건 행정부는 영국과는 다른 모습을 보였다. 레이건 행정부는 신연방주의를 통하여 중앙정부의 책임으로 되어 있던 수많은 사회복지 프로그램을 주정부 및 지방정부에 이양시키는 작은 정부를 지향하였다. 이러한 국가 기능의 축소와 지방정부의 강화는 일본에서도 유사하게 나타났다(현외성 외, 1992:43). 오히려 대부분의 복지국가들은 정부의 기능을 축소하는 대신 지방정부와 민간부분의 기능을 강화하는 것이 좀더 일반적 경향이었던 것으로 생각된다.

대처정부처럼 지방정부의 역할을 약화시키면서 중앙정부의 상대적 영향을 강화시키려는 이유는 선거제도와 노조 혹은 노동당과의 역동성에서 찾아야 할 것으로 보인다. 미드윈터가 암시하듯이 지방정부가 노동자들의 활동이 강력한 노조의 세력 하에 놓이게 될 때 공공부문의 재정지출이 늘어나는 것을 피하기 힘들었다(Midwinter, 1994:147~149). 따라서 대처정부는 지방정부를 노조의 영향력보다는 자신들이 집권한 중앙정부의 관할 하에 위치시켜야 할 필요성이 있었다는 측면에서 미국 등과는 상이한 형태를 보였다고 할 수 있다.

(4) 사회세력의 분화 : 노동 조직

1970년대 중반의 경제위기 이후 집권한 신우파 정권들은 노조로부터 기업으로 세력 균형을 더욱 이동시키기 위해 다양한 법적 규제를 변경하고 포스트포디즘(*post-fordism*)적 생산구조에 맞는 노동시장 및 경제구조의 유연화를 지향하였다. 이러한 정책은 이미 증가하는 실업에 의해 노동자 계급의 지위가 일반적으로 약화되는 상황에서 그 영향이 적지 않았다. 임금에 대한 규제완화, 고용 및 노조의 활동에 관한 각종 법령의 변화는 노동자의 조직화 및 힘을 약화시키는 방향으로 작용하였고(Armstrong, Glyn, & Harrison, 1993:456) 이러한 포스트포디즘적 경제정책 하에서 노동자 집단은 점차 분화되어 갔다.

대처정부는 일련의 고용관련 법들의 제정을 통해 서서히 노조를 약화시켰다. 예컨대 피켓팅(*picketing*: 파업 때 감시원을 배치하는 것)을 제한하고 클로즈드 숍(*closed shop*)의 설립이 어려워졌다. 이차적 쟁의 행위에 대한 면책성이 제한되었고 노조는 노조 대표자의 불법행위에 대해 책임져야 했으며 노조원의 고용을 명시하는 계약은 불법화되었다. 노조 간 분쟁 및 정치적 분쟁은 노동 분쟁으로 더 이상 인정되지 않았으며 노조 간부는 비밀투표에 의해 정기적으로 선출되어야 했다. 또 파업은 비밀투표에서 노조원 과반수의 지지를 얻어야 했으며 노조는 정치자금을 노조원 과반수의 지지에 의해서만 모금할 수 있게 되었다. 영국 이외에는 법적·행정적 변화가 상대적으로 적었다. 하지만 독일에서는 파업자의 사회보장권에 관한 법률이 변경되었고 임시노동자 규제가 완화되었다. 1986년에 프랑스는 어떤 해고에 대해서도 행정기관의 허락을 얻어야 하는 행정절차가 삭제되었다(Armstrong, Glyn, & Harrison, 1993:455~456).

한편 이른바 포스트포디즘으로의 변화 또한 노조를 약화시키는 방향으로 작용했다. 즉 새로운 하이테크 산업의 발달은 많은 노동자를 필요로 하지 않았으며 반대로 노동시장의 유연성에 대한 의존성은 높아갔고 노동자들이 전통적 제조업보다는 서비스업에 종사하게 되었다(Mishra, 1990:38). 래쉬와 어리(Lash & Urry)에 의하면 이러한 유연생산 방식으로의 전환은 대규모로 조직화되었던 동질적 반숙련 노동자들이 고숙련·고임금의 핵심 노동자 집단과 저숙련·저임금의 주변적 노동자로 분화되었고 이러한 분화는 노동자들의 단결과 조직화에 장애요인으로 작용했다(김영순, 1998:30 재인용). 신우파 정권의 경제정책은 이러한 분화의 원인이자 결과라고 할 수 있다.

2) 재편의 결과와 사회복지의 변화

신우파의 등장으로 인한 복지감축 노력은 처음 의도했던 만큼 성공적이지는 못했다. 하지만 결과적으로 1980년대 복지의 확장 추세가 분명하게 꺾이고 제도와 프로그램에 따라 그리고 국가에 따라 다양한 형태로 복지국가가 위축되고 재편된 것은 분명하다. 이러한 재편의 결과는 위에서 이미 살펴본 것처럼 다음과 같은 몇 가지로 정리할 수 있다. 즉 복지예산과 중요성이 절대적 수준에서 줄지 않았고, 복지주체가 다양해졌으며, 계급관계의 변화와 불평등의 심화 현상이 나타났다(김영순, 1998; Mishra, 1990; Pierson, 1991; 1998).

우선, 복지국가의 불가역성 테제(*irreversibility thesis*)는 신우파의 복지국가 축소 노력에도 불구하고 복지국가가 건재하였다는 점을 강조한다. 복지국가들은 많은 경우 전통적 복지기능을 계속해서 수행했다. 이러한 면에서 본다면 1980년대의 복지국가에 대한 신우파 정책은 재편의 완결이 아니었다. 오히려 1990년대 이후에 더욱 가속화되는 재편과정의 시작이었다고 보는 것이 옳을 것이다. 앞의 〈표 11-2〉와 〈표 12-1〉에서 보는 것처럼 주요 국가들의 복지지출 성장률은 대체로 1975년 이후 급격히 둔화되었지만 같은 기간의 경제성장률보다는 높게 나타났다. 또한 복지국가의 복지급여 삭감과 민영화 노력 또한 민주주의적 혼합경제에서 복지국가의 구조적 역할을 인정하면서 그 비용을 억제하고 재분배하는 방법에 초점을 맞추었다(김영순, 1998; Mishra, 1990: 32~34).

다음은 복지주체의 다양화로서 복지사회(*welfare society*)[3]의 관점에서 볼 때 복지 다원주의(*welfare pluralism*) 혹은 복지 혼합(*welfare mix*)으로 불리는 변화가 있었으며, 이 변화는 이후 1990년대까지 중요한 흐름으로 자리잡게 되었다. 이들 개념은 인간의 기본 욕구를 만족시키고 사회적 보호를 가능케 하는 재화나 서비스가 국가 이외에도 다양한 원천(*source*)으로부터 나올 수 있다는 데서 출발했다. 이러한 의미에서 그것은 다원주의적 복지이며 국가, 시장, 비영리 민간단체, 가족 등 다양한 주체에 의한 복지의 혼합이다. 따라서 개념상으로 국가의 복지예산 감축이나 역할 감소가 반드시 총복지의 감소를 의미하지는 않았다. 오히려 로스(*Rose*)의 지적처럼 총복지가 증가할 수도 있었다(Mishra, 1990). 이에 대한 비판이 없는 것은 아니지만 1980년 이후 복지국가의 재편 과정에서 국가의 기능보다 국가 이외의 다양한 주체의 역할이 상대적으로 증가한 것은 부인할 수 없다.[4]

---

3) 복지국가와 복지사회의 차이점에 관해서는 김상균(1987)을 참조.

마지막으로 중요한 결과는 신우파의 정책들이 불평등을 매우 증가시켰다는 것이다. 앞에서 본 것과 같이 신우파 정권의 규제완화와 노동정책은 복지국가를 지탱하던 공적 재분배틀을 약화시키는 것이었다. 이러한 경향과 함께 1980년대는 거의 모든 국가에서 불평등이 증가하였다. 이는 불평등을 어느 정도 불가피한 현상으로 바라보는 신우파 정책의 필연적 산물이었다.

〈표 12-6〉과 〈표 12-7〉은 이러한 불평등의 결과를 잘 보여주고 있다. 우선, 소득 불평등을 나타내는 지니계수는 비교된 국가 모두에서 높아져 신우파 정책이 불평등을 증가시켰다는 사실을 여실히 보여주고 있다. 또한 빈곤율도 〈표 12-7〉에서 보는 것처럼 1980년대를 거치면서 제시된 모든 국가에서 증가했으며 특히 아동 빈곤율이 급격히 증가했고 노인 빈곤율도 스웨덴을 제외하고 모두 증가하여 20%를 상회하고 있다.

하지만 이러한 불평등의 심화 정도 또한 국가마다 차이가 있는데 에스핑-앤더슨의 복지국가 유형 중에서 신보수주의와 신자유주의가 강한 미국과 영국의 빈곤율과 소득 불평등이 높게 나타나고 있고, 신자유주의와 신보수주의가 상대적으로 미약했던 사민주의적 복지국가인 스웨덴의 경우 빈곤율과 소득불평등이 낮게 나타나고 있다. 조합주의 복지국가로 분류됐던 독일은 중간의 위치를 점하고 있다. 이러한 차이는 9장에서 본 것처럼 복지국가의 발전과정이 서로 상이했음과 동시에 다음에서 비교되는 것처럼 1970년대 중반 즉 복지국가 위기 시대 이후의 대응 혹은 재편의 과정에서 나타난 차이 때문으로 볼 수 있다.

---

4) 다원주의와 복지 혼합에 대한 비판은 미쉬라(1990)와 김영순(1998) 등을 참고.

〈표 12-6〉 소득불평도(지니계수[5])) 변화(%)

구분	미국	영국	프랑스	독일	스웨덴
1975	39.7	23.8	38.4	25.4[3)]	21.3
1980	40.3	25.3	36.4[1)]	25.4[4)]	19.4
1985	41.9	27.9	37.2[2)]	26.0	20.5
1990	42.8	33.7	-	26.0	21.9
1991	42.8	33.7	-	-	-
1992	43.3	-	-	-	-

주 1) 1979년, 2) 1984년, 3) 1973년, 4) 1978년
〈자료〉 Atkinson(1994); 류진석(1999), p.36 재인용.

〈표 12-7〉 빈곤율의 변화(%)

국가	연도	전체	16세 미만 아동	16~65세	65세 이상 노인
프랑스	1979	13.2	12.8	12.7	16.0
	1989	14.7	16.6	11.9	24.3
독일	1978	8.2	4.9	7.2	20.9
	1988	10.6	11.0	7.8	19.4
스웨덴	1975	5.2	2.1	5.5	8.6
	1992	6.0	2.6	7.6	4.9
영국	1974	11.4	10.8	6.8	34.4
	1991	24.0	26.9	15.1	37.0
미국	1974	18.8	22.8	14.0	31.4
	1991	22.7	30.3	18.4	26.1

주: 빈곤율은 평균소득의 50% 이하에 해당하는 사람들의 비율을 나타냄.
〈자료〉 Cantillon(1997), 류진석(1999) p.37 재인용.

5) 불평등 지수의 하나. 지니계수는 0과 1 사이의 값을 가지는데, 값이 0에 가까울수록 소득분배의 불평등 정도가 낮다는 것을 뜻함. 보통 0.4가 넘으면 소득분배의 불평등 정도가 심한 것으로 봄. 표에서는 백분율(%)로 표기한 수치임. 자세한 것은 이정우(1991), 《소득분배론》, 비봉출판사 참고.

2. 복지국가 재편의 방향: 세 가지 길

앞에서 살펴본 것처럼 1970년대 중반 이후의 복지국가는 분명 위기 현상 속에 있었으며 그럼에도 불구하고 복지국가의 많은 부분들이 소멸하지 않고 재편되는 과정을 겪었다. 이러한 위기에 대한 적응 과정 혹은 재편 과정은 각 국가의 정치·경제·사회 조건에 따라 상이한 경향을 보였다.

에스핑-앤더슨에 의하면 1970년대 이후 스칸디나비아 국가(사회민주주의적 복지국가)는 고용확대 전략을 선택하였고, 앵글로-색슨 국가들(자유주의 복지국가)은 복지국가 붕괴를 초래하는 데 관련이 있는 임금 및 노동시장에 대한 탈규제 전략을 선호했으며, 독일과 같은 국가들(주로 보수주의 혹은 조합주의적 복지국가)은 기존의 사회보장 기준을 기본적으로 유지하면서 노동공급의 감소를 추구하였다(Esping-Andersen, 1996). 구체적으로 에스핑-앤더슨은 다음과 같이 주요 국가군의 재편 과정을 요약하고 있다(Esping-Andersen, 1996).

1) 앵글로-색슨 국가들 : 신자유주의 방식

여기에 속하는 국가는 미국, 영국, 뉴질랜드, 캐나다, 호주 등으로 정책의 요지는 거대한 노동시장과 임금 유연성으로 경제 퇴조와 국내 실업을 해결하고자 하는 것이었다. 뉴질랜드와 호주의 경우 노동조합과의 협력으로 이행되었다는 점에서 노동조합의 현저한 약화를 의도했던 미국, 영국과는 차이가 존재했다. 하지만 근본적으로 신자유주의 정책을 추구했다는 점에서는 공통적이다. 즉, 사회적 임금과 법제화된 최저임금을 삭감했으며 적용범위의 점진적 축소와 노동연계복지(*workfare*)와의 결합을 추구했다.[6]

신자유주의적 재편의 가장 전형적 예는 미국이라고 할 수 있다. 최저임금은 평균 수입의 38%로 감소했고 사회부조 급여는 1989년 24%로 하락하였다. 또한 사회보험 급여의 대상자도 1970년대 중반에 약 70%에서 1989년 약 33%로 급감했다. 이는 기존에도 다른 복지국가에 비하여 취약했던 국가 책임의 사회 안전망이 상당 수준 붕괴해갔음을 의미한다. 더욱 중요한 점은 민간 혹은 사부분의 복지 역시 감소했다는 점이다. 예를 들면 건강과 연금에 대한 사적 보험의 적용대상은 1980년대를 통하여 꾸준히 감소하였다. 이는 신자유주의적 재편이 단지 공공부분의 복지비용 감축에 머물지 않았다는 점을 보여주는 것이다.

신자유주의 방식의 재편은 앞서 살펴본 것처럼 불평등과 빈곤을 증대시켰다. 1980년대를 통해 소득분포상 최저 1/10에 속한 저소득층은 미국에서 11%, 영국에서 14%, 캐나다에서 9%, 호주에서는 5%가 소득감소를 경험하였다. 이들 국가에서 임금 유연화의 긍정적 효과로 고용이 OECD 국가들에 비하여 2~3배 증가했음에도 불구하고 이러한 일자리들은 주로 저임금의 서비스 부문에 집중되었다. 이로 인해 미숙련 노동자들은 전일제 근무로 일 년 동안 일해도 빈곤선 이하의 수입만을 얻는 저임금의 불안정 고용이 증가했고, 이른바 '일하는 빈자(*working poor*)'를 만들어 냈다.

이러한 전략 속에서 저임금 노동시장은 사회부조와 같은 더 높은 소득 이전 프로그램을 요구하게 되었고 낮은 임금으로 인해 노동 인센티브가 약해지며, 기업복지의 전통적 특별급여 패키지가 약화되는 결과를 보였다. 특히 어린이가 있는 가정 즉 미숙련-편부모 가정은 더 큰 어려움을 겪었다.

---

6) 본 장의 3절 참고.

2) 유럽대륙의 복지국가들 : 노동감축을 통한 성장 방식

일자리 없는 성장(*jobless growth*) 방식은 주로 유럽 대륙의 복지국가들이 추구한 전략이었다. 유럽 대륙의 복지국가들 역시 스칸디나비아 국가 및 영미국가들처럼 '탈산업화되고 미숙련 상태에 있는 대중의 과잉현상'을 경험하고 있었다. 대부분의 유럽 대륙 국가들은 이러한 대중들의 퇴출(예: 조기 퇴직)에 보조금을 지급하는 방식을 택했다. 이는 사회성원을 높은 임금, 비싼 사회적 권리, 강력한 직업 보장을 향유하는 소수의 남성 내부 노동력(*insider*)과 남성 가장의 수입이나 복지국가의 이전(*transfers*)에 의존하는 외부 사람들(*outsider*)로 분리시키는 현상을 초래했다. 이러한 전략의 근원은 유럽 대륙 국가들의 고도로 발달한 사회보험(특히 연금)과 상대적으로 미발달된 사회적 서비스의 결합에 있었다.

이러한 특성은 유럽대륙의 복지국가를 '가족주의적 이전 국가(*familialistic transfer state*)'로 만든다. 왜냐하면 가족들은 전일제로 일하는 남성 가장에게 의존하고 여성은 가정 내에서 사회적 보호를 책임지는 형태로 구조화되기 때문이다. 이러한 면에서 스칸디나비아의 재편 과정과 극명하게 대비되었다. 따라서 이들 국가에서 노인들이 친자녀와 함께 사는 비율이 다른 유형의 복지국가에서 보다 상대적으로 높게 나타난 것은 오히려 자연스런 결과였다.

이러한 재편 전략은 조기 퇴직 혹은 장애연금을 선호하게 되었으며 고정 노동비용의 증가, 고용 유연성의 저하, 청년 장기실업의 증가 등 많은 부작용을 발생시켰다. 특히 주된 사회보장 수단인 사회보험의 재정 압박이 심해지는 결과를 낳았다. 왜냐하면 남성가구주의 조기 퇴직 등으로 인한 사회보험 급여수준이 기여금보다 더 높아졌기 때문이다. 사회보험이 조기퇴직 같은 노동력 감축 전략을 보완하고 있으면서 생산성이 비노동인구를 보호할 만큼 충분치 못할 경우 사회보험을 중심으로 한 사회복지 시스템은 재정압박을 받게 된다는 것을 이들 국가들이 보여 주었다.

3) 스칸디나비아 국가들 : 고용확대 방식

적극적 노동시장정책을 기반으로 한 고용확대 방식은 스웨덴, 덴마크, 노르웨이 등 스칸디나비아와 북구 국가들의 주요한 재편 전략이다. 흔히 스웨덴식 모델로 불리는 이 방식을 추구한 국가들은 1970년대와 1980년대를 걸치면서 적극적 노동시장 정책은 물론 사회서비스의 확장, 남녀평등의 증대 방향으로 사회복지를 발전시켰다. 이들 국가들은 평등주의 임금전략 하에서 여성고용을 꾸준히 늘려왔다. 하지만 제조업 고용이 꾸준히 퇴조하는 경향 속에서 여성들의 고용은 주로 공공부문에 집중되었다. 또한 여성인구의 고용을 위해 관련 사회서비스가 확대되었다. 실제로 어린이의 50%를 수용하는 공공 어린이집과 관대한 유급산후조리와 육아휴직 등으로 덴마크와 스웨덴에서 여성의 노동참여비율이 80%에 육박하였다.

이러한 전략의 긍정적 결과는 남녀평등 및 여성의 사회진출 증가, 이혼과 같은 가족 변화로 인한 여성가구의 빈곤 가능성 감소, 고용 증대에 의한 세수입 증대와 낮은 의존율 등을 들 수 있다. 하지만 여성은 시간제 중심의 공공 부문에 근무하고 남성은 전일제의 민간 부문에 근무하는 '성분리 현상(*gender segregation*)'이 나타났으며 공공부문 여성근로자의 결근과 조퇴 현상이 증가하였고 무엇보다도 공공부문 고용의 증가는 높은 재정부담의 원인이 되었다.

이들 국가는 부정적 결과를 개선하기 위해 노동연계복지를 강화하고 각종 급여대체율을 감소시켰으며 급부를 위한 대기기간을 도입하고 고소득자에 대한 한계세율을 줄여주었다. 또한 민영화와 지방분권화를 지향하는 경향도 등장하였다. 하지만 이러한 경향은 신자유주의 방식과는 구별되는 것이었다. 여전히 모든 서비스 제공자들은 중앙에서 규제하는 엄격한 기준을 따르며 다양한 서비스를 제공해야 했기 때문이다. 즉 이러한 변화는 최소한의 조정이지 복지국가의 기본원칙을 벗어나고자 하는 변화는 아니었던 것이다.

이상에서 살펴본 복지국가 위기에 대한 재편 전략의 세 방식 중에서 어느 것이 완벽한 재편 전략이라고 결론 내리기 힘들다. 나름대로 장점과 단점을 보여주었기 때문이다. 하지만 스칸디나비아 방식이 전통적 복지국가의 원칙 즉 사회연대와 평등의 지향이 상대적으로 강하게 유지되었다고 할 수 있다. 또한 이 시기에는 이 세 유형의 복지국가 재편 경향 이외에도 한국과 같은 동아시아 지역과 칠레 등 남미지역 같은 제3세계 국가들도 세계적인 경제적 재편의 시기에서 각기 적합한 사회복지 제도의 발전을 위해 고민하고 있었다.

3. 복지국가의 미래

그렇다면 복지국가들은 21세기에도 여전히 복지국가로서 존재하거나 적어도 복지국가의 성격을 유지할 수 있을 것인가? 현재 시점에서 이러한 질문에 답하는 것은 매우 어렵다. 왜냐하면 적어도 1990년대를 통하여 신자유주의적 세계화가 주된 흐름이었음에도 불구하고 그 내부에는 유럽에서의 좌파정권의 재집권, 비정부기구(NGO) 및 비영리기구(NPO)를 중심으로 전 지구적 차원의 반 세계화 움직임 등이 세계화에 대한 제동 기제로 작용할 수 있기 때문이다. 또한 세계화 경향에 내재된 문제, 즉 불평등과 빈곤의 심화, 생태계의 파괴 등 반공동체적 혹은 반연대적 문제들을 신자유주의적 사상적 기반 하에서는 결코 해결하기 힘들고 다시 복지국가의 주요 원리에 인류가 의존할 수밖에 없을 것이라는 전망도 가능하기 때문이다.

1) 복지국가에 대한 전망들

1990년대 이후 복지국가의 미래에 대한 몇 가지 의견들이 제시되고 있다. 가장 대표적인 것이 기든스의 '제3의 길(*the third way*)'이다. 이는 경제영역에 대하여 국가가 적극적 개입을 하고 국민의 복지를 권리로서 보장하는 사회민주주의의 길(제1의 길: 전통적 개념의 복지국가)이 국가 차원에서 더 이상 유지 불가능함을 밝히고 있다. 또한 국가의 시장 개입을 최소화하여 시장의 자율을 최대로 보장할 것을 주장하는 신자유주의의 길(제2의 길)도 그대로 수용할 수 없다고 본다(Giddens, 1998; 윤선구, 2000).

따라서 제3의 길은 정부의 모든 기능을 국가도 아니고 그렇다고 시장도 아닌 제3의 힘에 의존하게 하려는 것으로 이해할 수 있다. 즉 일정 부분 신자유주의적 정책의 채택이 불가피하다는 점을 인정하면서도 시민운동 혹은 비정부기구(NGO)의 발전을 통해 정부의 기능과 시장의 기능을 보완하고 국제적 차원에서 시장의 관리기능을 강화하고자 한다. 정부기구의 경직성과 정치의 쇠퇴에 대하여 시민운동 단체들의 기동성과 하위정치(*sub-politik*)의 활성화에 의존하자는 것이다.

제3의 길은 1990년대 영국 노동당의 토니 블레어와 독일 사민당의 슈뢰더(G. Schröder)에 의해서 채택되었다. 영국 노동당의 복지정책은 교육, 노동복지, 그리고 개인의 저축이 핵심을 이루고 있고, 정부가 사회복지 서비스의 '공급자'가 아니라 '규제자'로서의 역할을 하며, 개인들은 과거의 단순한 '수급자'에서 이제는 '수급자'이면서 동시에 '제공자'로서 변화할 것을 요구받고 있다(박순우, 1999).[7]

---

7) 제3의 길의 허구성을 주장하는 비판도 만만치 않다. 신자유주의와 단절을

독일은 1998년 성립한 사민-녹색 연립정부가 형성되면서 제3의 길을 주창했지만 영국과는 달리 사회정책의 축소보다는 보다 증가된 사회복지 지출과 고용창출, 부의 재분배, 경제 활성화를 내세우고 있다. 그럼에도 불구하고 세계화에 따른 국가와 기업의 구조조정과 비용절감의 추세 속에서 그러한 정책기조가 유지될지는 불확실하다는 평가를 받고 있다(정연택, 1999).

〈그림 12-1〉 제3의 길의 주역 토니 블레어(Tony Blair) 영국 수상.

제3의 길에 대하여 다른 하나의 전망은 복지국가의 심각한 후퇴에 대한 우려이다. 예를 들면 조지와 밀러는 신자유주의적 세계화 속에서 각국의 정책과 정책환경들이 현재와 같은 추세로 이어진다면 '감당할 수 있는 복지국가(*the affordable welfare state*)'가 조만간 잔여적 복지국가(*the residual welfare state*)로 후퇴할 것으로 예측하고 있다(George & Miller, 1993; George, 1996). 현재의 서구 복지국가들은 세계화의 추세 속에서 '높은 경제 성장률의 추구' 아니면 '복지서비스의 과감한 축소' 중 어느 하나에 대한 정책적 선택을 강요받는 국면에 있다(George & Miller, 1993). 문제는 두 가지 정책 기조 중 어느 것을 선택한다 할지라도 내부의 메커니즘 혹은 정책결과의 상이성에도 불구하고 사회복지 혹은 복지국가의 축소로 귀결할 가능성이 높다는 것이다.

이러한 전망과는 반대로 여전히 복지국가를 옹호하는 입장도 있다. 피어슨은 복지국가들이 위기상황을 겪은 것은 사실이지만 이제는 다 지나가고 있다고 평가한다(Pierson, 1998). 즉 세계화의 영향 또한 복

못하고, 여전히 대처 행정부의 정책 기조에서 벗어나지 못하여 새로울 것이 없다는 비판이 주를 이룬다. 자세한 것은 에릭 홉스봄 외(1999)를 참고.

지국가의 소멸로 귀결될 만큼 일방적이지 않으며 국가의 적극적 개입과 역할은 여전히 존재하고 있고 오히려 실업과 실업자 관리와 같은 복지제도의 특정 영역에 있어서는 국가의 개입이 더욱 강화되고 있다는 것이다. 특히 유럽 법원(European Court)의 판결, 유럽의 사회헌장(European Social Charter)의 제정은 개별 회원국들의 복지를 증가시키는 기회로 작용할 수도 있다. 따라서 세계화가 곧 복지국가의 소멸로 이어지지 않을 것이라고 전망한다(조영훈, 2000; Pierson, 1998).

현재 사민주의 복지국가들의 문제는 과도한 자본주의적 경향과 그로 인한 문제들을 효과적으로 길들이거나 해결할 수 있는 능력이 과거에 비하여 감퇴하였다는 점이다. 하지만 이러한 능력의 감퇴가 자본주의적 문제가 없어졌다는 것을 의미하지는 않기 때문에 복지국가의 필요성은 여전히 유효하다고 할 수 있다. 다만 복지국가의 제도적 내용 및 개입의 방법 등에 대한 새로운 질문과 그에 대한 적절한 해법이 필요하며, 이러한 신중한 노력의 결과 복지국가는 문제를 야기하지만 문제를 해결하는 존재로 남을 것으로 예측하고 있다(Pierson, 1998).

2) 복지국가 미래의 변수들

앞에서 제시한 복지국가에 대한 세 가지 전망은 나름대로 자기 논리 및 불확실성을 함께 가지고 있다. 이러한 전망들의 불확실성이 존재하는 가장 큰 이유는 기본적으로 현재의 신자유주의적 세계화가 어떻게 변화하고 어떤 결과를 낳을 것이냐 하는 것이 불투명하기 때문이다. 그럼에도 불구하고 제3의 길을 추구하든, 잔여적 복지국가로의 후퇴를 우려하든, 아니면 변모된 복지국가의 여전한 건재를 전망하든 다음과 같은 몇 가지 요인들이 중요한 영향을 미칠 것으로 생각된다.

첫째는 이른바 시민운동을 중심으로 한 제3섹터의 영향력이다. 비정부기구(NGO)나 비영리기구(NPO) 등 시민운동은 국가의 독점적 횡포와 시장의 잔인성을 견제하고 국제적으로는 세계화의 격랑 속에서 시민의 이익을 보호할 수 있는 실질적 주체로 설정되고 있다(이정옥, 2000; Giddens, 1998; George & Miller, 1993). 실제로 1999년 세계무역기구(WTO)의 뉴밀레니엄 협약이 세계 시민운동의 힘으로 무산되는 결과가 나타나는 등 신자유주의적 세계화는 곳곳에서 시민운동의 강력한 힘과 충돌하고 있다. 시민운동과 같은 제3섹터의 성장은 세계화의 속도와 방향에 영향을 줌으로써 복지국가들에 부정적인 영향을 주어왔던 신자유주의적 경향에 일정 정도 견제력을 행사할 것으로 보인다. 이는 결국 시민복지국가(*citizens' welfare state*)[8]의 출현 같은 새로운 모습의 복지국가를 가능하게 할 수도 있을 것이다.

둘째는 지역블록화의 영향이다. 세계화는 지역화 혹은 지역블록화를 동반한다. 세계화가 본격화된 시기에 북미자유무역지역(NAFTA), 유럽연합(EU) 등 블록화가 진행되었다. 이는 블록 내에서 국가의 자율성 즉 개입능력과 범위가 상당부분 제한될 수 있지만 역으로 유럽연합과 같은 블록권에서 제시되는 정책과 제도에 의해 개별 회원국의 복지 수준과 복지 시스템이 달라질 수 있다. 왜냐하면 정책을 포함한 국내정치가 외부로부터의 규제와 평준화에 노출됨으로써 국가에 따라서는 사민주의적 국민정서의 퇴조를 경험하거나(안상훈, 1999) 반대로 신자유주의적 정서가 사민주의적 경향으로 보완될 가능성이 크기 때문이다.

셋째는 TV(예: 도올 김용옥의 TV 논어 강좌) 등을 통해 서양적 가치와 동양적 가치의 상호관계와 영향에 대한 관심이 증가하듯이, 다양한

8) 시민복지국가(*citizens' welfare state*)는 '잔여적 복지국가'로의 후퇴 가능성에 대한 대안으로 조지와 밀러가 제시하는 개념으로서 국가의 역할과 시민의 태도에 대한 변화를 전제로 한다(George & Miller, 1993). 즉 시민의 요구와 참여가 보장되어 국가복지의 비효율성과 경직성 등이 견제되고 보완되는 복지국가이다. 시민복지국가는 시민들의 복지 수급 자격을 보호하는 국가의 제도적 관심이 여전히 중요하며 나아가 복지국가의 생존가능성이 시민들의 의지에 상당부분 의지하게 된다.

〈표 12-8〉 총인구 중 14세 미만과 65세 이상의 의존인구 비율

국가	1980	2010*	2040*
오스트레일리아	34	33	39
프랑스	36	34	40
일본	33	37	42
네덜란드	34	32	41
스웨덴	36	34	40
영국	36	35	38
미국	34	32	38

〈자료〉 OECD (1988), *Aging Populations*, Paris: OECD. Table a. 2; Hill (1996), p. 301 재인용.
* 추정치

문화권에서 다양한 형태의 복지 시스템이 시험 또는 연구되고 있다는 점이다. 최근 증가하고 있는 동아시아 국가들의 복지제도에 대한 연구들(Goodman & Peng, 1996; Goodman & White, 1998; Jacobs, 1998 등)은 교육과 자립을 미덕으로 삼고 있는 동아시아 국가들의 전통적 가치와 '저부담 고복지'를 창출해 주는 단순한 규제자로서의 국가역할에 관심을 기울이고 있다(박순우, 1999). 이러한 관심과 연구들은 지금까지 존재했던 복지국가의 원리와는 다른, 새로운 형태의 복지원리를 창출할 가능성을 높이고 있다.

마지막으로 미래의 의존인구 등 사회적 욕구나 문제의 규모가 중요한 변수로 작용할 것이다. 예를 들면 〈표 12-8〉에서 보는 것처럼 2010년 경 주요 국가의 의존인구는 현재와 큰 변화를 보여주지 못하지만 2040년 추정치는 현재보다 증가할 것으로 보인다. 이러한 사회적 조건에서는 아무리 신자유주의적 이념이 지배적일지라도 복지지출을 줄이기는 힘들 것이며 오히려 복지지출이 확대될 가능성이 높다.

결국 복지국가의 모습은 하나의 전횡적인 주의(*-ism*)나 이론보다는 현재 진행되고 있는 신자유주의적 세계화 속에서 변화하는 사회·경제

적 환경(욕구 및 문제 규모와 성격의 변화 등)의 요구들에 대하여 개별국가 혹은 국민들이 어떤 방식으로 대응하느냐에 따라 달라질 것으로 보인다. 시민들의 참여와 그에 기초한 민주주의, 세계화에 대한 주체적 대응과 시민사회의 실천 능력, 다양한 문화와 가치에 대한 이해와 그것의 적용에 대한 개방적 태도 등이 개별국가의 복지시스템을 구성하는 데 중요한 과제로 대두할 것이다.

생각해볼 문제

1. 복지국가 위기 이후 재편과정은 복지국가마다 서로 상이한 면이 있었다. 이를 정리해보자.
2. 세계화시대의 복지국가의 전망은 연구자에 따라 다르게 제시되고 있다. 각 전망들의 내용을 검토하고 자신의 의견을 정리해보자.
3. 복지국가의 미래에 영향을 줄 수 있는 요인들은 무엇인가? 본 장에서 제시한 것을 이해하는 것은 물론 다양한 요인들을 탐색하고 정리해 보자.

제 5 부
제3세계 및 한국 사회복지의 전개

20세기 복지국가는 모든 국가에서 나타난 것은 아니었다. 20세기 후반까지도 복지국가는 주로 선진 자본주의국가들의 전유물처럼 인식되었다. 제3세계 국가들은 사회복지 관련법 혹은 제도의 유무에 상관없이 실질적으로 복지국가로 불리지 않았으며 아직까지도 이러한 상황은 거의 변함이 없다.

실제 거의 대부분의 제3세계 국가들은 20세기 전반부를 식민지 상태로 보냈으며 2차 대전 이후 많은 국가들이 독립을 이루었지만 세계를 양분한 냉전체제의 논리 속에 강대국들 사이에 대리전을 치르거나 내부 분쟁을 겪었다. 오랜 식민지 경험을 통해 독자적 경제기반이 없던 이들 국가들은 대부분 심각한 빈곤 상태를 경험했고 지금도 많은 국가들이 이 상태에서 벗어나지 못하고 있으며 오히려 악화되는 경우도 있다.

한국을 비롯한 몇몇 나라들은 근대화에 성공하여 경제적으로는 선진국에 근접하는 소비수준을 보이기도 한다. 이들 국가들은 사회보험과 공공부조 등 복지국가들의 주요 제도를 도입하여 시행하고 있고 일부 성과를 보이기도 한다. 남미의 경우는 다른 제3세계권보다 사회복지 관련제도를 훨씬 앞서 도입하였다. 그럼에도 불구하고 왜 복지국가로 불리지 못하는가? 5부는 이것을 이해하고 새로운 방향을 탐색하는 기회를 줄 것이다.

13장에서는 제3세계 국가들의 사회복지의 중요한 특성들을 내·외적 조건을 고려하면서 검토하고 신자유주의적 세계화에 대한 제3세계의 사회복지의 움직임을 소개한다. 그리고 14장과 15장에서는 한 때 제3세계에 속했던 적이 있는 우리나라의 사회복지 전개과정을 살펴본다. 14장에서는 우리가 가지고 있는 해방 이전의 사회복지적 전통과 그것의 특성을 소개하고, 15장에서는 해방 후 우리의 사회복지의 변화과정을 정치·경제·사회의 변화 맥락에서 검토한다. 이는 우리의 사회복지 발전을 위해 고유의 복지원리를 탐색하고 한국에 적용된 서구 제도들의 성과와 한계를 이해하는 데 도움을 줄 것으로 기대한다.

제 13 장

제3세계 사회복지 전개

제3세계에서 사회보장에 의한 불평등의 강화는 상당히 악성이다.

—James Midgley

오늘날 남미의 사회정책은 한편으로 시장지향적이며, 사적, 개인주의적, 비평등주의적 모델과, 다른 한편으로 시장수정적이며, 공적, 연대주의적, 평등주의적 모델과의 갈림길에 놓여 있다.

—Evelyne Huber

1. 제3세계와 사회복지

일반적으로 제3세계로 불리는 140여 개 국가들은 빈곤하며 사회적으로 불평등한 나라들이다. 또한 이들 국가들에서는 빈곤을 비롯한 사회문제들을 완화하고 교정하는 장치인 사회복지 역시 저발전의 상태에 놓여 있다. 전통사회에서 오랫동안 목가적 평화를 구가했었던 이들 제3세계 국가들이 근대사회에 들어와 이처럼 불행한 상황에 처하게 된 것은 제국주의 침략으로 장기간 식민통치를 경험했기 때문이다. 제국주의 식민통치는 식민지의 전통적 사회구성을 철저히 파괴하였으며, 이후에 전개되는 분열과 갈등의 뿌리를 심어놓았다. 제2차 세계대전 이후 다수의 식민지들이 독립국가를 형성하였으나 계속되는 정치·경제·사회적 불안과 갈등은 이들 국가들이 빈곤과 불평등으로부터 벗어나지 못하도록 하는 질곡으로 작용하고 있다.

제3세계 국가들의 사회복지 발전이 관심을 끄는 것은 선진 복지국가들과 비교할 때 독특한 특징이 있을 것으로 예상되기 때문이다. 아울러 과거의 우리나라 또한 제3세계 국가들과 크게 다르지 않은 발전(정치, 경제 및 사회발전 측면에서) 과정을 경험해왔기 때문에 이들 국가의 경험과 우리의 경험을 비교해보는 것이 의미있는 일일 것이기 때문이다. 일반적으로 선진국가들의 사회복지는 전근대사회의 상부상조제도나 자선·박애를 계승한 것이며, 산업화의 산물이면서 또한 계급정치의 결과로 설명된다. 그러나 제3세계의 사회복지 발전에서는 식민주의의 영향으로 전통과의 단절이 두드러진다. 아울러 제3세계에서는 산업화가 본격화하기 전에 서구의 사회보장제도가 선별적으로 도입되었다는 점에서 산업화의 진전에 조응하여 이루어진 것으로 설명하는 데에도 한계가 있다. 또한 제3세계에서는 산업화의 진전이 느렸고, 그에 따라 노동자 정당의 출현도 뒤늦거나 아예 노동자 정당이 없는 경우가 많았기 때문에 사회복지 발전을 계급정치와 관련하여 설명하는 것도 부적절하다.

제3세계 국가들에서는 산업화의 진전 정도라든가 여타 사회발전에 비추어 사회복지의 발전속도가 매우 느리거나 또는 종종 후퇴하고 있다. 최근의 신자유주의적 세계화 추세로 인해 제3세계 국가들이 그 동안 미미하게나마 발전시켜 왔던 사회복지 제도발전에서 정체 혹은 후퇴가 나타나고 있다. 식민지시대의 제국주의의 착취와 수탈, 독립후의 저발전, 최근의 경제위기 등은 제3세계에 빈곤과 사회적 불평등의 만연을 가져온 직접적 원인들이다.

2. 제3세계의 빈곤과 사회적 불평등

세계에서 가장 가난한 국가들은 남아시아에 집중되어 있다. 세계인구의 21.7%를 점하고 있는 남아시아 국가들의 1995년 1인당 국민소득은 310달러로 OECD국가 국민소득 22,924달러의 1/74에 지나지 않는다. 일반적으로 말하는 제3세계 전체 국가의 총인구는 세계인구의

〈표 13-1〉 세계의 소득분포(1993년 현재)

	인구[3] (100만명)	세계인구 구성비(%)	1인당국민 소득(달러)	총소득 (10억 달러)	세계 총소득 대비비율(%)
제3세계 저소득국가	3,077.8	56.0	379	1,166.5	4.9
사하라 이남 아프리카	599.0	10.9	520	311.5	1.3
남아시아	1,194.4	21.7	310	370.3	1.5
중국	1,178.4	21.4	490	577.4	2.4
제3세계 중간소득국가	1,128.9	22.2	2,397	2,921.7	12.2
제3세계 전체	4,296.7	78.1	951	4,088.6	17.1
동유럽 및 구소련	392.3	7.1	2,665	1,045.5	4.4
저소득국가 전체[1]	4,689.0	85.2	1,095	5,133.7	21.5
OECD 국가[2]	812.2	14.7	22,090	18,618.9	77.9
고소득국가 전체	812.4	14.8	23,090	18,758.3	78.5
세계 총계	5,501.5	100.0	4,343.0	23,892.0	100.0

주 1) 저소득국가는 제3세계와 동유럽 국가 그리고 구소련을 말함.
2) 아이슬란드, 멕시코, 터키는 제외했음.
3) 1993년 중반의 수치임.
〈원자료〉 World Bank(1995). "World Development Report". Washington. pp. 162~163에서 추산.
〈자료〉 미셸 초스도프스키 저, 이대훈 역, 《빈곤의 세계화 - IMF 신탁통치의 실상》, 서울: 당대, 1998, pp. 41~43. 재인용.

〈그림 13-1〉 기아상태에 있는 아프리카의 어린이들

78.1%를 점하고 있으나 세계총소득에 대한 비율은 17.1%에 지나지 않는다. 제3세계 국가들과 동유럽 및 구 소련을 포함한 저소득국가 전체의 인구는 세계인구의 85.2%를 점하고 있으나 이들 국가의 총소득의 합계는 세계 총소득의 1/5에 지나지 않고 있다. 그만큼 세계적 차원에서 빈국과 부국 사이에 격차가 벌어져 있음을 알 수 있다.[1)]

제3세계 국가들과 선진국가들 사이에는 소득격차 외에도 사회개발 측면에서 중대한 격차가 존재하고 있다(이하 World Bank, 1999). 15세 이상 성인여성문맹률을 볼 때, 저소득국가의 경우 성인여성 2명중 1명이 문맹인 것에 비해 중소득국가는 5명 중 1명으로 나타나고 있다. 출생 시 기대수명을 보면 저소득국가에 비해 OECD 고소득국가의 기대수명이 거의 20년이나 길다. 영아사망률에서도 저소득국가는 OECD 고소득국가에 비해 약 14배나 높다. 기대수명과 영아사망률의 격차는 두 개 국가군 사이에 보건의료, 영양, 주거 등 삶의 제반 조건의 차이

1) 한 예로 인구 6억여 명이 살고 있는 사하라 사막 이남지역 국가들의 총생산액은 미국 텍사스 주 총생산액의 절반에 불과한 실정이라 한다(미셸 초스도프스키 저, 이대훈 역, 1998:41).

〈표 13-2〉 국가별 주요 사회개발 지표(1999년)

국가범주	15세 이상 성인여성문맹률	출생시 기대수명	영아사망률 (1000명당)	개인용컴퓨터 보급률(1000명당)	전화보급률 (1000명당)
저소득국가	48.03	59.13	77.32	4.4	26.53
중소득국가	19.77	69.35	31.05	27.12	121.05
고소득국가 (OECD)	n/a	77.95	5.66	352.45	588.40
세계전체	n/a	66.49	54.26	68.35	157.96

〈자료〉 World Bank(1999), World Development Indicators.

가 크다는 것을 의미한다. 개인용 컴퓨터 보급률에서의 격차는 더욱 심각하다. 저소득국가는 인구 1,000명당 4.4대의 개인용 컴퓨터를 갖고 있는 데 비해 OECD 선진국은 인구 1,000명당 353.45대의 컴퓨터를 보유하고 있다. 전화보급률에서도 격차가 큰데, 저소득국가의 경우 대략 39명당 1대의 전화를 갖고 있는데 비해, 선진 OECD국가에서는 1.7명당 1대씩의 전화가 보급되어 있다.

빈국과 부국 사이의 격차 못지 않게 빈국 내부에서의 불평등 또한 심각하다(이하 Midgley, 복지연구회 역, 1986:46~48). 1940년대와 1950년대에 수집한 자료를 분석했던 Kuznets는 개발도상국의 상위 5%가 총소득의 37%를 차지한 것으로 분석하였으며, 일부 국가에서는 50%를 차지하는 것으로 보고하였다. Kuznets는 개발도상국의 소득분배 구조가 선진국들에 비해 지속적으로 훨씬 불균등하다는 것을 밝힌 바 있다. 1974년에 Ahluwalia는 개발도상국들과 선진국, 그리고 소득분배에 대한 자료가 발표된 동구 공산권국가들을 비교한 바 있다. 이중 공산국가들은 대체로 가장 평등한 소득분배양상을 나타냈고, 그 다음이 서방 유럽국가들이었다. 개발도상국들은 심한 소득불평등현상을 보였는데, 평균적으로 개발도상국의 가장 가난한 40%의 인구가 총소득의 12.5%만을 갖는 데 비해 선진 공업국에서는 20%를 갖는 것으로 나타났다. 개발도상국 가운데 소득불평등도가 높은 23개 국가의 경우에는 하위 40%의 못사는 사람들이 총소득의 9%를 점하고 있는 것으로 나타났다.

빈곤과 불평등을 비롯한 많은 사회문제들이 만연해 있는 제3세계에서 사회복지의 제도화와 발전의 필요성은 매우 높다. 그러나 충분히 짐작할 수 있는 것처럼 가난한 제3세계 국가들은 사회복지 발전에서도 낙후된 모습을 보여주고 있다. 사회복지의 제도 도입이라는 측면에서 보면 극빈자를 구호하기 위한 공공부조제도는 식민지 시대에 도입된 식민모국의 구빈법에서 거의 벗어나지 못한 저발전 상태이지만(Tamburi, 1985:76; Huber, 1999:242에서 재인용), 사회보험에서는 연금과 보건의료 부문에서 '발전'이 관찰된다. 예컨대 남미국가들에서 사회정책의 가장 중요한 세 영역은 연금, 보건의료, 가격보조와 가격통제인데, 연금과 보건의료에 대한 지출이 총 사회지출의 2/3 이상이며, 사실상 거의 전부를 점하기도 한다(Huber, 1999:242)

남미와 카리브해 연안의 34개 국가 중 7개 국가만이 가족수당제도와 실업보상제도를 가지고 있다(Mesa-Lago, 1994:16; Huber, 1999:243에서 재인용). 선진산업사회의 복지국가와 비교할 때, 사회부조와 마찬가지로 실업보험제도는 매우 발달하지 못하였다. 대부분의 남미 국가들에서 실업수준이 지속적으로 높은 수준을 유지해왔다는 점을 고려하면, 그러한 보험의 실시는 비용이 상당히 많이 들 것으로 생각된다. 따라서 실업보험이 있는 나라들에서도 급여는 극히 제한적이다(Huber, 1999:243). 실제 모든 나라의 사회보험 발달에서 두 가지 중심적 문제는 거대한 비공식 부문의 존재로 인해서 적용대상이 사실상 제한되어 있다는 점과, 자격조건이 불평등하고, 분절화가 매우 심하다는 점이다(Huber, 1999:243). 대부분의 남미 국가들에서 공공 소득이전과 서비스에 대한 권리는 주로 보험원칙에 기반하고 있고, 임금노동자에게만 주어진다. 이것은 큰 비중을 차지하는 농촌과 도시 빈곤부문이 배제된 채로 남아있다는 것을 의미한다.

제3세계의 사회보험제도는 또한 적용 집단별로 분절적으로 운영되고 있다. 행정관리 측면에서뿐만 아니라 포괄하는 위험, 기여수준과 급여수준 측면에서도 차등적 사회보험 제도들이 운영되고 있다. 그럼으로써 사회보험이 평등을 조장하는 것이 아니라 불평등을 심화시키고, 구성원의 연대의식을 제고하기보다는 구성원간에 소외와 분열을 낳고 있다.

제3세계에서는 일반적으로 노령에 대비하기 위한 연금제도나 산업재해에 대비하는 고용주보상제도, 그리고 의료보험제도 등은 산업화의 진전속도에 비하면 비교적 이른 시기에 도입되었다. 그러나 이들 사회보험제도들은 전국민을 대상으로 하는 보편적 제도라기보다는 군인과 공무원, 그리고 일부 조직화된 노동자를 위한 제한된 제도로 출발하였다. 제3세계 사회복지에서 일반적으로 관찰되는 공공부조의 미약한 발전과 일부 집단을 대상으로 하는 사회보험위주의 복지구도는 어떤 배경에서 출현하였을까?

3. 제3세계 사회복지의 기원과 형성

일반적으로 서구 국가의 사회복지는 전근대사회의 상부상조조직이나 교회의 자선, 그리고 민간의 박애로부터 연유하였다(이 책 제2부 참조). 구성원들 사이에 호혜성의 원리에 따라 이루어지던 상부상조제도로부터 현대적 사회보험제도가 태동한 것이라든가, 종교적 자선이 세속적인 국가기구에 의한 공공구호로 발전함으로써 점차 국가가 그 역할을 확대해나간 것 등이 서구 공공복지의 발전과정이었던 것이다. 제3세계의 경우에도 고유한 상부상조제도들과 자선, 박애의 전통이 있었으나, 그것들이 오늘날의 제3세계 사회복지로 계승되지는 않았다. 제3세계 사회복지는 식민지시대 제국주의의 통치전략에 따라 선별적으로

서구로부터 도입되었으며 대체로 제3세계의 전통적 사회복지와는 무관한 것들이다(나병균, 1993:40).

대부분의 제3세계 국가들은 식민지 피지배 경험을 지니고 있다. 식민지 피지배 경험은 여러 측면에서 제3세계 사회복지의 발전에 영향을 미쳤다. 먼저 식민 지배를 받음으로써 제3세계 국가들의 전통적 사회복지 체계가 붕괴되거나 변질되었다. 그렇다고 하여 이를 대체할 만한 새롭고 근대적 사회복지 체계가 만들어진 것도 아니었다. 오히려 식민 지배 동안 종주국의 사회복지 제도가 식민 행정당국과, 선교단체로 대표되는 민간원조단체를 통해 부분적으로 그리고 선택적으로 식민지에 이식되어 이후의 사회복지 발전에 부정적 영향을 미치게 되었다. 제3세계는 여전히 빈곤에 허덕였고, 저발전의 상태에 머물렀다. 그러던 것이 제2차 세계대전 이후 많은 제3세계국가들이 독립하면서 경제개발을 최우선으로 하는 개발이념을 받아들였다. 식민 지배 동안의 왜곡된 사회복지의 발전에 덧붙여 독립 후에 채택한 개발이념은 제3세계 사회복지를 저발전 상태로 지속시키는 데 결정적으로 기여하였다(나병균, 1993). 최근 신자유주의적 세계화의 추세에서 제3세계의 사회복지는 그나마 이루었던 몇몇 부문에서의 발전이 후퇴하는 상황도 전개되었다.

1) 전통적 사회복지의 붕괴

제3세계의 최근 역사발전에 있어서 주요한 힘은 식민주의의 여파였다(MacPherson & Midgley, 현외성 역, 1987:63). 식민주의의 영향으로 제3세계의 정치·경제·사회제도에 일대 변혁이 야기되었다. 전통적 사회복지제도의 붕괴는 식민주의의 부정적 영향 중의 하나이다. 제3세계 국가에는 전통적 사회복지 제도와 관행이 존재해 왔다. 대가족제도에 입각한 관습적 의무가 강조되었고, 마을 공동체 또는 부족 공동체에 의한 사회적 보호망이 널리 가동되어 왔다. 유럽의 길드와 유사한 민간의 자발적 결사체도 구성원간의 상부상조 기능을 수행하였는데, 인도의 상(*sangh*)과 한국의 계가 그 예이다. 종교법에 의한 자선과 부조의 전통도 불교의 자비, 기독교의 박애, 이슬람의 자선(Zakat)과 선행(Khairat), 자선 상자(Bait-al-mal) 등에서 볼 수 있듯이 면면히 계승되어 왔다(Midgley 저, 한국복지연구회 역, 1986:126~129). 그러나 제3세계의 전통적 사회복지제도는 식민 지배라는 왜곡된 환경으로 그 가치가 인식되지 못하고 파괴되었다. 여기에는 식민 통치자와 선교사들의 무지가 개입되어 있다.

식민통치의 본질은 경제적 활동에 적합한 조건을 수립하고 유지하는 한편, 온정적 견지에서 식민지 민중을 문명화시키려는 임무(*mission*)로 모아진다. 자원수탈과 해외시장의 개척, 식민지 직접지배는 '야만인에 대한 문명의 전파', '기독교복음의 전파'라는 선교활동과 교묘하게 부합되었다. 제국주의 식민행정당국은 선교사들이 오지에 들어가 교회와 교육기관과 병원 및 선교사들의 주거지를 세우면 '선교사를 보호'한다는 구실로 식민지배 영역을 확장하였다(Midgley 저, 한국복지연구회 역, 1984:43).

선교사들은 서구의 사회복지를 제3세계에 전파하는 데 초기에 중요한 역할을 수행하였다. 선교사들에 의한 서구 사회복지실천은 주로 교육과 보건의료 부문에 모아졌다.[2] 교육사업과 보건의료사업은 선

---

2) 교육과 보건의료부문에서 선교단체가 두드러진 활동을 하는 이유는 다음과 같다. 첫째로 싫어도 신자가 될 수밖에 없는 사람들(*semicaptive audiences*)이 있다. 둘째, 종교집단에 의해 운영되기 때문에 사람들이 그들을 신뢰한다. 세째, 낮은 비용으로 자원봉사 노동력(사제, 수녀)을 활용할 수 있고, 자본증여를 받을 수 있어서 타부문의 공급자와 가격경쟁이 가능하다. 네째, 좋은 평판으로 인해 설령 가격경쟁에서 불리해도 지속적으로 고객(*client*)을 확보할 수 있다. 다섯째, 정치적으로 충분히 강력하여 정부보조금을 확보할 수 있고, 정부보조금이 오직 비영리부문에서만 활용될 수 있도록 영향력을 행사할 수 있다(Estelle, 1987:405).

〈그림 13-2〉
원주민들을 위해 칼을 선택한 로드리고 신부(영화 '미션' 중에서). 이 영화는 제3세계에 대한 당시의 선교 상황을 엿보게 해준다.

교를 위한 매우 효과적 수단이었기 때문이었다. 예컨대 포르투갈, 스페인 식민지에서는 특별히 강력한 교회가 그 전통적 복지책임을 추구하였다. 이베리아 제국에 걸쳐 자선병원이 번창하였는데, 최초의 남미 자선병원(*beneficiencias*)의 하나는 1521년 멕시코에서 코르테즈(Cortez)가 세운 교회였다(Midgley, 1984: 176). 영국 식민지에서도 당국이 학교, 병원, 거주시설을 운영하는 선교사들의 특권(*preroga-tive*)을 인정했을 뿐만 아니라, 공식적으로 '문명화를 위한 선교(*civilizing mission*)'를 외지인 지배를 합리화하는 명분으로 채택했다. 선교사들은 서양의 최신 의료기술, 교육 등을 전파하였다. 선교단체는 또한 서구의 기독교 복음을 타국에 전파하면서, 선교의 수단으로 당시 자국에서 이루어지던 것과 비슷한 자선사업, 박애사업을 수행하였으며, 이를 위한 현지인력의 수급을 위해 사회사업 교육기관을 설립하기도 하였다. 이러한 사정으로 독립 후 선교사들에 의한 이들 분야의 발전을 제3세계 정치지도자들이 무시할 수 없게 되었다.

한편 식민지의 미시적 사회문제들에 대한 해결은 식민행정당국의 방관으로 자연스럽게 민간단체의 몫이 되었고, 이를 위해 식민행정당국이나 민간단체는 모국에서 사회사업 전문가를 데려오기도 하였다. 종교적인 배경이 약한 세속적인 자선단체 또는 의사자선단체(*quasi-charity*)도 식민지에서 지부를 만들어 사회사업을 전개하였다.[3]

3) 구호사업을 위해 1917년 미국식민지 필리핀 마닐라에서 창설된 마닐라자선

2) 제국주의 사회복지의 부분적 도입

제3세계 사회복지 발전에서는 식민지배 동안의 경험이 중요한 의미를 지닌다. 길게는 수세기에 걸친 식민지배를 통하여 종주국의 사회복지 제도와 이념이 선택적으로 제3세계권에 이식되었다. 식민지배 동안 선택적으로 이식된 서구 국가의 사회복지는, 당시 서구 산업국가의 사회문제에 대한 서구식 해결기술이었다. 미절리가 설명하듯이 근대 사회보장제도가 식민지에 처음으로 나타난 형태는 법정 빈민구호, 종교적 혹은 기타 자선활동을 돕기 위한 공공지원, 제국주의 정부기관에 근무하는 식민지 관료에게 지급하는 각종 연금 및 근로자의 보상수단으로 만들어진 고용주책임제도 등이었다. 대부분의 식민지 사회보장제도는 식민지 주민에게 이익을 주기 위하여 만들어진 것이 아니라 유럽인을 위한 제도였으며, 특히 이들 중 식민지 관료를 위한 것이었다(Midgley, 복지연구회 역, 1986:129~130).

식민통치 기간 중 복지제도는 극히 제한적으로 형성되었는데 비정부조직, 특히 선교조직이 이러한 제도에 큰 비중을 두었고, 제3세계 사회복지에 미친 상대적 영향도 컸다(MacPherson & Midgley, 1987:89). 당시 수립된 제반 복지제도에는 수입된 서구의 접근책과 가치·태도 및 신념이 스며들었고, 이들 접근책과 가치·태도·신념은 독립 후 종주국에서 온 전문가들에 의해서 끊임없이 제공되었다.

제3세계 사회복지 발전에 있어서 서구의 영향은 시기적으로 다양한 양상으로 나타나고 있다. 식민지배의 시기에는 종주국의 사회복지가 선별적으로 이식되었는데, 그에 따라 종주국이 어느 나라였느냐에 따라 식민지의 사회복지 발전양상이 다르게 나타나고 있다. 사회보험의

협회(Association Charities of Manila)는 미국 자선조직협회(Charity Organization Society:C.O.S.)를 그대로 본딴 것이라 한다(Midgley, 1981).

경우 스페인 식민지였던 중남미의 일부 국가들에서는 군인연금과 공무원연금제도가 비교적 이른 시기에 도입되었다. 산재보험의 전신이라고 볼 수 있는 고용주보상제도는 1911년 페루에서 처음 등장하였다. 칠레와 브라질에서의 사회보험은 20세기 전반에 시작되었는데, 그 배경에는 일찍부터 존재해 온 정치적 불안정이 자리잡고 있는 것으로 설명된다(나병균, 1993). 중남미의 경우처럼 정치적으로 불안정한 사회에서 사회보장제도는 몇몇 핵심집단(군인과 공무원 및 조직화된 노동자 집단 같은)을 체제 내로 포섭하려는 전략에서 비롯되었다.

한편 사회복지 서비스의 발전에서도 제3세계 국가들은 식민종주국의 영향을 강하게 받았다. 아프리카대륙에서의 사회복지발전이 이러한 사정을 잘 보여주고 있다. 식민지시대에 아프리카의 도시 센터를 중심으로 유럽의 사회복지 개념이 도입되었다. 그것은 예컨대 영국 사회복지 프로그램(청소년 비행과 교정), 프랑스 사회복지 프로그램(media-social 프로그램) 등이다(Shawky, 1972:3~16). 1962년에 영국으로부터 독립한 우간다의 사회복지는 전통적 · 치료적 · 개인적 접근이 지배적이며, 이는 1930년대 영국식민주의자들에 의해 도입된 것이다(Maxine, 1992: 148). 우간다 사회복지는 고아, 비행청소년, 거지 등 주변인구에 초점을 두어 왔고, 기본적으로 일반국민과 주요 사회문제들을 외면해왔다. 이 모델은 우간다의 실정에 비추어 볼 때, '혐오스러울 만큼 부적절한 보호관찰과 구호'(*woefully inadequate probation and welfare*)를 특징으로 하는데, 이는 식민지시대 서구 사회복지의 전통을 이어받았기 때문이다. 그 결과로 우간다 사회복지는 미미하고 주변적이며, 중요치 않은 문제들을 다루고 있다.

3) 개발 이데올로기와 사회복지의 저발전

서구 사회복지의 개념은 식민지시대 선교단체와 민간협회(*voluntary*

societies), 식민행정당국, 다국적 기업과 같은 조직들에 의해 식민지에 전파되었다. 이를 바탕으로 독립 후 사회복지 서비스 확대의 기초를 마련하였다. 그러나 제3세계국가와 이전 식민종주국과의 관계가 유지됨으로써 식민지시대의 사회복지제도가 독립 후에도 유지되었다. 서구 국가들은 각종 원조프로그램을 통하여 사회복지전문가와 도시행정가를 훈련하였고, 자국의 전문가들을 파견하였다(Midgley, 1984:178). 그 결과 토착적 사회복지는 발전하지 못하고 서구의 사회복지가 일방적으로 이식되었다. 제3세계국가들에서 근대적 또는 과학적 사회복지는 곧 서구 사회복지였다.

식민종주국의 영향은 독립 후에도 '절대적으로' 중요하게 작용하였다. 제3세계에 선택적으로 이식된 서구 제국의 사회복지제도는 독립 후 제3세계 사회복지에 부정적 영향을 미치고 있다. 이를 잘 보여주는 것이 서구 국가로부터 전파된 구빈법이 제3세계권에서 여전히 효력을 발휘하고 있다는 점일 것이다.[4] 독립 후 서구 사회복지의 개념과 기술을 제3세계 국가에 전파한 주체는 크게 선교단체, 국제기구, 제3세계의 유학생, 서구 국가의 사회사업단체(및 인사), 제3세계 사회단체 및 기구 등이다. 앞에서 살펴본 것처럼 선교단체는 식민지로부터의 독립 이후에도 교육과 보건 부문에서 지속적 활동을 전개하였다. 전파의 채널로서 선교단체는 식민종주국의 권위주의적 법률체제와 문화적 신념, 여타 요인들을 이전하는데 기여하였다. 서구 열강은 제3세계에 원조를

4) 제2차 대전 이후 서구 국가들이 복지국가의 길을 걸으면서 서구 국가에서는 없어진 구빈법의 억압적, 주변적 속성이 제3세계권에서는 영속화되고 있다. 식민지 시대 구걸과 빈곤문제는 스페인, 포르투갈 식민지에서는 구빈법보다는 종교적 자선에 의해 부분적으로 무마되었다. 영국 식민지에서는 식민지 시대 또는 독립 후 영국구빈법이 시행되었다. 구체적으로, 1682년 자메이카에서는 영국의 구구빈법이 시행되었고, 1902년 모리셔스에서는 신구빈법이, 1931년 트리니다드토바고에서는 신구빈법이, 그리고 인도에서는 독립 후인 1957년에 신구빈법이 시행되었다(Midgley, 1984:2~12).

제공할 때 기술전문가를 수용하는 조건을 부가하였는데 사회복지에서도 예외는 아니었다(MacPherson & Midgley, 1987 : 160).

국제기구는 국제연합을 비롯한 여러 기구들로서 제3세계 사회복지 교육과 훈련을 지원하였고, 제3세계 사회복지의 토착화를 위한 노력을 경주하였다. 제3세계의 유학생 집단은 일찍이 서구문화와 접촉한 상류계층의 자녀들로, 이들은 식민지 지배를 위한 기술관료(*technocrats*)를 양성한다는 종주국의 의도에 부응하여, 서구 국가들에서 지배기술의 하나인 사회복지를 학습하고 귀국하여 이를 전파하였다. 서구 국가의 사회사업 단체 및 인사들도 자국의 사회사업 이념과 방법을 전파하는 데 기여하였는데, 예컨대 미국사회사업가협회(National Association of Social Workers : NASW)는 국제사회사업을 주요 활동내용으로 설정하여 사회사업 아이디어를 제3세계에 전파하는 데 노력을 기울여 왔다.

제2차 세계대전을 거치면서 대다수 제3세계 국가는 식민지배로부터 벗어났다. 이들 신생독립국들은 주로 1950년대부터 국제연합(UN) 산하의 국제기구들의 권고에 힘입어 국가개발을 시작하였다(나병균, 1993). 당시 국가개발의 목표로 권고된 것은 가급적 신속하게 경제성장을 달성하는 것이었다. 개발이념에 논리적 근거를 마련한 것은 경제성장론으로 무장한 경제학자들이었다. 이른바 '파이(*pie*) 이론'에 따라 성장주의자들은 경제성장을 최우선으로 하는 국가개발전략을 강력히 권고하였다. 파이가 작은 상태에서 나누는 것보다는 그것이 훨씬 커졌을 때 분배하는 것이 바람직하다는 성장론은 제3세계 국가들에서 이른바 '개발독재'에 대한 논리적 근거를 제공해주었다.

경제성장 지상주의를 받아들인 개발독재 체제에서 사회복지에 대한 강조는 주목받지 못하였다. 개발의 성과를 배분하라는 노동자들의 요구는 종종 가혹한 방식으로 억제되었다. 극빈층에 대한 일부 공공복지 프로그램을 제외하면 경제성장 지상주의 이념하에서 사회복지는 주로 사회보험 방식으로 추진되었다. 식민체제 또는 국가형성 단계에서 도입되었던 군인과 공무원에 대한 사회보험에 덧붙여 상대적으로 안정된 소득을 정기적으로 획득하는 노동자 집단이 사회보험체계에 포함되었다. 보험금을 낼 수 있는 집단을 중심으로 한 사회보험제도의 확대는 당연히 사회보험 급여가 필요한 저소득 노동자와 빈민을 배제시켰다. 또한 제3세계 사회보험에서는 대개 기여금에 상한을 두었기 때문에 고소득층은 그들의 능력에 상응한 기여로부터 면제되었다. 이는 그만큼 사회보험의 재정에 압박요인으로 작용하였다.

4) 남미 사회보장제도발달의 일반적 궤도

남미 국가들에서 사회보험제도의 발전양상은 제3세계 사회복지가 지닌 문제점과 한계를 여실히 보여준다. 제2차 세계대전 이후 남미의 사회정책 발전은 종속적 후발 경제발전이 갖는 성격과 그것이 직업과 계급구조에 미친 영향이라는 맥락에서 검토되어야 한다(Huber, 1999). 남미 국가들은 농산물이나 광물에 기반한 수출산업이 빠르게 성장한 국가들이었다. 그 결과 본격적 산업화가 이루어지기 전에 도시화와 국가의 성장이 이루어졌다. 선진국과 비교할 때 노동자계급에 비해 도시중간계급(공무원, 민간부문 화이트칼라 피고용자, 지식인과 전문가, 예술가, 소매상인과 소기업가 등)이 더 확대됨으로써, 그들을 위한 사회보험의 형성에 압력을 가할 수 있는 정치력을 갖게 되었다. 그 뒤를 이은 집단이 철도, 공항, 해운 노동자와 광부, 석유노동자와 같은 국가중추(전략)산업 노동자들이었다. 그러나 여타의 제조업과 서비스업에서는 광범위한 소기업체제가 발전하였다. 소기업체제는 온정주의적 노동관계를 특징으로 하는 비공식부문을 형성하였다.[5] 즉, 소기업 체제에 종

5) 남미국가의 비공식부문이 미국보다 더 크다는 분석도 있다(Ports, 1985; Huber, 1999에서 재인용).

사하는 노동자들은 노동법과 사회보장제도, 정규임금을 기초로 한 계약적 노동관계의 밖에 위치하게 되었다. 그 결과 다수를 점하는 소기업 노동자들의 노동조직 형성이 어렵게 되었다. 여기서 노동조직이 약하다는 것은 보편주의적이고 평등주의적인 사회보험제도를 형성하기 위한 노동계급의 강한 압력이 있을 수 없다는 것을 의미한다.

농업노동자들도 조직화되지 못하기는 소기업 노동자와 마찬가지였다. 남미국가들에서 토지는 소수의 대토지 소유자들에 의해 소유되어 있다. 대토지 소유자들은 중요한 정치적 영향력을 발휘하여 농업노동자들이 조직화되지 못하도록 해왔다. 그 결과 보편주의적인 사회정책을 지지하는 노동자와 농민과의 동맹도 불가능하였다. 다른 한편 남미국가에서 국가형성과 국가권력의 강화과정은 매우 복잡하였다. 국가형성기에 정치엘리트간에 무력충돌이 빈번하게 발생하게 되었고, 그 와중에 군대가 중요한 집단으로 부상하였다.

남미의 사회보험의 발달은 이러한 세력관계를 반영하고 있다. 즉, 군인, 공무원, 법관들로부터 사회보험제도가 시작되었고, 그들에게는 특혜나 다름없는 보험조건들이 제공되었다(멕시코 사회보험의 기여조건에 대한 다음의 〈표 13-3〉을 참고). 그 다음으로 사회보험제도의 적용을 받은 집단은 언론인, 은행노동자, 교사와 같은 중간계급과, 철도·항공노동자, 해운노동자와 같이 잘 조직되고 국가전략산업 부문에 종사하는 집단이었다. 그 뒤를 이어 광업, 공공서비스업, 제조업과 같은 근로계급으로 확대되었다. 한편 자영업자에게는 자발적 혹은 강제적으로 가입하도록 사회보험 가입대상을 확대하였으나 자영업자들과 비공식부문 노동자들은 공식적으로 배제되었거나 기여금을 내지 않음으로써 스스로 배제되었다. 농촌 하층계급은 정치적 영향력이 없었기 때문에 매우 늦게 사회보험의 적용범위에 들어가게 되었다. 그런데 문제는 농민과 자영업자에게 확대된 사회보험의 경우 기여금은 여타 부문에서 고용주와 피고용자가 내는 기여금을 합한 것과 동일하였다는 점이다. 농촌의 빈농들에게는 기여금 자체가 부담이 되는 상황이 나타난 것이다.

결과적으로 남미 국가들에서 사회보험 제도의 도입은 특정 제도에 대한 중간계급의 압력과 노동자들의 투쟁에 대한 정치엘리트들의 반응으로 이루어진 것으로 볼 수 있다. 노동자의 파괴적 잠재력에 대한 우

〈표 13-3〉 멕시코 사회보장 기여체계(1971년)*

구분		피고용자	고용주	국가	전체기여율
블루 및 화이트 칼라	계	(3.8)**	(11.2)	(1.9)	(16.9)
	연금프로그램	1.5	3.8	0.8	6.1
	의료프로그램	2.3	5.6	1.1	9.0
	산업재해보상		1.8		1.8
공무원	계	(8.0)	(12.8)		(20.8)
	연금프로그램	2.0	6.0	적자시 부담	8.0
	의료프로그램	6.0	6.0		12.0
	산업재해보상				0.8
군인	연금프로그램			국가부담	
	의료프로그램			국가부담	
	산업재해보상			국가부담	
	생명보험	정액기여	정액기여	적자시 부담	
철도	연금프로그램		사용주부담		
	의료프로그램		사용주부담		
	산업재해보상		사용주부담		
	생명보험	정액기여	사용주부담		
전기	연금프로그램		사용주부담		
	의료프로그램		사용주부담		
	산업재해보상		사용주부담		
	생명보험		사용주부담		
제당	연금프로그램		사용주부담		
	의료프로그램		사용주부담		
	산업재해보상		사용주부담		

* 수치들은 임금대비 비율(%).
** ( )는 기여율 총합.
〈자료〉 Mesa-Lago(1978:240); 이상록(1999:356)에서 재인용.

〈그림 13-3〉
남미의 정치적 격동의 상징적 두 인물인 칠레의 피노체트(Augusto Pinochet)와 아옌데(Salvador Allende: 우측 인물).

려는 엘리트들에게 과격한 집단을 끌어들이고, 통제하기 위하여 사회보험입법을 선별적으로 이용하도록 하였던 것이다(Huber, 1999:243~253).

이렇게 본다면 남미에서 사회보험의 이념은 제한된 가입자들 사이에서 사회적 위험을 분산하는 다소 규모가 큰 공제회 정도의 의미로 받아들여야 할 것이다. 국가의 재정참여가 극히 미미하며, 통합적 관리 운영체계와 보편적 급여체계를 결여하고 있기 때문에 직업집단별로 또는 직종별로 급여수준에 심한 격차가 존재한다. 대개의 경우 군인과 공무원 집단이 일찍부터 폭넓은 급여를 받아온 반면, 노동자는 그보다 못한 경우가 많고, 자영업자와 농민집단은 사회보험으로부터 배제되거나 최후에 포함되는 등의 불균형이 나타난다. 사회보험 급여는 서구 복지국가들에 비교해볼 때, 그 수준이 너무 낮아서 저소득층의 소득보장에 실패하고 있다(〈표 13-4〉 참조).

제3세계 사회복지가 평등을 제고하기보다 불평등을 결과한 또 다른 맥락은 사회보험에 대한 국가부담과 관련된다. 실제 제3세계에서 사회보험에 대한 국가의 재정참여가 미미함에도 불구하고 보편적 사회보험 적용이 이루어지지 않은 결과 자영업자나 농어민 등 비보험인구집단이 납부한 조세가 '형편이 나은' 특수집단(군인과 공무원 등)과 조직된 노동자를 위한 사회보험에 흘러 들어간다는 점이다. 제3세계 사회보험을 포함한 사회보장제도가 소득유지에 실패한 것과 불평등을 조장하였다는 것은 거꾸로 사회보험 이외의 정책수단, 즉 공적부조의 발전 필요성이 크다는 것을 의미한다. 그러나 제3세계에서는 공적부조제도가 저발전의 상태에 놓여 있다. 극단적으로는 식민지 시대에 도입된 식민모국의 억압적 구빈법이 거의 그대로 시행되는 경우도 있다. 빈민을 위한 부조 프로그램이 있다해도, 엄격한 대상자 선발기준, 체계적 홍보나 안내의 미흡, 예산에 짜맞추는 방식의 대상자 선정 등으로 극히 제한된 인구집단에게 빈약한 수준의 급여를 제공할 따름이다.

〈표 13-4〉 GDP 대비 총사회보장급여의 비율

남미국가들				OECD 국가들	
아르헨티나	8.9	가나	0.9	오스트리아	21
바르바도스	2.1	온두라스	0.7	스페인	15
벨리제	1.0	자메이카	1.2	프랑스	25
볼리비아	2.3	멕시코	2.0	서독	23
브라질	4.6	니카라과	2.0	그리스	12
콜롬비아	2.2	파나마	5.3	이탈리아	20
코스타리카	6.3	페루	2.0	노르웨이	20
쿠바	11.3	세인트 루시아	0.2	스위스	13
칠레	9.9	수리남	2.1	스웨덴	31
도미니카	0.4	트리니다드 토바고	0.6	영국	16
에쿠아도르	2.1	우루과이	7.0	미국	12.1
엘 살바도르	1.4	베네수엘라	1.1		
그라나다	1.7				
과테말라	1.0				

〈자료〉 OECD, The Cost of Social Security 1981~1983. UN사회개발연구소, 고스타 에스핑 엔더슨 편, 한국사회복지학연구회 역, 《변화하는 복지국가》 (*Welfare State in Transition*), 1999, p. 245.

4. 신자유주의적 세계화와 제3세계 사회복지

제3세계는 식민지 편입 이전까지의 시기를 제외하고는 세계화의 추세에서 항상 주변적이고 수동적 위치에 서 있었다. 서구에서 자본주의가 발달하면서 제3세계 지역들은 '새로운 시장'으로서, 그리고 '생산원료의 공급지'로서 강제적이고 폭력적인 방식으로 세계화의 무대에 이끌려나왔다. 식민지배 당시에는 주로 식민모국인 제국주의 국가와 정치, 경제, 문화 등의 측면에서 거래와 교류 및 착취관계가 성립되었다. 제3세계가 독립한 후에 이들 국가들은 자본, 기술, 무력, 지식과 정보 등 모든 측면에서 불리한 위치에서 세계자본주의 체제 내에 편입되었다.

과거 식민시대에 대포와 성경의 위세에 굴복했던 제3세계는 독립 후 세계 자본주의의 위력에 압도되었다. 경제적 종속은 정치적 종속과 불가분의 관련을 맺게 되었고, 이 양자의 상승작용으로 제3세계는 그들이 짊어진 엄청난 외채규모에서 보듯 세계 자본주의 및 그것이 맹위를 떨치고 있는 선진국가들에게 포로신세로 전락했다. 한 예로 1996년 현재 단기외채를 포함한 제3세계의 총외채 규모는 약 2조 달러를 상회하는데 이는 1970년과 비교할 때 32배 증가한 수치라 한다. 그러다 보니 제3세계 국가들 중에는 외채를 상환하기 위해 다시 외채를 끌어오는 국가재정상의 악순환에 처해 있는 경우도 적지 않다.

오늘날의 세계는 구 사회주의권의 붕괴에서 보듯 자본주의의 전세계적 지배가 가능해진 시기이다. 아울러 오늘날은 '세계화(*globalization*)'라는 말에서 보듯 정치, 경제 그리고 문화 등의 측면에서 세계가 단일의 무대로 좁혀진 시기이기도 하다. 세계화는 주로 자본주의적 기업경영과 관련하여 논의된다. 즉, 나라들 사이의 국경자체의 한계나 차이를 뛰어넘어, 처음부터 지구촌 전체를 하나의 경영단위로 삼는, 보다 공세적이고 전략적 기업활동이 '세계화'인 것이다.[6] 세계화는 민족국가의 경계를 허물어 자본의 자유로운 이동을 보장하는 체제를 지향한다. 이 체제를 지탱하는 주요한 이념은 신자유주의이며, 그것을 적극적으로 전파하는 기구는 세계은행(World Bank)과 국제통화기금(IMF), 그리고 세계무역기구(WTO) 등의 국제기관들이다.

여전히 제3세계는 빈곤과 불평등으로 특징지어지지만, 그 동안 미미하게나마 발전된 영역들이 없었던 것은 아니었다. 제3세계 국가 자체의 노력과 국제연합(UN)과 그 산하기구들(WHO, UNICEF), 국제노동기구(ILO) 등이 제3세계 사회개발을 위해 기울인 노력의 결과 보건과 교육 등의 영역에서 다소의 발전도 있었다. 그러나 1980년대초부터 세계은행(World Bank)이나 국제통화기금(IMF)이 외채 재협상의 조건으로 개발도상국에 부과한 '거시경제적 안정화 조치'와 '구조조정' 계획은 수억에 달하는 사람들을 빈곤으로 몰아넣었다. IMF가 강요한 일련의 구조조정 계획은 제3세계의 경제재건에 도움이 되기는커녕 제3세계의 통화를 불안정하게 하고, 국민경제를 파괴하며, 한 국가의 경제가 세계자본에 예속되는 도구 역할을 했다.[7] 남미 국가들의 사례를 중심

6) 한스 피터 마르틴, 하랄드 슈만 저, 강수돌 역(1998), 《세계화의 덫 — 민주주의와 삶의 질에 대한 공격 —》, 서울: 영림카디널. p. 12에 실린 옮긴이 서문 참고.

7) 한 예로 1997년말 외환위기를 겪기 시작한 한국에 추가 차관을 주는 조건으로 한국정부가 IMF와 합의한 '양해각서'를 보면, 한국경제의 구조적이고 포괄적인 개혁을 명분으로 내세우면서도 실제로는 1) 상품 및 자본시장의 전면적이고 완전한 개방, 2) 자본의 이윤추구활동에 대한 완전한 자유 보장(즉, 규제철폐), 3) 노동시장에 대한 유연화(즉, 착취의 제도화를 추구)를 담고 있다. 그에 따라 WTO 협정시 약속했던 상품시장 개방을 앞당기게 되었고, 주식시장과 채권시장 및 금융시장을 개방하여 외국 상품과 자본의 진출이 용이하게 되었으며, 국가 경제 전체가 투기적인 초국적 금융자본의 횡포에 노출되었다. 특히 노동시장에 대한 유연화는 인수합병이나 기업 구조조정에 따른 정리해고 요건을 완화하는 것과 함께, 근로자 파견제도의 도입을 가능하게 했다는 의미를 갖는 것이었다. 결국 기업 구조조정에 따른 대

으로 그 내용을 구체적으로 살펴보자.

과도한 외채를 안고 있는 개발도상국에 세계은행(World Bank)이나 국제통화기금(IMF)이 추가 외채를 제공하면서 채무국의 사회복지 발전에 영향을 미칠 수 있는 조건으로 내걸었던 사항들은 크게 세 가지이다(Vilas, 1996; 이상록, 1999:363~366에서 재인용). 그 첫째는 공공 사회복지의 민영화(*privatization*)이다. 정부의 재정위기가 사회복지 부문에 대한 비효율적 지출에서 비롯된 바 크다는 전제하에 사회복지 전달체계의 효율성을 제고하고, 공공복지 서비스가 시장기능을 왜곡하지 않도록 하며, 사회복지부문에 시장원리(경쟁과 이윤추구)를 도입하기 위해 공공 사회복지 프로그램을 민영화(즉, 시장기능에 맡기는 것)하도록 조건을 붙인 것이다. 사회복지의 민영화 권고에 따라 남미 국가들이 취한 사회복지 '개혁'에는 개인연금 위주로의 연금제도 개편(칠레), 민간의료기관 중심의 의료보장체제로의 전환(아르헨티나), 교육과 노동훈련 프로그램 운영주체를 민간부문으로 이전(엘살바도르)한 것들이 있다.

국제 금융기구가 내건 두 번째의 조건은 '목표 프로그램(*targeting*)'이다. 제3세계의 빈곤과 불평등, 그리고 대량실업 등과 같은 사회문제의 존재가 '거시경제적 안정화 조치'와 '구조조정'에 걸림돌로 작용하지 않도록 하기 위해 세계은행은 1980년대말부터 '빈곤경감'을 차관합의서에 조건으로 명시하였다. '지속가능한 빈곤경감' 정책은 사회보장 부문의 예산을 줄이고 예산지출을 '가난한 사람들을 위하여' 선택적이고 단계적으로 지급하는 방향으로 재조정하는 것을 기본으로 하고 있다. 볼리비아와 가나를 모델로 해서 수립된 세계은행의 '사회비상기금'은 '빈곤

량해고의 길을 열어놓음으로써, 한국사회에 대량실업사태가 촉진되었다. 대량실업이 충분히 예고되었다는 것은 IMF 양해각서에 고용보험제도의 강화가 포함되어 있었던 것에서 알 수 있다(전태일을 따르는 민주노조운동연구소, 1998:187~194).

관리'를 위한 '제도적 유연성'을 제공하는 것이 목적이라고 하지만, 실제로는 국가의 공공복지지출을 삭감시키고 만다. 그리고 이 틀 안에서는 빈곤층이 하나의 '목표 집단(*target group*)'으로 규정된다(미셸 초스도프스키 저, 이대훈 역, 1998). 엄격히 선별된 목표그룹에 대해서 집중적 복지지원을 한다는 것은 여타의 취약인구집단이 정책우선순위에서 멀어진다는 의미이기도 하다.

세 번째의 조건은 사회복지에서의 '분권화(*de-centralization*)'이다. 이는 중앙정부의 사회복지 기능을 지방정부에 분산한다는 의미 이상을 담고 있는 조건이다. 지방정부뿐만 아니라 시민단체(NGO)에게까지 빈곤경감을 위해 참여할 수 있도록 하는 조건은 거꾸로 생각하면 중앙정부 복지책임을 지방정부와 시민단체에게 전가하는 것이기도 하다. 세계은행의 사회비상기금은 '사회공학적' 접근과 '빈곤관리'를 위한 정책기조 그리고 채권자들의 부담을 최소화하는 사회불안 해소방지안을 제시할 것을 요구한다. '비용회수'와 보건의료 및 교육 서비스의 민영화와 결부되어서 추진되는 '빈곤층 지원'을 위한 이른바 '목표 프로그램'은 사회보장 서비스를 전달하는 '좀더 효과적' 방법이라고 평가받고 있다. 그러나 그 결과 국가의 빈곤감소 정책은 사라지고, 각 부처에서 시행하던 많은 사회보장 프로그램은 사회비상기금 운영에 참가하는 시민사회의 민간조직이 담당하게 된다. 아울러 사회비상기금은 '사회안전망'이라는 이름으로, 구조조정으로 해고된 공공부문 노동자들을 대상으로 고용최저선 프로젝트와 해직수당 지불금제를 지원한다(미셸 초스도프스키 저, 이대훈 역, 1998).

사회비상기금은 사회보장 부문에 대한 국가개입을 줄이고, 거시사회적 차원에서 상호 대등한 개별 조직구조를 통해서 '빈곤관리'를 해나갈 것을 공식적으로 요구한다. 그래서 국제 '원조 프로그램'의 재정지원을 받는 다양한 비정부기구(NGO)들이 점차 지방정부가 하던 역할을 상당히 잠식해 들어가고, '사회안전망'이라는 체제 속에서 소규모

생산, 수공업, 수출가공업체의 하청, 지역사회의 직업훈련과 고용창출 등에 관한 프로그램이 신설된다. 이렇게 되면 지역사회에는 빈약하지만 나름대로의 생존방식이 조성되는 반면, 전체적 사회구조는 변화가능성이 붕괴된다(미셸 초스도프스키 저, 이대훈 역, 1998). 세계은행과 국제통화기금 등이 강요하는 신자유주의적 개혁(?)이 제3세계 국가의 사회복지에 어떤 변화를 가져올 것인가? 이 질문에 대한 답은 1980년대에 외채로 인한 경제위기를 겪었던 몇몇 국가의 사례를 통해 제시되어 있다. 정부재정에서의 긴축정책과 무역과 규제에서의 자유화정책으로 제3세계 국가들에서는 경제활동의 심각한 위축이 야기되었다. 구조조정의 결과 공식부문 특히 공공부문 고용이 축소되었고(즉 실업자가 증가하였고), 노동자들의 실질소득도 감소되었다. 주요한 사회적 서비스에 있어서 퇴보가 나타났는데, 기초식료품과 대중 교통에 대한 보조금의 축소는 빈민들에게 결정적 부담을 지운 영역이었다. 보조금의 축소 또는 폐지로 기초식료품 가격과 대중교통 요금의 천문학적 인상이 뒤따랐는데, 빈민들의 경우 이들 항목에 대한 지출이 크기 때문에 가장 큰 어려움을 겪었던 것이다(Huber, 1999:272~273). 남미 국가들에서 사회복지지출은 외환위기가 심각했던 1980년대에 하락하였다가 1990년대에 상승하였으나 여전히 1980년 수준에는 못 미치고 있다. 특히 교육, 보건, 주택, 연금 등에 대한 정부지출이 감소됨으로써 학교와 병원에서는 임금의 삭감과 함께 서비스 질의 저하가 나타났다. 제3세계 국내의 구매력은 붕괴되다시피 하고 기아가 발생했는가 하면, 공공보건소가 폐쇄되고 학교가 문을 닫아 수억의 어린이들이 기초교육을 받을 권리조차 누리지 못하게 되었다. 또한 제3세계의 여러 지역에서는 경제개혁의 결과로 결핵, 말라리아, 콜레라와 같은 전염병이 다시 창궐하기 시작했다. 1980년대 말부터 IMF와 세계은행이 내놓은 정책처방은 '빈곤퇴치'라는 이름을 내걸고 있으나, 점점 더 비타협적으로 변하고 가혹해지고 있다(미셸 초스도프스키 저, 이대훈 역, 1998).

〈표 13-5〉 남미 국가들의 빈곤율 비교(1980, 1986)

국가	1980년	1986년	증감
아르헨티나	10%	16%	6%
브라질	45%	45%	0%
코스타리카	24%	27%	3%
페루	53%	60%	7%
베네수엘라	25%	32%	7%

〈자료〉 CEPAL, 1990:42; Huber, 1999:274를 바탕으로 구성.

이러한 신자유주의적 사회복지 개혁(개악이라고 해야 정확한 표현일 것이다)의 영향은 통계를 통해서도 일부 확인할 수 있다. 1980년에 외채위기를 겪었던 과테말라의 의료보건부문에 대한 정부지출은 국내총생산의 1.5%(1980년)에서 0.9%(1990년)로 대폭 줄어든 것으로 나타났다. 니카라과의 경우에도 의료보건부문 지출이 5%(1990년)에서 4%(1994년)로 감소하였다(이상록, 1999:363). 남미에서 빈민수에 관한 통계수치를 보면 빈곤이 심화되었음을 알 수 있다. 외채문제가 크게 대두되기 시작한 1980년 남미의 빈민은 전체인구의 1/3인 1억 1,800만 명이었지만, 1990년 남미의 빈민은 전체인구의 1/2인 1억 9,600만 명으로 증가하였다(Vilas, 1996:16; 이상록, 1999:366에서 재인용). 몇몇 국가들에서의 빈곤율에 관한 통계 역시 일관된 추세를 보여주고 있다.

5. 제3세계 사회복지와 새천년개발목표(MDGs)

고도정보화 사회에 접어든 새천년 시대에 제3세계 국가들은 이전과 마찬가지로 생존에 직결되는 급박한 문제들을 안고 있다.[8] 전세계적으로 하루 1달러 미만의 생활비로 생활하는 절대빈곤인구가 2004년 현재 9.8억 명에 이르고 있다. 특히 아프리카 사하라 사막 이남의 절대빈곤율은 1990년 46.8%에서 2004년 41.1%로 거의 개선이 이루어지지 않고 있다. 그런가 하면 HIV/AIDS로 인한 사망자가 연 200만 명에 이르고 있는데, 감염자는 전세계적으로 3,320만 명, 2006년 현재 신규감염자는 430만 명에 이르고 있다. 말라리아로 인한 사망자도 연 300만 명이 이르는 것으로 추산된다. 말라리아는 107개 국가에서 발생하고 있으며, 전세계 인구의 절반인 30억 명 정도가 감염지역에 거주하고 있다. 특히 사하라 이남 아프리카 지역의 피해가 극심한데, 주민 5명당 한 명 비율로 발병하여 아동사망자만도 연 80만 명에 이른다. 말라리아 연관 사망자의 58%는 세계 소득분포상 최하위 20%에 속하는 빈곤층이다. 결핵 역시 매년 200만 명의 사망자를 발생시키는 것으로 추산되는데, 이 가운데 50만 명은 아프리카 주민이다. 결핵 감염자는 세계인구의 1/3인 약 20억 명이며 매년 900만 명이 신규로 감염된다. 2,100만 명이 AIDS와 결핵의 합병증으로 고생하는데, 특히 젊은층과 노년층에서 AIDS 환자의 가장 큰 사망원인은 결핵이다.

제3세계가 안고 있는 이러한 문제상황을 더 이상 외면할 수 없어서 새로운 천년이 시작되는 2000년 국제연합 주도로 만들어진 지구적 차원의 발전목표가 새천년개발목표(MDGs; Millenium Development Goals)이다. 국제사회는 지난 2000년에 새천년을 맞이하면서 냉전종

8) 이하의 서술은 주로 다음의 자료를 참고하였다. 외교통상부, 〈국제사회의 빈곤퇴치를 위한 유엔새천년개발목표(MDGs) 이행 추진현황〉, 2008. 7.

식, 아프리카 문제에 대한 인식제고, 향후 세계경제성장에 더한 낙관론 등에 기초하여 유엔 새천년정상회의(Millenium Summit)를 개최하고 빈곤퇴치를 위한 개발목표 등이 포함된 '새천년정상선언(Millenium Declaration)'을 채택하였다. 이어 2001년 개최된 유엔 총회에서 새천년정상선언의 개발목표 달성을 위한 8개 목표 등을 제시한 사무총장 보고서가 채택됨에 따라 MDGs는 국제사회의 빈곤퇴치노력을 위한 로드맵 역할을 수행하게 되었다. MDGs는 기본적인 삶의 질을 보장하기 위한 최소한의 요건들을 제시한 것으로, 세계화 시대에 살고 있는 인류가 부담해야 할 일종의 공동비용으로 볼 수 있다. MDGs는 2015년까지 국제사회가 달성해야 할 구체적인 발전목표로서 8개의 주요목표, 18개의 상세목표 및 48개의 달성지표를 담고 있다. 이 가운데 8대 목표 각각에서 가장 대표적인 주요 지표들을 보면 다음과 같다.

〈표 13-6〉 새천년개발목표 및 주요 지표

8대 목표	주요 지표
① 절대빈곤 및 기아 퇴치	1일 소득 1달러 미만 인구 반감
② 보편적 초등교육 실현	모든 아동에게 초등교육 혜택 부여
③ 양성평등 및 여성능력 고양	모든 교육수준에서 남녀차별 철폐
④ 유아사망률 감소	5세 이하 아동사망률 2/3 감소
⑤ 모성복지 증진	산모사망률 3/4 감소
⑥ 에이즈 등 질병 퇴치	말라리아와 AIDS 확산 저지
⑦ 지속가능한 환경 확보	안전한 식수와 위생환경 접근 불가능 인구 반감
⑧ 개발을 위한 글로벌 파트너십 구축	MDGs 달성을 위한 범지구적 파트너십 구축

〈자료〉 외교통상부, 〈국제사회의 빈곤퇴치를 위한 유엔새천년개발목표(MDGs) 이행 추진 현황〉, 2008. 7.

표에서 보듯 MDGs는 절대 빈곤과 기아의 퇴치, 초등교육의 개선, 양성평등, 유아사망률 감소와 모성보건 증진 및 에이즈 등의 질병퇴치, 환경보호, 그리고 범지구적 협력체계 구축 등 광범위한 영역을 포괄하고 있다. 이들 영역들에서의 개발목표들이 달성된다면, 제3세계의 사회복지수준에서의 커다란 개선이 나타날 수 있을 것이다. MDGs의 8개 영역별 대표 지표의 현황과 향후 개선목표는 다음과 같다.

〈표 13-7〉에서 보듯 개발목표의 기준년도인 1990년대 초반에 비해 2005년의 달성치들은 썩 만족스럽지 못하다. 개도국 절대빈곤 인구비율에서 상당한 감소가 있었으나 이는 중국, 인도의 경제발전에 따라 아시아권에서의 절대빈곤 인구의 감소가 주로 반영된 것이고, 사하라 사막 이남의 아프리카의 경우에는 거의 변동이 없다. 에이즈의 경우 감염률이 줄지 않고 있는 것은 에이즈 치료약의 보급으로 감염인구의 생존기간이 연장된 점에도 기인하고 있지만, 2015년의 개발목표는 확산을 저지하고 감소한다는 추상적인 수준에 머물러있다. 벌써부터 이 계획을 만든 국제연합 내부에서조차 MDGs의 실패를 예고하는 있는데, MDGs 달성지표들의 전반적인 개선속도가 부진하여 2015년까지 모든 지역의 모든 나라들에서 목표달성은 불가능할 것이라는 전망이 내려지고 있다. 특히 제3세계 국가들이 자력으로 개발목표들을 달성할 수 없기 때문에 선진국들의 공적개발원조(ODA; Official Development Assistance)의 증대가 필수적이나, 〈표 13-7〉에서 보듯 선진원조공여국(DAC 회원국)들의 국내총소득(GNI) 대비 공적개발원조 비율은 기준년도인 1990년의 0.33%에서 조금도 개선되지 않고 있어 현행추세대로 간다면 2015년의 0.7% 달성은 불가능해 보인다.

〈표 13-7〉 MDGs의 대표 지표 현황 및 개선 목표

목표	대표적 달성지표	기준(1990~91)	현황(2004~06)	목표(2015)
1	개도국 절대빈곤 인구비율	31.6%(1990)	19.2%(2004)	15.8%
2	전세계 초등교육 등록률	82.5%(1991)	88%(2005)	100%
3	초등교육 남성대비 여성비율	89%(1991)	95%(2005)	100%
4	5세 미만 유아사망률	9.5%(1990)	7.6%(2005)	3.2%
5	보건인력에 의한 출산비율	47%(1990)	59%(2005)	87%
6	에이즈 감염률	0.3%(1990)	1.1%(2006)	(확산저지 · 감소)
7	위생시설 접근가능 인구비율	49%(1990)	59%(2004)	74.5%
8	DAC 회원국 ODA/GNI	0.33%(1990)	0.33%(2005)	0.7%

〈자료〉 상동.

이상에서 살펴본 바에 따르면 제3세계 사회복지의 미래는 그리 밝지 않은 것으로 보인다. 무엇보다도 제3세계 국가는 사회정책에 대한 신자유주의적 간섭을 물리칠 수 없는 경제적, 정치적 처지에 놓여 있다는 점에서 자주적 발전가능성에 커다란 제약을 안고 있기 때문이다. 이제까지의 발전 궤적에 비추어본다면 국내적으로도 제3세계의 정책결정자들이 보편적이며 평등주의적 방향으로 사회복지개혁을 이끌 의지나 능력을 지녔는지도 의문이다. 아울러 제3세계 사회발전을 위한 지구적 차원의 협력체계도 MDGs 중간이행상황에서 보듯 부진을 면치 못하고 있다.

최근 들어 선진국과 제3세계 국가를 막론하고 진보적 시민조직들은 세계화 반대, 즉 신자유주의 반대운동을 전개하고 있다. 1999년 11월 시애틀로부터 2000년 워싱턴, 프라하, 그리고 서울의 ASEM 반대운동에 이르기까지 신자유주의 반대운동이 지구 곳곳에서 계속되고 있다. 이 운동에서는 구체적으로 투자협정과 세계무역기구(WTO) 반대, 초

국적 금융자본 통제, 외채탕감과 민중재분배, IMF 구조조정 반대 등을 요구하고 있다.[9] 이러한 시민조직들의 운동이 성공한다면, 제3세계 사회발전을 위한 긍정적 조건이 추가되는 것이지만 그 성공 가능성은 알 수 없다.

생각해볼 문제

1. 제3세계 사회복지의 발전과 우리나라 사회복지 발전 사이에 어떤 유사성과 상이성이 있는지 이 책의 해당 내용들을 참고하여 정리해보시오.
2. 남미 국가에서 사회보험제도의 형성과정을 정치, 경제적 배경과 함께 설명해보시오.
3. 이른바 'IMF 체제' 이후 우리나라 사회복지에 일어난 변화들을 정리해보시오.
4. OECD 회원국으로서 개발원조위원회(DAC)에 가입한 한국의 공적개발원조(ODA)에 대해 정리해보시오.

---

9) 투자협정·WTO 반대 국민행동(2000), 《(팩스신문) 세계화와 민중(제4호)》의 내용 가운데에서 인용.

제 14 장

해방 이전 한국 사회복지의 전개

유사에게 명하여 '해마다 봄 3월부터 가을 7월까지 관곡을 내어주되, 가구원의 많고 적음에 따라 빌려줌에 차등을 두고, 겨울 10월에 이를 되돌려 받도록 하는 것을 영구한 법으로 하라' 하니 성안과 성밖의 백성들이 크게 기뻐하였다.

—《삼국사기(三國史記)》"고구려본기" 고국천왕 16년 기록 중에서

흉년에 내 백성의 굶은 거동과 허약하여 엎어지는 거동을 하는 자가 누구 하나 임금의 정사에 건지고 구할 바 아니겠는가마는 그 중에 가장 하소연할 데 없고 가장 불쌍한 자는 아이들과 어린것이니

— 조선 정조(正祖) "자휼전칙(字恤典則)" 전교에서

우리나라의 전근대 사회에서 상부상조 및 공공복지의 존재는 문헌을 통해 확인할 수 있다. 그러나 전통사회에서 자선이 어느 정도 발전했는지에 대해서는 본격적으로 연구된 것이 거의 없다. 왜냐하면 민간 차원에서 개인적으로 이루어진 자선은 왕조 중심의 역사기록에서 거의 주목받지 못하였고, 이에 따라 기록이 거의 남아 있지 않기 때문이다. 반면 상부상조나 공공복지에 대해서는 상당한 연구성과가 축적되어 있다. 계나 향약과 같은 상부상조 기제들의 운영을 보여주는 기록들이 다수 남아 있고, 공공복지에 대한 공식기록들의 양도 방대하기 때문에 다수의 연구성과들이 축적될 수 있는 조건이 형성되어 있었던 것이다. 한편 19세기말 이후 자행된 일본제국주의의 침탈로 인해 한국의 사회복지는 제3세계 사회복지가 걸어온 단절과 왜곡의 과정을 겪기도 하였다. 이 장에서는 전통사회에서 해방 이전까지의 자선, 상부상조, 그리고 공공복지의 출현배경과 발전과정 및 그 변모에 대해 고찰하고자 한다.

1. 전통사회의 자선

한국 전통사회에는 가진 자로부터 못 가진 자에게 재화와 서비스를 일방적으로 이전하는 자선 혹은 원조의 관행들이 있었다. 한 예로 오늘날까지도 '동냥아치'라든가 '동냥젖' 등의 용례에 남아있는 동냥은 본래 수행하는 스님이 쌀 같은 것을 얻으려고 마을을 돌아다니는 일이나 또는 그렇게 얻은 돈이나 먹을 것을 가리키나, 보통은 구걸(탁발)과 같은 것이었다. 한편 일종의 모금이라고 할 수 있는 걸립(乞粒)은 마을에 식량이 떨어진 집이 있거나 또는 마을 공동의 경비지출이 필요할 때 주민들이 농악을 울리면서 가가호호 방문하여 돈이나 곡식을 얻는 관행이었다.

전통사회에서는 이른바 보릿고개라는 춘궁기를 보내는 것이 힘든 경우가 많았다. 마을의 빈농들이 춘궁기에 의존할 대상은 부잣집이었다. 그러나 빈궁한 기색을 표현하는 데 있어서 직접적이고 노골적 방법보다는 간접적이고 암시적 방법들을 동원하였다(이규태, 1979:37). 된장서리가 그 한 예인데, 이는 춘궁기 때 식량이 떨어진 아낙들이 나물을 캐서 부잣집에 가져다주면 안주인이 된장이나 쌀, 음식을 나누어주는 관행이었다(나병균 외, 1987:24). 이와 대칭되는 것이 마당쓸이인데, 이는 부잣집 늙은 하인이 비를 들고 있을 때 빈곤한 사람이 와서 대신 마당을 쓸어주면 그 사람 집에 식량이 떨어졌다는 의미로 받아들여 하인이 주인에게 이야기하여 곡식을 나누어주었던 관행이었다(상동: 220). 한편 개구멍받이라는 관행은 빈궁한 부모가 자녀를 유복한 집 개구멍을 통해 밀어 넣음으로써 일종의 입양이 이루어지도록 한 것이었다(최원규, 1989:265~266). 이 때 아이를 받은 집에서는 이를 거절하지 않고 키우는 것이 관행이었다. 이들 관행들은 대개 동네와 같은 소규모 지역을 범위로 하여 이루어졌다.

〈그림 14-1〉 보릿고개를 넘기고자 하는 소원이 깃든 타맥놀이 가락*

악보1: 잦은장단

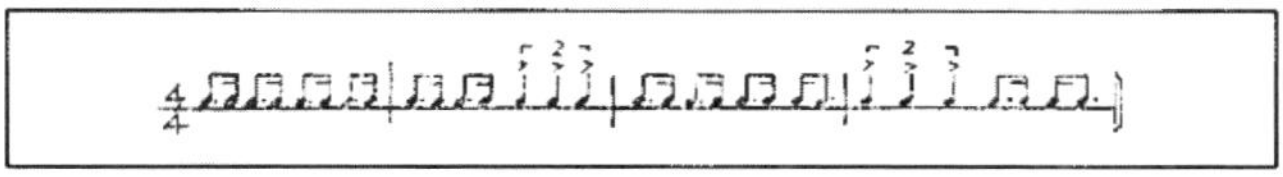

악보2: 삼재장단

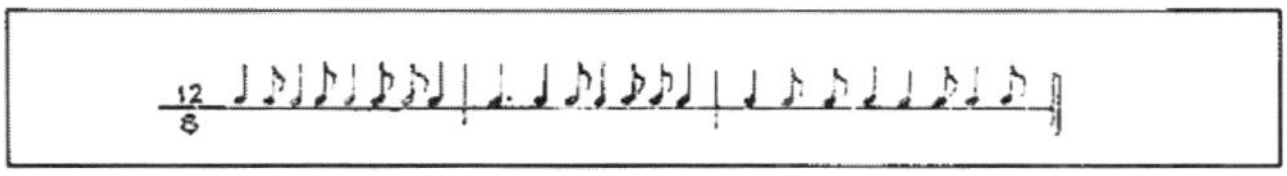

한편 삼국시대에 불교가 전래된 이후 불교의 자비사상에 입각한 자선의 행위들이 장려되었다. 자선과 선행이 복을 가져다준다는 복전(福田) 사상, 공덕(功德) 사상을 바탕으로 불교도들은 빈곤한 이웃이나 행려자에게 식량(혹은 음식)을 제공한다든가 구료행위를 행하였다.[1)]

---

* 경기도 용인에서 전해오는 타맥놀이 장단의 일부이다. 보릿고개라 불리는 빈곤한 춘궁기(음력 3~4월경)는 보리를 타작해서 수확을 얻기 전이고 쌀도 떨어질 때이며 기타의 식량도 전부 고갈되는 시기로서 사람들이 초근목피로 연명할 시기이다. 이러한 때를 맞아서 보리를 타작할 때 불렀던 이 노랫장단은 얼른 보리를 타작해서 보리떡이나 보리죽이라도 온 식구가 둘러앉아 마음껏 포식했으면 하는 기대감이 반영된 것이다.

춘궁기라는 고달픈 시기, 이 보리타작의 한마당이야말로 배불리 먹을 수 있으리라는 기대감에서 오는 흥분과 술렁임으로 소리와 함성, 흥과 춤의 한마당이 아닐 수 없으며, 타작을 하는 집에서는 겨우내 아껴두었던 식량으로 밥도 짓고 술도 담그어 온 동리의 사람에게 대접했던 것을 생각하면 단순한 작업의 능률을 올리자는 논농사의 노동요의 뜻과는 또 다른 일면을 볼 수 있다(http://city.yongin.kyonggi.kr/tamgu/zoneinfo).

1) 복전(福田)과 공덕(功德)은 같은 말이다. 공덕이란 불교에서 장차 좋은 과보(果報)를 얻기 위해 쌓는 선행을 의미한다. 산스크리트어인 구나(Guna)를 번역한 공덕은 연기(緣起)와 윤회를 근본으로 하는 불교에서 가장 중시하는 행위의 하나이다. 공덕의 종류는 냇물에 징검다리를 놓아 다른 사람들이 쉽게 건널 수 있게 하는 월천공덕(越川功德), 가난한 사람에게 옷과 음

절을 중심으로 한 자선활동도 이루어졌다. 당시의 절은 종교기관이면서 동시에 복지기관으로서의 기능을 가졌다. 고아를 받아들여 보호한다던가 큰솥을 걸어놓고 죽을 쑤어 행인들에게 나누어준다던가[2] 의승들이 구료행위를 한다던가 하는 것들이 여기에 속한다.

불교의 자선은 보(寶)라는 형식을 통해 제도화되기도 하였다. 삼국시대에 시작된 보는 일종의 기금(*fund*)이었다. 어떤 특정한 공익 사업을 수행하기 위해 기금을 조성한 후, 그 이자로 경비를 충당하였다.[3] 기금은 불교도들이 기부한 돈과 곡식을 비축함으로써 조성되었다. 보가 수행한 공익사업에는 장학사업〔學寶〕, 승려의 권학〔廣學寶〕, 빈민구제〔濟危寶〕[4], 국태민안을 기원하는 불교행사인 팔관회〔八關寶〕, 한증구병(汗蒸救病) 등이 있었다. 그러나 불교를 국교로 하였던 통일신라와 고려시대에는 불교의 자선기제인 보(寶)가 국가의 공공목적 수행을 위한 재원확보 수단으로 다수 만들어졌으나, 점차 고리대의 성격이 짙어져 많은 사회 문제를 일으키기도 하였다. 보는 조선시대 중기 이

식을 주는 구난공덕(救難功德)과 걸립공덕(乞粒功德), 병든 사람에게 약을 주는 활인공덕(活人功德) 등 매우 많으며, 선한 마음으로 남을 위해 베푸는 모든 행위와 마음 씀씀이가 모두 공덕이 된다. 또한 절과 탑을 세우고, 경전을 옮기며, 불상을 모시는 행위가 모두 공덕을 쌓는 것이고, 명절이나 절기·재일에 남을 돕고 액막이를 하며 방생하는 풍속도 여기에서 비롯된 것이다.

2) 임진강의 보통원(普通院)과 개성의 개국사(開國寺), 연복사(演福寺) 등을 위시한 많은 사찰들이 기민구제를 위한 급식장소가 되었다. 흥미로운 것은 급식을 위해 관곡을 활용하였다는 점이다. 종교기관의 자선과 공공복지의 혼합을 볼 수 있는 사례들로 생각된다.

3) 보(寶)는 기본적으로 기금은 보존하고 그 이자로 사업을 하였다(이른바 存本取息).

4) 제위보(濟危寶)는 사료에 제위포(濟危鋪)로도 기록된 고려시대의 공공 빈민구제기관이다. 보(寶)라는 명칭에서 공공구호기금(*fund*)의 의미도 동시에 지닌 것으로 해석할 수 있다.

후 없어지면서 계(契)의 형태로 흡수되었다.

역대왕조의 공식 역사기록에는 전통사회에서 이루어졌던 개인적 자선의 행적이 간략히 소개되어 있다. 몇 가지 사례를 살펴보기로 한다(서기택, 1989; 조홍식, 1989; 임송산, 1983).

- 고려시대의 왕족 광릉공(廣陵公) 왕면(王沔:?~1218)은 의술에 정통하여 약을 쌓아 두고 사람 살리는 일을 하였으며, 병든 자들을 치료하여 많은 사람이 존경하였다.
- 고려말의 문신 채홍철(蔡洪哲:1262~1340)은 관직을 버리고 14년 동안 구료활동을 행하였다.
- 고려말의 승 학선(鬵仙:충숙왕에서 충혜왕 때 활동)은 의술에 정통하였으며, 동서대비원에 성중의 병자들을 집합시켜 구료하고 진휼할 것을 왕에게 권하였고, 활연습장을 없애 이를 대비원에 부속시켰다.
- 고려말의 재상 윤환(尹桓:?~1386)은 고향 칠곡에 있을 때 큰 기근을 만나자, 가재를 털어 빈민을 구제하였다.
- 조선 전기의 무신 최운해(崔雲海:1347~1404)는 왜구를 여러 번 무찔러 그 노획물로 기민(饑民)을 구호했다.
- 조선 태종 때의 승 장원심(長願心)은 한재가 심하자 흥천사 사리전에서 비를 빌어 비가 내리게 하였다. 천민출신의 이 스님은 일부러 미친 척하고 기한자(飢寒者)를 보면 꼭 먹을 것을 빌어 먹이고, 자기의 옷을 벗어 입혀주며, 앓는 사람을 보면 반드시 힘을 다하여 구휼하며, 사람이 죽었는데 장사지낼 사람이 없으면 반드시 자기가 장사지내 주며, 도로를 만들고 교량을 건설하고, 가지 않는 곳이 없이 모두 다니며 사람을 돕는 일만 하였으므로 어린이들까지도 그의 이름을 모르는 이가 없을 정도로 유명하였다.
- 조선 중기의 학자이자 문인이며 기인(奇人)인 토정(土亭) 이지함(李之函: 1517~1578)은 말년에 아산현감이 되었을 때 걸인청(乞人

廳)을 만들어 관내 걸인의 수용과 노약자의 구호에 힘쓰는 등 민생 문제의 해결에 큰 관심을 가졌다.

전통사회에서 곤궁한 자에게 구호의 손길을 내밀었던 개별적 자선의 기록들은 다수 확인된다. 아울러 삼국시대와 고려시대에 걸쳐 불교를 바탕으로 이루어졌던 보는 박애의 성격을 지닌 것으로 볼 수 있다. 전통사회에서 사찰이나 서원, 향교, 정자 등을 건축할 때, 혹은 이재농민 구호를 위한 식량모집 때 유복한 개인들의 대규모 기부행위(즉 박애적 기부)가 있었던 것을 확인할 수 있다. 공공의 이익을 위한 건축물을 건립할 때 대규모의 기부를 행한 자에게는 비석이나 목판 등에 그 이름을 기록하여 기부자를 영예롭게 하는 방식도 활용되었다. 이재 농민 구호를 위한 대규모의 식량 기부에 대해서는 국가가 명예관직을 줌으로써 기부를 장려하고 기부자를 영예롭게 하였다.[5] 이상에서 논의한 바를 바탕으로 본다면 우리나라 전근대사회에서 자선과 박애의 전통이 분명히 존재했었다고 말할 수 있을 것이다.

---

5) 흉년시 구호 식량을 모집하기 위해 국가가 기부자에게 영예를 주었던 제도는 납속보관(納粟補官), 원납(願納), 공명첩(空名帖) 등의 이름으로 행해졌다. 이에 대해서는 본 장 3절에서 논의할 것이다.

2. 전통사회의 상부상조

한국 전근대사회의 상부상조에는 다음과 같은 것들이 있었다. 첫째는 전통사회 민간에서 널리 행해진 계가 있다. 계는 그 형태와 내용의 변화를 보이면서 오늘날까지 계승되고 있는 매우 오래된 상부상조 제도이다. 둘째로는 조선 중기에 대두한 향약을 들 수 있다. 마을의 양반지배층에 의해 주도된 향약은 그것의 4대 덕목의 하나인 환난상휼(患難相恤) 강목을 통해서 볼 수 있듯이 상부상조 기능도 수행한 조직이었다. 다음으로는 두레, 부근, 공굴 등과 같이 노동력의 교환이나 공동노동을 위한 협동관행들이 있다. 이들 협동관행들은 일차적으로는 동가(同家)의 노동력 교환을 목적으로 하고 있었지만, 종종 사회적 약자에 대한 일방적 노동력 이전을 해왔음으로 하여 전통사회 복지관행으로 인정될 수 있다. 협동관행들은 제도화나 조직화 측면에서 앞에서 든 계나 향약보다는 대체로 느슨하였다. 이외에도 지방에 따라 또는 시대에 따라 다양한 명칭과 내용의 상부상조 또는 협동관행들이 있었다.

1) 계

한국 전통사회에서 널리 행해졌던 상부상조를 위한 조직형태였던 계는 그것의 종류와 발전과정에서 매우 다양하였다. 회원사이의 친목도모를 위한 사교계가 있었는가 하면, 경조사에 상부상조하기 위한 혼상계도 있었다. 계의 운영주체나 운영범위는 대개 지연이나 혈연과 같은 일차적 연고를 바탕으로 하거나 또는 학연이나 직업과 같은 기능적 연고를 바탕으로 한 20~40명 정도의 동류적 기반 위에서 이루어졌다(신용하 외, 1995: 209). 대부분의 계는 그것의 일차적 목적 외에도 계원들간의 상부상조 기능을 수행했는데, 장례, 혼인, 제사, 질병, 학비,

공동납세 등의 예기치 않은 과다한 비용지출 사건들에 대한 공동대처 기제를 담고 있는 경우가 많았다. 이러한 사건들이 발생하면 현물이나 현금 또는 노동력의 형태로 보호를 제공하였고, 정신적 위로와 같은 심리적 보호가 수반되기도 하였다. 이러한 급부를 위한 자원은 계원의 출자(현금, 현물, 노동력 등)로 충당되었으며, 그런 점에서 계의 운영 원리는 호혜성에 바탕을 둔 보험원리에 가까운 것으로 이해된다(나병균, 1989: 238~239).

계는 그것이 표방한 공동가치를 실현하고 공동목적을 달성하며, 일상적 위험(문제)을 해결하고, 회원간의 단결과 화합을 이끌어내는 조직이었다. 아울러 계를 통해 특정의 집단이 여타 집단에 대해 은연중 행동을 통제하거나, 신분계급적 지배를 강화하기도 하였고, 때로는 국가의 지배와 압력에 공동으로 대처하는 자구적 기능도 수행하였다.

전통사회 마을공동체를 기반으로 행해졌던 계는 오늘날 도시사회에서의 각종 모임(會) 형태에 그 흔적을 남기고 있다. 아울러 상부상조 기능을 수행한 계 활동에 일상적으로 참여했던 문화적 전통은 현대사회에서 유사한 기능을 수행하는 사회보험제도에 대한 국민들의 수용태세에도 긍정적으로 기여하였을 것이다.

2) 향약

향약(鄕約)은 주민교화와 풍교확립을 위한 유생, 양반 주도의 조직체였다. 향약의 4대 덕목 중 환난상휼(患難相恤) 조가 전통사회 상부상조와 관련하여 향약이 주목받는 대목이다. 향약은 양반과 지배층이 주도하여 전체 주민(한 동네 또는 여러 동네의 주민들)을 그 범위에 포괄하고 있었다. 환난상휼 조에 따르면 약인(約人)들은 일곱 가지 사고 또는 위험이 발생할 경우 향약으로부터 보호를 받았는데, 그것들은 수화(水火), 도적(盜賊), 사상(死喪), 질병(疾病), 고약(孤弱), 무왕(誣枉),

빈핍(貧乏)이다.[6] 이들 사고나 위험이 실현되면 물질의 제공이나 노동력의 제공이 주로 이루어졌고, 종종 정신적 위로가 수반되기도 하였다. 급부를 위한 자원은 약인들의 출자로 충당되었다. 그런 점에서 향약도 계와 마찬가지로 호혜성에 바탕을 둔 보험원리에 입각해 있었다. 향약은 그것이 표방한 공식목표가 백성을 교화하여 아름다운 풍속을 만든다는 화민성속(化民成俗)에 있었지만, 그 이면에는 유교이념을 강제하고자 하는 양반과 지배층의 숨은 의도가 배어 있었다(나병균, 1989:185~214).

3) 협동관행

한국 전통사회에서는 공동의 노력을 동원하기 위한 협동관행들이 널리 행해졌다. 이는 제 때에 대량의 노동력을 동원해야만 하는 농업의 특성에서 비롯된 바 크다. 한편 이들 협동관행들은 사회적 약자들에 대해서는 반대급부 없이 노동력을 제공하는 원조기능도 수행했다. 두레, 공굴, 부근, 울력, 화막꾸리기, 지경 넘기기, 집지(집지봐주기) 등이 여기에 속한다.

두레는 농경을 위한 공동노동 조직이면서 공동방위, 공동제사 및 상호부조 등의 기능을 수행한 마을자치조직이었다(신용하 외, 1995:218~220; 최일섭, 1987:79~80; 신용하, 1984). 공굴은 마을 안에 중병자나 불구자, 과부 그리고 초상을 당한 사람의 농사를 마을 사람들이 공동으로 지어주는 민속을 일컫는다. 무보수봉사를 원칙으로 하여 각자 점심을 갖고 와서 일을 해주거나 마을의 유지가 공굴날 주식을 부담하는

---

6) 향약의 환난상휼 조에 규정된 내용들은 다소의 변형이 있다. 예컨대 율곡 이이가 해주에서 행한 해주향약에는 화재, 도적, 중병, 무고, 과년(過年), 절량(絶糧), 상사 등에 대한 부조가 규정되어 있었다(최일섭, 《지역사회복지론》, 서울: 서울대학교 출판부, 1987, p. 84).

관례도 있었다. 부근은 주로 북한 지방에서 널리 행해지던 풍습으로 공굴보다 봉사범위가 넓어 농사일뿐 아니라 동네사람이 집을 신축할 때 또는 10세 미만의 아이가 죽었을 때의 장사 등에 노동력을 제공하였다(이규태, 1979:34~35).

울력은 마을사람 중에서 병이나 기타 어려운 여건으로 일을 할 수 없게 되었을 때 이웃집에서 노동력을 제공하여 농사일이나 가사를 거들어 준 관행이었다(나병균 외, 1987:195~243). 화막꾸리기는 동네사람 집에 큰불이 나거나 홍수로 재산을 모두 소진당했을 때 짚 서너단, 이엉 한 마름, 서까래 하나, 기둥재목 하나씩 등을 형편에 따라 갖고 와서 새로 집을 지어주는 관행이었다. 집지(집지봐주기)는 새 집을 지을 때 마을 사람들이 하루에 한 집씩 돌아가며 흙, 나무 등을 운반하고 벽바르는 일 등을 도와주는 관행이었다. 지경넘기기는 연고자가 없는 부랑인이나 나그네가 산간마을에 와서 병이 나는 경우 환자에게 연

❙ 두레

농촌에서 서로 협력하여 공동 작업을 하는 풍습, 또는 이를 위하여 부락이나 리(里) 단위로 구성한 조직. 부락·이 단위의 모임은 만두레라고 한다. 동회(洞會)·동제(洞祭)와 같은 씨족사회 유풍이다. 주로 농번기의 모내기에서 김매기를 마칠 때까지 시행된다. 두레의 조직은 부락내의 장정이 주가 되며, 참여 자격은 노동능력에 따라 두레의 역원이 재가(裁可)한 후 가입이 허락된다. 역원의 구성은 통솔자인 행수(行首) 1명, 보좌역인 도감(都監) 1명, 두레작업의 진행을 지휘하는 수총각(首總角) 1명, 두레규약을 감시하는 조사총각 1명, 유사(有司) 1명, 방목지의 가축으로부터 전답을 보호하는 방목감(放牧監) 1명으로 되어 있다. 두레노동은 동네 전체의 이앙·관개·제초·수확 등의 주요 작업에만 한정하는 경우가 많았다. 작업에 앞서 숫총각이 논두렁에 농기(農旗:두레기)를 세우고, 농악에 맞추어 작업에 들어간다. 농악은 일꾼들의 피로를 덜게 하고 서로 일손을 맞추어준다. 두레에 딸린 농악대는 작업이 있기 전 미리 마을을 돌며 전곡(錢穀)을 거두어 출역(出役)에 따라 분배하고, 일부는 적립하였다가 교량가설·야학시설·농악기 구입 등에 사용한다. 두레가 끝나면 풍농(豊農)을 기원하고 술과 노래, 농악으로 마을잔치가 벌어지기도 한다(http://www. oneness. pe. kr/dic/hisdic/다/두레. htm)

고지를 물어서 연고지까지 환자를 릴레이식으로 수송하였던 관행이다. 지경넘기기는 외지 환자를 돕는다는 의미를 지녔지만, 실제로는 외부의 환자에 대하여 마을이 책임을 지지 않으려는 의도가 더 컸다 한다.

협동관행들은 대개 자연적으로 형성된 동네주민들 사이에 자발적으로 조직되었다. 공동노동이 필요한 농번기의 협동노동이 주된 일이었고, 간혹 마을의 공유지나 과부, 병약자의 농지에 대한 무상의 노동력 제공도 이루어졌다. 대개는 동등한 가치를 갖는 노동력의 교환에 바탕을 둔 협동관행이었지만, 사회적 약자에 대한 노동력 제공에서는 원조 기능을 수행하였다. 협동관행들은 마을단위의 공동과제 해결과 구성원 결속이라는 목표를 지니고 있었다.

위에서 소개한 상부상조 제도들이나 협동관행들은 대부분 이웃이나 동네 차원에서 자발적으로 조직되고 운영되었다. 일부 동계나 향약의 경우에는 성원들이 반강제로 가입되는 경우도 있었으나 대부분의 계와 향약, 그리고 협동관행의 경우에는 가입에 있어서 자발성이 존중되었다. 사회 구성원들에게 있어서 특정 상부상조 제도나 협동관행에의 가입은 공동체 내에서의 생활과 생존을 위한 필수적 요건이기도 하였다. 당연히 그것의 운영범위도 이웃이나 동네 차원에 머물고 있었다.[7] 상부상조 제도나 협동관행의 기반은 일차적 연고인 지연과 혈연이 중심이었고, 간혹 학연이나 또는 같은 직업에 종사한다는 직업적 연고도 기반으로 작용하였다. 결국 전통사회 상부상조 제도와 협동관행에 반영된 복지이념은 '아는 이웃'에 대한 '아는 이웃'의 원조와 협동이었다고 할 수 있다.

한편 상부상조 제도나 협동관행들을 통해 해결하고자 하였던 문제나 위험은 자연재해(한재, 수재, 서리, 우박 등)로 인한 농업생산 기반의

7) 향약이나 일부 계와 같이 여러 동네를 포괄하거나 또는 비교적 넓은 지역을 포괄하고 있는 경우도 있었지만, 대부분의 상부상조 제도나 협동조직들은 동네 차원의 아는 이웃을 초월할 이유가 없었다.

훼손과 생존의 위협, 그리고 사망, 출산, 결혼, 제사, 이사, 도적, 화재, 송사, 질병 등과 같이 기본적 생존을 위협하거나 또는 예기치 않는 비용지출을 요하는 상황들과 일시에 집약적 노동력의 투입이 요구되는 영농상황 등이었다. 위에서 소개한 모든 상부상조 제도나 협동관행들이 이들 문제나 위험 모두에 대해 해결을 시도하거나 보호를 제공한 것은 아니다. 또한 급부의 크기라는 점에서 본 보호의 수준도 사회적 약자의 생활과 생존을 보장할 만큼 충분하거나 다양한 것은 아니었던 것으로 이해된다.

위와 같은 문제나 위험에 직면하게 되면 물질적 급부(현물, 현금)와 비물질적 급부(노동력 제공, 위로, 격려 등)의 제공이 한시적으로 이루어졌다. 물론 급부의 형태는 상부상조 제도나 협동관행 등에 따라 달랐다. 예를 들면, 혼상계의 경우 의식을 치르기 위한 포목, 곡식 등의 물질과 의식거행에 필요한 노동력의 제공 등이 주된 급부였다. 협동관행에서는 노동력의 제공이 주된 급부였다. '아는 이웃'으로부터의 원조였으므로 정신적 측면에서의 위로와 같은 비물질적 급부가 수반되는 것이 보통이었다.

급부의 제공과 조직의 운영을 위한 자원은 구성원들의 자발적 기여를 통해 충당되었다. 계와 향약의 경우에는 미리 약정한 물품과 노동력이 각출되었으며, 협동관행의 경우에는 그때그때 노동력의 제공 등이 이루어졌다. 이들 상부상조 제도와 협동관행의 운영은 대부분 호혜성에 기초한 보험원리에 따라 이루어졌다. 이들 제도와 관행들이 해결하고자 하였던 문제들은 구성원 누구에게나 앞으로 닥칠 가능성이 있는 특별한 위험이나 문제들이었기 때문에 호혜성의 원리가 잘 적용되었던 것이다.

3. 전근대의 공공복지

고대국가의 전단계인 부족국가 시대에 자연재해로 흉작을 기록하면 왕이 쫓겨나거나 심한 경우 죽임을 당하기도 하였다. 당시의 왕은 비바람과 같은 자연력을 지배할 수 있는 신통력을 갖춘 사람으로 인식되었기에, 홍수나 가뭄 혹은 태풍과 같은 자연재해가 엄습하면 지배자로서의 정통성이 도전받게 되었던 것이다. 부족국가였던 부여에 관한 다음의 기록은 이러한 사정을 잘 보여준다.

> 옛 부여의 풍속에 따르면, 큰물이 지거나 가뭄이 드는 등 기후가 순조롭지 못하여 오곡이 여물지 않으면 왕에게 그 책임을 물었는데, 어떤 사람은 마땅히 왕을 갈아치워야 한다고 하고, 또 어떤 사람은 마땅히 죽여야 한다고 하였다〔舊夫餘俗 水旱不調 五穀不熟 輒歸咎於王 或言當易 或言當殺〕(《三國誌》魏志, 東夷傳).

지배자가 자연재해를 다스리는 신통력을 갖추고 있는 것으로 기대된 것은 초기의 권력이 주술사(혹은 무당)로부터 연유한 것을 보여준다.[8] 국가형성이 보다 체계화되면서 지배자(왕)가 자연력을 지배하는 신통력을 지녀야 한다는 관념은 약화되었지만, 그럼에도 불구하고 자연재해로 인한 구성원의 고통에 대해서 왕이 져야할 도덕적 책임까지도 면제되었던 것은 아니었다. 중국이나 우리나라 전근대 국가에서 지배자가 어진 정치를 펼쳐야 한다는 이른바 왕자인정(王者仁政)을 내용으로 하는 유교적 통치이념은 부족국가 단계에서의 자연력을 지배하는 신통력을 지닌 자를 지배자로 선출했던 경험과 무관하지 않았던 것이다.

---

8) 고조선의 출현과 관련된 단군신화에는 환웅이 자연력을 다스리는 관리들, 즉 풍백(風伯), 우사(雨師), 운사(雲師)를 거느리고 식량(穀), 수명(命), 질병(病), 형벌(刑), 선행(善)과 악행(惡) 등 인간 세상의 360여 가지 일을 모두 주관한 것으로 소개되어 있다. 《삼국유사》 참조.

왕권이 강화되면서 흉년 시 왕이 쫓겨나거나 살해당하는 일은 사라졌지만(물론 백성들의 반란과 같은 형태의 저항은 종종 있었다), 그 대신 흉년이 발생한 점에 대해 왕이 도덕적 책임을 인식하고 있다는 것을 보여주기 위한 의례적인 행위들이 발전하였다. 자연재해가 심각할수록 사회적 긴장과 갈등이 커지기 때문에 사회불안을 예방하고 통제할 필요성이 있었던 것이다.

전통사회에서 흉년이 들면 백성들은 아사의 위험에 직면하였다. 초근목피(草根木皮)와 같이 평상시에는 식용으로 할 수 없는 식물이나 백토(白土)와 같은 광물을 섭취하기도 하였다. 우리 속담에 '3일 굶어 남의 담 안 넘을 사람 없다'는 표현처럼 흉년에는 도둑질과 같은 범죄도 증가하게 마련이었다. 기근에 '백성이 서로 잡아먹는〔民相食〕' 극단적 상황도 종종 역사기록에 등장하였다. 조선시대까지 왕은 흉년에 고기반찬을 줄인다든가〔減膳〕, 정전에서 기거하는 대신 궁중 안에 지은 허름한 초가에서 기거한다든가〔避殿〕, 또는 음주가무를 자중하는〔蕃樂〕 등의 조치를 취했다. 아울러 자신의 통치행위에 대해 백성들의 여론을 청취하거나〔求言〕, 형벌을 가볍게 하거나〔輕刑〕, 죄수를 석방하고〔放囚〕, 부역과 세금을 감면해주는〔弛力, 薄征〕 등의 유화적 조치를 취하기도 했다.

그런데 자연재해로 인한 사회문제의 발생에 대해 의례적이고 유화적 조처만으로는 전근대사회가 기반으로 하던 농업생산력의 유지·보존에는 한계가 있었다. 농민의 감소와 농업생산의 감소는 국가의 물적 토대를 위태롭게 하였기 때문에 농민 보호를 위한 보다 적극적 대책들이 강구될 필요성이 있었다. 대규모 관개사업과 공공의 복지제도가 출현한 것은 이러한 필요성에서 촉발되었으며, 그것을 가능하게 했던 것은 중앙집권적 정치체제 수립을 통한 국가 수취능력의 확대였다. 이러한 맥락을 염두에 두고, 삼국시대 이래 우리나라의 역대 왕조가 시행한 공공복지를 살펴보기로 하자.

전근대사회의 공공복지에는 다양한 내용들이 있었다. 흉년에 이재농민을 보호하기 위해 식량을 저장했다가 분배한 창제도가 있는가 하면, 조세와 부역을 감면하는 일종의 조세복지 정책들도 있었다. 앞에서 언급한 것처럼 죄수를 석방하거나 형벌을 가볍게 하는 조치가 취해지기도 하였고, 구호재원을 마련하기 위한 모금제도들도 있었다. 전염병을 통제하고 환자를 치료하기 위한 공공의 기관들도 있었다. 전근대사회의 공공복지는 대개 흉년과 같은 자연재해가 발생했을 때 가동되었지만, 제도나 정책에 따라서는 왕의 즉위와 같이 국가에 경사스러운 일이 있을 때 시행된 것도 있었다.

1) 진대와 진휼

이재농민과 빈궁한 자에 대한 전근대사회의 공공복지 가운데 가장 대규모로 시행된 것은 식량(종자)을 비롯한 생필품[9]을 배분한 것이었다. 기근 상태가 지속되면 농민들이 이듬해 종자로 쓰기 위해 남겨놓은 곡식까지도 소비해버릴 가능성이 있었다. 종자를 소비해버린다는 것은 전근대 시대의 국가가 물적 기반으로 삼아온 농업에서 재생산이 불가능하다는 것을 의미한다. 또한 기근으로 아사자가 증가한다는 말은 곧 농업생산인구의 감소를 의미하는 것이기도 하였다. 전근대시대의 국가는 농민들 가운데 아사자의 수를 줄이고, 농업재생산을 위해 농민 및 빈민에게 곡식을 위주로 한 생필품을 배분하는 정책을 써왔다. 이를 위해 국가가 관리하는 각종의 창고들이 있었다.

곡식배분에는 두 가지 유형이 있다. 첫째의 유형은 곡식을 빌려주는 것인데 이를 진대(賑貸)라 한다. 대개 봄철이 되면 빈농들의 보유식량

9) 곡식과 종자 이외에 배분되었던 주요 생필품으로는 소금, 포목, 약재 등이 있었다.

이 바닥을 보인다. 초여름에 보리를 수확할 때까지 빈농들은 굶주림에 시달릴 수밖에 없었다. 이 때가 이른바 '보릿고개(麥嶺)'라는 춘궁기이다. 국가는 보유 곡식을 이들에게 빌려주어 아사를 막고자 하였다.[10] 두 번째 유형의 곡식배분은 이재농민과 환과고독(鰥寡孤獨)[11] 으로 불린 취약인구에게 무상으로 지급한 것이었다. 이를 진급(賑給, 또는 白給) 혹은 진휼(賑恤)이라 한다.

일찍이 고구려 고국천왕 16년(서기 192년)에 재상 을파소의 건의에 의해 진대법이 시행되었는데,[12] 이것이 고려왕조 때에는 흑창, 의창,

---

10) 이렇게 빌려준 곡식은 가을 추수가 끝난 후 되돌려 받았다. 국가가 농민에게 빌려준 곡식을 되돌려 받을 때, 처음에는 무이자로 하였으나 후에는 1할의 이자를 덧붙여 환수하였다. 빌려준 곡식을 환수하면서 이자를 붙인 이유는 국가가 보유한 곡식이 자연스럽게 줄어들기 때문에(빌려준 곡식을 환수하지 못하기도 하고, 쥐나 새 혹은 습기 등으로 창고에 저장된 곡식 가운데 일부분이 훼손되기도 하였다), 이를 보충하여 일정량을 유지하기 위한 목적에서였다. 그러나 조선 후기에 오면 국가재정이 약화되어 농민에게 대여한 곡식에 국가 재정수입을 위한 다양한 세목을 첨가하여 이자율이 2할을 상회하는 일도 발생하였다. 조선후기 삼정의 문란 가운데 환정의 문란은 바로 환곡제도의 문란을 의미하며, 조선왕조의 멸망을 가져왔던 주요한 원인중의 하나였다.

11) 환과고독(鰥寡孤獨)은 전근대사회의 전형적 취약인구집단으로 4궁(四窮)으로도 불리었다. 《예기(禮記)》"왕제(王制)"에 따르면 환(鰥)은 '늙고 부인이 없는 자(老而無妻者)', 과(寡)는 '늙고 남편이 없는 자(老而無夫者)', 고(孤)는 '아비없는 어린 자(少而無父者)', 그리고 독(獨)은 ' 늙고 자식 없는 자(老而無子者)'를 의미한다. 이들에게는 국가가 희(餼-보내는 음식)라고 부르는 일정한 식품을 제공하도록 규정하였다. 이외에도 아(啞-언어장애인), 농(聾-청각장애인), 파(跛-한쪽 다리 장애인), 벽(躄-양쪽 다리 장애인), 단자(斷者-지체절단자), 주유(侏儒-난쟁이), 백공(百工-각종 세공인)에게는 각각 재능에 따라 직업을 줌으로써 보수를 받게 하였다(임송산, 1983:17).

12) 진대법과 관련하여《삼국사기》"고구려본기" 고국천왕조에는 다음과 같은 기록이 나온다.

상평창 등으로 제도화되었다. 조선왕조에서도 상평창과 의창이 존속되었고, 조선후기에는 환곡제도로 개칭되었다. 창제도는 구호기능 외에도 복합적 기능을 갖는 제도였다. 창제도는 군량미와 비상식량을 비축하는 기능을 지녔다. 비축식량의 신선도를 유지하기 위해 해마다 일부 보유 식량을 농민들에게 빌려준 후 수확기에 새 곡식으로 수납하였다. 창제도는 또한 곡식의 가격을 안정시키는 경제제도로서의 기능을 지녔다. 고려시대 이후 조선시대까지의 상평창의 명칭에서도 물가안정장치로서의 창제도의 기능을 엿볼 수 있다. 즉, 상평(常平)이란 말 자체는 '항상 균형을 유지한다'는 의미로 물가(곡가)를 안정시킨다는 의미가 담겨있다. 흉년 시에 곡가가 등귀하면 저장된 곡식을 방출하여 곡가를 낮추고, 풍년에 곡가가 떨어지면 곡식을 시가보다 높은 가격으로 사들여 저장함으로써 곡가의 안정을 기하였던 것이다.

2) 조세와 부역의 감면

역대 왕조가 농민들을 보호하고 위무(慰撫)하기 위해 시행했던 정책에는 조세와 부역을 경감하는 내용들이 있다. 오늘날의 '조세복지(*fiscal welfare*)'에 근사한 감면제도는 토지에 부과하는 세금(租)과 부역(傭)

十六年秋七月，隕霜殺穀，民饑，開倉賑給．冬十月，王畋于質陽，路見坐而哭者，問何以哭爲．對曰 臣貧窮，常以傭力養母．今歲不登，無所傭作，不能得升斗之食，是以哭耳．王曰 嗟乎! 孤爲民父母，使民至於此極，孤之罪也．給衣食以存撫之．仍命內外所司，博問鰥寡孤獨老病貧乏不能自存者，救恤之．命有司，每年自春三月至秋七月，出官穀，以百姓家口多小，賑貸有差，至冬十月還納，以爲恒式，內外大悅(유사에게 명하여 '해마다 봄 3월부터 가을 7월까지 관곡을 내어주되, 가구원의 많고 적음에 따라 빌려줌에 차등을 두고, 겨울 10월에 이를 되돌려 받도록 하는 것을 영구한 법으로 하라' 하니 성안과 성밖의 백성들이 크게 기뻐하였다).

진대법을 일명 내외대열법이라 한 것은 위 기사 끝 부분을 인용한 것이다.

및 특산품(調) 납부 부담을 면제하거나 줄여주는 것과 국가가 빌려준 곡식〔賑貸穀〕의 이자를 면제하거나 유예하는 것을 내용으로 한다.

조세나 이자의 감면은 재해가 발생했을 때나〔이를 재면(災免)이라 한다〕, 국가에 경사스런 일이 있을 때〔이를 은면(恩免)이라 한다〕 시행되었다. 재면의 사유로는 한해(旱害), 수해, 황해(蝗害), 박해(雹害), 화재, 질병, 전란 등이 있었다. 은면의 사유로는 개국, 즉위, 왕의 순행, 불사(佛事), 전란 종료, 왕세자의 출생과 같은 경사 등이 있었다.[13]

3) 감형과 죄수 석방

자연재해가 발생했을 때 왕은 죄인들의 형벌을 경감하고 죄수를 석방하기도 하였다. 경형방수(輕刑方囚)의 이유에 대해 하상락은 '천재지변과 같은 자연재난은 위정자인 군주의 잘못에 대한 신의 분노 혹은 죄를 내린 것이라고 하여 왕은 형벌을 경감하거나 죄수를 석방하는 등의 선정을 베풀어 신의 노여움을 풀고자 하였다'고 설명하고 있는데(하상락, 1989:44), 그 외에도 사회불안을 예방하기 위한 의도도 반영된 것으로 볼 수 있을 것이다.

4) 책기(責己)

자연재해가 발생하면 왕은 자신이 책임을 느끼고 있다는 점을 의례적 행위들을 통해 과시함으로써 민심수습을 꾀하였다. 역대 왕조에서 이루어진 책기(責己)의 행위에는 다음과 같은 것들이 있었다(하상락, 1989).

13) 경사스러운 일 외에도 가령 왕의 갑작스런 사망(홍거, 薨去)과 같은 애사가 발생했을 때에도 위무 차원에서 곡식의 배분이나 조세감면이 이루어지기도 하였다.

- 왕의 순행 : 재해지역을 왕이 직접 방문하여 이재민을 위로하고 대책을 강구한다.
- 제사 : 각종 천재지변을 피하게 해달라고 왕이 종묘나 불사에 기도를 드린다. 기우제도 여기에 속한다.
- 피전(避殿) : 각종 재난이 발생한 것이 왕 자신의 잘못이라 생각하여 평소 기거하던 정전을 피하여 궁궐 뜰 안에 만든 허름한 초가에서 기거하는 것이다.
- 감선(減膳) : 피전과 같은 이유에서 왕이 반찬 가지 수를 줄이는 것인데, 특히 고기반찬을 줄여 검소한 생활을 하는 것이다.
- 행락과 사치의 통제 : 왕 자신부터 오락을 삼가고, 검소한 생활을 하는 것은 물론 이를 백성들에게도 적용하였다. 구체적 금지행위들에는 다음과 같은 것들이 있었다. 즉, 양산 쓰는 것, 모자 쓰는 것, 부채질하는 것, 가무를 즐기는 것, 술을 빚는 것, 금은주옥을 패용하는 것 등이다. 그 외에도 절약을 위해 시장을 옮기기도 하였다.
- 길에 나앉음(路坐) : 왕이 길에 앉아서(路坐) 백성들로부터 정사를 청취하기도 하였다(구언, 求言). 종종 인재를 천거하도록 명을 내리기도 하였다.

5) 납속보관

이재 농민과 빈민을 구호하는 국가의 재정여력이 충분치 않을 때, 국가는 여유있는 백성들로부터 곡식을 비롯한 자원을 모집하겼다. 자원모집을 장려하기 위하여 국가는 기부자에게 영예를 주었다. 기부한 곡식의 양에 비례하여 관직을 주었던 것이다. 납속보관이나 원납, 공명첩 등은 자원(곡식)과 영예(관직)를 교환했던 제도들의 이름이었다. 납속보관은 고려 충렬왕 원년(1275)에 국가재정 부족에 대한 타개책으로 도병마사가 백성들로 하여금 금품이나 미곡을 납입한 자에게 관등

(官等)의 벼슬을 준 데서 비롯되었다. 기부규모에 따라 영예에 차등을 둔 것은 조선 숙종 3년(1677)에 시행한 원납(願納) 사례를 통해 알 수 있다. 구제를 위한 관곡의 부족을 보충할 목적으로 정원 외에 동지와 검지의 특별임용법을 정하여 백미 50석을 납입한 자는 동지, 40석을 납입한 자는 검지로 임명하여 이들에게 첩지를 주었다(하상락, 1989:69). 공명첩은 일종의 무기명 임명장이었다. 해당자의 이름 부분이 빠진 관직 임명장(즉 공명첩, 空名帖)에 기부자의 이름을 즉석에서 기입하는 방식으로 자원과 영예의 교환이 이루어졌던 것이다.[14]

6) 구료

역대 왕조는 각종 질병과 전염병을 통제하고 치료하기 위한 노력들을 해왔다. 단군신화에 환웅이 대동하고 온 관리들이 한 일 중에 질병(病)을 다스리는 것이 있는 것에서 보듯 질병과 전염병은 구성원의 생존을 위협하는 주요한 사회문제였던 것이다. 풍수해와 같은 자연재해나 전쟁과 같은 위기의 도래는 질병, 특히 전염병이 창궐할 수 있는 조건을 형성한다. 당시의 의학지식 수준으로 볼 때 질병은 괴질(怪疾), 즉 기괴한 질병이었고, 전염병은 창질(瘡疾, 즉 癘), 즉 '곪아서 죽게 만드는 질병'이었다.

질병의 치료와 전염병의 통제를 위한 개인들의 자선행위들이 기록에 다수 등장한다. 그 중에는 의승이 있는가 하면, 의술에 능통한 관리와 학자도 있다. 그러나 전통사회에서 의업은 상류층이 종사하는 고귀한 직업이 아니라 신분이 낮은 사람들이 발휘하는 기술(의술) 정도로 인식되었다. 무당에 의한 푸닥거리가 주요한 치료방법으로 인정되기도

14) 이러한 방식의 교환은 관에 의한 기부의 강요, 공명첩의 매매 등 문제점을 노출할 수밖에 없었으며, 그에 따라 영조 원년(1725)에는 이를 폐지하고 진정한 원납자에 한하여 포상하는 것으로 바뀌게 된다(하상락, 1989:69).

하였다.

고려왕조에서는 사찰이 질병치료소로 활용되기도 하였으나 문종 때에 동서대비원을 각각 개성과 평양에 설치하여 환자에 대한 시약과 구호를 담당하였다. 이후 동서제위도감(예종 원년 1106)을 설치하였고, 공민왕 때에는 각 지방에 의인과 약물을 비치하여 질병을 치료하게 하고 각 원관을 수리하여 행려자의 편리를 도모하였다(하상락, 1989:52). 이외에도 고려왕조 이래의 구료기관으로는 혜민국(혜민전약국, 공민왕 3년 1354), 전의감·혜민서(조선 태조 원년 1392), 제생원(태조 6년 1397), 활인서(태종), 매치원(태종 10년 1410), 구병실(세종 6년 1424) 등이 있었다.

질병 치료와 전염병 통제를 역대 왕조에서 수행한 일들은 다음과 같은 것들이었다. 첫째, 환자의 치료와 구호를 위한 약품의 지급과 식량·의복의 지급이 있었다. 둘째, 의방(醫方)의 조사와 수집을 통해 의학기술의 발전을 도모하였다. 셋째, 수집된 의방을 기초로 의학서적을 간행하였다. 넷째, 약물의 조사 및 채집을 담당하였다. 다섯째, 여성 환자를 진료하기 위해 맥을 집거나 침구술을 담당하는 여의를 양성하였다. 여섯째, 방치된 시체를 매장하도록 백성들을 독려하였다. 일곱째, 전염병 환자를 격리하여 치료하였다. 여덟째, 무당으로 하여금 환자를 치료하도록 제도화하였다. 아홉째, 월령의를 파견하여 빈곤 환자를 치료하게 하였다. 열째, 한증욕과 온천욕을 치료에 활용하였다.

7) 구황방과 한시적 수용보호

이상에서 살펴본 내용 이외에도 다음과 같은 공공의 복지정책들이 있었다. 첫째는 기근에 안전하게 대용식물을 섭취할 수 있도록 하는 안내자료를 만들어 보급하였다. 이재민이나 빈민들이 초근목피하는 경우가 많았는데 이로 인하여 중독되거나 병사하는 경우가 많았던 것이

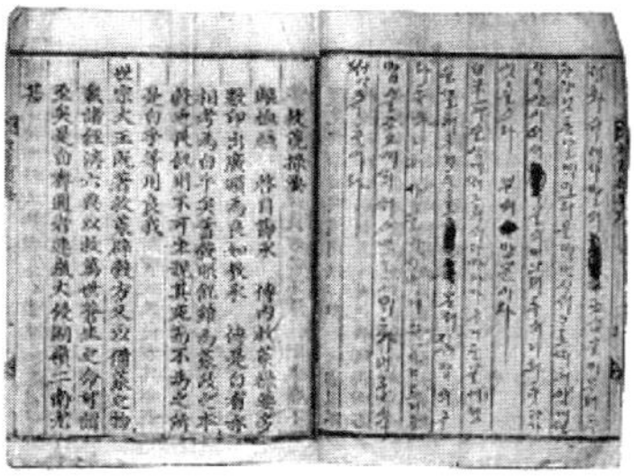

〈그림 14-2〉
1554년 진휼청(賑恤廳)에서 간행한 《구황촬요》. 효종 때 신속이 《농가집성(農歌集成)》의 부록인 《구황보유방(救荒補遺方)》을 합간하여 간행한 것의 경자(庚子;1660) 판본이다.

다. 조선 세종은 구황청으로 하여금 초근목피 가운데 식용가능한 것을 조사하여 대용식물로 정하고 그 식용방법을 책으로 만들어 보급하였다. 그러한 책으로는 《구황방(救荒方)》, 《구황촬요(救荒撮要)》, 《구황보유(救荒補遺)》, 《도인복사방(道人服飼方)》, 《구황본초(救荒本草)》 등이 있었다(하상락, 1989:71~72).

둘째, 전근대사회에서 고아나 환자 혹은 무의무탁한 노인 등을 보호하는 시설보호가 있었다. 오늘날의 고아원이나 양로원처럼 장기간 보호하는 시설[15]은 아니었고, 재해가 심한 때에 임시로 보호했던 시설이었다. 기자조선 효숭왕 9년(기원전 675년)에 "제양원(濟養院)을 설립하여 환과고독 등의 무의무탁한 자를 수양하였다(최익한, 1947:38)"하였고, 삼국시대 이래 친족이 없는 걸식아동에 대해 관에서 임시로 수용보호〔留養〕하였다 한다(하상락, 1989: 43). 고려시대에는 부모나 친족이 없는 10세 미만의 고아를 관에서 수용·양육하였으며, 노인은 동서대비원에 수용·보호하였다(하상락,

15) 고아나 무의무탁한 노인과 같은 의존인구를 장기간 수용보호하는 시설은 19세기 중반 이후 서구로부터 온 선교사들에 의해 우리나라에 소개되었다. 기록상 최초의 서구식 수용시설은 1854년에 설립된 파리외방전교회의 조선영해회(La Sainte Enfance)였다(조화영, 1990:7). 영해회는 오늘날의 고아원 사업과 유사한 시설사업을 전개하였다. 영해회는 1880년대 제7대교구장으로 블랑(Blanc) 주교가 임명되면서 서울 곤당골에서 사업을 이어 나갔고, 고아원 사업은 샬트로 성 바오로회가 관장하여, 1888년 종현에 수녀원을 마련하면서 그 부속건물로 고아원을 설립, 145명의 고아를 양육하는 형태로 발전했다(최원규, 1996:100~101).

1989:50~51). 그런데 이들 무의무탁한 고아와 노인을 장기간 수용·보호한 것은 아니었다. 그 근거로 걸식아동과 기아문제에 대처하기 위해 조선 정조 7년(1783)에 반포한 〈자휼전칙〉의 내용을 들 수 있다. 걸식아동의 경우 흉년에만 보릿고개를 넘길 때까지 보호하였고, 버려진 영아(3살 미만)는 풍흉에 관계없이 데려다 키울 사람이 나타날 때까지 보호하였다(최원규, 1989).

4. 전근대 사회복지의 변모

우리나라 전근대의 사회복지는 19세기말의 개항과 20세기 초의 식민지 경험을 겪으면서 큰 변모를 보였다. 우선 계와 두레, 그리고 각종 협동관행들이 일제 식민지배를 거치면서 대폭 약화되었던 것이다. 창제도를 위시로 한 왕조국가의 공공복지체계 역시 식민지배를 받으면서 와해되었다. 그런가 하면 조선말부터 서구의 사회사업 개념과 실천방법들이 선교사들과 일부 선각자들에 의해 소개되기 시작하였다. 식민지배하에서 일제 당국은 식민통치를 위한 수단으로 사회통제적 목적의 복지제도들을 이식하였다.

조선 후기에 들어 봉건체제가 지닌 한계와 모순들이 누적되면서 사회개혁에 관한 아이디어들이 실학파에 의해 제기되었으나 실현되지 못한 상태로 개항을 맞게 되었다. 개항이후 신식문물을 도입하자는 주장이 개화파에 의해 제기되기도 하였고, 일부 진전이 있기는 하였으나, 기본적 한계를 넘지 못하고 열강에 의해 침탈당하는 상황에 처하게 되었다. 이러한 상황에서 발생한 동학혁명은 근원적 사회개혁을 위한 강력한 요구였지만 외세의 개입에 의해 좌절되었다.

사실 조선후기 실학파들의 사회개혁안이나 개항 후 개화파의 개혁안 등에서 사회복지는 개혁의 궁극적 목적이었다. 예컨대 다산 정약용은 다음과 같이 그가 바라는 사회상을 기술하였다.

> 진실로 우수한 기술방법을 습득하여 이것을 장려하고 힘써 행한다면, 나라는 부유해지고, 군대는 강해질 것이며 백성의 생활은 향상되고, 건강은 증진될 것이다(苟盡得其法而力行之 則國可富也 兵可强也 民可裕而壽也. 《與猶堂全書》 제1집 권11, “技藝論”)

다산이 그린 이상적 사회는 ① 부유한 국가, ② 강력한 군대, ③ 향상된 국민생활 및 ④ 건강의 증진 등으로 특징지어지는 사회라고 할 수 있으며 이것은 곧 부국안민의 이상이 실현되는 사회였던 것이다. 실학파를 계승한 구한말의 개화파가 바라는 사회상은 갑신정변(1884년) 때 발표한 14개 ‘신정강’ 가운데 담겨 있다. 그 중에서 사회복지와 관련된 조항은 신정강 제3항 즉 ‘전국의 지조법(地租法)을 개혁하고 간리(奸吏)를 근절하며 빈민을 구제하고 국가재정을 충실히 할 것’과 제6항 ‘각도의 환상미(還上米)는 영구히 면제할 것’ 등이다. 한편 개화파의 일원이었던 유길준은 1895년에 펴낸 《서유견문》 제17편에서 서양의 사회복지제도를 소개한 바 있다. 갑오개혁에서도 사회복지의 발전을 위한 개혁안이 광범위한 개혁안 속에 포함되어 있었다. 갑오개혁 초기에 제시되었던 사회제도 개혁안에는 문벌과 반상제도의 혁파, 공사노비법 및 문무 차별의 폐지, 천인의 면천, 연좌법의 폐지, 양자제도의 개선, 조혼금지, 과부의 재가 허용 등이 있었다.

조선말 실학자들의 개혁안은 봉건왕조 체제가 지닌 근본적 한계로 실현되지 못하였다. 개화파의 개혁안 역시 수구파들에 의해 좌절되었으며, 동학혁명으로 촉발된 갑오개혁 역시 일본의 강압에 의해 실패하였다. 당연히 개혁안에 담겨 있던 사회복지 부문에서의 발전도 이루어지지 않았다.

일제 말까지 우리나라에서 사회발전이 지지부진했던 것과 마찬가지로 사회발전의 한 영역인 사회복지에서도 뚜렷한 발전을 찾아보기 힘들다. 오히려 이전 시기까지 기능해오던 공공복지와 상부상조 등의 사회복지 제도와 관행들이 소멸하거나 대폭 약화된 것에서 보듯 '단절'과 '지체(또는 후퇴)'를 경험하였다. 실학파, 개화파 그리고 갑오개혁 등의 개혁안들이 성공하지 못한 것에서 보듯 내적 동인들에 의한 사회발전과 사회복지발전 기회가 제약당한 상황에서 일제에 의한 식민지화가 추진된 결과 우리나라 사회복지 발전은 결정적으로 왜곡되었고 또한 지체되었다. 그런 의미에서 본다면 19세기말부터 20세기 중반까지 우리나라의 사회복지는 제국주의의 영향력과 식민주의라는 외적 동인에 의한 단절과 지체로 특징지어진다고 할 수 있다.

생각해볼 문제

1. 우리나라 사회복지 역사에서 박애에 관한 증거들을 찾아 보라.
2. 전근대사회 공공복지 가운데 현재까지 계승된 것이 있는지 생각해보자.
3. 자신의 고향에서 전래되어 왔던 상부상조 관행이나 제도 또는 협동관행에 대해 조사해보라.

제 15 장

해방 이후 한국 사회복지의 전개

> 이 유신 과업은 너나 할 것 없이 우리 모두를 위한 과업이며 … 이 것을 저해하고 방해하는 요인이 있다면, 우리는 과감히 이를 제거하고 시정해 나가야 할 것입니다. … 모든 국민은 땀 흘려 일하는 것을 미덕으로 삼고, 근검·협동하는 생활 기풍을 더욱 함양해 나가야 하겠습니다. —박정희, "신년사," 1973.1.1.
>
> 산업을 활성화시켜야 하며 노사공동운명의 새로운 노동문화를 정착시켜야 합니다. 또한 고통도 같이 나누고 성공도 같이 나누면서 나름대로 사회발전에 최선을 다할 수 있는 생산적 복지제도가 필요합니다. —김대중, "신년사," 1999.1.1.
>
> 2010년 이명박 정부의 첫 번째 국정과제는 누가 뭐라 해도 경제를 살리는 것입니다. —이명박, "신년 국정연설," 2010.1.4.

해방 이후 한국의 정치경제 상황은 여러 차례 고비를 겪는 가운데 그 모습을 바꾸어 왔다. 따라서 이 시기를 한 마디로 성격 짓기는 어려우며, 일반적으로 세 개의 큰 시기로 구분하는 경향이 있다. 그 첫째는 해방과 미군정 및 정부수립을 거쳐 박정희 군사정권이 실권을 장악한 1961년까지의 시기이며, 둘째는 박정희 정권의 집권기에서부터 전두환 정권을 거쳐 이른바 민주화 대투쟁을 통해 정치적 민주화의 새 전기를 이루었다고 보는 1987년 말까지의 시기이고, 셋째는 1988년의 노태우 정권 이후 오늘날까지이다. 여기서 이처럼 시대를 구분하는 방식을 채택한 또 하나의 이유는 우리나라의 사회복지 제도가 이러한 세 시기별로 성격상의 차이를 보여왔기 때문이기도 하다. 따라서, 여기서는 현대 한국의 사회복지 전개과정을 이 세 시기로 구분하여 다루고자 한다. 그 첫 시기는 공적 사회보장제도가 부분적으로 도입되기 시작한 시기라면, 두 번째 시기는 그것의 기초가 비교적 폭넓게 형성되면서 점진적으로 확대된 시기이며, 세 번째 시기는 사회보장 제도가 보편주의적 성격을 강화하면서 복지국가로서의 기반을 구축해나가는 시기로 볼 수 있겠다.

1. 분단국가의 형성과 사회보장제도의 도입

1) 분단국가의 형성

해방 후 한반도의 정치적 과제는 자주적 근대 국민국가의 형성이었으나, 미소 양국의 분할점령으로 이것은 벽에 부딪히고 말았다. 특히 1945년 9월에 남한에 진주한 미군은 군정을 공포하고, '대한민국임시정부'와 여운형 중심의 '조선인민공화국' 등 자주적 건국기구들을 부인하면서, 자국의 이익 실현을 위한 기반을 구축해갔다. 그리하여, 친일경력이 있는 인사들을 고위관료 등으로 중임하는가 하면, 일제시대의 통치기구를 부활시키기도 하였다.

이와는 달리, 다양한 정치단체와 대중조직의 활동이 전개된 것도 해방 직후의 특징적 모습이었다. 사회주의자들에 의한 '조선공산당'(1945년 9월)과 '인민당'(11월), 민족주의자들에 의한 '국민당'(9월), 지주나 자본가층에 의한 '한국민주당'(9월)과 '독립촉성회'(11월) 등이 정당의 형태를 띤 활동의 대표적 예들이다. 11월말에는 김구를 비롯한 임시정부 요인들도 귀국하여 활동을 시작하였다. 대중조직으로는 '조선노동조합전국평의회'(11월)와 '전국농민조합총연맹'(12월) 등의 노동자와 농민 조직에 이어, '조선부녀총동맹', '협동조합전국연합회', '실업자동맹' 등의 단체가 결성되기도 했다.

1945년 12월의 모스크바 삼상회의에서 제기된 신탁통치에 대해 찬반 양론으로 국론이 분열된 가운데, 미국은 급기야 유엔의 이름을 빌어 1948년 2월 남한만의 선거 실시안을 관철시켰다. 이렇게 하여 미국의 자국 이익을 앞세운 기획에 따라 8월 15일에 수립된 단독정부는 형식적 독립국가에 불과했다. 이처럼 일제의 잔재 청산과 통일국가 형성을 꾀했던 민족주의 세력들의 노력은 좌절을 맛보았고, 분단정부 수립에 대한 폭넓은 민중의 반대를 딛고 수립된 남한의 단독정부는 태생적 문제를 안은 근대국가로 탄생하게 된 것이다. 요컨대, 외세의 개입 속에 그것에 의해 규정되면서 시작된 것이 한 마디로 한국의 현대 정치사의 모습이었다. 이러한 상황 속에 한국은 미국이 지배하는 세계 자본주의 체제에 타의적으로 편입되었고, 이 점이 이후의 한국 정치・경제・사회의 여러 현상을 규정하는 역사적 조건이 되고 말았다.

이렇게 시작한 이승만 정부는 친일파를 단죄하려던 '반민특위'를 탄압하는 등 일제의 잔재 청산에 실패한 정부였다. 이승만 대통령은 철저한 반공 노선으로 민족의 분단을 고착화시키는 데에 주역을 맡았었고, 정치적 경합자였던 진보당의 조봉암을 공산주의자로 몰아 처형하는 등으로 진보정당의 뿌리를 자른 정치인이었다. 그는 정권의 연장을 위해 1952년의 '발췌개헌'과 1954년의 이른바 '사사오입' 개헌을 감행하기도 하였다. 이처럼 이승만의 제1공화국은 정치적 음모와 독재 및 부패와 부정을 반복하던 끝에 4・19 혁명으로 무너지고 말았다.

이승만의 퇴진 이후 과도정부에 이어 장면을 국무총리로 한 제2공화국이 탄생한다. 그러나 장면 정권도 당시의 국민적 여망을 실현시키지 못하는 무력함을 보임으로써 국민의 신뢰를 잃어가던 중에 발발한 5・16 군사정변으로 무너지고 말았다.

2) 한국전쟁의 참상과 파장

1950년의 한국전쟁은 전인구의 1/6에 달하는 500만여 명의 사상자를 냈고, 1천만 명의 이산가족과 수많은 이재민 및 전쟁고아 등을 발생시킴으로써 세계사에 유례가 없는 인적 피해를 가져왔다. 이와 병행한 엄청난 물적 피해는 전후 복구에 따른 경제적 부담요인이 된 것은 물론이다. 이러한 전쟁을 계기로 한반도는 진영 대립의 최전선이 되었고, 반공은 남한 사회의 전반을 지배하는 이데올로기로 자리잡게 된다.

한편, 전쟁으로 인하여 급증한 각종 요구호자들은 시설보호 중심의 구호활동을 당시 공공 및 민간부문 사회복지 활동의 중심 영역으로 삼게 한 시대적 배경이 되기도 하였다. 또, 전쟁은 수많은 외국의 민간원조기관이 한국에 진출하게 하는 계기가 되기도 하였는데, 이에 대해서는 뒤에서 좀더 상세히 기술하게 될 것이다.

3) 대미의존적 경제의 취약성

해방이 되자 징병, 징용, 이민 등으로 해외에 거주하다가 귀국한 귀환동포의 수가 약 200만 명에 달하였는데, 당시의 상황은 이들을 흡수할 수 있는 산업기반 등 사회적 여건이 마련되어 있지 못했다. 뿐만 아니라, 미군정 기간 동안 남한의 공업과 농업은 모두 일제시대보다 더 위축된 모습을 보여 주었다. 1943년 6월에 8,998개이던 공장은 점차 줄어 1948년 말에는 3,808개만이 남았었고, 1947년의 곡물 수확고는 일제 말기의 81.8%에 불과했다(이혜원 외, 1998:313~4).

정부수립 이후에도 정치적 난맥상이 거듭되는 상황에서는 경제정책이나 사회복지정책은 실종될 수밖에 없었다. 농지개혁을 철저하게 실시하지 못했고 전쟁까지 겪어야 했던 이승만 정부는 경제발전을 위한 체계적 계획의 수립과 이행을 추진할 여력이 없었던 것으로 보인다. 이처럼 경제정책의 부재 속에 빈곤은 만성화되었고, 이러한 문제의 많은 부분을 미국의 유무상 원조에 의존함으로써 수습하는 가운데 경제의 대미 의존도가 높아지는 것은 불가피한 현상이었다.

4) 사회보장제도의 도입

해방 후 미군정은 빈민구제에 대해 적극적 관심을 가질 수가 없었고, 단지 정치적 불안을 해소하기 위한 수단으로서 최소한의 대책을 내놓았다. 그것이 1946년 1~2월에 걸쳐 발표한 후생국보(厚生局報) 제3호(1946)와, 이재민 및 피난민 구호를 규정한 후생국보 3A, 그리고 공공구호를 규정한 후생국보 3C호 등이었다. 이 가운데 3C호는 일제 말기의 '조선구호령'을 계승한 것으로, 보호할 가족이나 친척이 없고 취업이 불가능한 재가 빈민으로, 소득활동을 할 수 없는 원인이 된다고 보는 몇 가지 조건(65세 이상 노인, 13세 미만 아동, 6세 미만 연소아동을 양육하는 여성, 만성 질환자, 임산부, 장애인 등) 가운데 한 가지 이상을 갖춘 사람을 구호의 대상으로 삼았다(이영환, 1989:440). 전반적으로 노동능력이 없고 무의무탁한 빈민들에게만 제한적으로 구호를 제공하도록 한 이 제도의 기본 원칙은 1960년대 이후의 생활보호제도에서도 재현된다.

정부수립 이후의 남한의 정부는 사회복지 정책을 추진할 적극적 의사는 물론 능력도 없었던 것으로 보인다. 따라서, 정부는 체계적 사회복지 정책을 세우지 못한 채, 임시방편적 구빈행정으로 일관하여야 하였다. 전쟁 이후에는 전재민에 대한 단순구호나 전술한 '조선구호령'을 원용한 생활보호 사업을 행하는 정도에 불과하였다. 한국전쟁으로 인한 요구호자의 수는 1951~53년 기간에 1천만 명, 1954~57년 기간에 3백만 명 정도였던 것으로 추산된다(하상락, 1989).

이 시기에 제정된 사회복지 관련 법률로는 '군사원호법'(1950. 4.)과 '경찰원호법'(1951) 등에 의한 국가 유공자 보상 관련법, 사보험적 성격을 지녔던 '국민생명보험법'과 '우편연금법'(1952. 12.), 최초의 노동입법인 '근로기준법'(1953. 5.), 최초의 사회보험제도라 할 '공무원연금법'(1960. 1.) 등이 있었다. 그러나, 특수직역 연금제도인 공무원연금을 제외한 나머지는 실효성이 없는 것들로, 후일 대체입법들이 대두하기까지 사실상 법적 효력을 발휘하지 못하였었다.

1959년 이후 한 때 공공부조, 의료보험, 실업보험, 노동재해보험 등에 대한 연구활동이 있기는 하였으나 성과는 보지 못했다. 전반적으로 해방 이후부터 제2공화국이 끝나기까지의 이 기간은 시혜적 차원의 제한적 공공부조제도와 특수직역 연금인 공무원 연금제도만이 도입된 시기로서, 사회보장제도가 본격적으로 도입되기 시작했다고 보기는 부적합한 상황이었다. 따라서, 다만 사회보장 제도를 비롯한 공적 사회복지 제도의 단초만이 마련된 시기라고 봄이 적절할 것이다.

5) 시설보호 중심의 민간 사회복지와 외원기관의 역할

정부수립 후 이내 들이닥친 전쟁은 고아와 미망인 등의 요보호자와 빈민을 일시에 쏟아낸 셈이 되었고, 이들을 위한 적절한 제도적 대응책이 마련되지 못한 상황에서 그 공백을 메우는 역할은 시설보호 중심의 민간 구호활동이 담당하였다. 해방을 전후한 시기부터 세워지기 시작한 사회복지 시설은 전쟁을 거치면서 급증하였고, 그 가운데 아동복지시설이 80% 이상을 차지하였다. 1950년에 215개이던 아동복지시설이 1955년에 496개로 늘었다는 사실(조홍식, 1996:20)이 짧은 기간에 얼마나 빠른 속도로 시설의 수가 늘어났던가를 말해준다.

그런데, 이러한 시설들은 대부분 이 시기에 국내로 대거 진입한 외국 원조기관들에 의해 직접 운영되거나 재정지원을 받는 것들이었다.

당시 한국의 정부나 민간부문의 개인 혹은 단체로서는 대규모 요구호자들을 감당하기에 역부족이었던 데다가, 서방 여러 선진국의 민간 원조기관들이 구제와 개발지원 혹은 선교 등을 목적으로 제삼세계 진출에 적극적 관심을 보이고 있었기 때문이다. 이들 외국 민간 원조기관들은 단순히 빈민을 포함한 요구호자들을 보호하는 데에 기여하였을 뿐 아니라, 구호활동의 방법과 기술 및 관련 지식 등을 전파함으로써 이 부문의 변화를 가져오는 데에도 중요한 역할을 하였다.

〈그림 15-1〉 1950년대의 시설 아동과 외원기관 구호품 모습

여기서 외국 민간 원조기관이란 "그 본부가 외국에 있고 그 본부의 지원으로 국내에 보건사업, 교육사업, 생활보호, 재해구호 또는 지역사회개발 등의 사회복지사업을 행하는 비영리적 사회사업기관으로서, 그 사업자원이 외국에서 마련되고 실질적으로 외국인에 의해 운영되는 기관"('외국 민간원조단체에 관한 법률' 제2조, 1963. 12. 27)을 가리킨다. 이들의 활동이 시작된 지 오랜 후에 제정된 법률이 규정하는 바에 비추어 보아, 이들의 활동 영역이 매우 넓었음을 알 수 있다.

앞장에서 밝힌 바와 같이 외원기관이 국내에 처음 진출한 시기는 조선 말기까지 거슬러 올라가지만, 〈표 15-1〉에서 보는 것처럼 일제시대까지 진출한 외원기관 수는 전체의 약 15%에 불과하며, 대부분이 해방 이후에 진출하였다. 그래서 1950년대와 60년대에 내한한 기관이 모두 96개로 전체의 65%를 넘는다. 이들 외원기관은 한국전쟁 후인 1955년 '한미간 민간구호활동에 관한 협정'에 따라 당시의 보건사회부에 등록을 하고 활동하였다(최원규, 1996:94~5).

이러한 외원기관들은 전시 및 전후복구의 시기에 요구호자들을 위한 서비스 활동에 중요한 역할을 담당하였다. 그밖에도 교육과 보건 및

〈표 15-1〉 외원기관의 내한시기별 분포

내한시기	기관 수	백분율
해방 전	22	15.0
해방~한국전쟁 전	10	6.8
1950년대	51	34.7
1960년대	45	30.6
1970년대	15	10.2
1980년대 이후	4	2.7
계	147	100.0

〈자료〉 최원규, 1996:95.

지역사회개발 등의 영역에도 기여하였으며, 미국식 전문 사회사업 실천의 방법과 관련 이론을 국내에 전파하는 데에 결정적 역할을 하였다. 특히, 이화여대(1947), 중앙신학대(1953), 서울대 대학원(1958) 등에 사회사업 관련 학과를 설치하게 하는 데에 영향력을 행사하여, 우리나라의 대학에 사회사업 교육이 시작되게 한 것도 이들이 한국 사회에 미친 중요한 영향의 일부에 속한다. 한편 이들은 외원기관으로서 부딪히는 한국 정부, 국제연합 혹은 미국 정부기관 등과의 관계상 문제들에 공동으로 대처하기 위해 1952년에 부산에서 '외국민간 원조기관 한국연합회(Korea Association of Voluntary Agencies, KAVA)'를 결성하여 활동해왔다(카바40년사 편찬위원회 편, 1995).

2. 급속한 산업화와 사회보장제도의 확장

1) 권위주의적 군사정권

1961년에 쿠데타로 장악한 박정희 정권하의 한국 국가의 성격에 대해서는 그 동안 다양한 논의들이 있어왔지만, 비교적 합의의 수준이 높다고 보는 개념인 '권위주의 국가(*authoritarian state*)' 정도로 규정함이 무난할 것이다. 집권 과정이 정당하지 못하였던 박 정권이 국민의 지지를 확보하거나 정치적 저항을 통제하기 위해 부심해야 했던 것은 말할 것도 없다. 그래서 이러한 필요가 대통령 중심의 강력한 중앙집권적 정치 지도력을 바탕으로 무리한 정책을 강행하거나 물리적 억압책을 동원하는 권위주의적 성격을 낳게 한 이유가 되었다고 보는 것이다. 제3공화국에서부터 비롯된 이러한 국가의 성격은 1972년의 이른바 '10월 유신'에 의한 제4공화국에 이르러 더욱 강화되었다. 그런가 하면, 박정희 대통령이 시해당한 후에 마련된 '민주화의 봄'을 짓밟고 광주의 시민항쟁을 무력으로 진압하면서 집권한 전두환 정권하의 제5공화국도 권위주의적 성격으로 일관하였다는 점에 대해서는 크게 이견이 없다.

이러한 권위주의적 국가는 반공 이데올로기를 앞세워 학문활동, 언론출판, 집회나 시위 등에 관한 시민의 기본권을 제한하였다. 불완전하나마 2공화국까지 이어져 오던 지방자치제가 중단된 것도 이 시기이다. 1961년 5월의 '군정포고령'에 의해 지방의회가 해산되었고, 9월의 '지방자치에 관한 임시조치법'과 제3공화국 헌법에 의해 지방의회 구성은 유보되었으며, 지방자치단체의 장은 임명직으로 바뀌었다. 그러던 것이 유신헌법에서는 통일이 될 때까지 지방의회를 구성하지 않는다고 선언하기에 이른 것이다.

이러한 상황에서 노동자가 노동3권을 제한당하는 것은 물론이었고,

그런 노동자들이 오랫동안 저임금과 열악한 노동환경 속에서 시달림을 받아야 했던 것은 말할 것도 없다. 1953년에 제정되었던 '근로기준법'이 1961년에 개정된 것을 포함하여, 박정희 정권 하의 노동관계법들은 개정을 거듭할수록 노동조합 운동에 대한 제약의 도를 높여갔다. 이러한 상황은 5공화국 초기까지 지속되었다. 한편, 전국 단위의 노동조합으로는 5·16 '군사혁명위원회'의 '포고령 제6호'에 의해 해체되었다가, 1961년 8월에 중앙정보부의 개입 아래 재건된 '한국노동조합총연맹'이 있었다. 그러나, 지도부가 정치권력에 포섭당하고 조직력이 약한 상태에서 강력한 제도적 억압에 맞서기에는 역부족인 상황이 이어졌다.

그런 중에도 지속적 산업화를 통해 심화되어가는 열악한 노동상황에 대한 노동자들의 저항은 서서히 자라나기 시작했다. 특히, 1970년 평화시장 노동자 전태일의 분신을 계기로 노동운동이 활기를 띠게 되었고, 대학생 등의 지식인들이 노동운동에 동참하기 시작했다. '도시산업선교회', '가톨릭농민회' 등의 종교단체들이 노동운동과 농민운동에 관여하면서 저항적 민중운동이 고개를 들기 시작한 것도 1970년대의 상황이었다. 1970년대 종반 들어 정치경제적 상황이 긴박해지면서 민중운동의 강도도 높아져갔다. 급기야 1979년에 YH 무역의 농성중인 여성 노동자들의 강제 해산 과정에서 한 명이 사망하는 사건이 있었고, 야당 총재 김영삼을 국회의원직에서 제명하는 일이 일어났다. 이러한 일련의 상황들이 직접·간접으로 10월의 부산·마산 항쟁을 촉발한 계기를 제공하였고, 이것이 박정희 대통령의 시해와 정권의 종말을 가져오게 한 하나의 실마리가 되었다.

제5공화국 들어서 개정된 노동관계법들은 노동운동에 대해 더욱 억압적 성격을 띠게 되었다. 노동쟁의에 있어서의 3자 개입 금지, 단체협약의 내용에 대한 행정관청의 개입 허용, 기업별 노조 체제, 노조 설립요건 강화 등이 그 대표적 내용이다. 그러다가 1985년의 총선을 앞두고 1984년부터 정치적 유화 국면에 접어들면서 노동운동이 활기를 띠게 된다. 이러한 과정에서 1986년에 상급 노동단체를 제3자 개념에서 제외하는 등의 노동법 개정이 있었고, 1987년의 민주화 대투쟁에 힘입어 제5공화국은 끝을 맺게 된다.

이상과 같은 노동운동의 성장에도 불구하고, 이 시기까지의 노동운동이 보여준 정치적 성과는 여전히 제한적 평가를 받을 수밖에 없다. 특히, 1963년 군사정권 아래 이루어진 노동관계법의 개정시부터 일관되게 고수된 '노동조합법'상의 노동조합 정치활동 금지 조항은 노동자의 정치세력화를 막고 행동반경을 크게 제한하는 역할을 해왔다. 그렇기 때문에 이 시기의 우리나라 노동자들은 국가로 하여금 사회복지제도를 발전시키도록 정치적 영향력을 행사하는 역할을 사실상 할 수 없었던 것이다.

2) 경제성장

쿠데타로 정권을 장악한 박정희 정부가 가장 역점을 두었던 정책은 한 마디로 경제성장 정책이었다. 1962년에 시작한 제1차 경제개발 5개년 계획은 수입대체 산업화에서 시작하여 차관에 의존한 수출주도 산업화로 전환되었고, 이로써 대외 의존적 경제발전의 첫 행보가 비롯되었다. 이러한 정책은 근대화론을 앞세워 제3세계에 자본과 기술을 진출시키는 가운데, 이들을 자본주의 체제에 편입시키려 했던 미국의 이해관계와 잘 맞아 떨어졌다. 이렇게 시작된 경제개발 5개년 계획이 차수를 거듭하는 동안 경제의 양적 팽창과 국민소득의 성장이라는 긍정적 성과를 가져왔던 것은 사실이다. 예컨대, 1963년의 1인당 GNP를 100으로 하였을 때, 박 정권의 말기인 1979년에는 무려 1,644로서 16배 이상으로 그 규모가 커졌던 사실이 이를 말해준다. 1987년에는 그 수치가 3,110에 이르렀다(감정기, 1994:75).

이러한 성과의 이면에는 독점재벌의 비대화와 노동자·농민의 배제라는 구조적 문제가 놓여 있었다. 정책의 추진 과정에서 국가로부터 금융이나 세제 등의 특혜를 받고 성장한 것이 이른바 재벌이다. 반면에 농업부문은 저곡가 정책 등의 영향으로 지속적으로 쇠퇴하게 되고, 이 때문에 탈농민은 지속적으로 증가하여 도시빈민을 양산하게 되었던 것이다. 이들이 저임금 노동력의 제공자들이었음은 물론이다.

분배보다는 성장을 위주로 하는 정책을 견지함으로써, 부의 편중과 불이익 집단의 상대적 박탈감을 야기하였음은 물론, 우리나라 국가복지를 만성적 낙후성으로부터 벗어나지 못하게 한 원인이 되기도 하였다. 1970년대 초부터 시작한 중화학공업화 정책은 경제의 대외 의존도와 구조적 부실성 및 외채의 부담을 더욱 가중시키는 결과를 가져왔다.

3) 사회보장제도의 확장

박정희 정권의 집권 초기에 몇 가지 사회보장 관련 법률들이 입법화되기 시작하였다. 1961년의 '생활보호법', '아동복리법', '원호법'과 1963년의 '군인연금법', '산업재해보상보험법', '의료보험법', '사회보장에 관한 법률' 등이 그것이다. 이러한 법률들이 제정되게 된 것은 대체로 취약했던 정권의 정당성과 안정을 확보하기 위한 정치적 선택이었던 것으로 봄이 타당하다. 특히, 공무원, 군인, 경찰, 국가 유공자 등과 같이 국가를 위해 봉사하는 사람들을 포섭하기 위한 제도가 우선적으로 채택되었던 점도 주목할 만하다. 그리고 공공부조법인 '생활보호법'은 종전의 '조선구호령'의 구호원칙을 사실상 답습한 것이었으며, '의료보험법'은 임의가입의 원칙을 채택함으로써 사실상 시행되지 못하다가, 1970년대에 가서야 시행되게 된다. 경제성장에 주력하여야 했던 1960년대의 기간 동안은 전반적으로 사회복지가 정책적 관심사의 외곽에 머물러 있었던 점을 부인하기 힘들다.

유신정권이 시작된 시기였던 1970년대 초반에 산업구조를 중화학공업 중심으로 전환하게 되면서, 외국의 차관이나 직접투자에 대한 지나친 의존에 부담을 느낀 정부는 이를 대신할 국내 자본의 동원에 착안하게 되었다. 이러한 필요에 부응하여 추진한 것이 연금제도의 도입이었다. 연금기금을 산업투자의 재원으로 활용하려던 것이었으며, 그로 인해 입법화된 것이 1973년의 '국민복지연금법'이었다. 그러나, 당시의 석유위기와 같은 부적절한 경제적 상황과 시행의 현실적 어려움 등을 이유로 그 시행은 사실상 1980년대로 미뤄지는 결과를 낳았다.

한편, 유신정권의 후반기에 의료보장 제도가 시행된 배경도 흥미롭다. 국민의 체제에 대한 불만이나 사회복지 욕구를 해소할 정치적 수단이 필요했었는가 하면, 때마침 시작된 남북대화와 관련하여 북한과의 체제 우월성 경쟁이란 요인도 작용하였던 것이다. 이러한 배경 속에 선택된 것이 1976년의 '의료보험법' 개정과 1977년의 '의료보호법' 제정이었다. 북한은 1972년의 신헌법 제정을 통하여 이미 무상치료, 무료 의무교육, 사회보험과 사회보장 등의 제도를 이미 구비하고 있음으로써 남한 정부에 자극을 주고 있었던 터였기 때문이다(조흥식, 1996:25~6). '공무원 및 사립학교 교직원 의료보험법'도 1977년에 제정되었다.

제5공화국에 들어서 사회보험제도의 획기적 변화는 없었다. 종전부터 있어왔던 제도들의 적용범위 확대와 같은 부분적 보완만이 이루어지는 점증적(*incremental*) 발전을 보이는 정도였다. 이 시기에 두드러지는 점은 1981년의 '노인복지법', '아동복지법' 및 '심신장애자 복지법'과 같은 사회복지 서비스 영역의 법률이 제정 혹은 전면개정된 일이었다. 아울러 1983년에는 '사회복지사업법'이 개정되어 사회복지 서비스 영역의 전달체계 개선의 바탕을 마련한 것도 주목할 만하다. 민간 사회복지 활동의 구심이라 할 '사회복지협의회'가 법적 근거를 마련하게 된 것도 이러한 '사회복지사업법' 개정을 통해서였다.

의료보험 제도의 적용범위가 확대되면서, 종전의 기업별 의료보험

〈표 15-2〉 연도별 사회복지 관련지출 추이

연도	비율(%)	연도	비율(%)	연도	비율(%)
1964	6.9	1972	1.7	1980	4.0
1965	5.6	1973	3.2	1981	3.8
1966	5.5	1974	3.9	1982	4.0
1967	5.2	1975	3.8	1983	4.4
1968	5.9	1976	3.3	1984	4.8
1969	5.0	1977	3.4	1985	4.9
1970	3.9	1978	3.5	1986	5.2
1971	2.4	1979	4.1	1987	5.8

〈자료〉 감정기, 1994:90.

참고 1) 1964~1970: 보건비+사회보장 및 특수복지비

2) 1971~1977: 보건 및 사회보장비

3) 1978~1987: 보건 및 생활환경개선비+사회보장비

조합의 자율운영을 기반으로 하던 이른바 조합주의가 갖는 문제점들이 지적되기 시작하였다. 이에, 대안으로서 통합주의가 제기되면서 정치권과 학계에서 양자간의 장단점에 대한 논쟁이 전개되기도 하였다. 그러나, 이 논쟁은 결론을 내리지 못하였고, 훨씬 후인 1990년대 말에 가서야 의료보험 행정의 통합이 이루어지는 변화를 보이게 된다.

전반적으로 보았을 때, 이 시기의 공공 사회복지 부문에서 발견할 수 있는 특성은 집권자의 정치적 필요에 의한 강제적 사회보험제도의 부분적 도입과 사회복지 서비스 관련제도의 도입이라 할 수 있다. 그 결과 전 시기를 통하여 사회복지비 지출의 상대적 크기가 크게 변동이 없었을 뿐 아니라, 유신정권 기간 동안은 오히려 위축된 현상을 보였으며, 이후 5공화국 말기에야 3공화국 시기의 수준을 회복하였음을 알 수 있다. 이러한 현상은 국가의 사회복지에 대한 소극적이거나 부정적 정책의지에서 그 원인을 찾을 수 있겠지만, 그것에 대한 시민사회 부문의 의식과 참여가 미약했던 점에서도 찾을 수 있을 것이다.

이 기간 전반을 통하여 지속된 권위주의적이며 중앙집권화된 정치상

황 속에서 시민 일반의 정치적 참여는 전반적으로 저조하였으며, 노동자 조직의 참여수준도 이런 사정을 반영하고 있었다. 노동조합의 사회보장 제도에 대한 관심은 노동운동이 점차적으로 확대되는 가운데 사회보장 제도가 자신들의 이해관계와 부딪치는 점을 인식하게 되면서 나타나기 시작했으나, 이 시기동안 사회보장을 자신들의 조직적 요구의 소재로 삼은 경우는 사실상 매우 드물었다.

4) 외원기관의 쇠퇴와 사회복지법인 사업의 발전

1960년대 말까지 활동의 규모나 영향력의 면에서 우리나라 민간 사회복지사업 영역에서 적지 않은 비중을 차지하였던 외원기관의 역할은 1970년대를 전후하여 쇠퇴하기 시작하였다. 지속적 경제성장으로 국민소득의 수준이 향상하고 사회의 각 부문이 아울러 개선됨에 따라, 이들의 활동여지가 줄어들었다고 판단한 때문이다. 1974년에 '외국 민간원조단체에 관한 법률'의 시행령과 시행규칙을 개정하면서 이들 기관의 활동에 대한 통제를 강화하게 된 제도적 상황도 한 가지 이유로 작용하였다(최원규, 1996:103~4). 그래서 더러는 완전히 철수하고, 더러는 국내 법인에게 사업권을 이양하면서 간접적 지원을 하는 형태로 활동의 방식을 전환하게 되었던 것이다.

이에 따라, 사회복지 시설 운영재원에서 차지하던 외원기관 지원의 비중은 줄어들고, 이를 정부의 지원이 대신하게 되었다. 그래서, 한 때 당시 보건사회부 예산을 능가하기도 하였던 외권기관의 지원액은 차츰 감소하여 1974년이 지나면서 급격하게 감소하게 되었고, 아동복지 시설 운영재원에서 차지하던 정부보조비와 외원기관 지원금의 규모의 상대적 비율도 1974년부터 역전되었다. 이러한 상황을 다음의 〈표 15-3〉에서 보여주고 있다. 요보호 아동의 수의 감소가 뚜렷해진 1980년대에 들어서는 아동복지 시설을 장애인복지 혹은 노인복지 시설로 전환하도록 행정적으로 유도하게 되면서 시설유형 분포가 변화하게 된다.

한편, 이 시기의 사회복지 서비스가 시설 중심의 사업에만 집중된 것은 아닌 것으로 보인다. 1960년대부터 시설보호 아동의 가정복귀, 입양, 위탁, 거택보호 등에 지속적으로 일정한 정책적 비중을 두어온 것에서 알 수 있다. 그런가 하면, 탁아시설의 설립도 적극 권장하여, 1959년에 11개소에 불과하던 것이 1969년에는 399개소로 크게 증가하게 된다(백종만, 1996:47). 그럼에도 불구하고 실질적으로 수용형 시설 중심에서 벗어나 이용형 시설의 증가가 가시화되는 것은 1980년대 이후의 일이다.

1980년대에 들어 사회복지 전문인력 양성을 담당한 대학의 사회복지 관련 학과의 수가 크게 증가하기 시작한 것도 주목할 만하다. 1970년대까지만 해도 10여 개에 지나지 않던 것이 1980년대에 들어 사회복지 인력에 대한 수요가 증가하는 것과 함께 각 대학에서 서둘러 관련

〈표 15-3〉 외원지원액의 상대적 규모 추이

연도	외원지원액 ÷ 보사부예산(%)	아동복지시설 운영재원 구성		
		정부보조	외원지원	자부담·기타
1958	36.2	28.3	36.5	35.2
1959	27.9	22.9	41.5	35.6
1961	216.3	21.1	53.3	25.6
1962	106.2	20.2	56.0	24.0
1965	165.9	15.5	64.0	20.5
1966	119.6	17.4	53.3	29.3
1967	76.5	19.8	50.3	29.9
1968	43.9	22.2	52.5	25.3
1969	65.8	26.2	51.0	22.8
1974	145.6	48.0	29.0	23.0
1975	34.7	49.1	25.9	25.0
1981	15.8	62.6	5.7	31.7

〈자료〉 백종만, 1996:60에서 발췌 재구성.
참고: 자료가 불확실한 연도는 제외함.

학과를 신설하게 되면서 이 기간에 17개 대학에서 새로 관련학과를 신설하였던 것이다. 그런가 하면, 교육의 내용 면에서도 종전의 미국식 사회사업 중심에서 벗어나 한국의 현실적 필요를 반영하는 정책 영역에 대한 교육 비중의 확대에 착안하게 되었다. 이러한 경향은 1980년 이후 일부 대학의 관련 학과 명칭이 '사회사업학과'에서 '사회복지학과'로 전환된 사실에서 확인할 수 있다.

3. 민주주의의 발전과 복지국가 기반형성

1) 정치권의 동향과 남북관계의 변화

1987년 12월의 대통령 선거와 1988년 4월의 국회의원 선거를 거쳐 노태우 대통령이 이끄는 제6공화국이 출범하였다. 이 시기에는 1987년 민주화 운동의 여파로 물리적 억압에 의한 통치가 벽에 부딪히면서 정치적 민주화의 행보가 느리지만 지속되었다고 보는 것이 지배적 시각이다. 1988년 3월의 '지방자치법' 부활과 '지방의회 의원 선거법' 제정에 이어, 1961년에 지방의회 구성 유보와 단체장 임명제 등을 규정하였던 '지방자치에 관한 임시조치법'이 1988년 4월에 폐지되면서 지방자치제가 되살아난 것도 이 시기이다.

지방자치제는 우여곡절 끝에 1991년 3월과 6월의 기초 및 광역 의회 의원 선거와, 김영삼 집권기인 1995년 6월의 단체장 선거를 통해 부활된 것이다. 비록 아직도 허다한 맹점을 안고 있는 실정이지만, 이러한 지방자치제를 통하여 국민의 정치에 대한 참여의 폭이 점차 확대되어 온 것은 사실이다. 1990년대에 들어 NGO 혹은 NPO 등으로 불리는 시민단체의 활동이 활성화된 것도 이러한 배경과 무관하지 않다. '경실련'(1989), '환경운동연합'(1993), '참여연대'(1994) 등을 비롯한 전국 및 지방 단위의 시민운동단체들이 개별적 혹은 상호연대의 방법으로 지역과 국내 문제는 물론 국제적 문제에까지 관여하게 되는 정치적 힘을 발휘하면서, 유력한 정치세력으로 부각되고 있는 것이다.

노동운동 부문의 변화도 사회복지의 발전과 관련하여 중요한 의미를 지닌다. 1980년대 후반까지 전반적으로 노동조합의 정치적 활동이 저조했을 뿐 아니라 사회복지 부문에 대한 관심의 표명은 더욱 미미했음을 앞서 지적한 바 있다. 그런데, 이러한 상황이 6공화국 이후에 크게 바뀐 것이다. 전국 단위의 복수 노동조합이 제도적으로 수용됨으로써 노동정치의 양상이 변화되었고, 이렇게 하여 합법적 입지를 마련한 민주노총이 1995년부터 사회보장과 교육 등에 대한 요구를 '사회개혁투쟁'으로 범주화하여 노동운동의 핵심사업으로 삼게 된 점이 그 예이다(김연명, 1998:23). 이러한 상황변화는 노동운동 세력의 정치적 참여가 향후 사회복지 제도의 발전에 중요한 변수로 작용하게 될 것임을 말해준다.

김영삼 집권기인 1993년에 들어 아시아태평양경제협력체(APEC) 정상회담이 열린 후, 나라간의 개방과 무한경쟁을 목전에 둔 일종의 위기감에서 대통령이 '국제화', '개방화'라는 용어와 함께 '세계화(*globalization*)'를 하나의 정책지향으로 표방하기 시작하였다. 이와 함께 '우루과이 라운드(UR)' 협상 타결에 이은 세계무역기구(WTO) 체제가 세계의 경제를 규정하는 요소로 등장하면서, 국가 경쟁력의 문제가 중요한 사회적 화두로 등장하게 된 것도 이 기간의 우리나라 정치경제 상황을 이해하는 데에 빠뜨릴 수 없는 부분이다.

김영삼의 '문민정부'에 이어 김대중의 '국민의 정부'와 노무현의 '참여정부'로 이어지는 기간 동안 진행된 정치권의 동향으로는 절차적 민주주의의 진전, 좌파적 정당의 등장과 정치적 진출, 권위주의의 약화, 지방분권화의 확대 등을 들 수 있다. 그러나 이에 이어서 보수적 지지층을 정치적 기반으로 하여 등장한 이명박 정부는 직전 정권들과는 다른 정치적 지향성을 보이게 된다.

〈그림 15-2〉
남북정상회담. 2000.6.14.

복지국가의 재편과 전망을 다룬 이 책의 12장에서 20세기 종반 이후의 국제동향을 복지국가의 향방을 좌우할 변수로서 언급한 바 있다. 이 모두가 직접 간접으로 우리 사회의 변화에 영향을 끼치고 있지만, 그 가운데 우리나라 정치상황의 흐름에 의미 있는 영향을 끼친 한두 가지 사실만 부연한다면 동구 공산권의 붕괴와 독일의 통일을 들 수 있다. 동구 공산권의 몰락은 오랜 냉전체제를 종식시킴으로써 한반도의 남북관계를 새롭게 조명하게 하는 배경이 되었고, 독일의 통일은 한반도 통일에 대한 관심과 논의를 새로운 국면으로 이끄는 자극제가 되기도 했던 것이다.

김대중 정부 이후에 급속히 확대되기에 이른 남북관계의 진전은 이와 같은 국제환경의 영향과 무관하지 않을 것이다. 그리하여 민간부문의 교류가 간헐적으로 추진되던 상황에서 이루어진 남북 정상의 만남과 2000년 6월 15일의 '공동선언'은 남북관계에 새로운 전기를 마련하기에 이른다. 이른바 "햇볕정책"으로 일컬어지는 김대중 정부의 대북 유화정책으로 남북간 교류와 협력의 폭이 더욱 확대되었고, 이 흐름은 노무현 정부에서도 대체로 계승되었다. 그러나 이명박 정부에 이르러 대북관계의 원칙과 기조에 다소의 변화를 보이는가 하면, 북한의 움직임과 남북을 둘러싼 국제관계 기류가 매우 가변적이어서, 남북관계의 향방은 불투명해지게 된다.

2) 경제의 부침과 새로운 사회적 위험의 부각

제6공화국 경제의 특징은 대외개방의 확대와 산업구조 조정으로 요약할 수 있다. 1991년 상품수입 개방률 97.2%, 금융과 서비스 부문의 개방 등이 전자와 관련된 현상이라면, 미국을 중심으로 한 새로운 국제분업 구조개편에 적응하기 위한 것이 후자에 해당한다. 이 결과 다국적 기업의 국내진출이 확대되고, 국내 잉여의 해외유출이 확대되었으며, 경제의 대외 의존성은 더욱 심화되게 된다. 국제수지 적자가 누증되는 등의 경제 위기 징후가 나타나게 되는 것도 이러한 현상들의 직접적 결과라 볼 수 있다. 이 시기의 거시경제지표를 보면, 경제성장은 둔화되는 반면, 실업률은 대체로 2%대의 낮은 수준을 유지하였다.

한국 경제의 높은 대외 의존성과 부적절한 외환 관리는 급기야 1997년 말에 국제통화기금(IMF)으로부터 긴급 구제금융을 받아야 하는 상황을 초래하였다. 세계 자본주의의 구조적 문제에서 비롯된 이른바 아시아 경제위기의 한 국면으로 이해되는 이 일로 인하여 일시에 대외신인도가 급락하면서 자금의 압박을 받아야 했고, 산업 구조조정을 강요받는 상황에서 부실한 기업과 금융기관을 정리하고, 국영기업을 민영화하며, 기업의 해외 매각을 추진하는 등의 상황이 계속되면서 수많은 실업자를 배출하게 되었다. 이러한 상황은 한국의 경제와 산업이 체질 개선을 할 수 있는 계기가 되기도 하였으나, 이로 인해 치러야 할 사회적 비용과 고통 역시 결코 적지 않았다는 점을 주목할 필요가 있다. 이런 일련의 과정은 한국 경제가 신자유주의적 세계 경제질서의 영향권 속에 깊숙이 빠져들게 만들었다.

그렇기 때문에 경제위기 이후의 국내경제 상황은 한 마디로 신자유주의적 질서의 확산 과정이었다 해도 결코 지나치지 않다. 국내경제와 시장의 대외개방이 가속화되어 왔고, 취약한 영역에 대한 국가의 지원과 개입은 줄어들거나 철회되는 반면에 경쟁과 능력중심의 보상이 지배적 원리로 자리 잡게 된 것이다.

아울러, 전반적인 성장세의 둔화가 지속되고, 부와 소득의 양극화가 심화되는 양상이 지속되고 있다. 일자리가 부족하여 실업문제가 만성화 조짐을 보이는 반면, 취업기피 업종에서는 인력이 부족하여 임금부담이 적은 외국인 근로자로 메우는 역설적인 현상도 빚어지게 되었다. 이러한 외국인 근로자의 유입 외에도 결혼이민 여성의 증가가 새로운 사회현상으로 자리잡게 되면서, 우리 사회가 차츰 다문화사회의 성격을 띠어가게 되었다.

한편, 저출산 고령화 현상이 심각한 사회문제로 대두되고 있어, 엷어지는 생산연령층에 지워지는 높은 부양부담 문제가 경제적 잠재력 및 사회복지 재정과 관련하여 뜨거운 사회적 쟁점이 되고 있다. 이와 같은 상황에서 부각되고 있는 것이 이른바 '새로운 사회적 위험'이다. 보호가 필요한 가구원을 돌보는 일과 소득활동을 겸해야 되는 상황, 저임금과 불완전한 취업으로 인해 지속적으로 생활에 궁핍을 느껴야 할 상황 등이 새로운 사회적 문제로 부각되면서 사회적 조치를 요구하고 있는 것이다.

▎새로운 사회적 위험(new social risks; NSR)

일반적으로 '사회적 위험'이란 안정된 삶의 유지와 노동력의 재생산을 위협하는 상황이나 사건을 일컬으며, 사회복지의 주요한 대응과제로 다루어지고 있다. 보통 탈산업화의 시기인 오늘날의 사회적 위험을 '새로운 사회적 위험'이라 칭하면서, 이와 구별되는 과거 산업화시기의 사회적 위험을 '과거의(혹은 전통적) 사회적 위험(old social risks; OSR)'이라 부른다. OSR에는 주로 남성 부양주의 질병, 재해, 장애, 노령, 퇴직, 사망 등이 포함되는 반면, NSR에는 가족구조의 취약성, 노동시장의 불안정, 세계화 등에 의해 여러 가구원들이 부딪히게 되는 다양한 위험들을 포함한다. NSR의 예로는 소득활동과 가사를 양립해야 하는 상황에서 부딪히는 여성들의 위험; 노동시장 진입, 안정적 취업, 교육훈련의 접근성 등의 제약으로 교육·기술수준이 낮은 사람들이 겪는 위험; 사회복지의 민영화 과정에서 저소득층과 비정규직 근로자가 배제됨에 따라 비롯되는 위험 등이 꼽힌다. 나라별 경제사회 발전의 수준에 따라 이런 위험이 끼치는 영향력의 정도와 사회적 위험으로 받아들여지는지 여부에 차이가 있음은 물론이다. OSR과 NSR을 각각 '구사회(적) 위험'과 '신사회(적) 위험'으로 줄여 부르기도 한다(남은영, 2009; 주정, 2008; 윤홍식, 2006; Taylor-Gooby, 2004).

3) 보편주의의 확대와 사회서비스의 발전

이 시기 사회복지의 주요한 특징 중에 하나는 보편주의의 원칙, 강제성의 원칙, 노동계급 포섭의 원칙 등의 확대가 가시화되기 시작하였다는 점이다(백종만, 1996:51). 이러한 판단을 뒷받침할 만한 예로서 의료보험의 개보험화와 행정통합, 국민연금제도의 도입과 개연금화, 최저임금제의 실시, 산재보험과 고용보험의 적용 확대, 그리고 '국민기초생활보장법'의 제정 등 사회보장제도상의 두드러진 성격변화를 들 수 있다. 인권의식의 확산도 이러한 변화와 궤를 함께 한다고 볼 수 있다. 한편, 이 시기의 또 다른 특성이라면 2000년대 들어서 다양한 사회 서비스가 눈에 띄게 확산되고 있다는 점이다. 이러한 변화과정을 몇 가지 주요 제도를 중심으로 나누어 살펴보면 다음과 같다.

의료보험제도는 1977년 7월부터 상시고용 500인 이상의 사업체에 강제적용하기 시작하여, 1988년 1월부터 농어촌에, 그리고 1989년 7월부터 도시지역에 확대적용됨으로써 개보험화를 이루었다. 1989년 10월 1일부터 약국 의료보험이 적용되었다. 1997년 12월 31일 '국민의료보험법'의 제정으로 1998년 10월 1일부터 조합주의 방식에서 통합주의 방식으로 변경되어, 공·교공단과 227개 지역의료보험조합이 일차 통합되었다. 이어서 1998년 2월 노·사·정위원회에서 의료보험통합 합의를 거쳐 동년 12월 '국민건강보험법'이 제정되고 2000년 7월 1일부터 시행되면서, 142개 직장조합까지를 포함하는 행정통합을 이루게 되고, '국민건강보험공단'이 출범하였다. 이와 함께 의약분업도 오랜 진통 끝에 실시되었다. 이로써 제도의 명칭이 '의료보험'에서 '건강보험'으로 바뀌게 되었다. 이후 건강보험은 진료비 본인부담액 상한제 실시(2004년)와 적용범위 확대 등으로 보장률을 지속적으로 높여가고 있다.

국민연금은 1986년에 법이 제정되어 1988년 1월부터 상시 10인 이상의 노동자를 고용하는 사업장에서부터 시작하여, 1995년에 농어촌

지역으로 확대 적용하고, 1999년에는 도시 자영업자에게까지 적용범위를 넓힘으로써 전국민 연금의 시대에 돌입하였다.

최저임금제도는 1986년에 '최저임금법'이 제정되어 1988년 1월부터 10인 이상의 제조업에 한정적으로 적용하여 시행하기 시작하여, 2000년 11월부터 모든 사업장에 확대적용하기에 이르렀다. 산재보험도 2000년 7월부터 모든 사업장에까지 적용이 확대되었다. 그리고, 고용보험제도는 1995년 7월 1일부터 상시노동자 30인 이상 사업장에서부터 적용하기 시작하여, 1997년 말부터 불거진 외환위기 이후 실업이 급증함에 따라 단계적으로 적용범위를 넓혀서 1998년 10월 1일부터는 4인 이하 사업장 및 임시직 · 시간제 노동자에게까지 적용범위를 확대하여 실시하고 있다.

이 기간에 있었던 사회보장제도의 발전 가운데 가장 두드러지는 것이 있다면, 1999년 8월에 공공부조의 근간이 되는 '국민기초생활보장법'이 제정된 사실이다. 종전의 생활보호제도는 일제시대의 '조선구호령'을 답습한 '구빈법적' 성격의 것으로, 수급자격을 인구학적 속성을 중심으로 범주화함으로써 모든 국민의 인간다운 생활 보장이라는 기본정신에서 벗어나 있다고 보았던 것이다. 특히, 1998년 이후의 외환위기 상황에서 발생한 다수의 장기 실업자 등의 문제에 대처하는 데에 종전의 생활보호제도는 한계가 있음을 인식하게 됨에 따라, 시민단체들이 1년 여에 걸쳐 입법운동을 추진하여 획득한 성과란 점에서 주목을 받기도 했다. 이 제도는 최저생계비를 기준으로 한 보충급여 방식을 채택하였으며, 급여항목에 주거급여를 포함시키게 되었다는 점 등에서도 종전의 생활보호제도와 차별성을 보인다. 이렇게 공공부조 제도가 자리를 잡아가면서, 근로능력이 있는 수급자와 차상위계층 등을 겨냥한 자활지원 서비스가 확대되는 한편, 기초생활보장의 혜택을 받지 못하는 근로빈곤층을 겨냥한 근로장려세제(EITC: Earned Income Tax Credit)를[1] 도입하는 등의 몇 가지 보완적 장치들이 뒤따라 마련되었다.

사회복지서비스 부문에도 관련법제도의 발전과 함께 서비스 전달체계에 이르기까지 포괄적인 변화가 진행되어왔다. 요보호집단에 대한 사회적 돌봄의 중요성과 저소득 고용취약집단을 위한 사회적 일자리의 절실함에 대한 관심이 확대되면서 이를 뒷받침할 제도의 보완이 많이 이루어진 때문이다.

먼저 아동과 청소년 부문을 보면, 1986년에는 모자보건사업과 가족계획사업을 연계시키도록 하는 '모자보건법'의 전면개정이 있었으며,[2] 1989년에는 아동 주간보호시설[3] 규정을 신설한 '아동복지법시행령'의 개정이 있었는가 하면, 1991년에는 아동 주간보호 사업을 관리하고 지원하기 위한 '영유아보육법'이 제정되었다. 선별적 시설보호 중심의 접근에서 차츰 보편적 재가복지 서비스를 강화시켜 온 셈이다. 한편, 청소년복지 부문은 1987년에 '청소년육성법'이 제정되고 이에 따라 청소년관련 전담조직이 설치되면서부터 자리를 잡아가기 시작한다. 1990년에 체육청소년부가 신설되었고, 1991년에 '청소년육성법'이 '청소년기본법'으로 변경되면서 '청소년육성 5개년계획'이 수립되어 2007년까지 3차에 걸친 계획이 완료되었다. 2005년에 국가청소년위원회가 설치된 이후 청소년정책의 영역이 활동, 복지, 보호의 영역으로 구분·정립되었다. 이러한 일련의 과정을 거쳐 이명박 정부 들어 아동 부문과 청소년 부문을 통합한 정책의 추진을 도모하게 된다(보건복지가족부, 2009).

노인복지 영역에서는 1991년에 55세 이상의 고령자들에게 취업의

---

1) 근로장려세제는 일정금액 이하의 저소득 근로자가구에 대하여 근로소득에 따라 산정된 근로장려금을 지급하여 근로유인을 제고하고 실질소득을 지원하기 위한 근로연계형 소득지원제도이다. 자세한 내용은 다음 국세청 사이트를 참조할 것. http://www.eitc.go.kr/eshome/

2) 이때에만 해도 인구증가억제가 가족계획사업의 기본 방향이었다.

3) 당시 법령상의 명칭은 '탁아시설'이었다.

기회를 부여하기 위해 제정된 '고령자고용촉진법'을 꼽을 만하다. 이것은 2008년에 연령을 이유로 한 차별금지 규정을 추가한 '고용상 연령차별금지 및 고령자 고용촉진에 관한 법률'로 개편되었다. 혼자 일상생활을 영위하기 어려운 노인을 겨냥한 '노인장기요양보험법'과 고령 저소득 노인을 대상으로 한 '기초노령연금법'이 각각 2007년에 제정되어 2008년부터 시행되고 있다. 아직은 선별적 성격이 강한 이 제도들의 적용 범위와 조건을 차츰 확대시켜 보편화의 원리로 나아가는 것이 중심적인 정책과제가 될 것이다.

장애인복지 부문을 보면, 1990년에 장애인 의무고용제를 채택한 '장애인 고용촉진 등에 관한 법률'이 제정되었는데, 이 법은 2000년에 중증 장애인의 특별지원 등에 관한 규정을 보완한 '장애인 고용촉진 및 직업재활법'으로 전면 개정되었다. 장애인과 노인 등의 이동권과 접근권 보장을 위해 1995년에 '장애인복지법'에 근거한 '장애인 편의시설 및 설비의 설치기준에 관한 규칙'이 제정되었는데, 이것은 1997년의 '장애인·노인·임산부 등의 편의증진보장에 관한 법률'로 대체되었다. 이어서 2005년에는 교통수단의 이용 및 보행에 어려움을 겪는 교통약자들을 겨냥한 '교통약자의 이동편의 증진법'이 추가로 제정되었다.

다문화사회로 변해가는 사회현실에 대응하여 2006년부터는 '여성결혼이민자 가족 사회통합 지원대책'을 수립하게 되면서 다문화가족 지원정책이 가시화되기 시작했다. 정부가 지원하는 '다문화가족 지원센터'가 설립·운영되면서 결혼이민자등을 지원하기 위한 서비스들이 시행되고 있다. 그리하여 2008년에는 다문화가족의 지원을 보다 체계화하기 위한 '다문화가족 지원법'이 제정·시행되고 있다.

이와 같은 사회복지서비스 관련 제도 발전의 연장선상에서 주목할 만한 중요한 변화가 바우처(*voucher*) 방식의 사회서비스[4]의 확대이다.

4) 현재 국내 학계나 정책 현장에서 '사회복지서비스'와 '사회서비스' 등의 유사

장애인·노인·아동·산모신생아 등에 대한 사회적 돌봄(*care*)을 확대하면서, 여기에 소비자 주권을 존중하기 위한 방편이 되는 바우처 지급 방식을 도입한 것이 이러한 움직임의 한 가지 특징이다. 아울러 이러한 서비스의 전달을 저소득 고용취약집단을 위한 사회적 일자리 제공과 연계시킨 점도 중요한 특징이라 할 수 있다.

한편, 사회복지사의 자격요건에 대한 오랜 논의의 결과 1997년에 '사회복지사업법'이 개정되어, 2003년 1월 1일부터 사회복지사 1급을 취득하기 위해서는 자격시험을 거치도록 한 규정을 두게 되었고, 대학 혹은 대학원을 졸업하고 2급 자격을 취득하기 위한 요건이 특정 학과의 졸업이 아닌 지정과목의 이수로 바뀌었다. 이어서 1999년 개정에서는 사회복지 시설의 평가를 제도화하고, '사회복지 전담 공무원'에 관한 규정을 둔 일 등이 주목할 만하다. 이 밖에, 종전의 관주도적 '불우이웃 돕기 성금'을 대체하고, 지역사회 단위의 민간재원 확보를 위한 민간주도의 공동모금 활동에 관한 근거를 마련한 '사회복지공동모금법'이 1997년에 제정되어 이듬해 7월부터 시행된 점도 이 시기의 주요한 변화이다. 이로써 '사회복지사업기금법'은 폐지되고, 공동모금회가 전국 및 시도 단위에서 사회복지법인으로 설치되어 활동하게 되었다. 그러나 법 시행 전인 1998년 5월에 36개 종교단체에서 "사회복지공동모금법 폐지 및 유보 의견서"를 청와대와 복지부에 보내는가 하면, 법 시행 보름만에 "사회복지공동모금법 폐지법률안"이 국회에 상정되는 우여곡절을 겪어야 했다. 종교단체 등의 기존 모금활동을 불필요하게 제

용어들 사이의 관계나 차이에 대해서는 일치된 견해를 찾기 어렵다. 일반적으로 '사회복지서비스'라 할 때는 '사회보장기본법' 제3조의 규정에 준하여 사회적 취약집단의 개별적 욕구에 부응하는 인적·물적 서비스를 뜻한다. 한편 '사회서비스'도 좁게는 이와 같은 의미로 쓰기도 하나, 대개 좀더 넓게 '사회적 기업 육성법' 제2조와 동 시행령 제3조의 규정처럼 교육, 보건, 사회복지, 환경, 문화 외에, 예술·관광·운동과 산림보전 및 관리 등을 포괄하는 영역의 공공 서비스를 일컫는 말로 쓰는 경향을 보인다.

약하게 된다는 것이 주된 이유였다. 이리하여 종전 법이 갖는 몇 가지 불합리한 점까지 감안하여 1년도 되지 않은 1999년 3월에 '사회복지공동모금회법'이란 이름으로 개정되는 일이 발생했다. 이에 따라, 시도 단위 모금회는 독립법인이 아닌 중앙 모금회의 지회로 격하되었으며, 배분신청의 자격요건이 완화되었는가 하면, 모금 활동비는 모금액의 2%에서 10%까지 상향조정되었다.

2000년대 들어서 일어난 변화 가운데 주목할 만한 또 다른 일이라면 사회복지서비스 공급의 중심축이 지방으로 이동하는 양상이 가시화된 점이다. 2003년 7월의 '사회복지사업법'의 개정에 따라 공공 및 민간 부문에서 지방의 사회복지에 대한 책임과 권한을 강화하는 일련의 제도적 변화가 일었음을 일컫는 말이다. 시군구 사회복지협의회를 법인으로 격상시킬 수 있는 법적 근거가 마련되었고, 2005년부터 시군구에 공공 및 민간 대표로 구성되는 지역사회복지협의체를 설치하며, 시군구 및 시도로 하여금 지역사회복지계획을 수립하도록 하였던 것이 이러한 변화의 일면이다. 한편 2005년부터는 '참여정부'의 포괄적인 지방분권 추진 로드맵에 따라 사회복지사업의 지방분권화가 진행되었다. 국고보조금 방식으로 주어지던 중앙정부의 지원 가운데 절반 정도가 '분권교부세'라는 신설된 지원방식에 따라 주어지면서 지방의 책임과 재량을 강화시킨 것이다. 이와 같은 사회복지서비스의 분권화는 명암의 양면을 지니기 때문에 어떻게 정착되느냐에 따라 그 성과는 크게 달라질 수 있다.

이상에서 살펴본 이 시기 사회복지의 변화를 요약하자면, 사회보험 제도들이 적용범위를 확장함으로써 보편주의의 원리에 좀더 가까이 다가간 점, 공공부조 제도가 시행상의 파행에도 불구하고 내용상 보충급여의 성격을 지님으로써 보완된 점, 반면에 최소한의 생활유지에 대한 국민의 권리는 근로참여 및 생산적 기여와 연계되는 것이 바람직하다는 '생산적 복지'[5]의 원리가 한 몫을 차지한 점, 사회복지 서비스 관련

제도들이 요보호자의 사회참여 기회를 넓히면서 보완된 대신 시장부문의 참여가 확대된 점, 분권화가 확대된 점 등을 들 수 있다. 전반적으로 보아, 불완전하나마 보편주의가 강화됨으로써 복지국가의 기반을 형성한 것으로 평가할 수 있을 것이다.

지금까지 살펴본 바와 같이 1980년대 종반 이후의 우리나라 사회복지가 변화해온 양상은 꽤나 역동적이었다고 할 만하다. 다양한 영역에서 다양한 변화가 있었다는 뜻이다. 이제 이러한 변화의 성과를 한 가지 양적 지표를 통해 살펴봄으로써 우리나라 사회복지의 상대적 위상을 일별해보고자 한다. 다음의 연속된 두 개의 표는 연도별 국내총생산(GDP) 대비 사회복지지출의 정도에 관한 국내 상황 및 나라별 비교자료이다. 여기서 사회복지지출(*social expenditure*)이란 사회적 위험에 직면한 개인에 대해 공적 제도를 통해 제공하는 사회적 급여나 재정적 지원을 합한 것을 말한다.

〈표 15-4〉 우리나라 GDP 대비 사회복지지출 비율(단위: %)

구분	2001년	2002년	2003년	2004년	2005년	2006년	2007년
합계	5.77	5.55	5.86	6.57	7.00	7.88	8.07
공공부문	5.18	5.04	5.29	5.97	6.42	7.30	7.48
법정민간부문	0.59	0.51	0.57	0.60	0.57	0.58	0.59

〈자료〉 보건복지가족부.

5) 이 용어는 김대중 정권이 근로연계복지(*workfare*)의 성격을 띤 당시의 정책지향을 나타내고자 사용한 용어로 이해되며, 용어의 적절성 여하를 떠나서 이러한 정책지향은 현실화되어 이후에도 이어지고 있다. 다음의 두 정권에서 '참여복지'나 '능동적 복지' 등의 용어가 사용되었으나, 정책의 뚜렷한 차별성을 수반하지 않는 정치적 수사에 불과하다고 보아 이에 대한 자세한 논의는 생략한다.

〈표 15-5〉 2005년 OECD 주요국 GDP 대비 사회복지지출 규모 비교

(단위: %)

한국	스웨덴	덴마크	프랑스	영국	네덜란드	일본	미국	OECD 평균
7.0	29.8	27.3	29.5	22.1	21.6	19.1	16.3	21.2

〈자료〉 OECD (www.oecd.org), 보건복지가족부.

먼저 국내 상황을 보면, 큰 변화는 아니지만 전반적으로 비율이 상승하는 추이를 보이고 있고, 민간부문의 비율은 거의 정체하고 있는 반면에 공공부문의 비율 변화가 상대적으로 좀더 뚜렷한 점을 볼 수 있다. 그리고 이 표에는 나타나 있지 않으나, 1990년의 GDP 대비 사회복지지출 비율이 3.18% (공공부문 2.9%) 이었던 점과 비교하면 꾸준히 국가개입의 폭이 확대되어 왔음을 알 수 있다. 그러나 이런 우리나라 상황을 몇몇 OECD 회원국의 상황과 비교하면 아직 우리가 가야 할 길이 멀다는 사실을 발견할 수 있다. 가장 낮은 미국의 절반에도 미치지 못하며, OECD 평균의 1/3에 불과한 수준이기 때문이다.

생각해볼 문제

1. 외원기관의 활동이 우리나라 사회복지의 이론 및 실천에 미친 영향은 어떻게 평가할 수 있겠는가?
2. 해방 이후 우리나라 사회복지 제도의 변화를 이끈 가장 중심적 요소는 무엇이었던가?
3. 우리나라 사회복지 서비스의 분권화 양상은 어떠하며, 이것이 서비스 수혜자나 제공기관에 주는 의미는 무엇인가?
4. 사회복지에 대한 민간참여의 확대, 특히 시장부문 역할의 확대를 어떻게 생각하는가?
5. 우리나라의 국가복지가 상대적으로 낙후된 것으로 평가받는 것은 어떤 점 때문이며, 이러한 상황을 극복하는 길은 무엇이겠는가?

참고문헌

《三國史記》

《與猶堂全書》

《禮記》 禮運

《朝鮮王朝實錄》

《구약성서》 창세기 41장

감정기(1992), "한국 사회복지사 시대구분 : 공적 노동복지제도 분석을 중심으로," 경남대사회과학연구소, 사회과학연구.

______(1994), "한국노총 정치참여의 특성과 그 영향요인에 관한 연구," 서울대학교 박사학위논문.

岡村重夫(1986), 송정부 역, 《사회복지원론》, 경진사.

고세훈(1992), "사회민주주의 : 논리, 전개, 전망," 〈사회비평〉, 제8호, 나남.

권오구(2000), 《사회복지발달사》, 홍익재.

권현수(1994), "사회복지의 사적 전개," 현외성 외, 《사회복지학의 이해》, 유풍출판사.

김경동(1985), 《현대의 사회학》, 박영사.

김기현(2009), 《선비: 사유와 삶의 지평》, 민음사.

김동국(1994), 《서양사회복지사론: 영국의 빈민법을 중심으로》, 유풍출판사.

김상균(1987), 《현대사회와 사회정책》, 서울대출판부.

______(1992), "사회민주주의형 복지국가와 조합주의의 모색," 한국사회복지학회. 《복지국가의 현재와 미래》, 사회복지국제학술회의 자료집.

______(1997), "사회복지사 연구와 사회복지학의 이론," 하상락 편, 《한국사회복지사론》, 박영사, pp. 22~29.

김석준(1991), "신흥공업국의 국가와 복지정책 산출구조 : 한국과 대만 비교," 《복지국가의 현재와 미래》, 한림대학교 사회복지세미나 자료.

김석진 · 박민수(1998), 《세계화와 신자유주의 비판을 위하여》, 공감.

김성이 · 김상균(1994), 《사회과학과 사회복지》, 나남출판.

김연명(1998), “한국의 노동운동과 사회보장 전략 : 정치적 연대 형성의 조건과 과제,” 〈한국사회복지학〉, 제34호.
김연희(1983), “우리나라 사회복지발달유형에 관한 연구,” 이화여대 석사논문.
김영순(1998), 《복지국가의 위기와 재편 : 영국과 스웨덴의 경험》, 서울대학교 출판부.
김영종(1999), 《사회복지 조사방법론》, 학지사.
김영화·신원식·손지아(2007), 《한국사회복지의 정치경제학》, 양서원.
김융일 외(1995), 《사회사업실천론》, 나남출판.
김태성·성경륭(1993), 《복지국가론》, 나남출판.
나병균(1989), “계와 사회보장,” 하상락 편, 《한국사회복지사론》, 박영사.
______(1989), “향약과 사회보장”, 하상락 편, 《한국사회복지사론》, 박영사.
______(1990), “한국의 국가와 사회보험정책,” 〈논문집〉, 제8집, 한림대학교.
______(1993), “제3세계 국가들간의 복지정책 비교를 위한 이론적 논의 : 행위자로서 국가 역할을 중심으로,” 한림대학교 사회복지연구소 편, 〈비교사회복지〉, 제2집, 을유문화사.
나병균·허남순·차흥봉(1987), “전통적 복지관행,” 한림대학 아시아문화연구소, 《홍천군의 전통문화》.
남은영(2009), “한국의 새로운 사회적 위험,” 〈한국사회학회 2009 국제사회학대회 자료집〉, pp. 957~976.
노태돈 외 4인 공저(1997), 《현대한국사학과 사관》, 일조각.
류진석(1999). “세계화시대의 복지개혁 : 복지국가 위기 이후의 대응,” 한국사회과학연구소 사회복지연구실 편, 《세계의 사회복지》, 인간과 복지, pp. 11~54.
______(2000), “세계화와 한국의 사회복지 : 신화, 사실 그리고 대안,” 한국사회복지학회, 《남북한 교류와 사회복지계의 과제》, 2000 추계학술대회 자료집. pp. 171~194.
림링거(1991), 《사회복지의 사상과 역사》, 한국사회복지학연구회 역, 서울, 한울 아카데미.
미셸 초스도프스키 저, 이대훈 역(1998), 《빈곤의 세계화 : IMF 경제신탁통치의 실상》, 당대.
박광준(1992), “사회복지 서비스의 탈사회화,” 현외성 외, 《복지국가의 위기와 신보수주의적 재편》, 대학출판사, pp. 87~113.
______(1993), "영국의 사회보장," 신섭중 외 공저, 《세계의 사회복지》, 유풍출판사.
박능후(2000), "기초보장제도의 역사적 전개과정과 함의," 〈보건사회연구〉, 제20권 제20호, 한국보건사회연구원.
박병현(2005), 《복지국가의 비교》, 공동체.
박순우(1999), "영국의 사회복지," 한국사회과학연구소 사회복지연구실 편, 《세계의 사회복지》, 인간과 복지, pp. 97~146.
백종만(1996), "해방 50년과 남한의 민간복지," 한국사회복지학연구회 편, 〈상황과 복지〉, 창간호, 인간과 복지.
보건복지가족부(2009), 《2008 보건복지가족백서》.
사회과학연구회 편(1982), 《비스마르크》, 서명.
서기택(1989), "고려시대의 구휼제도," 하상락 편, 《한국사회복지사론》, 박영사.
손병돈(1994), "사회복지민영화 논의에 대한 복지이념모형의 적용 : 조지와 윌딩의 모형을 중심으로," 서울대학교 석사학위논문.
송호근(1999), 《시장과 복지정책》, 나남출판.
신용하(1984), "두레공동체와 농악의 사회사," 《한국사회연구》, 제2집, 한길사.
신용하·박명규·김필동 편(1995), 《한국사회사의 이해》, 문학과 지성사.
안병영(2000). "세계화와 신자유주의 : 충격과 대응," 안병영·임혁백 편, 《세계화와 신자유주의》, 나남출판, pp. 25~56.
안병직 외(1998), 《오늘의 역사학》, 한겨레신문사.
안상훈(1999), "스웨덴의 사회변화와 사민주의 복지개혁," 한국사회과학연구소 사회복지연구실 편, 《세계의 사회복지》, 인간과 복지, pp. 217~251.
양병우(1981), "역사·사회과학·혁명이론," 이광주·이민호 편, 《역사와 사회과학》, 한길사.
엄명용 외(2000), 《사회복지실천의 이해》, 학지사.
외교통상부(2008), "국제사회의 빈곤퇴치를 위한 유엔 새천년 개발목표(MDGs) 이행추진 현황"

원용찬(1998), 《사회보장발달사》, 신아.
유광호(1994), "독일의 사회보장," 신섭중 외 공저, 《세계의 사회복지》, 유풍출판사.
윤선구(2000), "세계화와 그에 대한 한국적 대응," Giddens, A. (2000), 박찬욱 역, 《질주하는 세계》, 생각의 나무, pp. 187~240.
윤찬영(1988), 《사회복지법제론 I》, 나남출판, pp. 243~245.
윤홍식(2006), "새로운 사회적 위험과 한국사회복지의 과제," 《한국사회복지학회 2006년도 추계공동학술대회 자료집》.
이규태(1979), "한국사에 있어서의 복지관," 《복지사회의 이념과 방향》, 아산사회복지사업재단.
이상록(1991), "Neo-Marxist 사회정책 발달론에 대한 비판적 연구," 서울대학교 대학원 석사학위논문.
______(1999), "남미국가 사회복지제도의 구조적 특성과 최근 변화동향의 특성," 한국사회복지연구회(1999), 《세계의 사회복지》, 인간과 복지.
이영환(1989), "미군정기의 구호정책," 하상락 편, 《한국사회복지사론》, 박영사.
이인재 · 류진석 · 권문일 · 김진구(1999), 《사회보장론》, 나남출판.
이정옥(2000), "글로벌리제이션의 다면성과 사회운동의 국제연대," 〈경제와 사회〉, 통권 제48호, 한울, pp. 62~92.
이종래(2000), "시장과 사회 그리고 제도화," 경남대학교 사회학과, 〈사회연구〉, 제13집, pp. 121~146.
이종수(1981), "현대사회학에 있어서 역사와 이론," 이광주 · 이민호 편, 《역사와 사회과학》, 한길사.
이혜경(1982), "비교사회복지학의 이론적 모델 연구," 한국사회복지학회, 〈사회사업학회지〉.
이혜원 외(1998), "한국과 일본의 미군정기 사회복지정책 비교연구," 〈한국사회복지학〉, 제36호.
임송산(1983), 《불교복지 I : 사상과 사례》, 법수출판사.
______(1985), 《불교복지 II : 재난구제사》, 법수출판사.
전태일을 따르는 민주노조운동연구소(1998), 《경제대공황과 IMF신탁통치 : 과학적 인식과 주체적 대응을 위하여》, 한울.

정건화(2007), "IMF 경제위기 이후 한국경제의 시스템 변화," 〈동향과 전망〉, 통권 69호. pp. 235~261.
정연택(1999), "1990년대 이후 독일 사회정책의 역사," 한국사회과학연구소 사회복지연구실 편, 《세계의 사회복지》, 인간과 복지, pp. 145~177.
조 순(1986), 《경제학원론》, 법문사.
조영훈(2000), "복지국가의 몰락? : 스웨덴 사례 분석을 통한 세계화론의 복지국가 쇠퇴론 검토," 한국사회학회, 〈한국사회학〉, 제34집, pp. 929~949.
______(2008), "경제위기 이후의 빈곤과 복지정책," 〈현상과 인식〉, 통권 제104호, pp. 153~170.
조화영(1990), "조선 천주교회의 아동복지에 관한 연구 : 박해시대 영해회 사업을 중심으로," 성심여자대학교 대학원 석사논문.
조흥식(1989), "고려시대의 빈곤정책," 하상락 편, 《한국사회복지사론》, 박영사.
______(1996), "해방 50년과 남한의 공공복지," 한국사회복지학연구회 편, 〈상황과 복지〉, 창간호, 인간과 복지.
주정(2008), "새로운 사회적 위험 속에서의 국가의 역할," 〈복지행정논총〉, 제18집 제1권, pp. 65~88.
진재문(1994), "국가코포라티즘의 적합성에 관한 연구 : 의료보험법(1976)의 정책결정과정을 중심으로," 서울대학교 석사학위논문.
차하순 편(1999), 《사관이란 무엇인가》, 청람(청람논단1).
최경구(1991), 《조합주의 복지국가》, 한나래.
최병조, "사법상 단체에 관한 일반론 : 단체법론의 역사적 발전과정을 중심으로"(http://plaza.snu.ac.kr/~romanist/choe/53.html).
최원규(1989), "조선 후기의 아동복지," 하상락 편, 《한국사회복지사론》, 박영사.
______(1996), "외국민간원조단체의 활동과 한국 사회사업 발전에 미친 영향," 서울대학교 대학원 문학박사학위논문.
______(1996), "한국 사회복지의 변천과 외원기관의 역할," 《한국 사회복지의 선택》, 나남출판.
최익한(1946), 《조선사회정책사》, 박문출판사.
최일섭(1987), 《지역사회복지론》, 서울대출판부.

카바40년사 편찬위원회 편(1995), 《외원사회사업기관 활동사 : 외국민간원조기관 한국연합회 40년사》, 홍익재.
투자협정 · WTO 반대 국민행동(2000), 《(팩스신문) 세계화와 민중(제4호)》.
하상락(1989), 《한국사회복지사론》, 박영사.
______ 편(1997), 《한국사회복지사론》, 박영사.
한국복지연구회(1988), 《사회복지의 역사》, 이론과 실천.
한스 피터 마르틴 · 하랄드 슈만 저, 강수돌 역(1998), 《세계화의 덫 : 민주주의와 삶의 질에 대한 공격》, 영림카디널.
한진희 · 신석하(2008), "경제위기 이후 한국경제의 성장: 성장회계 및 성장회귀분석," 〈한국개발연구〉, 제30권 제1호.
함세남 외(1996), 《선진국 사회복지 발달사》, 홍익재.
현외성 외(1992), 《복지국가의 위기와 신보수주의적 재편》, 대학출판사.
황성철(1998), "사회사업실천의 효과성에 관한 논쟁과 미국 사회사업의 발전," 〈한국사회복지학〉, 제34호.
孝橋正一(1969), 《社會科學と社會事業》, 三えル學, 한국복지연구회(1988) 재인용. p. 17.

Appleby, J., Lyn Hunt & M, Jacob(1996), *Telling the Truth About History*. Chapel.
Armstrong, P., A. Glyn, & J. Harrison(1993). 김수행 역, 《1945년 이후의 자본주의》, 동아출판사.
Ashford, D. E. (1986), "The British and French Social Security Systems: Welfare States by Intent Default," In D. E. Ashford and E. W. Kelly(eds.), *Nationalizing Social Security in Europe and America*. London: Jay Press, pp. 245~271.
Bacon, R. and Eltis, W. (1978), *Britain's Economic Problems: Too Few Producers*. London: Macmillan.
Barker, Robert L. (1995), *The Social Work Dictionary*, 3rd ed. Washington, DC: NASW Press.
Beaud, M. (1987), 김윤자 역, 《자본주의의 역사》, 창작과 비평사.

Beveridge, W. H. (1942), *Social Insurance and Allied Services.* London: Her Majesty's Stationery Office.

Brittan, S. (1975), "The Economic Contradiction of Democracy," *British Journal of Political Science,* 5(2), pp. 129~59.

Buchholz, T. G. (1998), 이승환 역, 《죽은 경제학자의 살아있는 아이디어》, 김영사.

Carr, E. H. (1987), *What is History?*, 2nd ed. London.

Cliento, Sir R. (1949), "The World Moves Toward Professional Standards in Social Work," *Social Work as Human Relations.* New York: Columbia Univ. Press.

Cochrane, A. (1998). "What Sort of Safety-Net? Social Security, Income Maintenance and the Benefits System," In Hughes, G. & Lewis, G. (ed.). *Unsettling Welfare : The Reconstruction of Social Policy.* London and New York: Routledge, pp. 291~331.

Cohen, Nathan E. (1957), *Social Work in the American Tradition.* Holt, Rinehart and Winston.

Croce, B. (2000), *History as the Story of Liberty.* London.

Dailey, Wilda J. (1974), "Professionalism and the Public Dollar," *Social Casework,* July.

Day, P. J. (1997), *A New History of Social Welfare* (2nd ed.). Allyn & Bacon.

Dolgoff, R. & D. Feldstein (1984), *Understanding Social Welfare,* 2nd ed. New York:Longman.

Esping-Andersen, G. & Korpi, W. (1987), "From Poor Relief to Institutional Welfare States : The Development of Scandinavian Social Policy," In R. Erikson et al. (eds.), *The Scandinavian Model: Welfare State and Welfare Research.* Armonk, NY: Sharpe.

______(1990), *The Three World of Welfare Capitalism.* Cambridge: Polity Press.

______(1996), "After the Golden Age? Welfare State Dilemmas in a Global Economy," In Esping-Anderson, G. (eds.), *Welfare State*

in Transition. London: Sage, pp. 1~31.
Estelle, J. (1987), "The Nonprofit Sector in Comparative Perspective," in Powell, Walter W. (ed.), *The Nonprofit Sector: A Research Handbook*. Yale University.
Evans, R. (1999), 이영석 역, 《역사학을 위한 변명》, 소나무.
Fine, B. & Harris, L. (1990), 김수행 역, 《현대정치경제학 입문》, 한울.
Flora, P. and Alber, J. (1981), "Modernization, Democratization, and the Development of Welfare States in Western Europe," In P. Flora and A. J. Heidenheimer (eds.), *The Development of Welfare States in Europe and America*. London: Transaction Books, pp. 37~80.
Foster, Z. W. (1986), 정동철 역, 《세계노동운동사 II》, 백산서당.
Fraser, Derek (1981), "The English Poor Law and the Origins of the British Welfare State," W. J. Mommsen (ed.), *The Emergence of the Welfare State in Britain and Germany 1850~1950*. London: Croom Helm Ltd.
Friedlander, W. A. and Apte, R. Z. (1974), *Introduction to Social Welfare* (4th ed.). Englewood Cliffs: Prentice Hall Inc.
Friedman, M. & Friedman, R. (1980), *Free to Choose: A Personal Statement*. Penguin Books.
Gamble, A. (1988), *The Free Economiy and the Strong State: The Politics of Thatcherism*. London: Macmillan.
George, V. & Stewart Miller (1993), "2000 Beyond: A Residual or a Citizens' Welfare State?," In George, V. & Steurt Miller (eds.). *Social Policy Toward 2000*. London: Routledge.
George, V. (1996), "The Future of The Welfare State," In V. George & P. Taylor-Gooby (eds.), *European Welfare Policy*. New York: St. Martin Press, pp. 1~30.
Giddens, A. (1994), *Beyond Left and Right: The Future Radical Politics*. Stanford University Press.
______ (1998), *The Third Way: The Renewal of Social Democracy*. Polity Press.

______(1999), 김미숙 외 역, 《현대 사회학》, 을유문화사.
______(2000), 박찬욱 역, 《질주하는 세계》, 생각의 나무.
Gilbert, N & Specht, H. (1974), *Dimension of Social Welfare Policy.* Englewood Cliffs, New Jersey: Prentice-Hall.
Goodin, R. & Le Grand(1987), *Not Only the Poor : The Middle Classes and the Welfare State.* London: Allen and Unwin.
Gough, I. (1979), *The Political Economy of The Welfare State.* London and Basingstoke: Macmillan Press Ltd.
Handel, G. (1982), *Social Welfare in Western Society*, Random House
Harris, R. and A. Seldon(1979), *Over-rated on Welfare.* London: Institute of Economic Affairs.
Hicks, A. (1999), *Social Democracy and Welfare Capitalism.* Cornell University Press.
Higginbotham, Peter(2000), www. workhouses. org. uk
Higgins, J. (1981), *States of Welfare : Comparative Analysis in Social Policy.* Oxford: Basil Blackwell & Martin Robertson.
Hill, M. (1996), *Social Policy : A Comparative Analysis.* London: Prentice Hall/Harvester Wheatsheaf.
Hobsbawm, E. (1999), 노대명 역, 《제3의 길은 없다》, 당대.
Hopps, June G. & Collins, Paulind M. (1999), "Social Work Profession Overview," *NASW*, 《사회복지 대백과사전》, 나눔의집 역간.
Huber, E(1999), "남미 국가의 사회정책 선택 : 신자유주의 모델 대 사회민주주의 모델," UN사회개발연구소, 고스타 에스핑 엔더슨 편, 한국사회복지학연구회 역(1999), 《변화하는 복지국가(*Welfare State in Transition*)》, 인간과 복지.
Jenkins, Keith(1992), *Rethinking History.* Routledge.
Jessop, B. (1993), "Toward a Schumpeterian Workfare State?," *Studies in Political Economy*, Vol. 40, pp. 7~39.
Jones, Kathleen(1991), *The Making of Social Policy in Britain 1830~1990.* London: The Athlone Press Ltd.
Jordan, W. K. (1959), *Philanthropy in England, 1480~1660*, New York:

Russell Sage Foundation.
Karl de Schweinitz(1972), *England's Road to Social Security*, New York: A. S. Barnes.
Katz, A(1976), "Self Help Groups and the Professional Community," *The Social Welfare Forum, 1975*, New York: Columbia University Press/NASW.
Kavanagh, D. (1987), *Thatcherism and British Politics : the End of Consensus?* Oxford:Oxford University Press.
Leeuwen, van & Marco, H. D. (1994), "Logic of Charity : Poor Relief in Preindustrial Europe," *The Journal of Interdisciplinary History* (24-4, spring), pp. 589~613.
Lipstadt, D. (1993). Denying the Holocaust: The Growing Assault on Truth and Memory. Plumsock Mesoamerican Studies.
Macarov, David(1978), *The Design of Social Welfare*, New York: Holt, Rinehart & Winston.
MacPherson, S. & Midgley, J. (1987), *Comparative Social Policy and the Third World*, Sussex: Wheatsheaf Books, 현외성 역(1989), 《비교사회정책과 제3세계》, 성은출판사.
Martin, Hans-Pete & H. Schmann(1998), 강수돌 역, 《세계화의 덫》, 영림카디널.
Maxine, A. E. (1992), "Social Work in Uganda : Survival in the Midst of Turbulence," in Hokenstad M. C., Khinduka S. K. & Midgley, J. (1992), *Profiles in International Social Work*, New York: NASW.
Merrien, François-Xavier(2000), 심창학 · 강봉화 역, 《복지국가》, 한길사.
Mesa-Lago, C. (1978), *Social Security in Latin America*, Pittsburgh University Press.
______(1994), "Social Security and Prospects for Equity in Latin America," *The World Bank Discussion Paper*, Vol. 140.
Meyer, H. J. (1977), "Sociological Comment," *Encyclopedia of Social Work*.
Midgley, J. (1981), *Professional Imperialism : Social Work in the Third World*, London: Heinemann, 한국복지연구회 역(1984), 《제3세계

의 사회사업 : 전문적 제국주의》, 한국복지정책연구소.
______(1984), *Social Security, Inequality and the Third World*, NY: John Wiley & Sons, 한국복지연구회 역(1986), 《제3세계 불평등과 사회보장》, 한국복지정책연구소.
______(1984), "Diffusion and the Development of Social Policy : Evidence from the Third World," *Journal of Social Policy*(13-2).
______(1984), "Poor Law Principles and Social Assistance in the Third World : A Study of the Perpetuation of Colonial Welfare," *International Social Work*, Vol. 27.
______(1986), 복지연구회 역, 《제3세계 불평등과 사회보장》, 한국복지정책연구소 출판부.
Midwinter, E. (1994), *The Development of Social Welfare in Britain*. Buckingham: Open University Press.
Mishra, R. (1984), *The Welfare State in Crisis : Social Thought and Social Change*. Sussex, UK: Wheatsheaf Books.
______(1990), *The Welfare State in Capitalist Society*. London: Harvester Wheatsheaf.
Mommsen, W. J. ed. (1981), *The Emergence of the Welfare State in Britain and Germany 1850~1950*. London: Croom Helm Ltd.
Morales, Armando T., Sheafor, Bradford W. and Scott, Malcolm E. (2007), *Social Work : a Profession of Many Faces*. 11th ed. Boston: Pearson Education, Inc.
Niskanen, W. A. (1971), *Bureaucracy and Representative Government*. New York: Aldine-Atherton.
O'Connor, J. (1973), *The Fiscal Crisis of the State*. New York: St. Marin's.
OECD(1988), *The Cost of Social Security 1981~1983*.
People, Philip R. (1999), "Social Work Profession : History," In NASW (eds.), *Encyclopedia of Social Work*(19th ed.).
Pierson, C. (1991), *Beyond the Welfare State? The New Political Economy of Welfare*. Cambridge, UK: Polity Press.
______(1998), 현외성 · 강욱모 역, 《전환기의 복지국가》, 경남대학교 출판부.

Popple, P. R. & Leighninger, L. (1996), *Social Work, Social Welfare, and American Society*(3rd ed.), Boston: Allyn & Bacon.

Rein, M. (1985), "Women, Employment and Social Welfare," In R. Klein and M. O'Higgins(eds.), *The Future of The Welfare*. Oxford: Blackwell, pp. 37~58.

Rimlinger, G. V. (1991), 한국사회복지학연구회 역, 《사회복지의 사상과 역사》, 한울아카데미.

Romanyshyn, J. M. (1971), *Social Welfare ; Charity to Justice*. Random House

Samuelson, P. (1943), "Full Employment after the War," In S. Harris (ed.), *Post-War Economic Problems*. New York:McGraw-Hill.

Savas, E. S. (1987), *Privatization : The Key to Better Government*. Chatman, NJ: Chatman Publishers.

Schmitter, P. C. & G. Lehmbruch(ed.) (1979), *Trends Toward Corporatist Intermediation*, Bevery Hills, Calif.: Sage Publications, pp. 149~150.

Selbourne, D. (1985), *Against Socialist Illusion*. London: Macmillan.

Shawky, A. (1972), "Social Work Education in Africa," *International Social Work*, vol. 15.

Slack, Paul(1995), *The English Poor Law, 1531~1782*, Cambridge: Cambridge University Press.

Stern, F. (1956), *The Varieties of History : From Voltaire to Present*. Cleveland, Ohio.

Stroup, Herbert H. (1948), *Social Work : An Introduction to the Field*. American Book Company.

Taylor-Gooby, P. (2004), "New Risks and Social Change," In P. Taylor-Gooby(ed.), *New Risks, New Welfare*. New York: Oxford University Press.

Thane, Pat. (1996), *Foundations of the Welfare State*. 2nd ed. London, Longman.

Therborn, G. (1987), "Welfare State and Capitalist State Markets," *Acta*

Sociologica, 30(3/4), pp. 237~254.

Titmuss, R. (1950), "Problems of Social Policy," *Official History of the Second World War*. United Kingdom Civil Series. HMSO.

Trattner, W. I. (1999), *From Poor Law to Welfare State : A History of Social Welfare in America*. The Free Press.

Tullock, G. (1976), *The Vote Motive : An Assay in the Economics of Politics with Applications to the British Economy*. Princeton : Princeton University Press.

U. S. Department of Health and Human Services (1988), *Social Security Programs Throughout the World-1987*. Washington, D. C. : SSA, p. xxii.

Vilas (1996), "Neoliberal Social Policy," *NCLA Report on the Americas*, Vol. 29, No. 6.

Wilensky, H. L. and Lebeaux, C. N. (1979), 《산업사회와 사회복지》, 장인협 역, 대한교과서주식회사.

Woodroofe, Kathleen, ed. (1974), *From Charity to Social Work in England and the United States*, RKP.

World Bank (1999), *World Development Indicators*.

Zagorin, P. (1990). "Historiography and Post-modernism : Reconsiderations," *History and Theory*, Vol. 29, pp. 263~274.

http://www.idbsu.edu/socwork/dhuff/history/central/core.htm

http://www.naswdc.org/Code/ethics.htm

http://kr.dictionary.search.yahoo.com/

http://100.nate.com/

찾아보기

용어

ㄷ~ㅁ

ㅇ

인명

• 감 정 기
서울대학교 사회복지학과 졸업
동 대학원 사회복지학과 석 · 박사
현재 경남대학교 사회복지학부 교수
《미얀마의 정치와 경제》(공저), 《사회문제와 사회복지》(공저),
《한국사회복지의 선택》(공저), 《지역사회복지론》(공저)

• 최 원 규
서울대학교 사회복지학과 졸업
동 대학원 사회복지학과 석 · 박사
현재 전북대학교 사회복지학과 교수
《외원사회사업기관 활동사》, 《한국교회 사회봉사사업 조사연구》(공저),
《사회와 복지》(공저), 《사회문제론》(공저)

• 진 재 문
서울대학교 사회복지학과 졸업
동 대학원 사회복지학과 석 · 박사
현재 경성대학교 법정대학 사회복지학과 교수
《비교빈곤정책론》(공저), 《부산사회: 진단과 처방》(공저),
《사회복지 네트워킹의 이해와 적용》(공저)